ediciones**carena**

LA MIRADA LATERAL

BARCELONA Y LA INTRAHISTORIA

ENTREVISTAS CARENIANAS

DE MALLORCA A EDEN MILLS

Primera edición: octubre de 2022

© Jesús Martínez, 2022
WWW.REPORTEROJESUS.COM

© Ediciones Carena, 2022

Ediciones Carena
c/Alpens, 31-33
08014 Barcelona
T. 934 310 283
info@edicionescarena.com
WWW.EDICIONESCARENA.COM

Diseño de la colección:
Sandra Jiménez
Marina Delgado

Diseño de la cubierta: Marina Delgado y Adrián Vico
Imagen de portada: fotografía del distrito de l'Eixample
Maquetación: Adrián Vico

Depósito legal: B 5678-2022

ISBN 978-84-19136-17-6

Impreso en España - Printed in Spain

A Antonio Martínez Úbeda.
A Manuel Rodríguez Ramos.

Una entrevista es una conversación.

GABRIEL GARCÍA MÁRQUEZ

NOTA

La mirada lateral. Barcelona y la intrahistoria. Entrevistas carenianas: de Mallorca a Eden Mills aglutina las CLXIX (169) entrevistas seleccionadas del elenco de autores de Ediciones Carena, pequeña editorial de Barcelona con raíces sureñas y con este lema esperanzador: «Otra manera de leer la vida».

En marzo del 2009, Reportero Jesús vagaba por las calles buscando trabajo. La revista local *L'Informatiu de Sants, Hostafrancs i La Bordeta* había cerrado. Y el diario *Adn* comenzaba a acusar los estertores de la crisis socioeconómica que se avecinaba, la crisis que apadrinó el Grupo Goldman Sachs en Estados Unidos.

Reportero Jesús dobló una esquina y se topó con una puerta abierta, en un local que más bien simulaba una cueva. Entró en el interior de Alpens, 8, en el barrio de Sants y sede de Ediciones Carena. Tamara, la chica en prácticas, cogió el currículo.

El editor José Membrive no necesitó ningún papel para ponerle a prueba. Y así se forjó una amistad que trasciende lo literario.

Cada mes, Reportero Jesús quedaría con un autor y le haría una entrevista. En el fondo, se trataba de conversar al calor del café con leche. Sentados a la mesa de bares, coctelerías, bistrós, o en pasillos, parques y bibliotecas, por delante de este periodista han pasado mentas poleo, expresos italianos, *mu-*

ffins de chocolate, tortitas, tónicas, refrescos de lima…, al gusto del escritor o de la escritora de turno.

Las entrevistas carenianas recogen las conversaciones mantenidas bajo el contrato periodístico de este reportero: escuchar para luego contar, con la confianza del tesoro depositado en la bandeja. El tesoro del saber.

Así, cada uno de los autores y de las autoras que aquí aparecen revelan confidencialmente sus pesares, sus sentimientos y sus rarezas. Por ejemplo, Zamir Bechara, en el poemario *Naranjo amargo,* confiesa que todo lo que es se lo debe a su esposa ya fallecida, Montserrat Bordes; la periodista Carmen Alcalde le debe a su madre su propia feminidad, y eso que nunca conoció a su madre; la enfermera Pilar Catalán dedica a su padre fallecido *Viaje al país de tu corazón…*

Presentes están la muerte y su contraria, el pararrayos de la vida.

Por otro lado, Esmeralda Berbel detesta el aburrimiento, por eso le gusta escribir a treinta manos (en *27 de septiembre* colaboran más de una docena de hombres).

Algunos han preferido ocultarse y no publicar la entrevista; otros, directamente, la han censurado (Miguel Lázaro, autor de *Mis otras vidas);* otros, por la lejanía, han rellenado el Test de Inteligencia Literaria (ver Anexo), como es el caso de Rafael E. Muñoz, de *La era del león alado;* otros, también por la lejanía, han rellenado el Cuestionario Albino de Carena (incluido en el Test de Inteligencia Literaria), como es el caso de Gaudencio Díaz Muñoz, de *El caballero inerte;* otros han aparecido en diversos libros de Reportero Jesús, y por eso en estas páginas ya no se introducen (Asensiocampoy, de *El misterio de la Isla del Fraile;* Emilio Suárez Sánchez, de *Lucha compartida,* y Ángel Morán, de *La muerte en mi menor,* salen en *Un país llamado Zona Franca. Mapa etnográfico. Atlas humano de unos barrios;* José Luis Ruiz Castillo, de *Otoño,* sale en *Casas robadas. Caso José Luis Ruiz. Crónica de un allanamiento en la Barceloneta;* Marc Morte, de *Los hijos del Ararat,* sale en *Barcelona sucia. Trilogía;* Antonia Rioja Parrado, de *La era del despertar,* y Hosni Chakir, de *Cordero de Alá,* salen en *Lancaster, 13, y otras historias de miedo en la Barcelona zombi,* y la bailarina Jessika Pyke, que firma como J. I. Pyke, con *El hechizo de las hadas,* saldrá en el futuro *Un país anomenat La Marina).*

Hubo entrevistas que se quedaron en el tintero, por múltiples factores, por múltiples distancias: murió el televisivo Paco Costas *(Una vida sobre ruedas)* antes de que le llamara por teléfono...

Por lo general, las charlas fluyen, y las personas de la familia Carena se elevan a la categoría de personalidades: sin ir más lejos, en las siguientes páginas podrán leer a Araceli-Palma Gris, autora del poemario *Taio,* y co-fundadora de la editorial en 1992; y también podrán leer a Milagros Martín Carreras, autora del poemario *Descubriendo mi tiempo,* librera que encorajó al editor José Membrive para que se lanzara a la piscina poética. De «Espero», en *Descubriendo mi tiempo:* «Aquí estoy, esperándote, / para escapar cuanto antes de esta espera».

La entrevista careniana empieza con *Fred al cor,* del mallorquín Miguel Adrover (Adrover, Miguel) y finaliza con *Tictac tictac,* de Carlos Zanón González (Zanón González, Carlos), a quien le impactó «Poemas del lago Eden Mills», de Federico García Lorca. De la a a la zeta.

La primera entrevista que Reportero Jesús realizó fue la titulada «A muerte», al filósofo e hijo de filósofo Felipe López-Aranguren, por su poemario *Memoria del no poder* (Ediciones Carena, 2008). La última, la titulada «¿Cuánto pesa una cabeza humana?», a la profesora Carmen Cáliz, que ha dado a luz *Kaleidoskopios de mujer* (Ediciones Carena, 2021).

A fin de cuentas, la entrevista es una conversación, dejó escrito el Premio Nobel de Literatura Gabriel García Márquez. El padre de *Noticia de un secuestro* también dijo lo siguiente en su obra periodística (1961-1984): «La lectura, remedio de tantos males en la tierra»; «un curso de literatura no debería ser mucho más que una buena guía de lecturas»; «escribir cada día es como lo hacen los grandes»; «el escritor como tal no tiene otra obligación revolucionaria que la de escribir bien»; «un buen escritor seguirá escribiendo aunque sus libros no se vendan»; la grabadora es un «invento luciferino» y que volar es natural.

Cada uno se suelta el pelo a su manera.

En los setenta, la periodista italiana Oriana Fallaci publicó *Entrevista con la historia,* casi una veintena de entrevistas a personajes notables (?), como el secretario de Estado norteamericano Henry Kissinger, que dijo que haber recibido a Oriana era de las cosas más estúpidas que había hecho; como la exprimera ministra de Israel, Golda Meir, que empezaba a sufrir de Párkinson, y como el exalcalde de Berlín Oeste Willy Brandt, que en realidad era el nombre de guerra que usó para luchar contra Adolf Hitler; Brandt se llamaba Herbert Ernst Karl Frahm. Ella trabajaría las entrevistas durante dos años y las publicaría en el periódico *L'Europeo*.

«¿Qué otro oficio permite a una vivir la historia en el momento mismo de su devenir y también ser un testimonio directo? El periodismo», dijo Oriana Fallaci.

Reportero Jesús subtitula este librito *Barcelona y la intrahistoria,* porque en la vida cotidiana brillan los destellos del siglo xx y el siglo xxi. Del transatlántico *Titanic* («El fogonero del *Titanic*», entrevista con Francisca Espasa) a los Beatles («El País Que No Existe», entrevista con Albert Mallofré).

Decía que Reportero Jesús subtitula esta obra: *Barcelona y la intrahistoria* porque los dos puntales que la aguantan son, por un lado, la ciudad de Barcelona y, por otro lado, la microhistoria.

Casi todas las entrevistas se han realizado en la ciudad condal y su área metropolitana —excepto a Xavier Escura, en Sant Cugat del Vallès—. Y la vida cotidiana se ve bien reflejada, hasta el punto de que los sucesos de los almanaques (Revolución Cubana, Holocausto armenio, atentados contra las Torres Gemelas...) tienen su correlato y su afectación en el día a día de estas personas reconvertidas en personajes.

Según la Real Academia Española, *intrahistoria* significa: «Vida tradicional de los pueblos que sirve de fondo permanente a la historia cambiante y visible».

El término lo inventó el intelectual Miguel de Unamuno *(San Manuel Bueno, mártir),* del que ya habla en el ensayo *En torno al casticismo* (1902): «Todo lo que cuentan a diario los periódicos, la historia toda del "presente momento histórico", no es sino la superficie del mar, una superficie que se hiela y cristaliza en los libros y registros, y una vez cristalizadas así, una capa dura, no mayor con respecto a la vida intrahistórica que esta pobre corteza en que vivimos con relación al inmenso foco ardiente que lleva dentro. Los periódicos nada dicen de la vida silenciosa de millones de hombres [y mujeres] sin historia que a todas horas del día y en todos los países del globo se levantan a una orden del sol y van a sus campos a proseguir la oscura y silenciosa labor cotidiana y eterna, esa labor que, como las madréporas suboceánicas, echa las bases sobre las que se alzan los islotes de la Historia. Sobre el silencio augusto, decía, se apoya y vive el sonido, sobre la inmensa humanidad silenciosa se levantan los que meten bulla en la Historia. Esa vida intrahistórica, silenciosa y continua como el fondo mismo del mar, es la sustancia del progreso, la verdadera tradición, la tradición eterna, no la tradición mentida que se suele ir a buscar en el pasado enterrado en libros y papeles y monumentos y piedras».

De manera fugaz y de manera intensa, aquí enseñarán la patita el violonchelista Pau Casals *(Cant dels ocells)*, el guitarrista de Queen Brian May *(Sweet Lady)* y el político y empresario Silvio Berlusconi (Forza Italia).

Y los acontecimientos memorables serán contados de otra forma, con la implicación de cada una de las promesas que en este tomo se retratan: el asesinato de Bobby Kennedy, el 6 de junio de 1968; la campaña de Filipinas de las fuerzas imperiales japonesas en los primeros años de la Segunda Guerra Mundial (1939-1945); los Pactos de la Moncloa (1977), con los garantes de la Constitución española capitaneados por el expresidente del Gobierno Adolfo Suárez; la resistencia de la isla de Taiwan para no caer en el dominio comunista de la República Popular China...

El racismo, el bandolerismo, el exilio, el estraperlo, la fascinación culinaria..., incluso la tonadilla del *spot* de turrones El Almendro *Vuelve a casa por Navidad.*

El idioma en el que se han elaborado, el castellano, tot i que en multitud d'ocasions no se ha traducido el catalán si la conversación se mantuvo en esta lengua. (Por ejemplo, la entrevista con el periodista Daniel Arasa, de *Vida i miracles dels anys de pa negre.)*

Se han conservado los dos apellidos de los autores si así han publicado las obras, respetando sus deseos. En los casos en los que se ha utilizado seudónimo (Shemtov, Res Nullius y Sendu Petit), los autores aparecen en el índice en el orden correspondiente a sus apellidos reales. En el caso de la novela *Scat,* de José Antonio Pérez, esta está firmada por el imaginario y verosímil chico que la protagoniza, el grafitero Albert Garcia Ripoll.

El título *La mirada lateral. Barcelona y la intrahistoria. Entrevistas carenianas: de Mallorca a Eden Mills* es un homenaje al padre de todas las miradas laterales del oficio reporteril: el enviado especial del diario *La Vanguardia* Plàcid Garcia-Planas, a quien también pueden leer en el capítulo LXV («Dormir a pierna suelta»).

«La mirada lateral es otro enfoque, mirar de lado, de otra manera.»

PRÓLOGO

EL SENTIDO DE LA MIRADA LATERAL

Existe la primera dimensión, en la que el punto A conecta en línea recta con el punto B. Existe la segunda dimensión, arriba y abajo. Existe la tercera dimensión, una película (Ben Stassen, Sean MacLeod Phillips, 2007). Y existe la cuarta dimensión, en la que se adentra Reportero Jesús con sus proyectos fotoperiodísticos de «fusión social»: la cuarta dimensión del periodismo. Este periodista de Barcelona tiene una mirada lateral porque ve donde otros solo miran y, por lo tanto, ve lo que los demás no ven.

PLÀCID GARCIA-PLANAS
Periodista

PRESENTACIÓN

La literatura como arma de reconstrucción masiva

El arte en general y la literatura en particular constituyen una potentísima sonda de indagación interior que, la mayoría de las veces, acaba descubriendo aspectos inéditos en el indagador y descubriendo paisajes interiores inimaginados, bien sea de nuestra realidad, bien de la realidad que nos rodea. El artista descubre mundos reales, pero invisibles para la mirada adormilada de la mayoría licenciosa y silenciadora de su propia voz.

Aquí venimos a averiguar, a sanar heridas, a replantear caminos, a descubrir nuevos espacios, a diseñar y construir mundos mejores. Venimos con el sueño compartido de buscar salidas a nuestros propios laberintos, de transformar nuestros páramos en oasis y los infiernos, en paraísos. Y esa es la labor última de la literatura y la prioridad absoluta de todo aquel que escoge la pluma y la afila como bisturí.

Muchas veces, los autores y las autoras, superados o maravillados por sus propios descubrimientos, ansían una editorial que canalice, difunda y catapulte los sueños robados al misterio, las verdades inconfesadas e incómodas que –Dios los cría y ellos se juntan– irán configurando un macromundo pleno de matices, invenciones y descubrimientos que se complementan. Nace así el espíritu de la editorial que impulsa la reinvención constante e inapelable tanto del mundo como de nosotros mismos.

Todos esos hilos literarios necesitan de un tejedor, un lector, un visionario que calibre y entreteja los logros personales para transformarlos en un vivo y hermoso tejido humano. Y, en este caso, Jesús Martínez ha puesto el punto de inteligencia, la sensibilidad y la comprensión capaces de orquestar el coro literario y extraer la sinfonía única de las diversas voces.

Él se ha metido en el alma de los autores, más allá incluso de sus propias creaciones, para revelarles, para revelarnos que el mundo de felicidad lejano que ansía cada artista en su intimidad está mucho más cerca cuando las voces se juntan.

La mirada lateral. Barcelona y la intrahistoria. Entrevistas carenianas: de Mallorca a Eden Mills es la obra que el lector tiene en sus manos: visión poliédrica, enriquecedora, diamantina del espíritu común del que estamos hechos y del que, prodigiosamente, también participamos como hacedores.

Gracias, Jesús, gracias a cada uno de los autores que han puesto su aliento. El goce y la luz del mundo que individualmente yacen en la sombra de la soledad están mucho más próximos de lo que todos creíamos.

JOSÉ MEMBRIVE
Editor de Ediciones Carena

I

Entrevista con Miguel Adrover, autor de *Fred al cor*

EN BOLAS

«Quan sento la veu ronca del teu cor, / i veig, Mare Terra, / en el teu immens dolor…»

Los saris, los *dhotis*, las castas y la pimienta negra de Kerbala se interpusieron en el camino del periodista y escritor Miquel Adrover con tanto ahínco y tanta benevolencia que de un viaje que tenía programado a la India acabó haciendo cuatro. «Es un país que me ha subyugado», musita, con la voz timbrada y suave, sibilante, con un gesto descamisado tímido y grosero, igual que bostezaba Ana Frank en su escondite de la calle de Prinsengracht, en Ámsterdam. Miguel viene de la noche de los lirios blancos en las selvas de espuma del Mediterráneo, viene de la primavera de las olas cabreadas y de los parajes aún no desvirgados. Resistente ante la globalización que engulle el respeto y el silencio de los asilos, este redactor de Cultura del *Diario de Mallorca* ha plasmado en un libro modesto y bruñido sus gritos y sus avisos y su ofrenda a la Madre Tierra: *Fred al cor* (Ediciones Carena, 2010), una treintena de piezas cortas y afiladas como el filo de una navaja. Se ha convertido en el catecismo de los activistas de Greenpeace y en la *babelia* de los primados que veneran tanto al aguacero como a la calina. Un canto a la cordura.

Miguel Adrover cursó sus estudios impelido por la empresa familiar. Mientras, consumido por la insulina de la escritura, empezó a flirtear con el periodismo; ya en 1989 publicaba como corresponsal en el *Diario de Mallorca,* y seguía soñando con escribir después de regodearse con los poetas insulares que hacen de guardacostas en el tajamar (el pensamiento salvaje de Miquel Martí i Pol, el evangelio de Blai Bonet, la música de Tomeu Pons...). Lector compulsivo (*El Principito,* de Saint-Exupéry; los cuentos de Hans Christian Andersen; *La isla del tesoro,* de Robert Louis Stevenson), pasó por las diferentes secciones del periódico, abreviando los breves aún más si cabe, reajustando los titulares y cubriendo los imprevistos. Su tema favorito: la reivindicación del medio ambiente. «Lucho por el turismo bien llevado. Los noventa fue una movida bastante bonita, los años en los que más he disfrutado en el *Diario de Mallorca,* por el impulso del movimiento vecinal. Algo se consiguió», recoge en su gorro frigio, con el que le imagino abanderando las medusas contra el tirano pescador. «En Les Illes tenemos multitud de grandes mansiones, el 98 % de ellas en manos de capital extranjero. Lo que antes eran campos de cultivo hoy son zonas con piscina. Antes éramos autosuficientes en alimentación; hoy hasta las sandías se importan de Brasil. Se están cometiendo desmanes cuando se construyen chalés por precios desorbitantes. Es una colonización silenciosa la que nos compra.»

Antes de escribir *Fred al cor,* Miguel Adrover sacó al mercado *Reculls de saviesa* (El Faro, 2005), tratado filosófico con su manera de entender la vida mediante las parábolas, las creencias y las religiones, inventadas o maquilladas, de los *pieles rojas,* los bosquimanos... «En uno de los capítulos un chaval se va de casa para encontrar a Dios, puesto que siempre había oído hablar de Él. Se lleva un bocadillo y un cacaolat. En el parque, una viejecita da de comer a las palomas. El chico le ofrece compartir su merienda, y ella le sonríe. De vuelta en casa, su madre le pregunta: "¿De dónde vienes?" "De estar con Dios, y no veas qué sonrisa tiene".»

El hilo conductor de *Fred al cor* es la naturaleza: «Este planeta es único y nos los estamos cargando. Cada árbol, cada especie, cada selva es nuestro hogar», ruega, y se dirige a un dios conmiserativo, al que le pasa cuentas y del que recibe lecciones de humildad. «Si pensamos de manera individual, el pequeño grano de arena es muy pequeño. Pero se trata de no coger el coche para ir a comprar el pan. Se trata de pensar en conjunto; entonces los pequeños actos se convierten en un gran acto.»

«La sang vessada pels innocents / que del fruit únicament es poden / menjar la pellerofa…»

Fred al cor es la conjunción astral de los sentimientos deshumanizados del hombre pasados por el cedazo de la ética ancestral: «Un grito de atención, que no de moralización».

Miguel Adrover, bizarro, generoso, contemplativo, se ha metido en berenjenales poéticos porque ha llegado un momento en el que le gusta hacer lo que le da la gana: «Siempre he creído que la poesía es desnudarse ante el lector. Ya no me importa quedarme en bolas».

II

ENTREVISTA CON ALBERTO ALARCÓN, PROTAGONISTA DE
Tradición y experimentos en el baile flamenco:
Rosa Montes & Alberto Alarcón

SUITE FLAMENCA

Cuando Alberto Alarcón (Cartagena, Murcia, 1946) toca las castañuelas, los camareros que en las cafeterías cercanas anotan la comanda en sus libretitas desgastadas, con los frenéticos pedidos de las mesas de las terrazas y los posavasos a flor de piel, se petrifican por el candor y el revuelo que les produce su sonido. Cuando Alberto Alarcón toca las castañuelas, Haydn se deleita, Sara Baras se quita los tacones en señal de respeto y los entendidos aplauden con las palmas de polvos de esmeril. Este español afincado en Alemania toca las castañuelas en un libro de Carena, del que es juez y parte: *Tradición y experimentos en el baile flamenco: Rosa Montes & Alberto Alarcón* (2009).

Con la cola de caballo de un pelo enrabietado y ralo, cano y trenzado en la cruz de su chaveta, Alberto es tan feliz con sus manos de manteca que aún no tiene aseguradas, que si algún día se fracturara los metacarpianos, la Guardia Suiza Pontificia le detendría por simple desconsuelo.

El origen de este hombre de jocunda sonrisa unido a este «instrumento de percusión», pese a las regañinas de la Sociedad General de Autores y Editores que lo considera hermano menor sin descendencia, es tan lejano como cierto. A su madre, humilde milagrera de una tienda de ultramarinos con olor a bacalao en salazón, un médico de provincias que confundía los catalejos con los otoscopios —y a estos con las sondas lunares— le diagnosticó cáncer de mama. Desconfió tanto, que ella misma se palpó las tetas y se dijo con la profunda sabiduría de las mujeres hechas a sí mismas: «Yo no tengo cáncer». Cogió su desasosiego y su Albertito y se plantó en Barcelona para una revisión general que le despejara las sombras de los síntomas de la enfermedad.

«Señora —pronunció el juez doctor del hospital—, lo que usted tiene son 52 piedras en la vesícula.»

Vaciada de piedras, la madre se empleó de modista en las casas de arreglos y labores del paseo de Gràcia, ya establecida en un piso de alquiler de la calle de Blai, detrás de El Molino, en el Poble Sec de Joan Manuel Serrat.

El padre vendió la barbería en la que cortaba a cepillo los flequillos de la barriada y se trasladó a Barcelona al amparo de una mujer con más arrestos que los que tenía la afilada navaja. Trabajó en una fábrica de máquinas de tren y, en los descansillos, peinaba con la raya al lado a los compañeros de la cadena.

Desde niño, Alberto Alarcón se sintió fascinado por la profesión de bailarín de su primo José López —quien había hecho las Américas con un espectáculo de la compañía de Jiménez Vargas, siete años en cartelera en Las Vegas—. Su primo le ponía los dientes largos con las fotografías de pose, en las que aparecía trajeado entre divas de ébano. Así que Albertito, tras los pasos de este pariente, se presentó agarrado a su madre en la escuela de Isabel Otero, que no se anduvo con chiquitas:

—Probaremos. Si el niño sirve, se queda; si no, no vale la pena que siga gastando el dinero.

Y su madre gastó gustosa el dinero, porque tras la semana de rigor, la maestra fue sincera: «Este niño tiene talento».

Alberto era el alumno ejemplar, y si se escabullía en las clases de machaque, era para ir al Institut del Teatre, en el que aprendía los maleficios de la escena.

El primer contrato en el negocio de las artes lo firmó con la compañía de El Sali, en la que fue pareja de La Chana, «bailarina increíble». Tenían los dos 17 añitos y los dos se foguearon sobre el entarimado de taracea de El Cortijo, el *tablao* en el que ofrecían su función, en Lloret de Mar, en la costa catalana.

«Luego trabajé en la flota de barcos de Italian Line, que hacía la travesía de ida y vuelta entre Barcelona y Nueva York, y bailábamos para el pasaje. Conocí todas las ciudades en las que hacía escalas, y todas las de la ruta del Sur; paraba en Buenos Aires, Montevideo y Río de Janeiro», recuerda, con la brillantina de las amanitas de los ojos, que hacen chiribitas cada vez que rememora.

En 1969 le contrataron para ir a una gala en Róterdam, desde donde debía saltar posteriormente a Grecia, pero la baja de una de las artistas hizo que él se quedara sin los sueños de Lord Byron. De vuelta en Barcelona, el 5 de noviembre de 1970, en La Fraternitat, que hoy es una biblioteca y que ayer fue una cooperativa, en el primer piso, en el teatro en el que ensayaba, conoció a quien sería su pilar, su lucidez y su candelero, y me quedo corto.

En el libro *Conversaciones* revive el encuentro:

«Mi búsqueda por las academias de baile de Barcelona me llevó a la academia de José Huguet, en La Barceloneta, donde yo, a veces, ensayaba con mi grupo. José me habló de una bailarina que daba clases de baile clásico en su academia y que estudiaba el baile flamenco con Flora Albaicín. Yo le pedí a José que acordara una audición con ella para el 5 de noviembre. Con botas de flamenco, pantalón blanco, camiseta blanca, abrí la puerta del estudio de baile. Ella calzaba zapatos de flamenco blancos, falda blanca con lunares negros y camiseta blanca.

»Era como si el destino nos hubiese vestido de blanco y puesto juntos en un estudio de baile. Desde el primer momento supe que ella era la mujer de mi vida».

Ella era Rosemarie Elbers, de nombre artístico a partir de entonces Rosa Montes. «Era tan alta como un monte, así que no nos fue difícil la búsqueda.»

A Rosa, a quien el flamenco le baila el agua, le fascinaba el dominio que Alberto poseía de las castañuelas, un arte del que solo ella podía ser consejera y auditora a la vez. Él le enseñó las notas negras, fusas y difusas del bigrama de su característico solfeo, en el que la castañuela macho («ronca»), la de la mano izquierda, lleva dos patitas, y la castañuela hembra («la más gritona»), la de la mano derecha, lleva tres patitas.

La pasión de Alberto Alarcón por las castañuelas, la consagración de su baile flamenco, se remonta a cuando tenía 11 años, en el periodo de formación con la profesora Isabel Otero: «Asistí a un concierto de castañuelas y me quedé prendado. Me dije: "Esto lo quiero hacer yo, pero yo lo voy a hacer mejor"», se juramentó, e inició la investigación de una tesina que le llevó a indagar sobre la castañuela en la Biblioteca Nacional de Madrid y en la sala de estudios de la Ópera de París.

«Un día visité una exposición egipcia en el Louvre, y en una urna vi dos castañuelas de 3 500 años de antigüedad», relata Alberto, para quien aquello fue el punto de partida de una locura intuitiva. «Me pusieron en contacto con la comisaria de la exposición y con la arqueóloga que encontró este tesoro en un templete. Buceé en su historia, y supe que las trajeron a España los fenicios. Había bailarinas etruscas que tocaban castañuelas.»

En la capital de Francia, su primo José López le fichó para la función *La fiesta española,* de la que era director artístico: «Me traje a mi mujer. Fui para un fin de semana y me quedé cinco años en París».

Un día, el director de la sección de danza de la escuela de artes escénicas Folkwang Hochschule, Hans Züllig, se encontró a Rosa Montes en el café Les Deux Magots, en Saint Germain-des-Prés, y la mujer le animó a que les viera actuar una noche en el Forum de Sarcelles.

Hans quedó tan entusiasmado, que les convenció para que se fueran los dos a Essen-Werden, la ciudad alemana en la que estaba ubicada la escuela. De esta manera, y desde 1979, Alberto daría clases de danza española y flamenco.

«Me encantó el sitio, amplio e impresionante, nada que ver con los 40 m^2 de los estudios parisinos Wacker en los que ensayábamos», cuenta con el tintineo de su jovialidad.

«Además, nuestro hijo, Patrick, bailarín como su mujer y que a la sazón tenía tres años, pesaba en nuestra decisión de dejar la bohemia y buscar un sitio fijo en el que asentarnos.»

Alberto estudió alemán en una escuela nocturna para dar las clases diurnas que de él se esperaban, y con un par de palabras *(körper* y *aktivität),* salió airoso de los enredos de los matices y de las expresiones sin denuestos.

«Lo bueno del baile es que es un idioma no verbal universal.»

Alberto Alarcón, con las castañuelas de palo rosado que alterna con las de granadillo («pesan menos y el sonido es más claro»), vuelve a España tres veces por año, con motivo de los congresos flamencos, el Festival de Jerez, la Bienal de Sevilla…

Desde hace un año, peregrina a la romería de El Rocío, y paga el favor del acompañamiento a las hermandades de gitanos con unos tripletes de castañuelas y una *suite* flamenca de oros y olivos.

Es «auténtico», y ofrece al público lo mejor de sí:

«Cuando bailo, no pienso; bailo».

III

JOSEFINA

Le arrastraron por la AP-7 de Jerusalén. Se magulló las rodillas con los adoquines desgastados por las carretas romanas que distribuían el mijo entre la población local. Se torció el tobillo izquierdo, y el tobillo derecho le dolía horrores, a causa de una patada malintencionada del más malvado de los centuriones con tricornios de charol y capas tenebrosas. Le empujaron a mala leche, le hicieron la zancadilla, le hicieron perder el equilibrio para que el madero le contusionara las cervicales y que su cuello se replegara como el acordeón de los gitanos rumanos del metro.

Habida cuenta de que ese Jesús era negro, díscolo y buen samaritano, la guardia represora más ganas le tenía. Cuando a Jesucristo le remacharon los clavos oxidados, largos como la punta de lanza de la Torre de la Libertad neoyorquina, y le izaron en la cruz, en cuyo palo vertical dos enamorados habían grabado sus nombres en el centro de un corazón flechado, el Jesús Negro, apaleado, esclavo en las caballerizas de los senadores victorianos, se tragó la baba sanguinolenta de color kétchup de las vísceras que le salían por la boca. Ni los cuervos se atrevieron a sacarle los ojos. Temían algo que enlazaba con el postulado de su fe de una manera sinóptica. Los cuervos evitaron picotearle porque veían en Él los elementos contra los que luchó Felipe II. En el hombro, el Jesús Negro se había tatuado al Che.

Todo esto lo soñó.

Siendo agnóstica, Jesucristo es el hombre que más admira Carmen Alcalde (Girona, 1936), reportera de descabellados sucesos sociales y virtuosa en la facultad de enojar a los poderes, de cualquier tipo y de cualquier condición, pero siempre unidos en el interés compartido de su permanencia. Carmen Alcalde ha publicado en Ediciones Carena *Vete y ama* (2005), la novela de una mujer que disfruta de su feminidad como de un antojo de frambuesas, sin ceder al pecado capital ni a la cartilla de la catequesis: «...[mujeres que] triunfaron en diversas organizaciones a cambio de convertir en tragedia su vida íntima asumiendo la consigna tradicional de mostrarse fieles con todos menos consigo mismas».

P. es un gitano de L'Hospitalet, familiar demasiado cercano de Benito, el colega del Casco con quien he pasado la edad de la inconsciencia y a quien podría poner mi vida en sus manos antes de irme de vacaciones a Lisboa.

P. rasgaba la guitarra porque no tenía suficientes tablas para tocarla como es debido. *Entre dos aguas,* de Paco de Lucía, le entusiasmaba tanto que con esa partitura y con una jarra de cerveza se tiraba las horas muertas en La Oveja Negra. Tuvo un sueño, que yo no sé si fue pesadilla: «Se me ha aparecido Jesucristo en bata».

Me acuerdo de P. y de la resurrección y de la salvación del tercer día cuando una mañana de diciembre, tres días antes del día de Navidad, y antes de las tres, Carmen Alcalde se me presenta en bata, en el pasillo de su casa, un número impar de la avenida de Mistral de Barcelona.

Carmen Alcalde necesita cinco minutos para florecer, y le sobran cuatro minutos. Dorada como las murenas que caen en las redes de los marineros asaz fornidos, convicta de los hados de la coherencia y de la honestidad –que, en este caso, sí es sinónimo de honradez–, y de una palidez descolorida que se debe más al motivo de sus actos bienintencionados pero adversos que a una anemia galopante en la transfusión de sus ideas. «Soc coherent i compromesa, i els compromisos m'han fet patir.»

Su despacho, tan bien amueblado como una azotea de mimosas, deviene un apósito de su personalidad, y los detalles deslizan en chorreras como las de los jamones de Trévelez: la fotografía de un vietcong herido de muerte, con la autenticidad de Federico Borrell en *Muerte de un miliciano,* la instantánea de Capa que refleja los horrores de la guerra *incivil;* un calendario con las últimas horas del 2009 en el cuadrilátero del mes yaciente; un venerable crucifijo de madera, que por el lugar que ocupa y el candor que transmite recuerda a los que se colocaban en la cabecera de la cama de nuestros abuelos; un cáliz de plata en el que el vino se ha transformado en un manojo de cigarrillos Pall Mall, y una biblioteca de petitorias y requisiciones, pequeñita y deslumbrante, a pesar de la nota marginal que la acompaña en su desasimiento («m'he desfet de molts llibres abans que m'enterrin»). *La aznaridad,* de Manuel Vázquez Montalbán; *Cuentos completos,* de Mariano José de Larra, y *Del sentimiento trágico de la vida,* de Miguel de Unamuno. Biografías de Édith Piaf y Simone de Beauvoir. «Una de las mejores formas de recrear el pensamiento de un hombre: reconstruir su biblioteca», dejó escrito Marguerite Yourcenar en *Memorias de Adriano,* o Adriano en las memorias de su postrera secretaria. En lo que nos concierne, el *hombre* de Marguerite es una mujer.

Me hace pasar a su remanso de paz, en el que queda el tablero de ajedrez como el paisaje de la única batalla que en la actualidad sostiene, olvidada por molesta y repudiada por su ministerio. («Ara la premsa és insuportable, ha perdut la força, i és tremendament partidista, i l'ofici de periodista s'ha perdut amb el Google: copiar i no trepitjar el carrer. Els periodistes no tenen ni veu ni vot.»)

«M'han deixat de trucar per ser un incordi. Els meus reportatges sempre han estat agressius. He denunciat allò que he considerat injust», se defiende con la naturalidad de Letizia antes de que cambiara el micro por la sortija montada en oro blanco de las princesas. Así es, y la lástima es que su ejemplo de arquera parta no cunda.

El 10 de abril de 1965 sacó a la calle el primer número de *Presència,* la revista insignia del reporterismo hecho en Catalunya: «Volíem un nom que no s'hagués de traduir, que fos català i castellà alhora». La redacción se instaló en el número 433 de la avenida de José Antonio (hoy Gran Via de les Corts Catalanes). Valía 8 pesetas. Hasta los anuncios rebosaban vitalidad: *«Cuando se hace una pausa, Coca-Cola refresca mejor».* Llegó a ejercer la dirección durante tres años, con la inestimable asunción de los colaboradores de entonces, que cobraban con la recompensa de la consagración: Maria Castanyer, con sus crónicas desplumadas («El lunfardo, el xarnego, el rosal bacavá i altres formes dialectals catalanes»); Maria Aurèlia Capmany, con sus juicios de contrapeso;

los hermanos Moix (Ana Maria y Terenci)… «Manel Bonmatí, el propietari, un periodista que havia treballat als diaris de la República, se la va vendre al Bisbat, i ens va deixar en l'estacada, amb una mà al davant i l'altra al darrere, amb un munt de segrestos, multes i processos derivats de la llei de premsa de Fraga Iribarne. L'últim número que vam treure abans del traspàs el vam fer amb la portada de color roig, en senyal de protesta», dice, y chupa el cigarro y se traga el humo sin atragantarse, con la vista puesta en el primer tomo encuadernado de su obra completa, extensa y tocapelotas como la de Blasco Ibáñez en su momento, aun siendo abrumadoramente distinta.

«A la censura l'intentàvem enganyar com podíem. Enviàvem les galerades sense els títols ni les fotos, fins que vam colar aquest editorial: "Johnson, criminal de guerra". La policia es va presentar a la impremta i va parar les màquines. Anys molt bons però amb molts *sustos.*»

De hecho, las sanciones las guarda como un tesoro fenicio en el galpón de la arqueta, en la que descansan sin haber sido pagadas las 75 multas que ha enlomado como un dosier.

En la revista cultural *Cuadernos para el diálogo,* escribió un reportaje con la comidilla de los *reformatorios,* la palabra desechada de los diccionarios, y le pasó tres cuartos de lo mismo: «El número també va ser segrestat i em van caure tres mesos d'arrest».

En el semanario *Destino,* en una sección que abrió para recibir las bofetadas de la sociedad de noble abolengo, publicó el reportaje de la lucha de clases en la Maternitat: cómo las mujeres ricas dejaban a sus hijos al cuidado de las mujeres pobres que no preguntaban porque callaban lo que sabían: «La societat es va quedar estorada pel tractament que rebien les dones treballadores…».

Luego, maldita ya y maldecida, pasó de curro en curro, con la cola de caballo de su arrojo recogida en un moño, para solo escribir «floretes» y florituras: *Actual, Sábado gráfico, Triunfo, Diari de Barcelona, Hoja del Lunes…*

En *El Triangle* sufrió *mobbing,* cuando este anglicismo aún no se había importado. Comadrona de *El Periódico de Catalunya,* recibió la ayuda de dos mañosos braceros con el miedo de los primerizos, Antonio Asensio y Eliseo Bayo.

«En tots aquests treballs vaig cobrar menys per fer el mateix treball que un home…», suelta indiscretamente, mientras teclea con esmero un *mail* en el ordenador portátil con ratón inalámbrico. La inferioridad del sexo, sin compartirla, la había asumido antes de que le abriera los ojos el comentario machista de un Santiago Carrillo que se había quitado la máscara y la peluca: «Vam anar 40 periodistes a un congrés del PC que es celebrava a París. Jo era l'única dona. Em vaig queixar, i el Carrillo em va murmurar: "De eso te ocupas tú"». Quizás él decía esas verdades cuando no le oía Pasionaria, a quien Carmen conoció y a quien retrató en *La mujer en la guerra civil*: «Una dona molt sosa, manipulada, encara que una dona del poble amb una veu impressionant, i espontània, inflamada». Como no podía ser de otra manera, rompió con la dirección soviética del PSUC —en el que militó— por discrepancias que otros se encargaron de acallar con el lazo de los «asuntos internos»: «Vaig intercedir per un company que va enxampar la policia i que van torturar als soterranis de Via Laietana. Va *cantar*, i per això el van donar de baixa del partit. Jo els vaig criticar la seva invulnerabilitat quan dormien cada dia als millors i més luxosos hotels».

En *Vindicación Feminista*, mano a mano con Lidia Falcón, recuperó la línea de Ellen Key, Maria Deraismes y Martha Carey, las sufragistas que se preocupaban por los más pobres, siendo las mujeres las más débiles en el columbario de la pobreza.

¿Para qué?

«Ahora la mujer se ha vuelto imbécil.»

La explicación la prorratea con el análisis de gerencia de las centrales bancarias: «La dona ha involucionat, i la societat necessita un revulsiu perquè es doni compte de la situació real de la dona. Tu coneixes un home que vagi a fer feines? Per no parlar de la violència masclista. Dona que es separa, dona degollada [se pasa el filo de la mano por la yugular]. No t'ofenguis, però jo crec que és un problema bioquímic de distorsió de la *raça home*. La compulsió-impulsió de la prostitució dels homes jo no la puc comprendre. Hi ha quelcom malaltís en el component masculí. Quin cervell de dona inventa Guantánamo?».

De ahí que su sueño irrealizable, aunque ella no lo sepa, sea el de la castración mental de la violencia gratuita.

Carmen Alcalde.—Un somni no complert? Que s'investigui a fons la testosterona dels homes.

Reportero Jesús.—Ho veuràs?

C. A.—És la meva lluita.

No tiene hijos. ¿Le hubiera gustado? Le hubiera gustado. Pero si no, razones tuvo. En el fondo, aún le persiguen las ménades de su madre, Josefina, una mujer deliciosa, afectuosa, equidistante, a quien no conoció y cuyo rastro ha ido olisqueando en los recuerdos de los demás y en todos los rincones de las proscripciones.

«En el fons, és heretat de la meva mare. En tot allò que he escrit està la meva mare.»

Un año después de haberla parido, en 1937, falleció («pobre dona, parir quatre fills i morir-se»).

La persiana, medio echada. La luz entorpece. De pequeña se ponía el despertador a las cinco de la madrugada y se iba al comedor y se aflojaba las poesías y los pensamientos.

«Volia fugir de Girona, una ciutat pobre i trista i intel·lectualment morta.»

En el despacho de la periodista Carmen Alcalde (en su dirección de correo electrónico escribe Karmen, con ka de kilo), los papeles que salen de la impresora llenan la papelera, señal inequívoca de que escribe por necesidad (ahora la ocupa un relato sin título sobre la eutanasia).

El abrecartas permanece sellado en el vaso mirriano de los lápices.

Busca a su madre en los objetos.

Un teclado Casio con los peldaños de las notas blanquinegras toma en la esquina la temperatura de la música amable.

«Sé que ma mare va ser una pianista exquisita.»

IV

Entrevista con Albert Alforcea, autor de *Los seres del hogar*

LAS TRES ESCUELAS

El ocelote es un gato avinagrado con unas uñas afiladísimas que arañan como los cuchillos Samura.

El pintor Salvador Dalí adquirió el ocelote *Babou* en Colombia. Atado a una correa de oro, lo paseaba por los alrededores de la plaza de Figueres que lleva su nombre.

«Alguna vez, de pequeño, veía a Dalí con el felino, a veces acompañado de Gala, su mujer. Mi familia vivía muy cerca del Teatre-Museu Dalí», recuerda el ilustrador y escritor Albert Alforcea (Figueres, Girona, 1968). turbadora voz de barítono que se agarra a las cucharillas del café, con una galería de collares roqueros, de titanio y plata, y con la cola de caballo del jefe *sioux* Nube Roja –de joven practicaba boxeo y artes marciales.

Dibujante de numerosos libros para diferentes autores, Albert acaba de publicar su décima obra de fantasía: *Los seres del hogar* (Ediciones Carena, 2021), que exalta los vínculos de la amistad y el espíritu del guerrero, con figurantes que anhelan dominar los sueños.

Albert no tiene ningún *Babou*.

Albert no es Dalí. Pero Dalí se le metió dentro del coco. Sin darse cuenta, ha recogido los pedazos rotos de los sueños con los que lidiaba el genio *(Sueño causado por el vuelo de una abeja alrededor de una granada un segundo antes de despertar).* Y los sueños le han ido acompañando toda la vida, incluidas las noches.

Ha soñado con el espectro feérico: hadas, duendes, trasgos, gnomos, ninfas… Algo le debe también al cosmos Tolkien, que a su vez está en deuda con la guerra de trincheras de la Primera Guerra Mundial (enajenado en la batalla del Somme, se evadiría en el universo paralelo de la Tierra Media. Del poema «The lonely isle»: «For me for ever they forbidden marge appears»). «Tolkien es Dios», se le escucha decir.

«Ya de joven colaboraba en semanarios locales, y más tarde incluso organizaría exposiciones con mis cuadros; utilizaba el puntillismo, el acrílico y el aerógrafo», explica Albert.

Autodidacta, sin títulos oficiales, formado en las tres mejores escuelas (A, B y C):

A. La lectura de la «ruta victoriana»: de Charlotte Brontë a Charles Dickens, pasando por los clásicos de aventuras: *El último mohicano,* de James Fenimore Cooper; *Colmillo blanco,* de Jack London; *Veinte mil leguas de viaje submarino,* de Julio Verne… Albert ha soñado con sueños a medio hacer, con sueños que se desdoblan en sueños menores, como los diyéis que pinchan a Sash! antes de que acabe cualquier canción. Su primer libro trata de un ratón que sueña con ver el mar: *El sueño azul* (Timun Mas, 2003);

B. El *western:* inconmensurable John Ford y la interminable búsqueda en *Centauros del desierto* (1956). Quizás uno de sus ídolos, el productor televisivo Jim Henson *(The Dark Crystal),* también amara los duelos de pistolas, y…

C. El rock, la percusión: flamenco fusión, metal progresivo, el hard rock de Van Halen, por poner un ejemplo… En 1996 formó un grupo inspirado en la rumba catalana, «rollo mediterráneo»: Alara Kalama, por el maestro de Buda, que también soñaba.

Dalí era medio budista, medio Manolo y medio estraperlista de sueños.

Albert también.

«He colaborado con diseños para el mundo del rock: he conocido a la mayoría de mis héroes musicales y he trabajado para algunos de ellos, y he hecho cartelería para el promotor Robert Mills, el primero que trajo el grupo Kiss a España, y también he confeccionado las portadas de algunos discos, y por haber creado los personajes de una superbanda americana de hard rock

llamada The Winery Dogs, gente de todo el planeta se tatuó mis dibujos...»,
saca pecho. «Las láminas que me curré en el álbum homenaje a Queen, titulado *Los niños que salvaron la música,* llamaron la atención del guitarrista
Brian May, que lo recomendó en el día del aniversario de Freddie Mercury. Es
como si quisieras convertirte en actor y un día te llamara Marlon Brando...»

En *Los niños...,* la reina de Rhye, sílfide de la música, es raptada por Bel-
cebú, que la mete en una cueva oscura y le corta las alas. La música queda
silenciada.

El ilustrador y escritor Albert Alforcea, creador de *Los seres del hogar* y formado en las tres escuelas (lectura, cine y música): «¿Te imaginas un mundo
sin música?».

¿Te imaginas un mundo sin películas?

¿Te imaginas un mundo sin libros?

Dalí no se imaginaba un mundo vacío.

Albert tampoco.

V

Entrevista con Elena Almeda, autora de Travi, Mini y Tatita

LA COSTURERA

La costurera de los dedos de oro cosía botones, cosía retales y cosía remedios. La costurera Elena Almeda Miarnau (Barcelona, sin revelar el año) aprendió a coser antes que a cantar. Y cosía botones, cosía muñecas y cosía vocablos. Elena ha enhebrado los artículos y los determinantes y los ha reconvertido en un vestido de escote redondeado, de manga corta y canesú de encaje. Ha publicado *Travi, Mini y Tatita* (Ediciones Carena, 2014), cuento para coser sensibilidades, coser naturalezas y coser botones. «Se trata de un canto de amor a los animales. Me preocupa que se les cause dolor», piensa a modo de introito. Y sigue escribiendo con los dedos para no pincharse, y va enlazando puntadas a medida que va hablando. Cosiendo.

Lo de coser le viene a Elena de ser de memoria huidiza, según cree, a sabiendas de que la memoria y la desmemoria conviven sin llevarse bien.

«No era de aprenderme fechas, pero sacaba buenas notas en las manualidades, en las artes», se enorgullece.

Lo de las artes le viene a Elena del piano que en el colegio de las monjas dominicas –colegio de rosarios y labores– tocaban las alumnas aventajadas aun sin pájaros en el cogote.

«Lo que hubiera dado por saber tocar como ellas, yo que solo conocía los acordes de *Muñequita linda»*, le pesa.

Lo de los pájaros le viene a Elena de los jilgueros hembra que su padre salvaba de una muerte segura.

«Algunos cazadores amigos de mi padre le regalaban estos pajarillos, porque no valían para el canto», se entristece al escuchar mentalmente el gorjeo de aquellas aves maltratadas.

Lo de las cuentas le viene a Elena de la teneduría de libros, la rama de comercio a la que se dedicó, con sus debes y sus haberes y sus sesiones taquigráficas.

«Se me daban bien los números, y entré a trabajar en Manufacturas Puiggròs, fábrica de tejidos llena de telares, que palpitaba con un ensordecedor ruido, parecido a una locomotora de carbón», responde.

Lo de los telares le viene a Elena de su formación académica en corte y confección (patronaje, papel de seda, sisas…).

Dotada de un gusto exquisito por la estética, quería ser modista.

«Yo misma me hice el vestido de novia», suspira.

Lo de la estética le viene a Elena de su empleo en la empresa Aurelio García (A. G.), Sillones S. A., en la que ocupaba el puesto de secretaria de dirección y en el que se zambulló en el mundo del interiorismo.

«A. G. trabajaba los muebles de madera vista, y las tapicerías, y me desenvolvía bien entre medidas, espacios y decoración de ambientes… No olvidé mis propios proyectos, y cuando dejé la empresa hice también diseños de bolsos que vendía por mi cuenta», describe.

«Con el tiempo, empecé a nadar ya con seguridad. Para mí, la decoración era como componer esa música que nunca conseguí interpretar en un piano», cree.

Lo de los diseños le viene a Elena de la creatividad de sus manos, cuyo destino vaticinó Ramón Bosch Estivill, el director del centro Catalunya, en el que estudió en los primeros años: «A esta niña no la pongan a hincar codos. Esta niña, sus manos».

Lo de las manos le viene a Elena de su gusto por la pintura («complicidad con el lienzo») y la escritura («al natural, música en el lápiz»).

«Al principio, canalizaba ese burbujear de dentro con poemas cursis, y años más tarde me atreví con una novela: *1440 minutos*. Y más tarde, con el cuento *Travi, Mini y Tatita*, basado en mis gatitos», explica.

Lo de la escritura le viene a Elena de coser palabras con los deditos de oro.

Dedos de costurera.

VI

Entrevista con Ivón Álvarez Mestre, autora de *El mundo de Ananda*

LA MARIPOSA ESFINGE

«Hola, me llamo Lilia, tengo 12 años y ya estoy en primero de secundaria. He decidido escribir el diario de mis vacaciones...»

El mundo de Ananda (Ediciones Carena, 2010) es un mundo de ilusiones de confeti y alegóricas fantasías. Selvas y gigantes anfitriones, sus personajes se codean con los portadores de los sueños, que descienden hasta lo más profundo de nuestro ser, cada noche. «Realmente no es un libro para niños, es un libro para cualquier edad, de 12 a 120 años», apunta la autora, Ivón Álvarez Mestre, alta, mañosa, con una voz romana y oscilante, ensortijada de oropeles, una cubana que reside en Barcelona, al lado de un parque que ella cree que es un bosque y que bien podría serlo.

Ivón Álvarez Mestre, el hada buena de los niños, sacó las alas para agitarse las gotas del rocío, en ese bosque en el que pasea a su perro, *Jack*, «chucho mestizo que rescaté de la perrera». Esta mariposa Esfinge, con dos hijos criados en la intangibilidad (Olivia y Marcel), nació en 1967, en La Habana.

«Viví sola con mi mama», comienza a relatar su historia y la de su ascendencia (padre y madre economistas), moralina que ha ido puliendo con el paso de los años. «Practiqué el voleibol. Gané una beca y eso me permitió estudiar la diplomatura de Presupuesto Estatal, que me saqué en Moldavia, país que pertenecía a la URSS. Yo soy *financista* [de Finanzas]», prosigue Ivón, con las alas plegadas como si llevara puesto el albornoz. «Ahora la URSS ya no existe, solo queda Cuba, pero no quiero hablar del régimen cubano porque creo que solo los cubanos que viven en Cuba pueden hablar de los deseos para su país. Si algo ha de cambiar –seguramente que sí–, lo han de sugerir ellos, como ocurrió en Sudáfrica.»

Al volver a La Habana después de una permanencia incierta entre ortodoxos marxistas, Ivón trabajó en la Dirección Provincial de Finanzas de la ciudad, revisando balances y aplicando la metodología de sus estudios.

«En las auditorías, yo miraba las historias que los números me contaban, le ponía cara a las cifras», dilucida, adelantándose ya a su primera vocación, la de escribir. «Escribir es una de las experiencias más gratificantes de mi vida. Cuando sucede, apenas como, apenas duermo, escribo escribo escribo…» (Ahora está preparando, «en estado de gracia», su próximo proyecto, del que solo sabe el título: *Faro de Luna,* «pensado para las mujeres, sobre todo de nuestras latitudes».)

En el 2001 volvió a coger el avión, y se vino a Barcelona con la intención de matricularse en el máster de gestión y planificación de destinos turísticos, del que aún ha de entregar el trabajo final de investigación.

Ivón, la mariposa Esfinge, el hada buena de los niños, lee *El encanto de la vida simple,* de Sarah Ban Breathnach, con este subtítulo terrenal: «Un consejo para cada día, un libro para toda la vida». Se nota, porque se refugia en los lugares en los que corre el aire y cuyas vibraciones le hacen sentirse especial. «Este fin de semana voy a limpiar las ventanas de mi casa bien a fondo porque quiero que entre la luz del verano y que llegue a todos los rincones», desea, accionada por la voluntad y por el tesón circular, que funciona como la muela de un molino –gira y comprime y hace fuerza–. Siempre le ha gustado leer («en séptimo grado hice una redacción sobre *Lazarillo de Tormes»)* y siempre fue buena redactando aunque no fue hasta hace año y medio que se dio cuenta de que también podía escribir.

¿Qué ocurrió hace año y medio? ¿Cómo surgió la necesidad de escribir? ¿Cómo se convirtió en mariposa Esfinge?

«Empecé mi viaje interior en diciembre del 2006», inicia, y para adentrarse en ese viaje interior se sirve de estas tres palabras: autoayuda, meditación y espíritu (sobre todo en los libros de Wayne Dier y Deepack Chopra).

«Cuanto peor me lo ponían (me cortaron la luz, el agua…), más creativa era y mejor me las ingeniaba. Sentía paz, y no perdí la alegría. Tenía que ver con la percepción, algo maravilloso», hace memoria, acampada en los recuerdos de una semana que la pasó barruntando.

«La idea del libro surgió para contar la alternativa a la desesperación, la depresión y la tristeza. Se trata de conectar con nuestro interior. La felicidad es un estado del alma, independientemente de todo lo exterior, es la belleza de lo cotidiano. ¿Necesitan los masai agua corriente? Tienen una vida simple, y cuando cae la noche, se reúnen, cantan y son felices.»

La mariposa Esfinge de patas perfectas y alas tintadas de azul subió las persianas y lanzó las vibraciones al universo.

En agosto del 2009 se encerró en casa para acordar consigo misma los términos de su futura vida, y se haría fuerte para poder cumplirlos a rajatabla: más reposo y menos estridencias.

«Y al tercer día… me vino la inspiración», declama, con el concepto canónico en el sanedrín de sus epístolas. «Al tercer día me vino el nombre: Ananda, que en sánscrito significa "dicha".»

El mundo de Ananda es un mundo para las personas de cualquier edad: «El libro está pensado para los más jóvenes, que son quienes están llamados a protagonizar el cambio. Nosotros estamos más condicionados por "el camino de espinas" que nos han enseñado. Siempre me ha gustado conversar con los niños, me divierte su ingenuidad. Con ellos, cada día descubro cosas. Hay que preguntar a los niños cómo les gustaría que fuera el mundo».

VII

Entrevista con Montserrat Anguera i Soler,
autora de *1936*

LA ENTREVISTA LOCA

«El sol s'amagava darrere d'uns núvols llunyans i un vent gelat bufava pel carrer, escombrant la gent que cercava el recer de casa, el recer de la llar.

»A la llar dels Castellví es vivia en expectació esperant una arribada, l'arribada d'un hereu.»

Seduce el inicio de la novela *1936,* costumbrista estampa de una familia en los prolegómenos de la Guerra Civil (Ediciones Carena, 2020; en la misma editorial la autora ha publicado media docena de libros).

La catedrática de la Universitat de Barcelona Montserrat Anguera i Soler, con más de una veintena de novelitas breves a sus espaldas («a veces, tres por año»), mete el turbo cuando su imaginación se desata. «Escribo con rapidez, con mucha rapidez, porque hoy todo va rápido, ¿no?», dice a modo de disculpa, y sin perder un ápice de su coquetería: «¿Me has reconocido con el pelo blanco? Mira, he cambiado».

Cuello alto sin volantes y con un lazo anudado de color carne.

De figura esmeralda, con un talle que es un tallo de copa de vino, maridaje de golpe intelectual y culo de mal asiento. No se está quieta.

Intensa.

Perspicaz.

Dialéctica.

Expositiva.

No tiene internet.

Y su casa, un cuarto piso en una vía del barrio de Horta, es un pasado presente, una prolongación de su temperamento: nada altiva, coronada de verbos («me gusta la lingüística»), alhajada de fotografías en blanco y negro (la familia), de óleos románticos (mares embravecidos igualitos a los que pintaba David Friedrich) y maderas nobles, con ese color marrón envuelto en brumas, indicador del paso voraz del tiempo.

Obras de referencia, como la *Gran Enciclopèdia Catalana,* y su verde enredadera que contrasta con las tablas de una estantería griega.

En medio, una mesita para las pastas del té, si la casa de Montserrat hubiese sido una casa victoriana. Porcelanas chinas de vasos y tibores azul atlántico. Y un abanico de varillas esmaltadas, cerradas, esperando el escalofrío de una canción de Aute o una sonata de Chopin.

La primera pregunta, mercenaria, va encaminada a la necesidad de saber cómo construyó la trama de *1936.*

Ella pone quinta: «No hay nada inventado. Si no sé algo, busco documentación, me voy a fuentes originales, fuentes serias. Antes iba al Arxiu de la Corona d'Aragó y a la biblioteca de estudios clásicos de la Universitat de Barcelona. Así, he aprendido muchas cosas de Barcelona: por ejemplo, que los túneles de Ferrocarrils de la Generalitat de Catalunya son anteriores a la construcción del metro. Y que el primer tramo electrificado de Barcelona iba de Arc del Teatre al Pla de la Boqueria. En el caso de *1936,* todo me lo contaron… Los pobres padecieron por todos lados».

Reportero Jesús.—¿Su padre luchó en el frente?

Montserrat Anguera.—El abuelo, y tuvo una vida larga.

R. J.—¿Salió vivo de la guerra?

M. A.—La gente hablaba de la Quinta del Biberón, aunque yo no conocí a ninguno.

R. J.—La desbandada fue cruel.

M. A.—Huyó quien pudo, pero la ciudad se erizó de barricadas, con camiones rusos con plataformas abiertas y chicos y chicas con fusiles que cantaban *La Internacional.* Tengo una amiga que lo vivió de pequeña y creía que era como la Revolución Francesa que había leído en los libros de texto del colegio.

Se le preguntaba por la trama: «Una novela se parece a otra. Escribo en el portátil; antes lo hacía a lápiz. Necesito escribir, la mayoría de veces con las iniciales M. A., porque soy muy celosa de mi intimidad. Cuando me dediqué a la narrativa, lo hice para divertirme, y escribo en cadena, porque lo necesito. Siempre digo que esta es la última novela, pero soy incorregible. Para no aburrirme, escribo. Ahora tengo una novelita titulada *Talons d'agulla*, y la escribí durante el confinamiento [marzo-junio del 2020]. Las tramas las pongo en cola. Siempre es un enigma cuándo vendrá la próxima».

Dura de oído.

R. J.—¿Cómo describe la época?

M. A.—¿Cómo escribo?

R. J.—No, como la describe.

M. A.—¿Mi novela?

R. J.—No, la época actual. Quería saber su opinión.

M. A.—¿Sobre qué?

R. J.—Sobre la crisis sanitaria y lo que se vive hoy.

M. A.—¿Te refieres al virus? Ha venido para quedarse. La vacuna es muy lenta e insegura, y dicen que no habrá para todos. Me hace pensar en Sodoma y Gomorra… Por cierto… [Sus ojos se posan en el libro de la mesita, *La tresse,* de Laetitia Colombani, «tres mujeres unidas por un poderoso anhelo de libertad»], estoy leyendo un libro que es una monada, en un francés delicioso, delicioso.

R. J.—¿Aprendió francés de pequeña?

M. A.—Desde siempre.

R. J.—Yo estoy estudiando inglés.

M. A.—El inglés es el latín de ahora, es la lengua universal. Aún te encuentras testamentos en latín, en los archivos de documentos del siglo XIX. Ramon Llull no solo escribía en árabe, también en latín. Tiene una vida novelesca Ramon Llull. Su *Cant de Ramon* es una plegaria preciosa.

R. J.—Pues, nada, solo quería saber su proceso creativo.

M. A.—Mi literatura es espontánea, nada elaborada, escribo a chorro, no miro las musarañas.

R. J.—Es curioso, porque también ha hecho investigación.

M. A.—Tuve una beca, y la tesis es el punto de partida, no de llegada. Por eso, cuando escribo sobre cosas del pasado, me gusta informarme. Contrasto. Yo escribí sobre la gramática del catalán. Hice excavaciones en casa y encontré un ejemplar de mi tesis… ¿Sabes que Ramon Llull —Ramon Amat se llamaba— vivía en el Parc de la Ciutadella?

R. J.—De alguna manera. Barcelona siempre es protagonista en sus obras.

M. A.—Es lo que sé, lo que he vivido.

R. J.—Lástima que este año no se celebre Sant Jordi.

M. A.—Una pregunta, ¿se celebrará al final Sant Jordi?

No lo había dicho.

Montserrat tiene casi cien años.

VIII

Entrevista con Daniel Arasa,
autor de *Vida i miracles dels anys de pa negre*

PA NEGRE

Benito Panchamé va saltar a la sorra de Normandia pocs dies després del Dia D, el juny de 1944.

«Encara hi havia cacau», va esmentar a aquest reporter en una entrevista per a la revista local *L'Informatiu de Sants, Hostafrancs i La Bordeta*.

Benito Panchamé no mentia. El seu nom figurava en un manual de consulta indispensable: *Los españoles de Churchill,* de l'historiador i periodista Daniel Arasa (Jesús, Tortosa, Tarragona, 1944), que acaba de publicar les vivències de la infància en *Vida i miracles dels anys de pa negre* (Ediciones Carena, 2021).

«Sempre m'ha apassionat la guerra, i sobretot la Segona Guerra Mundial», reporta amb ganes de viure joiosament, amb sentit de la justícia i un somriure murri de «mai he trencat un plat». Reporta i adjectiva: «La guerra és una monstruositat. Ho dic jo, que vinc d'una localitat, Tortosa, que les trinxeres van partir en dos».

Daniel Arasa, el major de sis germans, es va dedicar al periodisme –que és el mateix que dedicar-se a la història– perquè volia explicar el que succeïa al seu voltant. Més que explicar, volia ajudar: «Volia aportar alguna cosa a la societat, em considero humà i espiritual. I volia estar present en la vida pública».

De formació perit químic, aviat començaria a col·laborar en el mitjà local *La voz del Bajo Ebro,* amb articles sobre sèquies, ponts i riuades.

D'aquí va saltar a molts altres mitjans, fins que va arribar a ser cap de redacció de l'agència Europa Press.

«Pensa que quan jo vaig començar a escriure en premsa escrita ja estava casat i tenia fills [té set fills], de manera que no em podia permetre no cobrar», diu, i es remunta als anys de la pluriocupació: «Al matí anava a una fàbrica de cautxús i després, a la tarda, dirigia *Tarrasa Información*».

Diverses són les notícies que va destapar, la major part de les vegades per haver-se quedat en el lloc adequat en el moment oportú.

Per exemple, va ser el primer a informar de la renúncia al marxisme del PSOE de Felipe González, i de l'aprovació de l'Estatut de Sau, el 1979. I es va mantenir enganxat a la ràdio a la «nit dels transmissors» del 23-F, en aquell fatídic cop d'Estat de 1981.

«Un bon periodista ha de tenir veritable amor per la veritat, i després aixecar el cul de la cadira i buscar fonts primàries, originals», afirma, qualitats que li han servit per repartir-se per nombrosos països, sempre a la caça de la primícia, un Tintín sense Milú o un Manuel del Arco sense estilogràfica.

Va conèixer als polítics de tots els colors i de totes les sintonies: de Jordi Pujol («li tinc un gran afecte tot i l'enrenou») a Adolfo Suárez («conqueria amb el seu atractiu») passant pel Jorge Semprún («mai va saber odiar»).

A tots ells els va tractar, amb més o menys intimitat.

«Jo he estat a la Casa Blanca i al Parlament d'Israel, puc dir que he vist una mica de món.»

Ho diu per la moda o la plaga de les *fake news,* que ja tenien el seu predecessor en les revistes il·lustrades nazis com *Adler* i *Signal.*

«No es pot falsejar la Història», puntualitza, i profetitza, perquè qui avisa no és traïdor: «El futur de la premsa el veig negre, entre altres coses perquè s'ha perdut qualitat i el nivell formatiu en humanitats és baixet, per no parlar de l'escàs sentit ètic: l'essència del periodisme hauria de seguir sent la separació d'informació i opinió, però això no es compleix».

Daniel Arasa continua escrivint: sobre la persecució religiosa, sobre la Batalla de l'Ebre de la Guerra Civil (1938), sobre la repressió franquista i el maquis...

No tot són assajos dels anys més convulsos d'Espanya.

També ha publicat *A les 9 a la Lluna: un passeig a través de cinquanta anys d'amor imperfecte,* dedicat a la seva dona, Mercè.

El secret per estar mitja vida amb la mateixa dona: «Fer feliç a l'altre».

O el que és el mateix, saber renunciar a un mateix.

IX

ENTREVISTA CON SARA ARAUJO, AUTORA DE *A VECES ME HE MUERTO*

¡VIVA LA VIDA!

«Solo detén tu llanto, cielo, / es una señal de los tiempos.»

En el estribillo del tema *Sign of the times,* el artista británico Harry Stiles repite sin descanso estos dos versos, las alas de una mariposa: «Solo detén tu llanto, cielo, / es una señal de los tiempos».

Canta mientras levita sobre el mar de la isla de Skye, en las Highlands escocesas.

Suscribe la letra de *Sign of the times* la escritora Sara Araujo (Colindres, Cantabria, 1990; www.araujosara.com), que, antes de ser escritora, también levitó, cantó y lloró. Ha dado al mundo el relato corto de prosa poética *A veces me he muerto* (Ediciones Carena, 2020), en el que exorciza una relación sentimental que le hizo daño.

«Tenía dependencia emocional de las personas con las que estaba y en ellas me volcaba», dice, queriéndose por encima de todas las cosas.

«Me ayudó mucho mi madre, Reme», dice, honrando a quien le debe la vida.

«Me ayudó mucho mi padre, Ton, que no se rinde», dice, honrando a quien le debe la vida.

«Me ayudó mucho escribir *A veces me he muerto*», dice, y releo: «Él es Verano y yo soy Agua. Me enamoré como nunca antes lo había hecho. De su sonrisa. De sus manos. De su pelo. De su nariz. De sus ojos. De su arte. De su vida. De sus pecas. De sus labios. De él».

Dejo de leer.

Sara: «Me desintoxiqué y me hice fuerte».

Tan fuerte y rocosa y profeta como el viejo marinero Walt Whitman en *Canto a mí mismo* («Yo me celebro y me canto»).

Educada en el pueblecito costero de Colindres, salió de allí a los 18 años para dar vueltas y vueltas: San Sebastián, Salamanca, París, Santander, Londres y Barcelona, adonde llegó en el 2018 y donde se reencontró con su vocación.

«Vine a Barcelona medio dormida y creyendo que haría un posgrado de recursos humanos y ya está, que acabaría trabajando en el departamento de compensación y beneficios del supergigante farmacéutico Novartis, y ya está. Pero yo siempre he querido actuar, así que me apunté a la escuela de interpretación Nancy Tuñón y Jordi Oliver. No sé si me dedicaré a esto, pero ahí estoy.»

Por ahora, se la puede ver en televisión en los anuncios de Vinted (*«Vende ropa, gana dinero»*).

Psicóloga de formación, le pide a la vida paz («la felicidad es estar en paz») y abundancia («volver a la tierra»).

La divertida, bulliciosa y rumbosa Sara Araujo es quien es porque ha pasado por lo que ha pasado. Igual que solo se puede ser alegre si se ha conocido la tristeza, solo puede ser verdaderamente independiente quien ha conocido la dependencia, porque reconoce los mimbres del engranaje.

¿Quién es Sara Araujo?

Infinidades:

…una diadema, una persona amable con la vida («nos han educado hacia afuera, pero yo soy muy introspectiva»), que baila con la vida, que se detiene ante la belleza, que se pone de cara al sol para reverdecerse, que valora la sencillez, que está tranquila estando tranquila, que huele las flores de los bazares chinos aunque su olor no embriague, que es matrona y compañera y estudiante y amiga y comprensiva.

«Soy humana en prácticas y me lo tomo muy en serio.»

¿Quién es Sara Araujo?

Un ciempiés, una oruga y un abejorro. Pura naturaleza. «Vivo un proceso loco, no quiero asumir la normalidad estructurada por la sociedad. Me enfrento a ello», se convence.

Quizás por eso está escribiendo un segundo libro, *Agua en diciembre,* la continuación de *A veces me he muerto.* En su momento, también nos lo regalará. En un capítulo del ensayo filosófico *El mundo de Sofía,* el noruego Jostein Gaarder afirma: «la duración del regalo no tiene ninguna importancia. De alguna manera durará toda la vida».

Sara: «Antes construía desde la necesidad de estar con alguien y ahora vivo el amor».

Vivir, su verbo.

Para el karaoke, nada de *Sign of the times.*

Aires de fiesta, de Karina:

«¡Viva la vida y arriba el amor!».

X

Entrevista con Pau Arenós, autor de *Mi buen asesino*

NOVÁPOLIS

Novápolis no es Barcelona.

Pero es Barcelona.

Podría ser Alejandría, Brasilia y Zúrich.

«La corrupción es la misma aquí y allí, por eso en este escenario imaginado no hay lugar ni tiempo definidos.»

El periodista Pau Arenós (Vila-real, Castelló, 1966) ha publicado *Mi buen asesino* (Ediciones Carena, 2019), sobre el sicario Samuel, ciudadano de Novápolis cuyo oficio es matar. Hasta que una tarde la conciencia se le presenta, le sacude y le hace dudar.

«Para mí, la novela negra es social.»

Pau Arenós no mataría ni una mosca. Tiene más de Atticus Finch que de Pablo Escobar. De media estatura, sociable y sociabilizado —el desparpajo, su tarjeta de presentación—, de hipnótico deambular por el amplio territorio de las palabras, Pau Arenós escribe porque come —a veces, escribe lo que come— y come porque lee.

Le abdujeron las novelas de la serie sobre Pepe Carvalho, de Manuel Vázquez Montalbán, *Manolo (Asesinato en el Comité Central)*. En la carrera de periodismo, en Barcelona, a mediados de los ochenta, Pau conocería a Daniel, el hijo de Manolo, que le presentó a su padre.

«Era ultratímido, muy práctico, y me respondía siempre con frases cortantes. Más tarde, intercambiaríamos tápers, alguno con patatas riojanas», rememora Pau Arenós, sentado en una de las mesas interiores del restaurante ChichaLimoná, en el paseo de Sant Joan, a cien metros de la redacción de *El Periódico de Catalunya,* donde da guerra desde hace treinta años.

Vázquez Montalbán le acabaría escribiendo el prólogo de *Los genios del fuego,* el primero de sus libros «comestibles». «Cocina convertida en cultura», colegiría el famoso autor de *Galíndez.*

A su vez, y como contrapartida, Pau Arenós le pagaría con un prólogo a *Carvalho Gourmet,* ya en la sobremesa de su despedida. Manolo Vázquez Montalbán murió en el 2003.

Pau come bien (el arroz al horno «revelador» de su madre y la paella de su abuela) porque lee bien: también ha crecido junto a Julio Cortázar *(Rayuela)*, Dashiell Hammett *(El halcón maltés)* y Raymond Chandler *(La ventana siniestra/alta).*

Pau come bien porque cocina bien (solo y en silencio): bacalao al pilpil, pollo al horno con mantequilla de trufa, otros arroces... Lo aprendió por necesidad, en su piso de estudiante («mis primeros platos eran una catástrofe»). Como un abracadabra se inventa esta frase que deja la miel en los labios: «Tienen que pasar cosas en mi cocina».

Cuando se pone el delantal, sus comidas incluyen cuatro y cinco platos.

No es muy de repostería.

Con todo, suma ya más de mil recetas propias («aunque copie, llevo a mi terreno ese plato, le añado algo mío, me gusta la creatividad, el nuevo lenguaje»).

Personalmente, lo único que une al periodista y crítico gastronómico Pau Arenós con su personaje Samuel es que los dos le echan picante a la vida.

Página 84 de *Mi buen asesino:* «comienza a preparar unos *fagioli* y, si te descuidas, los convierte en unos putos frijoles picantes».

Picante en sus platos: tartar de salmón.

Picante en sus artículos: «Ya decía Manolo Vázquez Montalbán que temía que Barcelona se convirtiera en Disneylandia».

Por ahí vamos.

XI

Entrevista con Guillermo Ayesa Igoa, autor de *Caballo blanco*

ÉRASE UNA VEZ... EN EL CINE

«Anoche soñé que volvía a Manderley…»

Así empieza *Rebecca,* el libro de la escritora británica Daphne du Maurier. El director de cine Alfred Hitchcock elegiría a una de sus actrices rubias, Joan Fontaine, para llevar a la gran pantalla esta novela psicológica, en 1940.

El escritor Guillermo Ayesa Igoa nacería con el estreno de *Rebecca.* Mucho tiempo después la disfrutaría y reconocería la poderosa fuerza de sus personajes.

Guillermo Ayesa ha publicado la novela *Caballo blanco* (Ediciones Carena, 2021), historia ficticia con un trasfondo de verdad, ambientada en la Segunda Guerra Mundial. Acaso, lo que ha hecho en realidad es el guion de su propia vida, para que otro Hitchcock la inmortalice.

«Yo nací en Manila pocos meses antes de que los japoneses invadieran Filipinas. Mis abuelos habían emigrado a las islas desde Navarra, en el siglo XIX», contextualiza Guillermo, apoyado en un bastón de madera de arce y palo de endrino, con la prodigiosa memoria de Kirk Douglas *(Senderos de gloria)* y una divertida mirada de grumete que desembarca en cada puerto, ansioso de ver mundo. «Los Ayesa y los Igoa llegaron a Filipinas buscando un futuro mejor. Sus apellidos corresponden a dos localidades navarras. Se juntaron, unieron sus destinos y aquí estoy.»

Guillermo tuvo cinco hermanos, aunque uno se le murió. A su padre, José, no le conoció. Los nazis del Tercer Reich torpedearon el buque de la marina mercante que capitaneaba, el *Susana,* con las bodegas repletas de material bélico. Eso ocurrió frente a las costas escocesas, en el Atlántico Norte, en 1941. Años más tarde, conocería al cocinero filipino del navío, único superviviente de aquel naufragio. Le contó que, de madrugada, oyeron un tremendo ruido, una explosión que envió el barco a pique. A José le pilló en ropa interior, mientras dormía. Ya en el agua, el cocinero le agarró para que no se hundiera, intentando que sus brazos le rodearan el cuello. Pero le perdió en la inmensidad del océano helado.

Steven Spielberg dirigió *1941,* sobre las secuelas del ataque japonés a Pearl Harbour. Fue un fracaso de taquilla.

«No me acuerdo de nada de esos años, solo tengo una vaga imagen en la que mi familia hace las maletas porque están bombardeando Manila», recupera del disco duro en el que guarda los recuerdos blancos (los sabores) y negros (la humedad).

Acabada la contienda, la madre de Guillermo decidió comenzar de cero y trasladarse a San Francisco, en Estados Unidos, en 1946.

«La gente americana era amable y cívica, muy feliz porque había vuelto a la normalidad después de varios años de muerte», evoca Guillermo, como si estuviera estacionado en una vía de doble sentido.

En 1946, en *Gilda,* la actriz Rita Hayworth se desnudó del codo hasta la mano, en una escena erótica y sensual aun sin cama de por medio.

La primera vez que Guillermo fue al cine fue para ver el reestreno de *Frankenstein* (1931), protagonizada por Boris Karloff.

«Tuve tanto miedo que me juré no volver a una sala de cine, pero mis hermanos me convencieron y volví, aunque no las tenía todas conmigo. En la cartelera había el nombre de un artista que a mí me daba mucho miedo: Red Skelton, y yo me imaginaba un señor de esqueleto rojo. Resulta que era un humorista muy gracioso *[The Yellow Cab Man].*»

En 1952, con la estúpida guerra de Corea (1950-1953) amenazando el futuro de los más jóvenes, los Ayesa Igoa cruzaron Estados Unidos. En Nueva York subirían a bordo del crucero *Magallanes,* en la última ruta que cubrió: Nueva York-A Coruña.

Los hermanos mayores huían del reclutamiento forzoso para no caer en la segunda guerra de sus vidas.

«La guerra de Corea fue un error garrafal, y la guerra de Vietnam todavía fue peor», certifica. «Yo tenía 12 años cuando pisé Nueva York y ya vi cómo se hacían ejercicios para bajar a los refugios nucleares, en la paranoia de otra guerra, la Guerra Fría.»

En 1952 se estrenó *Deadline-USA,* con un Humphrey Bogart que se mete en el papel de un editor de periódicos.

Cuando Guillermo pisó España, se sorprendió de que las palabras castellanas sonaran igual que las del idioma inglés. En una calle vio un cartel recurrente: *hotel.*

«Yo creía que aquí iban todos vestidos de flamenco, pero no fue así», se ríe.

Pronto cogieron el tren con destino a Madrid, donde se instalaron en la calle de Fernán González, cerca de El Retiro.

Trabajó en diferentes empleos: en la cantera, en las mudanzas, en contabilidad… Y escribía porque le gustaba el cine *(Ave del paraíso,* de Delmer Daves). Cuando no tenía dinero para las entradas, se quedaba en la puerta, bajo los carteles luminosos.

Pronto, y como intérprete y traductor, consiguió un hueco en la industria del celuloide. Asistió a los rodajes de *El Cid* (1961), con Charlton Heston; *La caída del Imperio Romano* (1964), con Sophia Loren; *Golfus de Roma* (1966), con Buster Keaton…

En 1970, Guillermo Ayesa se trasladó a Barcelona, donde se empleó como profesor de inglés. Y siguió sus escarceos: actor secundario de lujo en filmes como *El perfume* (2006) y en series como *La Riera* (2010).

El escritor y notable admirador del séptimo arte Guillermo Ayesa nunca ha dejado de volar, por eso empatiza tanto con Simbad como con King Kong.

Lo último a lo que está enganchado: la serie *The Crown* (2016).

Fantasea con que Netflix adapte *Transfiguración,* el texto en el que está trabajando: un hombre que se convierte en león y devora a quien se le pone por delante.

Érase una vez… en el cine.

XII

ENTREVISTA CON ARTUR BALAUX I CERVERA,
AUTOR DE *ELS MITES DE L'ANTIGA GRÈCIA*

EL OLIMPO

La historia de la filosofía es también la historia de los dioses del Olimpo.

Antes de que Sócrates recorriera los tugurios de Atenas con ganas de charla, otros hombres habían explicado el mundo. Zeus poseía el cielo, y se hacía servir del trueno para intimidar y causar pavor. De la misma manera que la máxima divinidad, Zeus, gobernaba a su antojo, otros dioses menores y no tan menores representaban esferas de la vida, paisajes y comportamientos: el amor estaba representado por Afrodita; la sabiduría, por Atenea, y la guerra, por Ares.

A todos ellos, de Zeus a Ares, les ha convocado el profesor de primaria Artur Balaux i Cervera (Barcelona, 1950), que ha publicado *Els mites de l'antiga Grècia* (Ediciones Carena, 2021).

«Yo veía a los chicos entusiasmados cuando les enseñaba las aventuras de los dioses griegos. Realmente, son aventuras. Y por eso me decidí a escribir una obra que no fuera un diccionario o un tostón de ensayo, y creo que el resultado es satisfactorio», desliza Artur, soñador despierto, fortín para las dudas, con una mirada oblicua que penetra en los detalles para ver la esencia de las cosas. «Los clásicos son clásicos porque nunca pasan de moda y porque desnudan el alma humana.»

Vecino de Sants y antiguo presidente de la Institució Montserrat, Artur pone como ejemplo de «alma humana» el mito del Minotauro y también el caso del rey Egeo, que se mató al pensar que su hijo, Teseo, había fallecido. Desde entonces el mar Egeo lleva su nombre.

«Dios, el Dios cristiano, hizo los hombres a su imagen y semejanza. Los griegos crearon los dioses a imagen y semejanza de los hombres», dice.

Els mites de l'antiga Grècia incluye secciones de vocabulario para entender la enorme deuda que a los mitos le debe nuestra cultura y, por ende, la lengua. Vocabulario como fobia (de Fobos), volcán (de Vulcano), selenita (de Selene)… Y sádico, amazona, augurio…

«Por ejemplo, eólico viene de Eolo, dios del viento; tanatorio viene de Tánatos, dios de la muerte; cronómetro viene de Cronos, dios del tiempo… La cultura occidental tiene como base la experiencia griega, que es el origen de lo que somos», justifica Artur, que se imagina los cíclopes y las ninfas como si los tuviera delante.

La curiosidad de Artur no tiene límites: «Estaría bien poder mirar por un agujero para saber cómo será el futuro…».

Las narraciones históricas de los capítulos de su libro, con su sentido de verdad, se leen como obras de suspense, pequeños Polanski sin maldad.

Las predicciones del oráculo Artur son correctas: «La educación, hoy, es un desastre, sobre todo por la falta de inversión en lo público».

En la actualidad, los jóvenes de la ESO encuentran los mitos pasionales, y no solo los pasionales, en los videojuegos, en las consolas que atesoran en su dormitorio: en el moderno *Blasters of the universe,* con grandes dosis de violencia, podríamos incluir a la diosa Eris, el caos y la discordia.

«Los dioses antiguos tenían superpoderes, que es algo que hace mucha gracia a los chicos cuando se lo explicas. Ellos pueden hacer correlaciones con sus héroes de Marvel, y entonces se dan cuenta de que la historia de la civilización, el pasado, no es tan aburrido.»

XIII

DIÁLOGOS

Para que haya diálogo sincero es imperativo el concurso de dos personas. Mínimo. Aunque a veces, uno puede dialogar consigo mismo; las réplicas se atenúan. Se existe en tanto en cuanto se forma parte del otro, sea mujer, hombre o jirafa. La alteridad es el conjunto, la visión contrapuesta de lo que se puede pensar: tú y tu pepito grillo en el ring.

Don Quijote y Sancho ensayaron el diálogo por mediación de Cervantes, su divertido oyente. Cuando Don Quijote se ofuscaba (*«antes que pasen dos días, si la fortuna no ordena otra cosa, la tengo de tener en mi poder, o mal me han de andar las manos»*), la voz de Sancho hablaba con la tierra (*«que vuestra merced me diese dos tragos de aquella bebida del feo Blas»*).

Supongamos que el filósofo Nacho Bañeras (Barcelona, 1980) es Don Quijote, la mirada limpia. Acaba de publicar el ensayo *Actitud salvaje. Entusiastas del abismo* (Ediciones Carena, 2019). Su tío Manel, el bachiller Sansón Carrasco, le proveía de lecturas, de las que ha extraído el purgante para curar el alma: *Ética para Amador,* de Fernando Sabater; *El mundo de Sofía,* de Jostein Gaarder…

Supongamos que un servidor es Sancho Panza, con ganas de echar la siesta.

La filosofía es, así, pues, el diálogo entre estos dos jamelgos.

Reportero Jesús.—¿Qué es la filosofía?

Nacho Carretero.—Más que una manera de pensar, es una manera de estar. Cuestionarnos las gafas que siempre llevamos puestas. Atenerse al escepticismo de Sócrates cuando afirmaba que no sabía nada…

R. J.—Pero Sócrates no era ningún ignorante.

N. C.—Para Sócrates, *ignorante* es quien cree saber algo.

R. J.—Pero ¿cómo se sabe que no se sabe?

N. C.—Escuchándose uno mismo. Salir de la *hybris,* palabra griega que se puede traducir por orgullo, aunque, actualmente, podríamos referirnos a nuestro ego.

R. J.—¿Se puede ser culto e ignorante?

N. C.—Alguien culto es alguien cultivado, alguien que se ha transformado. Un filósofo no es un erudito.

R. J.—Lo que no se puede es filosofar si no se tiene a nadie delante.

N. C.—Exacto, pero no tiene por qué ser un diálogo verbal, pueden ser silencios, emociones, gestos…

R. J.—¿Qué busca la filosofía?

N. C.—Lo que todos buscamos, ser felices.

R. J.—¿Cómo se encuentra la felicidad?

N. C.—Sócrates mantenía esa actitud de no saber. Cuando yo menciono la palabra *entusiasta* hago mención a «estar con dios», a la plenitud, lo contemplativo.

R. J.—¿Ese es el camino?

N. C.—El mitólogo Joseph Campbell *[El héroe de las mil caras]* se dio cuenta de que en todos los mitos existía un mismo proceso de autoconocimiento. Los antiguos griegos creían que la belleza, la bondad y la verdad se daban conjuntamente.

R. J.—Entonces, ¿por qué la sociedad de hoy está tan perdida si ya se ha trazado el camino de la felicidad?

N. C.—La sociedad vive instalada en el capitalismo y el consumo es su zanahoria. La precariedad, la urgencia de ganar dinero, nos impide reflexionar.

R. J.—¿Se puede salir del círculo vicioso?

N. C.—Es difícil salir del capitalismo porque se cuela por cualquier rendija. Nosotros mismos estamos siempre evaluando nuestros actos, puntuándonos. El capitalismo es el antisistema, la antivida. La ansiedad viene de interiorizar el opresor, esto es, el capitalismo actual.

R. J.—¿La solución es tener un huerto como Cándido?

N. C.—La respuesta no es volver a lo de antes, no sirve.

R. J.—Y ¿qué hacemos?

N. C.—Ofrecer un nuevo paradigma. Algunos creen que la clave está en la ecofilosofía, que tiene tres patas: lo individual, lo social y lo ecológico.

Forsi altro canterà con miglior plectio.

XIV

Entrevista con José Antonio Baños, autor de El árbol seco

COMO EL TORO

Como el toro, José Antonio Baños, un toro cabrero de la alfarería murciana (Totana, 1948), empezó una clase con el desconsuelo de los actos inútiles. José Antonio Baños, profesor de primaria del colegio Pau Casals, en Horta-Guinardó, había entrado en el aula minutos antes que la treintena de alumnos de entre 12 y 14 años, para tenerlos vigilados como David Hasselhoff peinaba las olas en busca de tiburones y esguinces. El curso de 1973-1974 se había iniciado con el conveniente secuestro de algún boletín trimestral. La censura, el parasitismo funcionarial, la escuadra mora a caballo y el férreo control gubernamental cubrían la dictadura con un mantón de ofensas y reproches. El pan de cada día.

Los chavales de los setenta, con el flequillo de José María Tasso, los pantalones verdinegros de pana y parches en las rodillas, cargaban de camino al colegio una cartera como la silla de montar de una yegua de Sanlúcar de Barrameda.

Otras glorias *estrípers* se publicarían luego en las portadas de *Interviú,* pero aquel año los jóvenes se ponían con Amparo Muñoz, y con ese descaro y con mucha timidez llegaban a la escuela, mansos ante los bedeles que no les quitaban ojo, con la bizarría de los ujieres de cámara.

José Antonio Baños, el toro, sentado en su mesa sin tachaduras, el trono de un edificio recientemente inaugurado, abrió el libro de Lengua y Literatura españolas por los poemas de los perdedores que a él más le entusiasmaban. Como el toro se levantó, anduvo con los tacones bajos de sus zapatos de puntera floreada y cuero natural, y se entretuvo mientras observaba por la ventana a las señoras que llevaban las bolsas de la compra y su alma a cuestas.

En ese día, en esa clase, a esa hora, Juan no dijo esta boca es mía. Normalmente envalentonaba al grupo, dispuesto a la algarada más que a la algarabía, con sus salidas de tono retro y sus plantes de Escipión.

Raquel, mudita, diamantina en sus comentarios, de corazón púrpura, colocó el codo derecho en el ángulo inferior izquierdo de la mesa, y su peso de artifara mostraba bien marcados los pezones como dos isobaras.

Y Manolo, con el papel de estraza grasiento por el bocadillo de sardinas, bostezaba, como solía bostezar por las mañanas. Su padre, paleta, le levantaba sin querer cuando madrugaba para ir al tajo. Dormían en la misma habitación de la barraca.

Leyó el toro el profesor José Antonio Baños, y leyó con esta pequeña aclaración introductoria: «Voy a leeros una poesía de Miguel Hernández, un escritor que luchó en la guerra con la palabra, y a quien mataron. Se titula: *Como el toro he nacido para el luto*. Se trata de un soneto... ¿Alguien me puede decir de cuántos versos consta un soneto?».

Rosaura, con los ojos bizcos y ardorosos del color de la grosella, enfermiza y demacrada por la cortedad de sus alimentos, acertó, y eso le hizo sentir especial: «Son 14 versos, profesor —y no se abstuvo de añadir, sabihonda—: dos cuartetos y dos tercetos».

—Muy bien, Rosaura, comienza tú.

Como el toro he nacido para el luto
y el dolor, como el toro estoy marcado
por un hierro infernal en el costado
y por varón en la ingle con un fruto.

La clase escuchó la voz carrasposa y aniñada de una chica que empezaba a desarrollarse como mujer. Un toro enlutado, sin duda, era un toro muy negro, más negro de lo habitual en un toro. Ellos no entendían muy bien, pero, callados, continuaron leyendo lo que otros compañeros verbalizaban por el mandato divino del profesor, el toro.

—Sigue tú, Juan.

Como el toro lo encuentra diminuto
todo mi corazón desmesurado,
y del rostro del beso enamorado,
como el toro a tu amor se lo disputo.

Juan bebía los vientos por Raquel, en sí una tormenta tropical tan catastrófica como *Ketsana*. Y porque nunca había sabido expresarse con las palabras adecuadas, convencido de meter la gamba como sus padres manchegos siempre le tenían dicho, descubrió en estos términos desmadejados, a los que no encontraba sentido, lo que él sentía, la furia de su amor y el arrebato de su inmenso cariño que se desvivía por ser correspondido.

Como el toro me crezco en el castigo,
la lengua en corazón tengo bañada
y llevo al cuello un vendaval sonoro.

El toro José Antonio Baños recuerda aquella clase porque el silencio embargó el aula, y los bolígrafos no se convirtieron en improvisadas cerbatanas, y las hojas anilladas de los cuadernos de garabatos dalinianos no volaron por el cielo con la forma de un avión ligero. Más de treinta años después, cuando justo ayer se jubiló, aún la recuerda con un *ai al cor*: «Los niños entendieron el poema perfectamente. No tuve que llamar la atención a nadie. Atendían, se interesaban, estaban inquietos: ¿cómo una persona podía decir tantas cosas solo con el lenguaje?».

José Antonio sangra por las heridas de los pocos libros editados de Miguel Hernández que llenan su biblioteca. Le profesa un enorme respeto. Esta mañana lee a Marguerite Yourcenar en *Con los ojos abiertos,* y siente que es una trampa en la que ha caído, una caída como la de Alonso en el circuito de Singapur. «¡Qué mujer, cuánto saber!»

Cuando se le pregunta por su vida, inclina la cabeza, como el toro, con el resquicio de la disensión de Saramago en la opinión que se niega a dar, y como su vida, como el toro, es larga, aprieta, templa y manda: «Intentaré resumírtela. ¿Cómo he llegado hasta aquí? Tenía 18 años. A los 18 años lo hice todo: a los 18 años acabé la carrera de Magisterio, a los 18 años aprobé las oposiciones y a los 18 años me vine a Barcelona», precisa, y compendia en tres minutos la decisión más trascendental de su lata existencia. «Yo le dije a mis padres que quería estudiar Filosofía y Letras en Salamanca. Me dijeron que la economía no daba para eso. Recuerdo que mi madre me recomendó que me buscara una carrera cortita en Murcia, y que luego estudiara lo que me diera la gana. Y le hice caso.»

Tan a pecho se tomó el convenio que pactó con su madre, que en Barcelona, cuando llegó en 1966, se matricularía en Filología Hispánica, «lo que realmente me gustaba». Apreciaba la literatura tanto o más que la libertad, porque una con la otra andaban de la mano, y porque en los clásicos averiguaba qué era lo que la dictadura tanto temía. *La Celestina* y el *Libro de buen amor* se prohibieron por lascivos, y no te digo nada de *Fuenteovejuna,* la épica de un pueblo que se subleva contra la opresión…»

En la Barcelona de las aceitunas en los chiringuitos de playa, José Antonio dio las vueltas de un tiovivo, de instituto en instituto, y no hallaba el centro en el que reposar su culo de mal asiento: «El curso 1968-1969 lo impartí en el Colegio Nacional Francisco Franco, en el barrio de la Salut de Badalona, que era como estar en Andalucía, y en el que los maestros daban clase a los niños, y las maestras, a las niñas. Luego estuve un año en Ciutat Meridiana, en Nou Barris. Finalmente, recalé en el colegio Pau Casals, en el que introduje en los comentarios estilísticos a autores vilipendiados, como Federico García Lorca y Miguel Hernández; y fui uno de los primeros en dar a conocer la obra de Mario Vargas Llosa, que empezaba a dar leña».

El escritor José Antonio Baños es gay. Hoy no es nada excepcional, pero salir del armario entre *milicos,* en las cavernas del franquismo, era como pedir a gritos que te fusilasen. La homosexualidad ha sido su tema recurrente, el motivo principal de tres de los cuatro libros que ha publicado: *La profundidad del acantilado; Diario inacabado* y la novedad, *El árbol seco* (Ediciones Carena, 2009), sobre cómo vive la tercera edad su condición sexual, a quienes bajo el régimen de represión tachaban de *invertidos*. «El personaje principal de *El árbol seco,* Benigno, el prota, de 63 años, es un trasunto mío. Y su pareja antagonista es Rodrigo, un chico la mitad de joven. Lo más interesante es el debate teórico entre los dos. Este libro me ha servido de terapia, porque cuento mi propia experiencia y la experiencia de colegas que se han casado para cubrir las apariencias y que han hipotecado su vida afectiva», reprocha José Antonio, el toro, quien, como el toro, acomete contra la «marginación subterránea» que hace que todavía hoy te insulten con un «¡mariconazo!». «Por eso, mi siguiente libro, que estoy preparando y que todavía no tiene título, es un ensayo crítico sobre la literatura homoerótica de la Antigüedad: Píndaro, Safo, Teócrito…, para hacer ver que lo que unos consideran una enfermedad, es una fuente de acción.»

Como el toro.

Como el toro te sigo y te persigo,
y dejas mi deseo en una espada,
como el toro burlado, como el toro.

XV

ENTREVISTA CON AITOR BARRENETXEA,
AUTOR DE *MUERTE. CONTEMPLANDO LA DIMENSIÓN TRANSCENDENTE*

EL ALIMENTO DEL ALMA

Una vez, escuchó una frase de Teresa de Calcuta: «Si quieres orar, tienes que aprender a escuchar, pues es en el silencio del corazón que Dios nos habla».

El silencio es una vela que te ilumina en las noches oscuras del alma.

Una vez, Aitor Barrenetxea (Bilbao, 1953) escuchó el silencio que menciona la madre de las Misioneras de la Caridad.

«El silencio es la meditación, la introspección, mirar adentro. Yo hablo de una escucha activa más que de silencio cuando me refiero a quienes sufren y necesitan apoyo», deja caer Aitor, autor de *Muerte. Contemplando la dimensión transcendente* (Ediciones Carena, 2018).

El silencio es el pábilo de una vela que se consume durante un apagón.

Tan alto como el jugador de baloncesto Juanma López Iturriaga, tan saleroso como el presentador Juan y Medio y tan expeditivo como el locutor Carlos Herrera. Los parámetros que describen a Aitor Barrenetxea podrían ser estos o bien otros distintos: la suma de las luces de Voltaire *(Tratado sobre la tolerancia),* del ecofeminismo de Vandana Shiva *(¿Quién alimenta realmente al mundo?)* y de la profundidad del maestro de la iluminación Eckhart Tolle *(El poder del ahora).*

El silencio es una lluvia fina que no llega a tocar suelo.

En *Muerte. Contemplando la dimensión transcendente,* el autor cuenta cómo acompaña a las personas en su último suspiro: es una oportunidad para la transcendencia, el «alba del conocimiento», la conexión de uno con uno mismo y ver que el yo es siempre compartido.

Él lo explica mejor: «Al final, yo me doy cuenta de que tú eres yo».

Si yo soy yo y soy tú, tú eres yo, así que *tú* es un ser espiritual tan grande como una colmena de nichos celestiales en la que cada panal es un alma abierta, transparente. «Somos algo más grande, yo no soy *eso* que piensa [una mente, un ente, un personaje], sino algo más profundo.»

El acompañamiento a enfermos terminales ayuda a las personas que sobrellevan la muerte a que puedan mirarla de cara y sentir la paz profunda que les falta. Ir de la mano de la muerte no es más que la presencia amorosa de la vida, aunque parezca un contrasentido.

Sentirnos para vivirnos para morirnos.

En el prólogo de *Muerte,* el teólogo y antropólogo Javier Melloni *(Los ciegos y el elefante)* da las claves necesarias: «Aprender a morir es aprender a vivir, porque la vida está hecha de muertes continuas».

El silencio es una quietud, un reposo sereno, una tregua.

Sigue Aitor: «Me di cuenta de lo mal que se lleva el dolor emocional, de cómo negamos el dolor emocional. La sociedad es cada vez más infantil: maquillamos la realidad, tapamos lo que no queremos ver», se percata, y se apoya en su experiencia, años de duelos compartidos: «De ahí, de esa negación del dolor, es de donde vienen tantas adicciones».

El proceso tóxico es conocido y fácilmente entendible: permisividad absoluta-concesión-consentimiento-fragilidad-vulnerabilidad-figuración-quimera-compra de sueños… hasta la Tozuda Realidad que Hace que Te Despiertes de Golpe, lo que deriva en frustración-repliegue-pastillas.

Para evitar las pastillas de colores, y para canalizar el dolor existencial, hay que acoger las partes que duelen con un cuidado afectuoso. Para transformar la aflicción necesitamos de la presencia amorosa, y lo hacemos con la herramienta más precisa: la contemplación.

Ver para creer para sentir para escuchar para no sufrir.

El silencio es una puerta abierta que deja pasar la góndola del aire.

«Recuerdo que estaba en California y que la chica con la que compartía piso no dejaba que utilizara el teléfono del salón. En su mentalidad, cada uno de los inquilinos tenía que tener su propio teléfono. El individualismo llevado al exceso da una sociedad cerrada», anota, sorbido por sus pensamientos sustanciales. La unión hace la fuerza: «La mañana siguiente a mi llegada a San Francisco, tras despertarme en el hostal, cansado por el *jet lag,* vi cómo, en la calle, una marabunta se dirigía a la manifestación contra la guerra de Iraq, la primera Guerra del Golfo [1991]».

En Estados Unidos, Aitor Barrenetxea colaboraría con la organización Shanti Project, con pacientes afectados por el sida, grupos de personas a punto de perecer. Ahí encontraría la vocación.

«Era la comunidad gay solidarizada por la causa, con mucha ternura, y a mí me aportaba inspiración», confiesa, uncido por la artesanía de su profesión, amalgama de palabras azules y finos silencios.

El silencio es una luz, es una percepción, es la energía en quietud y movimiento. Dios está en silencio.

Aitor: «El silencio es aquietar la mente, respirar acompasadamente, algo que hace que se diluya hasta el cuerpo».

En palabras del sabio sufí Rumi:

«El silencio es el lenguaje de Dios, todo lo demás es una mala traducción». El alimento del alma.

XVI

Entrevista con Zamir Bechara, autor de *Naranjo amargo*

CONDENADO POR AMOR

Como un condenado, ama. Las historias de amor fluyen sin palabras, como la corriente de un río que va a morir al mar. Pero cuando la muerte te arrebata el amor –a todas luces, algo que parecería imposible–, las palabras son lo único que nos queda. Nos consuelan y dan sentido a la tragedia, a una existencia vana y absurda. Como un condenado por amor, Zamir Bechara (Colombia, 1957), de estatura media, de ojos caducifolios, con modales cortesanos, amó a su mujer, Montserrat Bordes, recientemente fallecida. La amó con todos los caracteres del amor, con las facetas de la astucia, con sus imprevisibles encuentros, y amó tanto y tan denodadamente y se vació tanto y se regaló tanto, como un géiser de amor, que cuando Montse murió, a Zamir solo le quedaron las palabras, las palabras envueltas en versos. Con ellas compuso *Naranjo amargo* (Ediciones Carena, 2012), en recuerdo de quien fue, como dice en la dedicatoria del poemario, «la más completa forma de amor que he compartido».

> Entiendo que has arriado las velas,
> que partes hacia la luz más blanca
> dejándome en completa oscuridad.

En los años ochenta, Zamir y Montse se conocieron y, unidos por gustos compartidos en campos heterogéneos, construyeron un amor que fue creciendo con los años: largas horas debatiendo sobre arte (el padre de Montse era pintor impresionista), literatura y, cómo no, ¡filosofía!, área de estudio a la que Montse dedicó y consagró su actividad académica e intelectual. Trabajaba en la Universitat Pompeu Fabra, como profesora de Bioética, de Lógica y de Filosofía de la Ciencia. Él, por su parte, se licenció y se doctoró en Literatura Hispánica, y se especializó en poesía hispanoamericana. Como fruto de esta actividad publicó, entre otros, *Literatura hispanoamericana colonial: primeros siglos de poesía colombiana (siglos XVII y XVIII)* (1997).

Cuando él ya frisaba los treinta y tantos, ella se acercaba a la treintena. «La asimetría cronológica compensa la sabiduría de las mujeres», pondera Zamir Bechara. Así, Zamir y Montse juntaron la lógica y la palabra, y ambos se embarullaron por el inoportuno aturdimiento que causa el amor.

«En el amor, todo es locura», escribió Shakespeare en *Macbeth*. Por esta locura vinieron al mundo Ana y Alberto, sus hijos.

En todo este tiempo, Zamir no había dejado de amar.

De su abuela vasca aprendió a amar la lengua de Cervantes, en todo su infinito vocabulario: *perlesía, acrisolado, condominio*. De su abuelo sirio, le quedó la testaruda visión de los constitucionalistas universales: Diderot, Voltaire, Camus. «Y mi padre me legó una biblioteca enorme… Todavía recuerdo con emoción los libros de autores franceses, ingleses, rusos», anota Zamir, que posee archivados en su casa más de cuatro mil volúmenes: «Tengo también muchísimos ejemplares, entre ellos algunos curiosos, como el epistolario –publicado por el Instituto Caro y Cuervo– entre Miguel Antonio Caro y Rubió i Lluch, catalán ilustre, en la que la correspondencia, aparte de la admiración del catalán por el colombiano, destila cierta familiaridad no exenta de petición de favores pecuniarios…».

«Siempre he amado las lenguas. Creo que a través de ellas se puede conocer mejor a las personas, las sociedades; son puertas al alma, puertas a sus mundos. Dicen que el francés es el idioma que más ha evolucionado fonéticamente, pero la sonoridad de la lengua portuguesa, junto con su literatura, me tiene robado el corazón y el oído…», reconoce Zamir, cuyos autores predilectos son una trilogía incuestionable: Fernando Pessoa, Jorge Luis Borges y Gabriel García Márquez. «Y el catalán me entusiasma. Por eso me licencié en Filología Catalana, por la Universitat de Barcelona. Las epístolas entre Rubió i Balaguer y Rufino José Cuervo, así como con otros intelectuales hispanoamericanos de la época, por ejemplo, son de una familiaridad primorosa y de una curiosidad intelectual que maravilla», añade acerca del catalán, lengua de la cual es catedrático.

Zamir Bechara ama la arquitectura del lenguaje; no en vano, fue un admirador incondicional de Richard Rogers, uno de los constructores del Centro Pompidou, en París. Ama la perfección formal de la pintura, admira la obra de Lucien Freud, Egon Schiele, Christian Schad y Oskar Kokoschka, entre otros. De ahí proviene, sin duda, el denso cromatismo de sus versos. Quizás por esta afición a la pintura ha incorporado en *Naranjo amargo* dibujos de su mujer convaleciente, a modo de contrapunto de su obra poética.

Por otro lado, Zamir Bechara también ama el pensamiento crítico y la filosofía analítica en el ámbito académico y universitario de la que Montse era un gran ejemplo. De esta incondicionalidad hacia la filosofía analítica nace el libro póstumo de Montse, su legado intelectual: *Las trampas de Circe: falacias lógicas y argumentación informal* (Cátedra, 2011), cuyo prólogo fue escrito por su marido.

No me cabe la menor duda de que Zamir Bechara ama las palabras. La sombra de las palabras, el fragor de los significados, la catarata de la pronunciación. Cuando, el 22 de julio del 2010, el alma de Montserrat Bordes, su compañera, regresó a los cielos, como una lluvia fina que cayera en sentido contrario, Zamir se empapó de versos. De los más de trescientos poemas que había escrito hasta entonces, se quedó con 97. Para una despedida amarga y dulce, como el fruto agridulce del *Citrus aurantium* que da nombre a *Naranjo amargo*.

Con sus propias palabras: «Quise abrir el grifo de la desesperación y la angustia y dejar que saliera el dolor».

Exorcismo resignado que hace el poeta de su propio sufrimiento.

Sé que mis más altos ruegos no te detendrán,
ni las lágrimas que he apurado en copas
de bruñido cristal, ni la angustia
que se ha anclado en mi garganta
dejarán que sea capaz de articular el mágico
conjuro para que se detengan los relojes
y se congelen el instante y la hoz que cegará tu vida.
Entiendo que te has ido para siempre
para entrar, serena, en mi tristeza.
Comprendo, pues, que carece de sentido llorar.

XVII

Entrevista con Amaya Belacortu,
autora de *Quémame entre hojas secas*

CHRISTABEL

El curso Vaughan de inglés incluye doscientos capítulos educativos que emite Televisión Española.

En ellos, interviene Michelle, que hace de secretaria.

Otras mujeres están representadas con tales arquetipos: señora de la limpieza, pija que se pirra por los zapatos de tacón, encargada mandona…

Las mujeres interpretan los papeles habituales que les han sido asignados durante siglos.

Se sale de este esquema rancio, prehistórico y cerril la periodista Amaya Belacortu (Aranda de Duero, Burgos, 1974).

No solo sabe inglés *(I've seen the future, baby),* sino que también se ha visto aguijoneada por la ficción: egresada de l'Escola d'Escriptura, en el Ateneu Barcelonès, sus dedos han tecleado una novela de dobles oportunidades, con un camino sin retorno y mucha ambición. Amaya ha publicado la promesa *Quémame entre hojas secas* (Ediciones Carena, 2018).

La mujer que se ata a lo más alto de la fortuna, esa es Amaya. No pide permiso. Sube a los andamios. Como el tifón *Mangkhut,* desplaza los coches, los prototipos y las arcaicas civilizaciones. Es un fuerte viento. Es una marejada. Es un frío con el que uno se siente a gusto.

Así es Amaya.

«Yo no soy una feminista activista, y no suelo ir a ninguna manifestación aunque esté a favor de sus demandas. Pero si hay algo que me cabrea del machismo que nos rodea es que nos tomen por tontas. Sí, que en un caso judicial la mujer se supedite al marido y diga: "Yo no sabía nada"», lanza, en referencia a las frases que la infanta Cristina de Borbón declaró en el caso Nóos y que le ayudaron a que el juez la absolviera. Frases del tipo: «Nunca he sabido cuáles eran los ingresos y los gastos de Aizoon [sociedad patrimonial por la que ha sido condenado Iñaki Urdangarín, cuñado del actual rey de España, Felipe VI]» y «No trabajé para Aizoon, no sabía cómo iba la sociedad y yo nunca pregunté por ello» y «Yo no tengo especiales conocimientos contables ni fiscales».

Si hay algo que también deteste Amaya, es la falta de igualdad, además de la insensatez (diferente a la falta de moral, que, por supuesto, no tiene nada que ver con la ética: uno puede ser un tragaldabas faldero y ser fiel a la palabra dada, tocando con los pies en el suelo). Digo la falta de igualdad: «Por hacer el mismo trabajo que los hombres las mujeres cobran menos, eso me ha pasado en multitud de ocasiones, y no es justo».

Su suegra le repite: «La única independencia que vale es la económica».

Sin ser sufragista, tiene un parecido notable a Christabel Pankhurst *(The Great Scourge and How to End It)*, la hija de Emmeline Pankhurst *(My Own Story)*, fundadora de la Women's Social and Political Union que traía de cabeza a los *bobbies*, los lores y los maridos. En el parecido se cuenta el brillo de los ojos, que lucen con una camisa de estampados vuelos, de marrones y trazos étnicos, a juego con una sonrisa de perlas.

«La mujer ha dado muchos pasos, y aún ha de dar más. Y todo se conseguirá cuando haya una mujer presidenta del Gobierno», vaticina. Y en el *todo* se apelmazan estos futuros logros: más mujeres en puestos de dirección, más mujeres en consejos de administración, más mujeres en empresas del Ibex…

En sustancia: «Que la mujer pueda decidir por sí misma».

Amaya tiene dos dedos de frente, va siempre de cara y no soporta la mentira, aunque le fascina la hipocresía, algo que la tiene embelesada y que le proporciona suficiente material para elaborar la trama de su segundo libro, en cocina.

«Trata sobre una mujer que, con los años, descubre que es adoptada», reseña.

Primeros pasos

La primera entrevista que realizó Amaya fue al cocinero Karlos Arguiñano *(Como en casa. Recetas para triunfar cocinando)*, en una asignatura de la carrera de periodismo en la Universidad del País Vasco. Pregunta este reportero, incrédulo: «¿Lo trajiste a clase?». Respuesta de alumna aplicada: «Vamos que sí, tú verás». Tan segura estaba que sacó matrícula de honor.

A partir de ahí, se enfrascó en la radio (Onda Cero) para luego probar con la televisión (junto a la veterana Rosa María Mateo, en Antena 3 Televisión) y quedarse más tarde con los gabinetes de comunicación. La acaba de fichar la compañía farmacéutica Almirall *(«Feel the science»)*.

La primera vez que tuvo que ir a cubrir sola un acontecimiento fue en la riada del cámping de Biescas (Aragón), el 7 de agosto de 1996, en la que murieron 87 personas. Pero ahora se encuentra en el otro bando de la comunicación, el de la información corporativa: «Aun así, saber cómo funcionan los medios me ha servido para hacer bien mi trabajo en el campo del márquetin: qué es una escaleta, un montaje, una apertura… No existe la intensidad de la noticia, este es otro aprendizaje».

Organizada. Seria. Firme.

Convincente. Arriesgada. Valerosa.

En su currículo de mujer, la periodista y escritora Amaya Belacortu no añade adjetivos.

Sabe quién es y es consciente de la sociedad «mercantilizada» que denigra las humanidades.

De su cabeza de algodón emerge de vez en cuando un periscopio con el que, mediante un sistema de espejos contrapuestos, observa a los demás.

Estudia su entorno.

Toma notas.

Fiel al oficio de escribir.

XVIII

Entrevista con Jesús Beltrán Bernal,
autor de *Head up. Historia de periquitos*

LA CAMARADERÍA

Cuando murió el portero Pere Gibert («el maestro de [el divino Ricardo] Zamora»), nació Jesús Beltrán Bernal (Barcelona, 1966). El día que murió Ricardo Zamora, el viernes 8 de septiembre de 1978, *La Vanguardia Española* le dedicó la página número 2, entera, con este titular: «Cuando Ricardo Zamora es historia». Cuando Jesús Beltrán se enteró, le hizo la vida imposible a su padre hasta que le llevó al acto de homenaje, en el antiguo Estadi de Sarrià, hoy jardines, del Real Club Deportivo Espanyol. Beltrán se acuerda de que asistió la actriz Mary Santpere *(Algunas lecciones de amor)*. Reportero Jesús se acuerda del entierro de Mary Santpere, en 1992: las Ramblas de Barcelona la arroparon en su adiós. Sobre el Espanyol, y sobre la Reina del Paral·lel, Zamora y Gibert, divaga en *Head up. Historia de periquitos* (Ediciones Carena, 2015) el abogado laboralista Jesús Beltrán, aficionado innato del segundo club de fútbol de Barcelona. O el primero.

«Un periodista me había pedido una colaboración para una revista digital. Querían un escrito, que no entregué. Me salió este libro», parlotea Beltrán, un Paracelso de las causas perdidas, espigado, justicialista, con tantos amigos que sus recepciones parecen un besamanos, por las colas para saludarle. «Sigo teniendo los mismos colegas de cuando hacía la EGB. Y sigo yendo con ellos al campo, ahora en Cornellà [RCDE Stadium, «la deuda del nuevo estadio ha sido un lastre para la economía del club»]. Creamos una peña, y siempre quedamos después de los partidos para tomarnos unas copas.»

Su grupo de wazap de los domingos –y de los días de entresemana– se llama Doctor Gert, por el doctor que le dijo al jugador Raúl Tamudo que jamás se recuperaría de la lesión de rodilla (http://doctorgert.blogspot.com.es).

Head up (con la cabeza alta) no es un libro de fútbol, una memoria estadística de aciertos y ofrecimientos al estilo de *Olé, olé, olé. Cholo Simeone.*

Head up es un canto a la infancia. A la camaradería de la infancia, a los años en los que se compinchaban los niños, a escondidas de los padres, para romper algún jarrón jugando a la pelota; las redes sociales aún no controlaban los movimientos de los chavales, que sabían guardar un secreto.

El quinto de ocho hermanos, Jesús Beltrán nació en una casa en la que el fútbol estaba presente más que como competición (para todos, la Champions quedaba muy lejos), y más que como entretenimiento (el espectáculo no se medía por cuotas de pantalla), como formación vital. Ir al fútbol con el padre marcaba el paso a la adolescencia. Si uno tenía edad para afeitarse, también la tenía para escuchar cómo se puede insultar a un árbitro sin ser excesivamente maleducado (existe un punto intermedio, elegante, entre la apasionada hinchada y la grosería más soez).

En este diario íntimo, desordenado, se narran los periodos imprescindibles del autor y de su familia, y la heroica rebeldía de ser diferente en un acuario con peces del mismo color.

Escribe: «Mi afición perica es el fruto de la educación en un credo minoritario. El afecto perico no se transmite sin evangelización, no cuadra con un mero legado hereditario, porque Barcelona es un hábitat inadecuado y, en ocasiones, hostil para el desarrollo y la supervivencia de las crías de periquito».

Lector del ensayo *Imitació de l'home,* del crítico Ferran Toutain *(El que es diu i el que passa),* abandera con nobleza la resistencia interna en una ciudad blaugrana: «El entorno te empuja a ser del Barça. El bioclima es el Barça. Ir contracorriente es un acto de valentía, y yo me había preparado para ser del Espanyol. Desde los seis años que voy al campo, y llevo más de veinte años de socio», apostilla.

La que fuera Sociedad Española de Football, fundada en 1900, tiene hoy poco más de veinticinco mil socios.

Como buen aficionado, le exige mucho a la directiva y a los titulares, hoy en primera división, bajo la presidencia del magnate chino Chen Yansheng, sobre el que opina lo justo, para no herir sus propios sentimientos: «Una cosa es la dirección y otra el fútbol, que tiene sus propios códigos de funcionamiento. Ya veremos lo que pasa».

Si Jesús Beltrán recogiera el testigo del entrenador del primer equipo, Constantin Galca (en la cuerda floja por las «abultadas» derrotas: «nunca hemos perdido contra el Barça por tanta diferencia de goles. Este entrenador no tiene capacidad de liderazgo»), ficharía centrocampistas, los que mueven el balón en el terreno de juego: recuperaría al brasileño Coutinho, de la quinta de Neymar, que estuvo cedido al Espanyol en la temporada 2011/2012, y con el que anotó 16 tantos. Claro que también ficharía al albaceteño Andrés Iniesta, que llevó a la Selección española a lo más alto del fútbol internacional al batir a Maarten Stekelenburg en el minuto 116 de la final del Mundial de Fútbol de Sudáfrica, en el 2010 («es el único jugador del Barça que llevamos en el corazón»). Y si tuviese la oportunidad de ponerle un cheque en blanco a algún técnico de prestigio, se lo pondría delante de las narices a José Antonio Camacho («tiene el empuje para sacarnos adelante durante una temporada, pero no vale para proyectos a largo plazo»). Precisamente, Camacho lideró el Espanyol durante cuatro temporadas.

Si tuviera que irse a otro conjunto, porque el vínculo que le tiene atado a su pasado se hubiera roto de manera irreversible, se iría al Club Deportivo Castellón, hoy en el grupo 6 de tercera división («no me suelen gustar los que ganan siempre»).

Razones por las que el alma de Jesús Beltrán, autor de *Head up. Historia de periquitos,* no levanta trofeos: no hay dinero para atraer talento y no hay dinero para evitar la fuga de cerebros. Dicho llanamente: «No tenemos un duro para retener jugadores, estos duran menos en el club porque se identifican menos con la casa, algo común en el fútbol de hoy».

Soluciones: además de practicar yoga y técnicas de relajación («el nuestro es el club con más derrotas en primera y, a pesar de todo, sigue ahí») y respirar hondamente y buscar una pareja como la suya que haya «visto la luz» (ergo, anime al futbolista Enzo Roco y compañía), hacer meditación con una idea fija y clara en la mollera: el Real Club Deportivo Espanyol no desaparecerá nunca.

Nunca es nunca.

Es así.

XIX

Entrevista con María Dolores Benito Alonso,
autora de *Paisajes de vida, de amor y de muerte*

LA PALABRA

La palabra. El antojo. La pulsera. El oprobio. La cláusula compromisoria. La palabra.

Caperucita cogía palabras en un bosque de hadas y verbos, y las guardaba en su cestita, entre los bombones rellenos de guindas de chocolate al licor. María Dolores Benito Alonso (Salamanca, 1954) ha cosido su capucha roja en la arqueta de su imaginario, en la que almacena con celo la buena literatura de los lobos feroces, esas fieras de la camada del 98 que aullaron durante el siglo convulso de la electricidad. María Dolores, *Caperucita*, es, desde 1977, profesora de Lengua y Literatura en la Universitat de Barcelona, «lugar delicioso para pasar el día, no para ir a trabajar». Ha publicado *Paisajes de vida, de amor y de muerte* (Ediciones Carena, 2009), ensayo-compendio-artículo dedicado a las tres vírgenes de Unamuno, Umbral y Azorín, los lobos de su perdición. Ellos la embaucaron para que se apartara del sendero que le llevaba a la cabaña de la abuelita. La niña María Dolores se adentró en la espesura de los helechos, embobada por las travesuras benévolas de las tertulias de café de Baroja, Machado y «la nada y el todo» de José Hierro, el lobezno benjamín: «Después de todo, todo ha sido nada, / a pesar de que un día lo fue todo. / Después de nada, o después de todo, / supe que todo no era más que nada».

La palabra. El tesoro. La comedia. El rubor. La mantilla. El genio y el botijo. La palabra.

Caperucita, colegiala de las Siervas de San José, buscaba las palabras entre las setas y las latas. Bajo el brazo, un libro de tapas rústicas y rojas de pimentón de una edición descatalogada de *San Manuel Bueno, mártir,* de Miguel de Unamuno. Las monjitas le habían apremiado, con una amenaza malsonante: «Esto no se puede leer, está prohibido». Caperucita cambió el título de la solapa por este otro más acorde con la devoción: *Vida de Santa Teresa de Jesús.* «Tanta prohibición me hizo abrir los ojos, ávida de saber y conocer, así que me leí toda la obra de Unamuno de una manera imparable, insaciable.»
Algunas de aquellas josefinas de la congregación se mostraron más amables y permisivas, como san Fidela, quien por ello recibe, cada año, un ramo de campánulas sin etiqueta, que repiquetean igual que las campanas de los conventos salmantinos.

La palabra. El ajuar. La lluvia. El tendero. La clase. El reposo. La espátula. La palabra.

En su vagar, Caperucita, Estudiante de Letras y Palabras, reconoció detrás de los lentiscos un aroma de fresas que le era familiar. Una manada de lobas le salió al encuentro: Carmen Martín Gaite («mi querida Carmen de *Entre visillos*») y Ana María Matute («esa mirada, ese pelito blanco, un hada tremendamente sencilla con la Cruz de Sant Jordi de dos vueltas») y Josefina Aldecoa («personalidad humana y literaria que no necesita que la encasillen»). Las tres lobas le lamieron el bies de la falda, y le hicieron tantas cosquillas que Caperucita compuso esta oración con las palabras: «La literatura de cualquier género está hecha de la materia de la vida. Quienes amamos la literatura amamos la vida, entrelazada con el amor y la muerte, los temas de un pozo sin fondo. Mediante la palabra modelas esa arcilla».

La palabra. El potranco. La vereda. El roquero. La camisa. El sustento. La palabra.

Caperucita, licenciada en Filosofía y Letras y en Psicología («la *baby* de la primera promoción de la Universidad Pontificia»), descubría las palabras, tapadas por los hierbajos y las lombrices. Tarareaba *Llegó con tres heridas,* de Miguel Hernández, cuyos versos enseña a los presos de las cárceles merced a un acuerdo del Ministerio de Justicia con la UNED («alguno de ellos me confesó que le había cambiado la vida gracias a sus poemas»). El lobo Fernando Lázaro-Carreter, su antiguo profesor, le cortó el paso, y le hizo una pregunta improcedente, categórica y alarmante: «Caperucita, ¿qué quieres ser de mayor?», a lo que la niña de la capucha roja contestó, divertida, graciosa y ufana: «Quiero ser profesora y escritora».

La palabra. El secreto. La góndola. El converso. La gloria. El ludibrio. La palabra.

Caperucita, ya profesora numeraria, atesoraba en su cestita las palabras de los viñedos de castaños. En un calvero, aprisionado por el cepo de los cazadores, vio al lobo Pablo Neruda, lamentándose de su mala suerte, que calmaba con una canción de cuna sobre las palabras. «*Todo está en la palabra. Una idea entera se cambia porque una palabra se trasladó de sitio, o porque otra se colocó dentro de una frase que no la esperaba... Tienen sombra, transparencia, peso, plumas. Tienen todo lo que se les fue agregando de tanto rodar por el río, de tanto transmigrar de patria, de tanto ser raíces... Son antiquísimas y recientísimas. Viven en el féretro escondido y en la flor apenas comenzada...*»

La palabra. La mazorca. El disgusto. La mesura. El alfanje. El cortijo y el sepulcro. La palabra.

Caperucita, autora del poemario *Pasos vividos* y del *cuentario Trazos al aire,* agotada por el trote de sus palabras, que arrancaba de cuajo de las piñas preñadas en la mortaja del campo, se sentó en el tocón de un olmo viejo. Contemplando el rebaño de nubes rosas que se alzaba por encima de las copas de los árboles, recordó el compás del batir de las olas, cuando estuvo en la playa de Castelldefels, sentada en la arena, recibiendo el impulso de la brisa fresca de la juventud y viendo pasar *Las horas,* de Virgina Woolf. De repente, el lobo Jaime Gil de Biedma le dio un zarpazo que le desató el lazo de su abrigo de lana, y le gritó, melancólico y furibundo: «*¡Ahora que de casi todo hace 20 años!*».

La palabra. El destino. La masilla. El reguero. La codicia. El permiso. La palabra.

Caperucita, que siempre ha vivido en el margen izquierdo del distrito de l'Eixample de Barcelona («me vine a Barcelona porque era el sitio que quedaba más lejos de Salamanca, en unos años en los que esta ciudad estaba mucho más lejos que ahora»), deshojaba las palabras a medida que las contaba, y las limpiaba de análisis sintácticos, comentarios de texto y exámenes tipo test, porque las corroían por dentro hasta secarlas y dejarlas sin sentido.

El lobo Thomas Hardy, apenado por la tragedia de la reina de Cornwall, se acurrucó en su regazo, y se ovilló de tal manera que la cola le hizo un nudo en la garganta: «La literatura son siempre los mismos temas y los mismos estilos. Se trata de innovar».

Y antes de dormirse, se cuidó de deslizar esta súplica que respiraba como una advertencia abismal: «Ten cuidado, Caperucita, que los libros te echarán de casa».

La palabra. El buque. La pecera. El despunte. La rodera. El castigo. La mansarda. El bulbo. La palabra.

Caperucita sostenía las palabras –algunas pesadas, como *moruno,* y livianas otras, como *crisálida–,* y el capacho en el que las llevaba lo iba arrastrando por el verdor de la alfombra de musgo. Pero el lobo Luis Cernuda, apuesto, galán, caballeroso, la acarameló, y Caperucita se fue con él, cogidos de la mano, a un refugio de prímulas. «"Reíros, reíros", les digo a mis alumnos, pero yo voy a una librería y oigo la vocecita de un libro, que me avisa: "Estoy aquí". Ayer, sin ir más lejos, en Abacus, entré porque quería regalarme un libro. En la sección de poesía escuché la vocecita. Era de una edición facsímil, de 1936, de *La realidad y el deseo,* de Luis Cernuda, impresa en la imprenta de Altolaguirre. ¡Salí tan contenta!...».

La palabra. El pelo. La prisa. El cúmulo. La hormiga. El rastrero. La repisa. El sahumerio. La palabra.

Caperucita, que nunca creció, amamantaba las palabras. Cuando la cesta rebosaba palabras, las palabras se le fueron, sin poderlas controlar, y las tuvo que cazar al vuelo. «Hice lo que quise en la vida cuando lo creí conveniente, y en cada sitio he encontrado lo que buscaba y lo que me convencía, porque, como no podía ser de otra manera, no puedo desligar mi modo de ser de mi modo de pensar.»

Caperucita, María Dolores Benito, quiere tanto las palabras que las palabras le han dado hijos. Cada noche invernal oye los lobos, que bajan hasta el portal de la escalera de su casa desde las montañas de palabras. Ahora, María Dolores ha cargado de tinta *Silencio,* la pluma a la que le ha puesto nombre, y trabaja en más cuentos: «Tienen una pizca de lirismo, tienen una pizca de belleza, y... ya está, ¿no?».

Un granito de arena en el templo infinito e inacabado del saber....

La palabra. El fermento. La valía. El índice. La cantina. El mielo. La palabra.

XX

Entrevista con Luis Benvenuty, autor de *Ojalá te suba todo*

EL VIENTO

El viento aplacador, fullero y llorón cierra las puertas de golpe, se fuma las noches del verano, patalea para poder entrar. La periodista argentina ganadora del premio de la Fundación Nuevo Periodismo Iberoamericano Leila Guerriero escribió la crónica *Los suicidas del fin del mundo* (Tusquets Editores, 2006) sobre la coincidencia de varios suicidios, producidos en apenas dos años, en la localidad de Las Heras, en medio de la Patagonia. El hilo conductor que siguió: el viento, que, paradójicamente, creaba silencios de piedra y enturbiaba las mentes en medio de la nada. El viento aullador.

El viento del levante, en el sur de España, seca la costa andaluza con la misma intemperancia con la que moja sus rompeolas. Abrumador, abrupto y agitador de nubes rumberas preñadas de vientos menores, el levante hace que andes en ángulo obtuso y que mires de reojo, con la piel compungida, abombada y angulosa como un sextante («te vuelves melancólico»).

El viento de Cádiz, que enloquece, desequilibra y deja mellados los cogotes, tiene mucho que ver en *Ojalá te suba todo* (Ediciones Carena, 2014), la primera novela del periodista del diario *La Vanguardia* Luis Benvenuty (Salamanca, 1974), que pasó su infancia y su adolescencia en Cádiz, ciudad a la que no le debe nada. Desde 1999 vive en Barcelona, donde cursó uno de esos másters de periodismo que valen un dineral («podía haberme ido a

Londres, de *okupa,* pero acabé en Barcelona»). Hoy se toma un cortado y un cacho de pizza cuatro quesos en el restaurante Mikeles, en Buenos Aires, 28, en el distrito de l'Eixample.

A las 16.42 horas, la tramontana juguetea con las hojas de los álamos, en los caminos ciegos.

El viento de mayo, que reta al sol, desmigaja la tierra.

«En aquellos tiempos de bonanza, a principios de la década pasada, escribí sobre la burbuja inmobiliaria, sobre lo que todos estábamos viendo, sobre el hecho de dar el pelotazo y hacerte rico de repente… Y ese material y las versiones de ese material lo tenía ahí, guardado, y con la crisis he visto que se ha hecho realidad lo que había escrito, así que ha sido una especie de intuición, porque esas cosas (especulación, desmadre, despilfarro) que hoy forman parte del imaginario colectivo ya las pensaba yo antes de que causaran los desastres sociales que están causando», resume con sarcasmo Luis Benvenuty, con los pelos destripados, la mirada perdida de los soñadores y un pendiente con una calavera en la oreja izquierda. «En el fondo, lo que quería hacer era contar la historia de un mentiroso, y eso es lo que he hecho.»

El protagonista de *Ojalá te suba todo,* Mario Venturini, es un tipo apocado, superado por las circunstancias inestables de su decadente vida, y apesta a tabaco. La humareda de este antihéroe, sin la efigie guerrera de Juana de Arco ni la sombra de Michael Collins, le envuelve de palabras inútiles: derrochador, mujeriego y cabroncete (le pone los cuernos a su mujer, quien cuida de su único hijo). La acción transcurre en el Cádiz natal del autor, cuando Venturini, pervertido y medio yonqui, regresa a su tierra («la literatura es siempre autobiográfica en tanto que juega con la experiencia y con el contexto, pero la literatura ha de ir más lejos que uno mismo, más allá, atreverse a más»).

«Mario Venturini regresa a Cádiz, y allí sus amigos le desprecian, se ríen de él, le toman a cachondeo. Allí, el sentido del humor es un mecanismo de control social. Si haces algo diferente, eres humillado, de manera jocosa y divertida. Se hace así para que te desanimes, para que no consigas lo que te has propuesto, ser jugador de la NBA, por ejemplo. Porque si, finalmente, llegaras a ser jugador de la NBA, lo que estás haciendo es llamarles cobardes a ellos, que no han sido capaces de luchar por lo que quieren», desbroza

Luis, que no tiene bonitos recuerdos de infancia, que no comulga con los profanadores de los buenos artículos, que se mete en los fregaos y en las letras del rapero dominicano cosido a puñaladas Monkey Black («el recóndito suburbio del suburbio»). «Y en parte yo me fui de Cádiz porque su clima me producía claustrofobia. Quería largarme, ser un desconocido, empezar de cero. Sentirme libre.»

El viento, ligero, soñoliento, sumiso, estira y afloja, se crea una cuna, refresca los sobres abiertos que el suelo desprecia.

«Yo quería escribir la historia de un mentiroso», repite, con los labios manchados de espuma. «Considero que casi todo el mundo es falso y mentiroso. Con el tiempo, la gente se convierte en lo que más detesta. Pasan los años y se cumplen los sueños a la mitad, y al final resulta que no eres más que la antítesis de lo que estimabas. Y no te redimes, no te encaras, sino que adaptas tu discurso, porque tu vida es una sucesión de fracasos, de objetivos incumplidos: adaptas tu discurso porque no lo puedes asumir, adaptas tu discurso a la realidad circundante, adaptas tu discurso y destrozas al que ha seguido fielmente su camino.»

El viento descose las sonrisas.

«Mario Venturini se mete de todo, es un yonqui, y los yonquis reales son menos interesantes que en la literatura. Será porque los yonquis reales dicen que *no* a todo lo que a ti te preocupa. Si a ti te reconforta irte de crucero, a ellos les da exactamente lo mismo: a ellos lo único que les interesa es pillar y colocarse», reflexiona el autor del reportaje sobre la inmigración *Mudanzas* (RBA, 2008). «Una mentira te lleva a otra, y esta, a otra. Una vez te callaste, y desde entonces arrastrarás ese silencio. Ahí empieza la mentira. Por eso digo que todos somos mentirosos.»

El viento atraviesa las costillas.

Ojalá te suba todo es nieto de la generación *beat,* de las anfetaminas y de la música de Nirvana. Nieto del desasosiego.

«Tu dolor se debe a la miseria que te rodea y a no hacer nada para evitarlo», se viene a decir en algún pasaje de *Ojalá...*

En la novela también aparece el adjetivo *aranero:* embustero, tramposo, estafador.

Benvenuty es el antónimo: veraz, sincero, escrupuloso.

Él bebe de otros vientos, nostálgicos, quizás.

Le da en la cara el viento del poema *El cementerio marino,* del filósofo puro Paul Valéry, en cuyos versos se inspiró el cineasta Hayao Miyazaki *(El viaje de Chihiro)* para despedirse de la animación:

«¡El viento se levanta!... ¡Hay que intentar vivir!».

XXI

Entrevista con Esmeralda Berbel,
editora de *27 de septiembre. Un día en la vida de los hombres*

LA CALÉNDULA

Había una vez una chica que antes de nacer ya quería saber leer. Ella nació entre los árboles, como una *Arctotheca calendula,* en una casa de trapisondas de Sant Adrià del Besòs (aunque esta planta es originaria de El Cabo de Buena Esperanza, en Sudáfrica). Sus dos hermanos la incordiaban para que cambiara por los futbolines las evanescentes páginas de papel rayadas con letras y palotes. Ella se resistía. Esta mujer es Esmeralda Berbel (Badalona, Barcelona, 1961), que ha coordinado la edición de *27 de septiembre. Un día en la vida de los hombres* (Ediciones Carena, 2011). Ya lo hizo con las mujeres, en otro 27 de septiembre (la idea original es de Máximo Gorki). De esta manera, Berbel colectiviza el género del dietario, al que se han sumado una veintena larga de autores: «Si lo hubiera hecho sola habría sido muy aburrido», apunta Esmeralda, una Wendy de entreverados cabellos, de crecimiento lento y parmesano, como el queso. Pendientes lobulados, chaqueta de lana blanca, invasivamente atractiva en su forma de concebir la literatura (como un contrato con gente diversa, al límite) y costera, por lo de mediterráneo y por lo de la luz azul y perturbadora. Buena planta.

Al principio, Esmeralda leía sin fuerza, como las fotografías de Steve Pyke antes de que se bañen en sal de plata. En sus primeros años, en los que iba en bicicleta (no la ha abandonado), sorbía los cuentos con sus dechados de virtudes y sus seres malignos con nombre de madrastra.

Los libros la fueron regando, y esta caléndula amarilla de la familia de las asteráceas, más guapa que la Miss Universo angoleña Leila Lopes, se extendió como su imaginación, como un soplo en el corazón.

Dio clases de gimnasia y, tras saltar al potro y sudar las barras, con el profesor Armand Blume extrajo de las bibliotecas las recomendaciones oportunas para una adolescente que se internaba en la vida como Elisabetta Canalis se quita las pieles, es decir, sin ningún pudor.

Leyó *En el camino*, de Jack Kerouac, la biblia de la generación *beat*. *«Pero entonces bailaban por las calles como peonzas enloquecidas, y yo vacilaba tras ellos como he estado haciendo toda mi vida...».*

Leyó el totémico *Así habló Zaratustra*, del controvertido Friedrich Nietzsche, la roseta de la filosofía humana: *«Estoy hastiado de mi sabiduría como la abeja que ha recogido demasiada miel, tengo necesidad de manos que se extiendan...».*

Leyó *La crucifixión rosa*, de Henry Miller, demoledor, sobrio, autodestructivo: *«Todos nosotros somos culpables de un crimen, el gran crimen de no vivir la vida al máximo. Pero todos somos libres en potencia...».*

Esmeralda, la *Arctotheca calendula*, se matriculó en Filología Hispánica, en la Universitat de Barcelona, en la que se le abrieron los ojos y se le abrió la mente y se le vinieron encima las ganas de leer, tras un año de aburrimiento en clases aburridas con aburridos docentes alopécicamente acartonados (ya conocemos su aversión por el aburrimiento): «Luego, los profesores que escogí hicieron que descubriera lecturas que por mí misma no iba a encontrar nunca».

Cayó en sus manos el *Diario de Anaïs Nin*, en el que se narran los aconteceres del París de entreguerras: *«Cualquier forma de amor que encuentres, vívelo. Libre o no libre, casado o soltero, heterosexual u homosexual, son aspectos que varían de cada persona...».*

De esa autora, Esmeralda sacó una lección, convertida ya en recuerdo: «Leer la vida sin trama nos ayuda a comprender la nuestra».

Leyó *Plenilunio*, de Antonio Muñoz Molina, «impresionante»: *«De día y de noche iba por la ciudad buscando una mirada. Vivía nada más que para esa tarea, aunque intentara hacer otras cosas o fingiera que las hacía, solo miraba. espiaba los ojos de la gente...».*

Leyó *Belfondo,* de Jenn Díaz, las cuitas de un pueblo con cacique, como todos los pueblos...

Esmeralda Berbel saborea un té con leche. Tanto el té como ella necesitan reposo. En una casita en el campo, Esmeralda saca brillo a su nombre, como la planta ornamental y exótica que es, y escribe cuentos que chorrean dignidad: «Creo situaciones ficticias en mis cuentos. Tengo que tener todo el camino despejado para ponerme en el teclado...».

El primero de sus cuentos, y el mejor, se publicó el 5 de marzo de 1989 en *Diario 16.* Ella tenía 25 añitos y lo tuvo que picar en la máquina de escribir. Se titula *Usted:* «A usted ya le pensé alguna vez...».

XXII

Entrevista con Joan Bernadas,
autor de *Combat de tardor i altres relats*

OSA MAYOR

Las estrellas. La confraternización. La devastadora cuchara que alimenta el deseo.

El escritor y operario de primera Joan Bernadas (Barcelona, 1936) es un enamorado, un catalán rebelde camuflado de *lord chancellor*. Enamorado de las imágenes que le rondan y le pellizcan (construcciones que ornamentan su mente); enamorado de las personas que le rodean (su esposa, Conxita; sus hijas, Maria Concepció y Maria Neus). Joan es un narrador enamorado por el encantamiento de un libro que leyó en la posguerra, *El enamorado de la Osa Mayor,* del contrabandista Sergiusz Piasecki *(«Vivíamos a cuerpo de rey. Bebíamos como cosacos»).* En la estela, y como juego de esgrima literario, Joan ha escrito *Combat de tardor i altres relats* (Ediciones Carena, 2016).

«Com si fos el tret de sortida d'una cursa, el despertador brunzí. Malgrat això, de moment no es va moure, estava massa cansat. En alargar la mà per parar-lo va notar el fred.»

Combat de tardor es el primer relato de la docena de «cuentos largos» que componen el primer y único libro publicado por Joan Bernadas, de fisonomía contradictoria: blando por fuera, como una cáscara de plátano, y fuerte por dentro, como un *husky* siberiano. Con gafas bifocales, el rostro como un espacio tangente, la nariz arquitectónicamente recta, en medio de una boca que discurre tanto como su cerebro de anchos márgenes.

«Vaig néixer una setmana abans de la guerra. Sí que recordo vagament imatges d'aquell temps, com la d'algú insultant els avions que venien a bombardejar-nos. En aquells moments estava al llit, amb l'àvia», arranca Joan, enamorado de las palabras *(circumstàncies, confiança, testimoni),* sean palabras buenas *(samarità)* o malas palabras *(venjança).*

Sobrevivió a una posguerra desoladora de la que no quiere guardar ningún recuerdo, ninguna referencia testimonial del hambre que le llegó a azotar hasta en la propia autoestima y de la miseria que se cebó con su entorno; su padre fallecería de tuberculosis en 1951.

«El xocolata que era terra pura, el pa negre fet de sabó, les sopes d'all, la falta de carn i de pollastre… La primera vegada que va entrar pa blanc a casa va ser com una festa», echa la vista atrás, como si se estuviesen abriendo las cortinillas de su diafragma. «Cap el 1952, quan es va posar fi al racionament, la cosa va anar millorant.»

Estudiante de mecánica en la Escola Industrial de Barcelona, se esforzó por procurarse una educación sólida aun los pocos recursos financieros de la familia («la ignorància acostuma a ser dolenta»), y fue en aquellos años de pagas semanales y grises cielos con los ojos entornados cuando leyó la única novela del polaco Piasecki, *El enamorado de la Osa Mayor,* que despertó en él la justa necesidad de escribir para escribirse: «Jo llegia i pensava: però si jo he viscut coses semblants, si això també m'ha passat a mi. I vaig pensar que potser jo també podria explicar les històries que a mi em van succeir».

Así es como se enamoró. Perdió el sentido por las palabras *(il·luminar),* perdió la noción del tiempo, perdió el hambre y el pan negro quedó como una mancha de aceite en una hoja del calendario. Sucedió que antes de enamorarse de la literatura («inventor de historias») se había quedado prendado de una chica que vivía por encima de la calle de Galileu, la calle de Joan Bernadas. «Era una noia maquíssima, i encara ho és», dice con tal arrobamiento que le reclamo la novela de su época, el registro de sus días felices, la contrapartida a la penuria creciente en un régimen de carcamales. «No m'atreveixo amb la novel·la.» Con su mujer, Conxita, se casó en octubre de 1964.

Y desde entonces está enamorado.

XXIII

Entrevista con Joaquim Bosch, *Sendu Petit*,
autor de *Del Mississipí al Llobregat*

MACONDO

En *Fred als peus* el presentador Àngel Casas caminó descalzo por el barrio de Sants de Barcelona, en la posguerra; aunque así no fuera, así lo sintió. El frío no era solo térmico, también mental y físico: las calles frías, sucias y asaltadas por el miedo, calles de tembleques por si algún desaforado apuntaba a alguien con el dedo.

De esa grisura industrial se impregnó a su manera Joaquim Bosch (Bages, Barcelona, 1940), el Sendu Petit de *Del Mississipí al Llobregat* (Ediciones Carena, 2018), novela histórica de efectos narcotizantes, porque con ella el lector se inhibe y se acoge al lugar sagrado de los recuerdos, instantáneas servidas bien calientes como el pan de chapata.

«Sí que hi havia repressió, sí. Eren anys durs. La Guàrdia Civil et podia donar dos clatellades sense cap motiu. I l'Església ho controlava tot. De fet, havia de donar el seu vistiplau a la pel·lícula de les tardes de cinema, i també apuntava els noms dels que anàvem a veure-la», revalida Sendu, el majestuoso Gigante de Cardiff del cuento *Una historia de fantasmas,* de Mark Twain, con una cara traviesa que surge del vapor de sus palabras. Fornido, hurón, conversador al que no hay que dar cuerda, domina las salas con los perdigones de su anecdotario, de cuando era un niño, el Salvatore de *Cinema Paradiso.*

Todo empezó en el cine.

«Jo devia de tenir set o vuit anys i vaig anar al Cinema Monumental, recentment obert al poble, Artés [Barcelona]. La pel·lícula que passaven era *Lo que el viento se llevó* [1939], i jo em vaig quedar enlluernat. Un tiet em va dir: "Mira, aquell cotó de New Orleans és el que nosaltres treballem aquí"», respira, y expulsa: «Al poble hi havia un munt de telers, perquè era un punt important del tèxtil al Llobregat. Tots treballaven a la fàbrica Cal Berenguer, fent teixits. Però les successives crisis, sobretot amb la competència del sud-est asiàtic, van acabar amb aquesta realitat.»

Algo de esa sesión de tarde se le metió bien adentro en la cabeza a Sendu, porque siete décadas después menciona ese episodio como si fuera un hallazgo arqueológico.

Luego, Sendu se perdería por el Báltico, el Mediterráneo y el Atlántico, como reparador de calderas y túneles de congelación de barcos frigoríficos, que acompañaban a los barcos de arrastre en el duro oficio de la mar.

Y luego, y tras mucha lectura fresca como jureles que brillan al trasluz, se avino a pasar por escrito la historia de su familia, emulando el Macondo de Gabriel García Márquez.

En *Del Misisipí al Llobregat,* Macondo es Tarés, sobrenombre de Artés, en el Bages.

Así, en el libro aparece su padre, Josep, herrero hijo de herrero. Del abuelo Rosendo, Sendu heredó el apodo y la fuerza. «Jo els ajudava amb els ferros, perquè fèiem de tot: grades, forjats, mules… A mi se'm donava bé la soldadura», añade Joaquim, que dejó los estudios para llevar dinero a casa.

Así, en el libro aparece la iaia Dolors («colossal»), que tenia un hijo que se llamaba Valentí («maco») y la hijastra, que se llamaba Angeleta («l'Angeleta tenia 12 anys i no sabia jugar, sempre treballant»).

Así, aparecen muchos momentos de las vidas cotidianas, sin blanquear, y aún le quedarían por encajar otros pasajes: «Un dia tornava d'escola i em vaig trobar a tota la família reunida a casa meva. Jo no sabia què passava però em vaig assabentar que el mossèn ens feia fora de casa perquè volia ampliar la rectoria i nosaltres estàvem a tocar l'església».

Ahora, Sendu Petit está escribiendo unos cuentos cortos como pinceladas vanguardistas. Por ejemplo, el titulado *La Guzzi del barranc.*

Por hache o por be, la saga familiar le inspira, como un cuarto poder en la sombra.

Macondo.

XXIV

ENTREVISTA CON FLORENCI BOVÉ MARCÉ, AUTOR DE *COSES QUE CAL DIR*

EL SILENCIO

Las palabras se pueden concatenar unas con otras para formar oraciones yuxtapuestas repletas de comas, dos puntos y puntos y comas. Podrían ser estas palabras: *resuelto, desesperado, fotosíntesis.* Todas las palabras podrían ser preguntadas, y todas ellas querrían verbalizarse, pronunciarse con el peso de su mando en plaza, ejecutándose y levantándose, siendo dichas, vividas.

Hete aquí que las palabras pueden cobrar otro sentido, si son recogidas en la majada del silencio.

Hete aquí que esa *fotosíntesis,* ese *desesperado* y ese *resuelto* pueden retenerse en el interior de unos labios sellados.

El silencio como presencia más que como ausencia.

El silencio como sonido de la esencia.

Al silencio llegó el profesor de La Salle *(«Educación innovadora»)* Florenci Bové Marcé, que venía con un vestido de palabras que se quitó por el camino de la docencia: «Una de les experiències que més m'han enriquit a la vida han estat les llargues estones que molt sovint he pogut gaudir en silenci».

Lo afirma en el capítulo «Silenci, interioritat, transcendència» del ensayo que acaba de publicar: *Coses que cal dir* (Ediciones Carena, 2019).

Y lo escribe, y calla, así, de repente.

Con un enorme y sabio corazón acorazado por tres puntales –amor, entrega, valores–, Florenci es un hombre devoto que se mueve a la misma velocidad que el transbordador espacial *Endeavour* en la misión Spacelab. Es decir, a veces corre tanto su corazón que arrolla a los transeúntes, los transportistas y las Comisiones de Derechos Humanos.

De frágil apariencia –engañosa–, con un cierto rictus de pensador aristotélico –el alma como principio vital– y asiduo a las conversaciones tapizadas con sonrisas, se explaya en enseñanzas, vista su experiencia de treinta años desde que, en 1988, formara parte del claustro de La Salle, en Barcelona.

Avezado y de profundas convicciones religiosas, Florenci nació en Folgueroles («on va néixer el poeta Jacint Verdaguer»), en la Plana de Vic, en 1950.

El más pequeño de nueve hermanos, es el único que entró en la universidad (finalizó las carreras de Filosofía y Teología).

Formado en los maristas, en tiempos de «austeritat i visió espartana», pronto saltó a una institución con más de trescientos años de historia como es La Salle Bonanova, en la que acabó ocupando cargos en la dirección académica.

Por sus silencios han pasado varias generaciones de testosteronas.

«Abans els joves eren més voluntariosos, sense tantes distraccions, però ara són més profunds i més convençuts del camí que volen escollir», medita, y se remueve algo en su ser, porque quiere contribuir a la construcción de una sociedad «justa y sostenible».

Florenci cree en la autoridad de la escuela («posar límits»), y es consciente de que muchos padres delegan en esta misma escuela, en todos los sentidos posibles (horarios, intelecto, crecimiento…). Y apunta: «I els que no delegen, a vegades, pequen de sobreprotecció».

Florenci apuesta por que los estudiantes ganen en autoestima.

Estudiantes que lo han tenido todo y que, por ello mismo, se rompen a la primera de cambio.

«Aquesta rapidesa, aquesta immediatesa, voler-ho tot aquí i ara, ja la vèiem fa vint anys, quan es parlava de "societat posmoderna". I ara continua igual», expone, seguro de la primacía de la «plenitud» de cada uno, escuchar la voz íntima.

Florenci no se llevaría el teléfono móvil a una isla desierta.

Si tuviera que repetir la vida, no cambiaría un ápice de su pasado.

Asegura ser feliz («la felicitat és a les petites coses: una mirada, un gest, aprendre…»).

Se acuerda de los antiguos profesores, como el Senyor Ernest, que le legó el teatro, la música y la poesía («pasarán las lentas nubes del silencio», en «Marea del silencio», de Gabriel Celaya).

Enseña su método, quizás recogido en su libro de cabecera, *Paraules d'amor*, del sociólogo Michel Quoist: «S'ha de tancar els ulls i pensar, per així trobar-te a tu mateix. En el silenci madures la paraula».

Cierra los ojos.

Piensa qué quieres decir.

No lo digas.

Guárdatelo.

XXV

ENTREVISTA CON MARTA CABEZA VILLANUEVA,
AUTORA DE *DÍA A DÍA CON LOS ÁNGELES*

EL CIELO

Marta Cabeza irá al cielo. Sin peaje.

Quiere decirse que no se morirá antes de subir al cielo. Ella es inmortal.

Está hecha de luz, de teselas luminosas que brillan en la oscuridad.

En este papel, en esta hoja blanca, la oscuridad es la muerte.

Las personas con un aura especial embellecen el entorno, y trascienden y ascienden y nadan en la abundancia de los sentidos azules.

El cielo también es azul.

La artista y escritora Marta Cabeza Villanueva (Zaragoza, 1947) viste de azul, como los ángeles que la miman.

Colgante azul, anillo azul y camisola azul.

«Empecé a pintar ángeles después de la Gran Crisis, cuando toqué fondo. Yo antes pintaba cosas tristes, muy tristes. Pero yo no podía regalar tristeza. Entonces, en una hoguera de Sant Joan quemé más de quinientos cuadros, y lo hice muy agradecida. A partir de ahí representaba ángeles», comienza su historia Marta Cabeza, colorista pitirrojo con un canto de amor, sin temor ni penar ni radiación.

Eso fue en 1995, cuando estaba atada de pies y manos a una vida que no la llenaba, separada de su pareja y con tres hijos que alimentar.

«Me encontré a una amiga que me pidió: "Dibújame algo". Y yo le hice unas cartas de ángeles», anuncia, lo que sería la semilla de su *Día a día con los ángeles* («*Te ayuda a tomar conciencia de tu realidad cotidiana*») (2002).

Se editaron los libros ilustrados, escritos a lápiz, y se vendían solos: a Marta la solicitaban en centros, seminarios, constelaciones, agrupaciones, conferencias... Comenzaron a llamarla para jugar con las angelicales cartas.

Carta «Comprensión»: «*Eres como una planta, eres un ser vivo en evolución*». Tuvo que aprender. Experimentó. Se quitó la tele. Se llenó de energía. Se volcó en sí misma. Buceó en su interior. Se canalizó. Se enfrentó a los miedos. Deambuló por la calle de la Fe. Se miró en el espejo de la realidad. Hizo las paces. Despertó. Se acarició el pelo. Se hizo niña de nuevo. Tocó con los pies en el suelo, terrenal y manzana. Tomó conciencia. Entendió la espiritualidad. Se ordenó. Hizo el Camino de Santiago. Se rodeó de naturaleza mágica. Se transformó. Echó a volar. Asistió a cursos de respiración. Fundó su propia editorial (Anguelo). Fue consecuente. Se llenó de colores. Azules.

«Me di cuenta de que, antes, los azules, los blancos y los verdes no existían en mis obras. Me influyeron mucho unos versos de "Liberté", del poeta Paul Éluard: "En mis cuadernos de escolar / en mi pupitre en los árboles / en la arena y en la nieve / escribo tu nombre".»

A los azules y a los blancos y a los verdes sumó los violetas, las violetas.

Su luz se magnifica como si fuera el telescopio espacial Hubble.

«La luz no hace ruido; la sombra, sí. La sombra es la guerra», medita.

La oscuridad es la muerte.

Dice: «Todos tenemos un ángel, somos parte de una energía angélica elevada. Y todos tenemos un ángel de la guarda que nos protege».

Dios rige y nos da.

Habla la luz azul de la pintora Marta Cabeza: «Dios está en el corazón». De todos y de todo.

Y por el poder de una palabra
vuelvo a vivir,
nací para conocerte
para cantarte.
Libertad.

XXVI

Entrevista con Carmen Cáliz, autora de *Kaleidoskopios de mujer*

¿CUÁNTO PESA UNA CABEZA HUMANA?

¿Cuánto pesa una cabeza humana?

La poeta norteamericana Carolyn Forché *(Lo que han oído es cierto. Testimonio y resistencia)* recibió una visita inesperada en su chalé de California. Un salvadoreño la vino a buscar a casa para rogarle que fuera a contar todo lo malo que ocurría en su pequeño país. Lo malo tiene nombre: la guerra.

—No soy periodista –le intentó disuadir Carolyn.

—Lo que necesito no es una periodista, es una poeta.

Un poeta salvadoreño, Roque Dalton *(El turno del ofendido)*, es quien aguijoneó a la filósofa y escritora Carmen Cáliz (Olesa de Montserrat, Barcelona, 1961).

Concretamente, un verso incluido en su libro *Arte poética* (1974), que se lee como una epifanía: «Poesía, / perdóname por haberte hecho comprender / que no estás hecha solo de palabras».

Ante lo cual, Carmen reaccionó con su *Homenaje a Dalton:* «Gracias, poesía / por haberme hecho comprender que / yo no estoy hecha de palabras».

Los libros siempre han formado parte de la vida y siempre han tirado de la vida de Carmen Cáliz, mujer de aromáticos tés que sirve con la misma compostura que la princesa india Aouda, la decorosa, sedosa y exótica esposa del rajá de Bundelkhand en *La vuelta al mundo en ochenta días,* de Julio Verne. Encarnada en la hermosa actriz Shivani Ghai, Carmen acaba de publicar *Kaleidoskopios de mujer,* «conjunto de 24 poemas y prosas poéticas atravesado por fibras emocionales y nervaduras espirituales altamente introspectivas y sugerentes» (Ediciones Carena, 2021).

En la cafetería de la librería Laie *(«Treballem perquè els llibres us trobin»),* los libros le recuerdan a Carmen que nunca estuvo sola. Y se le muestran y se exhiben, haciendo honor a ese verbo inglés de las técnicas amatorias: *dovetail,* desplegar en abanico tus mejores cartas. En el fondo, lo mismo que hace el pavo real para atraerse a la real pava.

«Yo estudié Filología Inglesa porque mi padre siempre me decía: "Una secretaria con idiomas está muy bien". Y mi madre siempre me repetía lo mismo: "Estudia, estudia, estudia". Así que me fui tres meses a Inglaterra, justo acabada la dictadura, en los años en los que ya todo dejaba de ser gris. Lo primero que me sorprendió de Inglaterra fue la cantidad de estudiantes que iban en bici», dice, con la nata de la bollería en sus dedos juveniles.

Por entonces, Carmen Cáliz leía *Una habitación propia* (Virginia Woolf): *«Uno no puede pensar bien, amar bien, dormir bien, si no ha comido bien».*

Ella se dilata: «Me agarré al arte porque me fascinaba. Cuando me recomendaban una lectura, me leía tres, sobre todo literatura escrita por mujeres: Jane Austen, George Eliot, las hermanas Brontë… Las mujeres victorianas se liberaron antes que nosotras. No es casual que en Inglaterra naciera el movimiento sufragista».

Y de Inglaterra, saltó a Canadá, donde estudió Literatura Comparada y donde se doctoró con una tesis de fronteras y límites reales o irreales («el objetivo era entender y articular la esencia de la identidad humana más allá de la identificación nacional-político-social que nos define»).

Iba para un año y se quedó diez, hasta 1997.

En Toronto, frecuentaba las catorce plantas de la librería Robarts, con su libro y su autora talismán: *The Diviners,* de Margaret Lawrence.

«Yo siempre he tenido una parte mística, mi vida paralela. Cuando tenía once años, sufrí un accidente de coche cuando viajaba con mi familia. Se despeñó ladera abajo y yo salí disparada del vehículo. Estuve en un túnel blanco, del que nunca hablé hasta muchos años después. Vi La Luz. Hoy sé que eso era algo divino. Fue una experiencia cercana a la muerte», se parapeta en sus convicciones, de las que emana un sabor dulzón, un sabor a pan recién hecho. «Para mí, Dios es un estado: estar en gracia. En cierto sentido, mi vida es mágica, porque todo ha fluido, y todo para bien.»

Por entonces, leía *Foundations of Tibetan Mysticism,* de Lama Anagarika Govinda, que la transportó a la India para desaprender lo aprendido.

«Fíjate, en aquellos años leía también *Ecce Homo. Cómo se llega a ser lo que se es,* de Nietzsche, que me salvó de una depresión», añade, y se acaba el té matcha.

Para Carmen Cáliz, la escritura hace que uno se interrogue.

«La literatura sirve para entenderse uno mismo», suscribirá, atravesada por las agujas del realismo mágico. «El lenguaje es la música del optimismo, de la creación, de lo trascendental.»

Tao Te Ching, de Lao Tzu; *I Ching,* de Fu Hi; *La voz del silencio,* de Madame Blavatsky; *El Libro Rojo. Liber Novus,* de Carl G. Jung.

La alquimia. Lo inmaterial. El hogar del yo.

En «Aguja de agua e hilo tibio», de *Kaleidoskopios de mujer:* «Todo comenzó un día que abrí la trampilla de mis pensamientos y descubrí una aguja de agua fina como las de mi abuela, enhebrada con hilo tibio y un pedazo de tela de poros amplios».

Más o menos, una cabeza humana pesa dos kilos y medio.

XXVII

Entrevista con Javier Cano, autor de *En la fábrica*

LUZ

«Es bueno ser así de nadie en las altas ramas…»

En «Ahora vivo más cerca del sol», el poeta portugués Eugenio de Andrade se desprendió de abalorios, como antes había hecho Juan Ramón Jiménez, que tiró por la borda las telas que le sobraban.

El autor de *As palavras interditas* buscaba la pureza, el elemento sustancial fundador de sus versos. Por eso se subió a las ramas, para cantar con las aves de paso, tal y como se desnuda y las desnuda en su obra: «Hoy han despedido / a una compañera…», en «El despido».

Javier Cano escribe una poesía portuguesa.

Nacido en Barcelona, en 1970, su recorrido es otro que el del poeta inspector médico nacido en Beira Baixa, Eugenio de Andrade.

Javier nació en el paseo de Maragall, en Horta-Guinardó.

Y ha publicado *En la fábrica* (Ediciones Carena, 2018), la intrascendencia de lo cotidiano que abarca los 18 años que pasó en una factoría de pinturas, en el área metropolitana. «Estaba en la cadena, colocando objetos para aplicar la pintura en polvo: vallas, cabinas, papeleras… Colgaba, pintaba, descolgaba. Muy repetitivo», expone, con una apelación a la simpleza, con la gravedad de unos ojos posados sobre el buque *Aquarius,* con la barba de un ermitaño en un desierto sin madres.

Javier pinta versos desde los 16 años. Antes, ya apuntaba maneras con una ortografía perfecta, cómodo con las tildes diacríticas en el batiburrillo de las reglas de acentuación.

Pero, como Moncho en *La lengua de las mariposas,* se quedaba embobado en clase, imaginando cielos sin nubes, coros con orquestas, cantos que pronuncia el viento. Mirando por la ventana se le aparecían las señales que le guiarían en el paraíso de la imaginación.

Y de ahí saltó a la fábrica.

«Escribía en mi turno, en los ratos muertos. O a veces paraba y sacaba un lápiz del bolsillo. Los compañeros, que ya me tenían simpatía, me dejaban hacer», sostiene. «Así sobreviví a la fábrica, alejado, regalando poesía.»

Hecho de muchas capas literarias, ya no pisa fuerte sobre las ascuas que dejó Charles Bukowski *(El infierno es un lugar solitario).* Prefiere otros títulos y otros autores, huyendo del sentimiento trágico de la vida. Ahora prevalecen los Joan Margarit *(L'ombra de l'altre mar),* Joan Vinyoli *(Les hores retrobades)* y *El misterio de la felicidad* (Miguel d'Ors).

No le guarda rencor a la oscuridad.

Sabe cómo funciona este mundo (el burofax triste sustituye las sombrillas alegres).

El desamor ya le agotó en *Poemas de la noche rota y la ciudad sumergida,* su anterior poemario.

«Soy un ser humilde», se reconoce, austero.

«Mi forma de comunicarme con los seres humanos es escribiendo. Cuando escribo, recibo. Pero escribir es irrelevante, es lo último. Lo importante es la forma como ves el mundo, la vida. Se dice que los poetas son médiums, por su trasfondo, su sensibilidad, su innata capacidad de mirar de otro modo», se describe, y decreta: «Lo más relevante en este mundo son los libros, estoy rodeado de libros, lo único que he robado son libros».

Hace poco ha leído *La sociedad del cansancio,* de Byung-Chul Han, sobre el concepto de rendimiento, que genera deprimidos y fracasados.

El medio portugués Javier Cano no acusa el cansancio. Es un ladrón de libros y de energía, hombre vital.

Por eso en su poemario *En la fábrica* apenas trabajan los alienados.

«Aquí hay luz, serenidad.»

XXVIII

Entrevista con Oriol Alonso Cano,
autor de *Encarnaciones del capitalismo*

GUERRILLEROS DE LA COMUNICACIÓN

Las multinacionales elaboran la comunicación de los diarios.

A esta conclusión llega el doctor en Filosofía y profesor de l'Escola d'Estudis Superiors i Universitaris Formatic Barcelona Oriol Alonso Cano (Barcelona, 1984), autor de *Encarnaciones del capitalismo* (Ediciones Carena, 2014).

«Hoy en día, leer la prensa es un divertimento», confirma con rotundidad, embozado con una braga negra que es la antítesis de la bufanda blanca de Miguel de Unamuno, con la mirada ausente y recobrada de Charlot en *La quimera del oro* y con el mirífico espíritu de un donjuán de los oprimidos (entiéndase oprimidos por iletrados, y estos, por carentes de análisis crítico). Oriol Alonso usa la palabra *divertimento,* pero quiere decir farsa.

Para defender esta tesis de la «comunicación sistemáticamente deformada» (Eagleton, 1997: 19-20), Oriol Alonso escribió, en parte, sus *Encarnaciones...* «Todo lo que sea imperio, dominio y dogma se ha de cuestionar. Para mí, no hay elementos inmutables que condicionen la vida del individuo, porque si los hubiera, sería como el Prometeo moderno, Frankenstein, el demonio que te reprime y que acaba contigo. Pero nos enfrentamos al problema crucial: que la crítica está contaminada por el sistema, con ello quiero decir que las movilizaciones sociales empiezan cuando a uno le tocan personalmente las narices, y el bolsillo», observa Oriol, que se siente como un «guerrillero de la comunicación», en tanto que filósofo que se arma con la rodela, la adarga y el caparazón de los clásicos griegos: Sófocles *(Electra),* Esquilo *(Orestíada)* y Aristófanes *(Lisístrata):* «La tragedia humana la contaron los griegos mejor que nadie». Aunque los griegos ya no interesen, aburran y se arrinconen en las bibliotecas.

«Cada vez que me dicen: "Esto no es así", me pongo en guardia. No me gusta que me vendan la moto. Y sé que el márquetin vende humo, ese es su arte», arenga Oriol, que podría haber sido el mejor asistente del general republicano Modesto, por su tacticismo resistente, su correaje discursivo y el cañón resolutivo de varias pulgadas de bravura.

En definidas cuentas, la acometida contra el corporativismo equivale a una defensa de la libertad, porque equivale a la lucha por la preservación del periodismo libre.

Oriol lo explica de esta manera: «Hoy, la comunicación es márquetin, porque las notas de prensa de las multinacionales se copian y se pegan en los diarios. Y eso es peligroso, porque atacan tu subconsciente, te condicionan y te convierten en un consumidor, más que en un miembro de tu comunidad. Y lo último es eso que se llama "márquetin experiencial o emocional", que trata de la compra inductiva, no racional… Es la canibalización capitalista en su grado máximo».

Será verdad.

Sección de tecnología («móviles y dispositivos») de *Lavanguardia.com,* 26 de septiembre del 2014:

Titular: El iPhone 6, a la venta en España

Subtítulos: Se comercializa en plata, dorado y gris oscuro con precios que oscilan entre los 699 y los 899 euros para el iPhone 6, y entre los 799 y los 999 euros para el iPhone 6 Plus | Apple se suma a la tendencia de aumentar la pantalla del *smartphone,* mejora la cámara e introduce el sistema de pagos Apple Pay

Lead: Madrid, 25 sep (EFECOM). Apple pone a la venta hoy en España el iPhone 6 e iPhone 6 Plus, los teléfonos inteligentes con los que se suma a la tendencia de las pantallas grandes y en los que implementa iOS 8, la última versión del sistema operativo móvil de los iPhone. Precisamente esta semana, Apple ha tenido que retirar la actualización iOS 8.0.1 porque generaba problemas de conectividad y de funcionamiento del sensor de huella dactilar Touch ID…

Más información, más humo:

· El iPhone 6 bate todos los récords: 10 millones de ventas en un fin de semana
· El iPhone 6, el más vendido de la historia de Apple el primer fin de semana
· Los iPhone 6 salen a la venta en medio de un entusiasmo frenético

Parece que la propaganda (un producto determinado que genera beneficios a una empresa) se convierte, por arte de birlibirloque, en noticia, y los medios de comunicación reproducen los anuncios comerciales como «información digna de ser contada». En este caso, la nota de prensa la difunde como noticia (copia y pega) la agencia Efe, cuyo cliente es Apple Inc.

Lo mismo ocurrió con la salida al mercado de los teléfonos de la marca Apple números 1, 2, 3, 4 y 5.

No en vano, Steve Jobs, el fundador de Apple, la empresa multinacional estadounidense que diseña y produce equipos electrónicos y *software,* perfeccionó el «copiar y pegar» *(copy paste),* según el Canal Discovery: «La confusión sobre el origen del *copy paste* y la relación con Apple llegaría porque fue esta compañía la que primero introdujo el copiar y pegar dentro de la informática hogareña, al equipar al Mac OS 1.0 con los comandos que luego se popularizarían como Command + C, para copiar; +X, para cortar, y + V, para pegar. Los primeros ordenadores que tuvieron el combo copiar y pegar fueron Apple Lisa (1981) y Macintosh (1984). En Windows llegaría más tarde, pero utilizando la tecla Ctrl como disparador del comando. Como para agregarle un poco de pimienta al asunto, la biografía de Tesler cuenta cómo es que Steve Jobs realizó una visita a Xerox en 1979 y *se inspiró* en algunas ideas de aquellos científicos para luego reciclarlas y presentarlas como suyas. En ese sentido, Steve Jobs fue inventor del *copy paste, si sabes a lo que me refiero»* (las cursivas no son mías).

El «culo de mal asiento» Oriol Alonso Cano combate este periodismo adulterado que copia y pega. No está solo en la guerra. Le flanquean, a su izquierda, Peter Sloterdijk, con su *Crítica a la razón cínica* (medios de comunicación como agentes del cinismo), y, a su derecha, el incansable Karl Marx, con *El capital* (fetichismo de la mercancía, en este caso, la información: «Todo es mercancía»).

Según Oriol, Marx es el mejor intérprete del capitalismo («es quien te da las claves para entender nuestro mundo»).

Y detrás de él, en la retaguardia, las tropas de refresco, con los ideólogos *hardcore:* Ignacio Ramonet, con *La tiranía de la comunicación* (pérdida de complejidad de la noticia); Noam Chomsky, con *Cómo nos venden la moto* (control de los medios, la comunicación en manos de las multinacionales) y Pascual Serrano, con *Desinformación: cómo los medios ocultan el mundo* (la información es desinformación).

En este empeño por decir verdades, aunque satiricen la realidad, también cuenta Oriol con los sargentos de las compañías de su sector: Pierre Bourdieu, con su *Pensamiento y acción* (degradación de la comunicación); Paul Feyerabend, con su *Tratado contra el método* (mentalidad anarquista), y Slavoj Žižek, con *¡Bienvenidos a tiempos interesantes!* (discurso dominante).

Con tanto soldado lumbreras, la trinchera se fortalece.

Antes de la guerra, budismo zen.

Escuchad a John Cage *(Credo In Us).*

A fin de cuentas, la esperanza es lo último que se pierde.

Rectifiquemos: La esperanza mata la revolución, según el filósofo Walter Benjamin *(Libro de los pasajes).*

Según el filósofo Oriol Alonso Cano, cuando uno no tiene nada que perder, es cuando se vuelve peligroso.

XXIX

Entrevista con Pepa Cantarero,
autora de *Te compraré unas babuchas morunas*

LAS MANOS

Las manos recorren los cuerpos divinizados con la energía que les transmite la naturaleza de los helechos y las cantarinas gotas de las lloviznas en los domingos por la tarde. Las manos, con los dedos cordiales, sanan las enfermedades de las angustias desveladas. La nodriza Pepa Cantarero (Baños de la Encina, Jaén, 1954) posee unas manos de sortijas y sacramentos que curan con sus masajes. «Mi madre decía que yo le quitaba el dolor con las manos», dice sin darse importancia. Esas manos, con esos dedos, con esos anillos subidos de quilates, son manos sagradas porque, además de aliviar, escriben como las diosas arameas, con la lencería fina de los epítetos y la sorprendente evocación de las historietas menudas. Pepa Cantarero publica *Te compraré unas babuchas morunas* (Ediciones Carena, 2009), su primera novela, la saga de una familia de Sierra Morena en la que convergen los males de ojo, las profecías y los bandoleros. Nutrida de más primos hermanos que visitas tiene la página web de Scarlett Johansson.

«El protagonista principal de *Te compraré unas babuchas morunas* está inspirado en mi abuelo Francisco Camacho, *Paquito Morcilla*», hablan las manos de Pepa, que percibo como dos serenas palmadas en las frondas de Muniellos. «Esta obra me ha costado muchos años. La he reescrito, retocado, corregido. Es un homenaje a los antepasados. Los muertos ocupan un lugar muy importante en mi vida.»

La loca del pelo rojo

Pepa Cantarero se tiñó el pelo de rojo cuando aún vivía Franco.

«En el pueblo, oía a mis espaldas: "Mírala, ahí va la loca", pero a mí me daba igual.»

Las manos de La loca del pelo rojo, en Baños de la Encina, amasaban los hornazos de huevo duro con la harina de la panadería familiar, perfumada con el penitente olor de las magdalenas. Las manos, cautivas en las estrechas paredes encaladas de un pueblo morisco, se vinieron a Barcelona cuando tenían 11 años. Antonio, el padre, emigró con la criatura para labrarse un futuro más blanco que las tortas, y se empleó en una empresa de cerámicas de Poblenou, en la que pulía los mosaicos de mármol con sus dos manos, «retumbantes las venas desde las uñas rotas», en palabras de Miguel Hernández.

Un laboratorio farmacéutico se fijó en las manos de Pepa, y las contrató para analizar las contraindicaciones de las píldoras de colorines. Las manos no se estaban quietas, y en los descampados de los turnos funerarios, se movían en círculos concéntricos alrededor de cursos de comercio exterior y taquigrafía. «A los 14 años empecé a trabajar y, por la noche, estudiaba en las carmelitas de la Academia Campoamor.»

Pepa Cantarero reside en Nou Barris. Casada con el cerrajero Ángel, de manos callosas y forajidas, tiene dos hijos, a quienes ha puesto el nombre de sus ángeles de la guarda: Cristian, por el hijo de Marlon Brando, y Jade, por la hija de Mick Jagger, pues le encanta cómo toca *Wired All Night*.

Los dedos y las letras

Las manos de Pepa han aprendido el abecedario de los cuentos fabulosos de las hadas, salidos de las fantasías hechiceras de las brujas en las cuevas de Zugarramurdi. Siendo chica, más de lo que lo es hoy, los mayores le inocularon el virus de la curiosidad, con los romances para no dormir de *La encantá del Pilarejo,* princesa árabe bellísima, enamorada de un cristiano y a quien su padre, por temor a que se fugara con el infiel, encerró a cal y canto en un torreón. «Desde entonces, dicen, se aparece en El Pilar.»

Pepa cree en el misterio: «Todo lo oriental me atrae muchísimo. Me gustaría ir a la India y a la China», suspiran sus manos, que se detienen en los posavasos como la mariposa *Ornithoptera alexandrae,* delicadas, numismáticas, con deleite. «Me fascina la filosofía budista, y los maestros tibetanos Djwhal Khul y Parvathi Kumar. Hago meditación, me aporta paz y tranquilidad. Tengo un altar en mi casa en el que cada mañana, antes de tomarme el café, me tiro 15 minutos.» En ese rincón de veneración Buda comparte cartel con la «santa puta» María Magdalena.

Los dedos coleópteros de las manos crisálidas de Pepa escriben desde pequeña y leen desde mucho antes: «Doña Anita, mi profesora, me repetía que yo tenía que ser escritora por mi pasión por la lectura. Como si fueran cromos, intercambiaba los cuentos con mis amigas».

El primer relato que le intrigó hasta desmadejarle el alma fue *El grillo del hogar,* de Charles Dickens. Otras capas de barniz le daría luego a aquellos inicios: Gabriel García Márquez («portentoso»), Julio Cortázar («increíble»), Marguerite Duras («indispensable»), António Lobo Antunes («me atrajo») y Jeanette Winterson («cómprate *La pasión*»).

Pepa Cantarero pasea a los autores, con las nerudianas manos sueltas, por cualquier habitación y estancia: entre las paradas de la Línea 1 de Rocafort y Urgell, en la cola del Lidl, en el cajón de sastre de los bailes interrumpidos. Consigo siempre lleva papel y boli. «No voy a ningún lado sin un bloc de notas», presume con las manos delgadas, calientes como el termostato.

Escribe Pepa, con dedos ágiles, las letras de sus cuentos que, antologados, conforman ya dos volúmenes inéditos. «El cuento es el género más difícil.» Su terapia es escribir, y, como sus manos musitan, con la escritura «atípica y arisca» salió del infierno: «Así me ahorro en psicólogos».

Sus últimos apuntes en ese bloc con las puntas silabeadas los tomó en el pueblo natal, en Baños: *Tres veces se acerca el color rojo y mi mano no se espanta. El viento silba en las Piedras Bermejas...».*

Las Piedras Bermejas es, junto con el pantano y la ermita de la Virgen de la Encina, su particular Ayers Rock: «Un lugar mágico, en medio de la campiña, como si las piedras hubieran sido lanzadas allí con tirachinas».

Sus manos andaluzas, en el regazo de los juegos carteados, han elaborado, además de *Te compraré unas babuchas morunas,* tres poemarios, un trío en la misma cama de la imaginación: *Cuarteada de olvidos* (Semilunio, 1999), lío amoroso y desaforado entre Deméter, Hades y Perséfone; *Hammam* (Diputación de Jaén, 1998), poemas de su lugar de nacimiento, sus gentes, sus calles…, y *Conversaciones con el nicho 612* (Devenir, 2007), homenaje a los muertos.

Entre manos tiene una pieza de teatro con un triángulo detrás: «Son las tres parcas que velan a una mujer estirada en un diván».

Quizás *Las manos enigmáticas,* de Evaristo Carriego.

La literatura le acarrea a las manos de Pepa una constante agitación, que la transporta a un mundo interior del que, a veces, prefiere no salir, y si sale, es para seguir soñando: «Me he matriculado de oyente en las clases de Géneros Literarios, Crítica Literaria y Literatura Comparada de la Universitat de Barcelona», sonríe.

«No puedo con la estupidez, no trago la injusticia, no soporto la mentira, ni a la gente que carece de escrúpulos y valores. Nunca he sido conformista. Me hubiera gustado viajar y ver mundo, y me da rabia haberme perdido tantas cosas.»

Imperceptiblemente, las manos alisan su cabello, y reparan un momento en sus ojos pintados de negro. Las manos son de la opinión de que Pepa Cantarero, *La loca del pelo rojo,* ha dedicado la mayor parte de la vida a vivir las vidas de otros. «La eterna cuidadora.»

Pero las manos también se equivocan.

Ignorando mi vida,
golpeado por la luz de las estrellas,
como un ciego que extiende,
al caminar, las manos en la sombra.

Las manos ciegas, de Leopoldo Panero

XXX

Entrevista con Steven Capuzzi, autor de *Laberinto del Zodiaco*

LA SAGA

La intangible Irene, con las apetencias y las horquillas para recogerse el moño, se asqueó del mundo convulso arrasado por una guerra furibunda con la que, felizmente, se destronó al loco del bigote. Agarró el billete de reserva del transatlántico y se embarcó en su Sicilia natal para alejarse de la insuficiencia atómica que le oprimía los pulmones, y de un posfascismo petulante y de opereta. Irene, la abuela de Steven, lleva Italia en el corazón.

Steven Capuzzi (Valencia, Venezuela, 1989), el nieto de la matriarca Irene, ha tratado lo suficiente a su *nonna* (abuela, en italiano) como para darse cuenta de que lo más inesperado de una vida apenas son las notas de corte de los exámenes que pone en el camino como pruebas hípicas, sino el sabor de los placeres infusos. Por eso, Steven, hijo de Maximiliano, ha novelado su cabeza en *Laberinto del Zodiaco* (Ediciones Carena, 2013), su propia historia, o una historia travestida, reconvertida, inusual.

Steven, imberbe, posee una cosmogonía lírica, los bonos del verdadero y único Tesoro Público, reverdecido por una piel blanquecina en la que a duras penas se nota el sol de los trópicos, y avivado por los fuegos del escalofriante Stephen King y del siempre enlutado Edgar Allan Poe.

Es un niño agrandado por convicción, y por la proyección de una imagen que se fraguó en su mente con la lectura, en 1997, de la primera de las novelas

| 118 |

fantásticas de la depresiva pero estimulante J. K. Rowling, que dic a conocer la saga de Harry Potter: *Harry Potter y la piedra filosofal,* en la que aparece el artúrico Lord Voldemort.

Como una correlación de fuerzas en un conflicto latente, a esa lectura le siguieron otras, tantas como juegos de magia hacía el inexperto mago del Colegio Hogwarts: *Harry Potter y la cámara secreta; Harry Potter y el prisionero de Azkaban; Harry Potter y el cáliz de fuego; Harry Potter y la orden del fénix; Harry Potter y el misterio del príncipe y Harry Potter y las reliquias de la muerte.*

Atorado por Harry Potter y las odiosas transformaciones, Steven Capuzzi decidió volar en su propia escoba.

«Armé la estructura de esta novela hace seis años, y en buena parte se basa en mi vida. Unos amigos que consideran la amistad entre ellos como un valor excepcional, y que trabajan como un equipo, como una unidad», resume, varado en las dos orillas del Atlántico.

A la novela la llamó *Laberinto del Zodiaco,* encerrada en el círculo de las profecías mayas, con los hombres lobo que se resisten a las depilaciones: «En un primer momento, la iba a titular *El círculo,* y creo que tendrá cinco secuelas, no tantas como la de la saga de Harry Potter, pero creo que la literatura épica, de fantasía, muy difundida en el continente americano, ha de ser así, extensa, larga, y ha de explorar otras áreas».

Formado en un colegio de la Valencia venezolana, confundida entre la jungla y los tremedales, creció con la mostaza de los obsequios maternos.

Da gracias a la escuela por sus deberes literarios: «Solo por haberme hecho leer *Cien años de soledad,* de Gabriel García Márquez, ya le estoy agradecido».

Licenciado en Computación, Steven trabaja en el proyecto de un motor de búsqueda por internet que reconozca rápidamente los perfiles y las compras. El *booktrailer* de *Laberinto del Zodiaco* combina la fuerza con la persuasión. No le importaría ampliar estudios en Europa, el continente de sus sueños. «Los europeos, sobre todo los españoles, mencionan continuamente la crisis económica en la que están sumidos, pero yo no veo crisis por ningún lado. Tendrían que ir a mi país para saber de verdad qué es eso», apuntala.

«A veces la vida se vuelve un laberinto lleno de conflictos, pero con confianza, valor y esperanza, siempre se puede hallar la salida», reproduce Steven en unas palabras que sirven de introito de *Laberinto del Zodiaco, thriller* juvenil, la odisea de los siglos futuros.

Irene, la matriarca de los Capuzzi, de signo astral libra, le protege.

XXXI

Entrevista con Francisco Javier Carballo, autor de *Circo Ensayo*

LA VIDA

Sostiene Pereira. Es con esta novela afortunada (por mor de sus metálicas y plateadas letras) que el escritor italoportugués Antonio Tabucchi tocó el corazón de los agraciados, y de los agoreros. Y es con la película homónima, del director Roberto Faenza, que el actor Marcello Mastroianni se metió a los agoreros y a los agraciados en el bolsillo, aun los descarados mentirosos, más muertos que vivos. Sostiene.

Última secuencia del filme *Sostiene Pereira* (1996). Mastroianni prepara la maleta y la llena de vida. Para luchar contra la muerte en la Guerra Civil española. Hastiado ya de los malogrados obituarios que redacta en el diario *Lisboa*. Es cuando vemos en Pereira al escritor Francisco Javier Carballo (Málaga, 1979), autor de *Circo Ensayo* (Ediciones Carena, 2013), el dietario sincero de un treintañero en una gran ciudad (pongamos que hablo de Barcelona), el toma y daca de su callejear, su vida.

Francisco es vida. Y es su vida la que exhibe, la que pone en tela de juicio, en la que cree y que defiende. La vida.

«Es un *circo* porque, en el fondo, esta sociedad es un espectáculo en sí misma. Y es *ensayo* porque lo que busco es que la gente aprenda algo con la lectura. Se trata de la reflexión interna de lo que está pasando, no solo de mi vida sino de la sociedad», recoge Francisco Javier Carballo, espigado como los palillos de avena, inconformista, predispuesto y devorador de bocadillos y conversaciones. «El personaje principal de *Circo Ensayo* es inconstante, voluble, elástico, imprevisible, que no improbable.» Imprevisible.

Esto último lo toma prestado de Blaise Pascal, uno de los pensadores de su cuerda, junto con los socios de la vida y las ciencias cognitivas Albert Camus, Miguel de Unamuno y Samuel Beckett (le inspiró *Esperando a Godot,* a quien sigue esperando). No en vano, Javier se acaba de matricular de la carrera de Filosofía, en la Universitat de Barcelona («estaba solo en ventanilla para cumplimentar el formulario»).

Todos ellos son vida, no muerte. Imperfectos. Inseguros. Dubitativos. Ergo humanos, que no entes jurídicos, que no muerte. Él mismo se reafirma: «La humanidad sigue su curso». Sustituir *humanidad* por *nosotros.* Imperfectos.

«Hoy la literatura es como el cine. Solo se copia, no se innova, y hay que romper las reglas, transgredir, arriesgar, que el escritor te pida que tú le entiendas, no al revés», difiere Javier, que se toma dos cervezas en la Granja Gavà, en la calle de las putas de Joaquín Costa, en el barrio del Raval de Barcelona. De mientras, en el mundo, el nuevo primer ministro de Egipto, Adli Mansur, hace un llamamiento al diálogo, y Almería se incendia por una tormenta eléctrica de dos mil rayos. Putas.

«Literatura de reflexión, no de evasión», confirma. Pero él prefiere hablar de *heterofenomenología,* concepto del profesor de Boston Daniel Dennett que viene a significar que todo lo que ocurre está influido por un proceso más regular, «interesante y simple». La heterofenomenología es como una vida sin invierno. Venturosa vida sin muerte. Venturosa.

El alma de Francisco Javier Carballo es consciente del placer intelectual «de sentir que se es». Por eso, a veces, se embriaga. Por eso es poeta, a la vereda de Rilke. Y vive poéticamente. Y no muere. No muere.

Llegado a la capital catalana en septiembre del 2010, trabaja como camarero en el restaurante vietnamita Bun Bo (Àngels, 6). Como un ladrón, en las comandas de hojas muertas roba frases lapidarias que deslumbran por su grandeza o su falta de sensibilidad. Y arranca los frutos del árbol de la vida para empacharse con ellos: «La única oportunidad que tenemos es cuando estamos vivos. La única oportunidad de la vida es la vida misma». Grandeza.

En *Circo Ensayo* se propone cambiar las personas mediante el pensamiento, y animarlas a vivir plenamente, sin peto, a pelo. Vivir. Dejar de matar las horas. Matar. Para que la tríada del arquitecto romano Marco Vitrubio (belleza, firmeza, utilidad) encaje en la vida de cada cual.

La vida. La vida. La vida.

«Lo bueno es convertirte en único sin que los demás lo reconozcan», sostiene Carballo. «El deseo actual, señalado en los procesos sexuales, es una mera proyección de la fantasía, en definitiva, de la decepción y el simulacro», Carballo sostiene.

Y entonces la vida se levanta, se va al lavabo de la Granja Gavà, en la que ya meaba el escritor Terenci Moix. Y la vida tira de la cadena. Y nuevamente en la barra, pide a la imponente camarera, un guiño de vida.

Y la vida pide otra Estrella. Otra.

XXXII

Entrevista con Francisco Cárdenas, autor de *Es mi hija*

«YO NO LA ABANDONÉ»

«Alguien tenía que haber calumniado a Josef K., pues fue detenido una mañana sin que hubiera hecho nada malo.»

Así comienza *El proceso,* la novela más rocambolesca del escritor del absurdo Franz Kafka. El experto en ecología urbana y medio ambiente Francisco Cárdenas (Barcelona, 1958), moderado, formal, hecho un pincel, ha rescrito este texto, una de las perlas de la literatura, a partir de su propia experiencia personal. Francisco ha publicado *Es mi hija* (Ediciones Carena, 2012), «libro crítico sobre el funcionamiento del sistema de protección de menores», en palabras del periodista Gustavo Franco.

Alguien tenía que haber calumniado a Francisco C., pues le quitaron a su niña, Gemma (nombre ficticio), en la mañana del 12 de marzo del 2009, sin que hubiera hecho nada malo. Él no se lo explica: «Quizás fue algún funcionario resabiado», sospecha.

Gemma nació en Catalunya, en diciembre del 2005, en el seno de una familia en situación de desestructuración. Después de una «retención hospitalaria», de la niña se hicieron cargo los servicios sociales de la Direcció General d'Atenció a la Infància (DGAIA), que la dieron en adopción, cuando Gemma solo tenía seis meses de vida, a la pareja formada por Francisco C. y Carolina (nombre ficticio).

«Todo iba bien, la propia Administración emitía informes favorables reprochándose a sí misma la tardanza en conceder la adopción», dice Francisco C., que llevaba desde el 2000 intentando ser padre adoptivo, para lo cual incluso probó suerte en Ucrania y Moldavia.

La situación se complicó cuando Francisco C. y Carolina decidieron separarse, en pleno proceso de adopción, en el 2007 (aunque la separación oficial no llegaría hasta el 2010).

«Me planteé esta disyuntiva: o esperar hasta que la niña fuera mayor e ir haciendo el paripé con mi pareja, en una relación que no llevaba a ningún sitio, o bien afrontarlo como personas maduras y hacer cada uno su vida por separado, sin perjuicio de nuestra hija, que en ningún momento se vio afectada», considera Francisco C.

Entonces, hubo un antes y un después, cuando, el 12 de marzo del 2009, el Institut Català de l'Acolliment i l'Adopció (ICAA) convocó a Francisco C. a una «reunión de trabajo», a la que debía acudir acompañado de Gemma. «Recuerdo que mientras subía las escaleras del ICAA debatía con la niña sobre qué comida le daríamos a los patitos del estanque que visitaríamos ese fin de semana. Cuando llegué arriba, me esperaban en una sala cuatro personas a las que apenas conocía. Me apartaron de la niña. Y después de varias consideraciones y de una retahíla de mensajes seudomísticos sobre las bondades del sistema, me dijeron que se acabó, que no volvería a ver a Gemma y que entendían mi dolor. Cuando yo les pregunté que por qué, me dieron largas: "Hemos detectado indicadores de riesgo". Cuando les pregunté que a qué se referían con lo de indicadores de riesgo, se hicieron los tontos: "Hemos recibido informes internos, llamadas anónimas…". Cuando les inquirí para que me concretaran el contenido de los informes y la finalidad de las llamadas, se excusaron y cortaron en seco: "Mire, la niña es nuestra, y punto"», rememora Francisco C. «Cuando les eché en cara que así no se hacían las cosas, que la niña no era un cenicero sobre cuya posesión pudiéramos discutir, que ellos no conocían si tomaba algún medicamento, si la tortilla le gustaba poco o muy hecha, si dormía bien por las noches o le costaba conciliar el sueño, cuando les solté todo esto, y si se habían dado cuenta de que las amigas del cole la estaban esperando, se pusieron a la defensiva y me acusaron de ser mal padre. Cuando les instigué para que me dijeran en qué se basaban para hacer tal aseveración, volvieron a lo de los "indicadores", y utilizaron términos inexistentes como que ella sufría de *hiperadaptabilidad*. Cuando busqué en el Col·legi Oficial de Psicòlegs de Catalunya el sentido real de este concepto, no me supieron dar ninguna respuesta. Un especialista me confesó: "La Administración procede como la Inquisición, por suposiciones: tú eres pelirroja, a la hoguera. Pues igual". Cuando me indigné y me sofoqué porque no le veía razón alguna para que hicieran esto, mi amigo me lo puso más claro: "Mira, tú eres víctima del síndrome del caso Alba [la niña que quedó en estado de coma como consecuencia de una paliza, en el 2006, y que puso en evidencia la descoordinación de las administraciones]. Cuando ellos ven algo raro, cortan y no preguntan. Es lo mismo que si te cortan el brazo porque te duele la uña del dedo de la mano". Cuando yo exigí a las señoras de aquella sala que me devolvieran a mi hija, me frenaron: "Usted no es su padre", ante lo cual yo les dije que ese título no lo daba una firma o un documento o una resolución, que yo la había cuidado, le había cambiado los pañales, la había llevado al circo por primera vez, y mil cosas más, y que eso me bastaba para saber que yo sí era su padre.»

Francisco C. y Carolina, desilusionados, hundidos, atormentados, se fueron a la Fiscalia de Menors, y sus responsables «alucinaron»: «No entendían nada». Luego llamaron a la escuela en la que estaba matriculada la pequeña: «La tutora, llorando como una magdalena, no entendía nada». Y luego fueron al Síndic de Greuges, que se escandalizó: «Tampoco entendía nada». El Síndic emitió un informe demoledor: «Instamos a que se revisen todos los protocolos de actuación», poniendo en tela de juicio el buen hacer de algunos técnicos, que han amasado más poder que muchos cargos políticos. De hecho, el presidente de la Generalitat de Catalunya, Artur Mas, escribió una carta a Francisco C. con palabras de consuelo y mostrándose comprensible con su situación personal, como si los departamentos de su Gobierno fueran entes con autonomía propia cuyos tentáculos no lograse controlar. Además, la exconsellera d'Acció Social i Ciutadania Carme Capdevila le citó en el Parlament de Catalunya, y cuando la tuvo enfrente, ella le pidió perdón: «Yo he de confiar en mis técnicos, pero muchas veces no sé lo que hacen», le confesó a Francisco C.

«Cuando me llevaron a una especie de juicio porque había intentado ver a Gemma (encontré en Google la dirección de su colegio), tres años después de que me la quitaran, la jueza me susurró: "Mira, la Administración actúa a veces de manera desproporcionada, y esto es un ejemplo". Cuando, tiempo después, me reuní con el fiscal superior de Catalunya, reconoció que se usa un doble rasero, que hay colectivos poderosos intocables, y que las retiradas de niños, en la mayoría de los casos, se producen en familias indefensas y vulnerables», expone Francisco C.

«Yo no pido que me devuelvan a la niña, porque sé que ahora está con otra familia, y no quiero arrancarla de su seno como hicieron conmigo. Si lo hiciera, le causaría traumas irreversibles para su comportamiento futuro. No quiero hacer eso. Lo que quiero es poder verla y poderle decir que yo nunca la he abandonado, que no la he abandonado nunca», afirma Francisco C., compungido. «Y, como presidente de la Asociación para la Defensa del Menor, quiero ayudar a las familias con menos recursos a las que les ha ocurrido algo semejante. Me he dado cuenta de que yo soy solo un expediente más. Pero algo tengo claro, conmigo no van a poder. Por suerte he rehecho mi vida con Anabel, con quien me casé el 24 de septiembre del 2011, y me siento enormemente feliz, y mi felicidad no la pueden destruir. Me he sentido ultrajado, y mis amigos me apoyan y echan pestes por la "prepotencia" de la Administración, dueña y señora de nuestros destinos, "talibana", como he oído decir a una magistrada. Tengo interpuesta en el Tribunal Constitucional de España una denuncia, porque no es normal que por vía administrativa te puedan retirar a un niño sin que tengas derecho a defenderte delante de un juez. Y yo no renuncio a explicarle a Gemma que yo no la abandoné, que no la abandoné.»

XXXIII

Entrevista con Trinidad Casas, autora de *Campo de más allá*

EL MAR

«Necesito el mar porque me enseña.»

El mar, la mar, la llanura azul de gemas espumosas y olas de cabriolé. Desde su nacimiento, la mar, el mar, acunó al poeta de Isla Negra, Pablo Neruda, Premio Nobel de Literatura. Su poema dedicado al mar, incluido en *Odas elementales* (1954), apacigua igual que eriza, y condimenta como la primavera el alma de los pobres y de las piedras. Y de las mujeres azules como los tridentes del mar. La mar.

Trinidad Casas, *Trini* (Marmolejo, Jaén, 1947), pertenece a la tierra, pero su destino ha sido el mar de Neruda: «Como tantos, mis padres perdieron la guerra, y emigraron a Sant Salvador, barrio de El Vendrell (Tarragona), a orillas del mar. Yo bajaba las escaleras y tocaba la arena. Mi casa, el mar».

Ha publicado el poemario *Campo de más allá* (Ediciones Carena, 2013), más de setenta poemas que responden a una indagación interior, insondable. El mar.

«Estudiaba junto al mar y veía salir el sol», señala Trinidad, la tercera de cinco hermanos, de ojos que podría decirse agolondrinados, por el sustancial aleteo en torno del ser y la nada. Y con el cabello liso y las manos reposadas, aun juguetonas, que inspeccionan la historia con el pretexto de navegar en ella.

«Yo jugaba con los nietos del hermano del violonchelista Pau Casals en los jardines de su casa de verano, cerca de la playa.» La mar.

Se toma Trinidad un café en Tallers, 76, en la plaza de Castella de Barcelona, rincón de reminiscencias árabes, con sillas de caoba talladas a mano y respaldos de chocolate. Con una blusa floreada, modula la voz hasta allanarla. Y remotamente se refleja en ella una alegría de vivir y un hambre de conocimiento que por fuerza ha de salir por algún sitio. Se nota que más que leer, besa las páginas de los libros, como añorándolos, como mojándolos. Como el mar.

Aficionada a la fotografía de Robert Capa y Gerda Taro, Trinidad se entregó a las musas en el 2006, el año en el que empezó a vivir su segunda vida, la que se debe a las letras. Se jubiló de su trabajo de psicopedagoga en el Departament d'Ensenyament de la Generalitat («diagnosticaba niños con necesidades educativas especiales»). Se matriculó en la Escola d'Escriptura del Ateneu Barcelonès. Y emborronó mareas de cuadernos con «apuntes, sensaciones, impresiones».

La profesora y filóloga Lali Ribera la mandó a las galeras poéticas, y con versos sueltos comenzó a bogar. En su infancia había leído las *Rimas* y *Leyendas* de Gustavo Adolfo Bécquer, y se le había quedado grabada la imagen de un demacrado Antonio Machado, el hombre bueno que había padecido la injusticia y la barbarie, y que hace que automáticamente se acuerde de su padre, veterano de la batalla de Brunete (1937), en la que quedó cojo. Así surgieron, como una declaración de amor espontánea, versos vagabundos y clandestinos: «Tallo de olvido. Memoria de almazara. Más allá, el mar».

Al principio, los recitaba en voz alta, para ella sola. Y después, el camino que se había trazado la llevó a exponerse, desnudarse y, líricamente, compartir sus serenas composiciones con gargantas feroces y audaces como el mar. La mar.

Nacida en Marmolejo, cerca de las minas de wolframio y de un balneario de aguas agrias, con poco más de un añito *la marcharon* a otro mar. Inició Químicas en la Universitat Autònoma de Barcelona. Se empleó en el laboratorio de plásticos de la empresa del sector Kemichrom en la que ensayaba con los estabilizantes y analizaba los productos y sus reacciones. Ocurrió que luego empezaría a analizar a las personas, más complejas y provechosas. Volvió a la universidad para licenciarse de Psicología. Se breó en centros de salud mental, en centros de educación especial y en consultas de psicoterapia. Se casó con el ingeniero técnico Salvador Orta, y ese anillo la empujó a presentarse a unas oposiciones, crisis económica de por medio. Así se ganó una plaza en el Equip d'Assessorament Psicopedagògic, en Pineda de Mar. Otra vez el mar. La mar.

«Entre sus ramas / resplandecen los cortijos / como las olas del mar.»

La poeta Trinidad Casas se ha deshecho en vocales y síntesis sin comas. Y escribe y escribe como si se inyectara Lorcas y Hernández, a quienes conocería «de mayor». Y por eso tiene en mente varios proyectos literarios colectivos, obras corales. Mares.

«Cómo volar / sobre los mares, / pájaro de alabastro.»

El mar.

La mar.

XXXIV

EL DOLOR

«De pronto sentí una necesidad extraña de hablar en voz alta. De relatar la vida y la muerte…»

El Premio Nobel Elie Wiesel, superviviente de Auchswitz, profundizó en las cosas del alma humana, tan compleja como simple en su trilogía sobre el Holocausto *(La noche; El alba; El día)*. Para cauterizar su experiencia traumática, de la que no pudo salir indemne, escribió y escribió y sustrajo de sí el mal, el quiste de la violencia nazi. Se limpió el alma. Se vació por dentro. Se taponó la herida que en la mente supuraba. Volvió a empezar. Renació.

La enfermera Pilar Catalán Villanueva (Barcelona, 1970) podría haber aliviado, de alguna manera, a Elie Wiesel. («Hablé horas enteras. Él me escuchaba, con los brazos apoyados pesadamente en la borda, sin interrumpirme, sin moverse, sin apartar la mirada…»). No porque ella tenga el don de la ubicuidad ni porque sea una divina, gentil y justa entre las naciones, ni porque posea esa extraña cualidad que hace que escuches sin pedir nada a cambio. Pilar podría haber mitigado el dolor porque sabe acercarse a las personas sin hacer ruido, y hacer de ellas seres únicos, vikingos, narvales. Como homenaje al padre, a quien atendió en sus últimos momentos, ha compuesto *Viaje al país de tu corazón* (Ediciones Carena, 2016). Como una sinfonía.

«Se trata de una historia que ya tenía en la cabeza y que se iba tejiendo poco a poco. Me gusta perfilar los personajes, sin cerrar del todo sus rasgos…», explica esta mujer otoñal, cortés y cautelosa, que mide las palabras para que ni sobren ni falten en aquello que quiere decir («escribí lo que siempre he querido escribir»).

La acción de *Viaje al país de tu corazón* transcurre en Argentina, y en ella no faltan infusiones de mate, noches frías y larguísimas caminatas.

A pesar de que la novela arranca de un suceso si no trágico, difícil o infortunado, Pilar le da la vuelta, y actúa como una auxiliar con nociones de psicología clínica. Desnuda a las víctimas. Hace que corran para que se desgasten. Las vuelve a vestir sin los trapos que llevaban puestos cuando cayeron en desgracia. Las realza. Las encumbra. Las reconforta. El dolor transige, y la pena, que es también pérdida, se recompone, y se vuelve «serenidad estoica», como decía el activista Antonio Gramsci en sus *Cartas desde la cárcel*. Se vuelve vida.

«No me gustan las muertes, ni los finales tristes. A veces veo claro hacia dónde van los personajes, y entonces sé lo que se proponen…», infiere, con un toque de menta en los labios, como la mejor Audrey Hepburn y la más legendaria, que no era la que actuaba *(Sabrina)* sino la que ejercía de embajadora de Unicef.

De hecho, sus dos últimas novelas, inéditas, son verdaderas expiaciones, truecan el dolor y lo convierten en oportunidad para conocerse. Pilar no se recrea en los paños de lágrimas, tan fáciles de digerir y tan útiles para las telecomedias.

«Tengo terminada *Renato y la diva,* sobre un violinista que pierde a su esposa y que encuentra a otra persona que le hace sentir de nuevo algo especial… Ambos en su soledad...»

Lo deja en puntos suspensivos, por aquello de al buen callar lo llaman Sancho. La economía también se aplica en el plano emocional.

«El otro libro que estoy escribiendo es una intriga, relaciones de amistad… Se titulará *Orígenes.*»

Para sus narraciones, Pilar Catalán observa detenidamente la realidad, el espacio que le envuelve: «Recuerdo que siempre que iba en metro veía a una chica de grandes ojos azules, con una marcada línea de khol en los ojos, que hablaba a todo el mundo, con un carácter muy abierto». La ve y la fabula. Y la amasa. En el fondo, así es como Isabel Allende, a quien admira, apuró sus *Cuentos de Eva Luna* («buscaba ese dolor una y otra vez»).

Las enfermeras no solo ponen apósitos, gasas y pinzas.

También sanan con la palabra, la más dulce medicina.

XXXV

Entrevista con Francisco Catena Fernández,
autor de *Por el Cielo, Norma Jeane*

EL KAILASH

Es el único monte que jamás se ha escalado. Ningún humano ha subido a su nevado pico. El Kailash (6638 metros) es la montaña religiosa de los budistas, en el Tíbet. En honor a las creencias religiosas, los alpinistas respetan sus caras. Según la tradición, quien pise la montaña sagrada será poseído por los demonios. En la cima del Kailash, «el paraíso de las almas», habita el dios hinduista de la destrucción, Shiva.

Al Kailash quiso viajar Francisco Catena Fernández (Barcelona, 1964), movido por un deseo antihollywoodiense. «Era muy joven cuando escuché una cinta de casete con las canciones cantadas por Marilyn Monroe, como *Specialisation,* uno de los temas de *El multimillonario* [George Cukor, 1960]. De repente, el *walkman* saltó a la otra cara de la cinta. Y se encadenó la canción *Help,* de los Beatles. Algo en mí me dijo que tenía que ayudar a Marilyn», indaga en su interior Francisco, que se tomó tan en serio su misión, que ha acabado publicando la novela *Por el Cielo, Norma Jeane. El deseo concedido de Marilyn Monroe* (Ediciones Carena, 2013).

Al Kailash no llegó, pero se quedó a las puertas. Aquella experiencia marcada por la intuición que tuvo en 1991 le llevó a coger un vuelo con destino Nepal. Se entrevistó con un lama, que le reconfortó: «Vuelve. –Le calmó, y añadió–: Lo que estás haciendo lo estás haciendo para ayudarte a ti mismo».

Francisco Catena no pudo completar su recorrido. Nunca supo si la visión del Kailash le habría dado la respuesta a la siguiente pregunta: «¿Cómo puedo ayudar a Marilyn?». Sentía que necesitaba hacer algo por ella.

Con una mata de pelo que se enreda en sus gafas, circunspecto y franco, Francisco encaja las piezas del puzle de su vida, sentado en un taburete de una cafetería del barrio de Sants de Barcelona.

Dieciséis años después de aquella experiencia, de aquel iniciático viaje, Francisco, profesor de biología en el instituto Sagrada Família, notó cómo renacía en él la llama que nunca se extinguió. El detonante, el atentado suicida en Yemen, que mató a siete turistas españoles, entre ellos dos compañeras docentes de Francisco, en el 2007. De ahí que quisiera recuperar la vida. Por algo cree que la vida continúa después de la muerte. Y Marilyn era la excusa perfecta, la chica ideal, para exponer su teoría de la eternidad.

En *Por el Cielo...,* sugiere la grabación de una película en las nubes, con los actores Clark Gable y Natalie Portman. Y con la participación de la polifacética actriz japonesa Takako Matsu, a colación de la subtrama que se introduce sobre Ylenia de Argos (nombre inventado), princesa amargada por no recordar su infancia.

Precisamente, el segundo libro de Francisco Catena, cuyo título guarda con celo, salta al futuro, con el avance de la ciencia. «A medio plazo, gracias a los adelantos en bioingeniería, podremos recuperar las almas de los muertos», profetiza, aunque él emplea otro verbo menos agresivo: *postular.* «Yo postulo que las almas equivalen a los cerebros. En un futuro en el que hayamos progresado aún más, podremos guardar la información de nuestro cerebro en un soporte perdurable. Diseñaremos componentes capaces de sustituir la mente, siempre y cuando no hayamos tenido ningún accidente y que la información almacenada en el cerebro no la hayamos perdido.»

Este verano, se encerrará en su habitación para empollar sobre la gravedad del cambio climático, la teoría de las supercuerdas (gravedad cuántica) y la teoría M (unificación de fuerzas).

Para ello, ha estudiado al físico Stephen Hawking, ha comulgado con el cosmólogo Carl Sagan y se ha hecho fan del astrónomo Frank Drake, quien formuló la Ecuación de Drake para calcular el número de civilizaciones extraterrestres en el universo.

En homenaje a Frank Drake, el admirador de Marilyn ha bautizado su tesis como «Fases de Drake»; en la fase Drake A, la última de la evolución de nuestra especie, protegeremos el alma, «siempre y cuando se den las condiciones de paz necesarias», porque, según él, la comprensión de la naturaleza del espacio-tiempo nos concederá esa capacidad.

«Todo esto que he contado lo he hecho por mi cariño hacia Marilyn. Hace casi treinta años, y por una serie de casualidades y coincidencias, necesité hacer algo por ella», compendia Francisco, y medita su siguiente frase: «Realmente sería un fracaso de la inteligencia que, después de la muerte, no pudiéramos dar continuidad a la vida».

Por el Cielo, Norma Jeane finaliza con una exaltación del mito erótico de la actriz Marilyn Monroe, fallecida en 1962: «Feliz cumpleaños, tesorito».

Allá donde estés.

XXXVI

ENTREVISTA CON JOSEFINA CEBRIÁN, AUTORA DE *HILOS Y FILOS*

LA CHICA DE LA ESTACIÓN

Guarda debajo de la almohada la grabadora, como si esta fuese una Colt 25 y ella jugara a ser la agente doble de la embajada coreana en Moscú. Le asalta la inspiración a la una de la madrugada, envuelta en la soledad de su edredón y con los pelos embrollados como las algas de las mareas del monte Saint Michel. Entonces, se recuesta. Instintivamente, palpa con la mano y le da al *play* del cacharro de cinta magnética, tan viejo como eficaz.

> La mujer con sus mil rachas
> pasó mil vicisitudes
> de las mieles a las hieles,
> y entre virtudes y manchas
> pasó del mito divino
> a su condición humana,
> cayendo de las alturas
> hacia las capas más bajas:
> la de actriz, cortesana,
> reina, señora y dama.

Josefina Cebrián es invidente. Percibe sombras grandes, vagos espectros que se confundirían con las marismas nocturnas del Estigia si no fuera porque, en la oscuridad, se mueve como pez en el agua.

«Veo borroso, pero me gusta la soledad, me pongo música y acaricio a mi gata, que se llama *Cleito* en honor a Cleopatra», conversa, con el relajamiento y la paz egipcia que le proporcionan los animales domésticos.

Esta mujer con una mata de pelo furioso, con greñas y con rizomas en lugar de rizos, se quedó ciega en 1975, como consecuencia de un parto complicado por la afección del cordón umbilical. Se le desprendió la retina. «Mi hija jamás se ha sentido culpable. Se llama Eva. De hecho, lo último que vi en este mundo fue su carita», glosa, porque su narración la ornamenta con perífrasis, pleonasmos y prosopopeyas.

Josefina nunca ha perdido la esperanza de volver a ver.

«No me quiero operar de cataratas porque, si recupero la vista, me protegerán de los rayos ultravioleta», se convence, y deprca a Dios, en quien ha depositado la fe y el sentimiento, desarrollando una secuencia infinita. «La ciencia avanza mucho y con células madre, quizás, algún día, recupere la visión. Y si no quiere la ciencia, querrá Dios, con sus milagros.»

No es que sea devota de un Cristo sacramentado, pero a Josefina le han fallado tantos hombres rellenos de paja, que solo Jesús aún no la defrauda. «Me divorcié de mi marido y le eché de casa, porque por muy guapo, por muy bien plantado… Pero prefiero no hablar de él. Sigue, pregunta, pregunta…», me aprieta, y me aguijonea con sus dardos religiosos, en los que la Iglesia pinta bien poco, por no decir nada de nada. «Creo en Cristo, no en la institución. ¿[El obispo José María] Setién predica con la luz, el amor y la verdad, o es un político que ansía poder?»

Ella amanece con la desenvoltura de un armadillo, y es menos torpe que muchos ojos abiertos, ojos de boticario enormes que lo ven todo; ojos, en realidad, cegados.

Josefina almuerza un bocadillito de finas tiras de jamón de pata negra. Llama a Eduardo, su actual pareja, y le pide que venga a buscar la cinta del magnetofón en la que acaba de grabar estos roles:

Roles que desempeñó
de los que no la apartó
ni sus raíces de esclava,
salvo aquellas exclusiones
que impone la circunstancia
y marcan las excepciones
haciendo la lucha vana.

Eduardo lo picará a máquina.

Josefina se considera poetisa desde siempre, aunque, oficialmente, solo desde hace nueve años.

Empezó a escribir por un prurito que apenas la dejaba dormir y que esconde mucho de superstición. Un día, en el mercado, una señora se paró y le dijo: «Tú escribirás un libro sobre la figura de Jesucristo». Josefina, que se niega a llevar bastón («siempre voy del brazo de alguien que me ayuda») y que se orienta extendiendo los brazos, casi la aparta de un manotazo. «No le hice ni caso, pero habiendo pasado muchos años, de repente, el mensaje de la señora me reconcomía. "Tú escribirás un libro sobre la figura de Jesucristo." Así que me puse a escribir.» Entonces nació su primer libro: *Cristo, una luz en la oscuridad* (Parnás, 2000), ensayo con un subtítulo de la orden del Cluny: «Perfiles místico cristianos. La luz que ilumina mi vida».

Su primer libro de poemas, sin embargo, es *Hilos y filos* (Ediciones Carena, 2009): «*Hilos* porque sigue un hilo conductor hacia Dios, y *filos* por filosofía, pensamiento poético». Este poemario, para la autora, recoge las injusticias a las que se entregan los humanos, que tienen más cosas en común que las que les desunen. «La escritura me llena y la escritura me ha dado la vida.»

Ni los conceptos más nuevos
con que nos sorprende el tiempo,
ni los derechos humanos
tan traídos y llevados
han logrado erradicar
en el ambiente social
la violencia de género.

Josefina nació en 1948, en Rabanera del Pinar, pueblo de arenisca en la provincia de Burgos. Su abuelo Evaristo fue alcalde, como su padre, Rufino, y como ha sido Roberto, su sobrino: «Mi familia es conservadora».

Mantiene de sus orígenes la fábrica de maderas que dio fortuna al clan y los tañidos de la Iglesia enclavada en la roca.

«Bueno, también colaboro en la revista local *Raíces,* en la que escriben los lugareños de Rabanera que hay dispersos por el mundo, que son unos cuantos; y colaboro en *Vínculos,* revista que cuida la salud del castellano.»

Hasta los veinte años, vivió con su padrino en la estación de ferrocarril de la línea Santander-Mediterráneo, que unía los pueblos entre Burgos y Soria, en la profunda meseta castellana de pacientes ovejas y endrinos, majuelos y escaramujos.

En 1968, se vino a Barcelona, como ella misma confiesa, por un capricho de juventud.

«Te cuento. En mi pueblo estudié bachillerato en un internado de las Hijas de la Caridad, en Rabé de las Calzadas, en la ruta jacobea. En Burgos, hice Secretariado, porque me gustaba el papeleo. Pero como yo soy un producto de la revolución *hippy,* soy roquera y extravagante. Dejé a mis tres hermanas y a mis padres llorando, y me marché a Barcelona porque allí vivía un familiar, coronel de Estado Mayor, con amistades en el Opus Dei. Así que, recomendación mediante, me empleé de secretaria en una empresa financiera-inmobiliaria», refiere, y engrandece sus dichos con términos esplendorosos como «espiritual» y «raciocinio». «Pero me ocurrió lo que me ocurrió, que me quedé ciega, y bueno, no pasa nada. La escritura, la poesía, me ha devuelto la vida. La poesía es una admiración hacia todo aquello que nos rodea.»

Josefina Cebrián, la ciega curiosa a la que le impresiona el mundo que muchos desaprovechan, encenderá esta noche la grabadora para dictar el trigésimo haikus de su libro inacabado *Horas de luz,* «porque en la diferencia de criterios está la luz».

El haiku, su nueva adquisición: «Sintetiza el pensamiento, facilita al lector los conceptos y hace más fácil la comprensión», resume Josefina, y se toma de un trago, como un chupito de melocotón, un café solo tan cargado como el *raki* turco, vestida como va con un traje de cachemir diseñado por ella misma, según las indicaciones que transmitió a sus otros ojos, los de Julia, costurera ecuatoriana que tropieza con los canapés de libros del piso que Josefina ordena a su manera.

Josefina, a veces, también cose.

«De las dificultades he aprendido mucho, ellas han sido mi verdadera escuela.»

XXXVII

Entrevista con Jaime Cevallos Encalada, autor de *Cuando la pelota comenzó a rodar*

DE VALIENTES

Entre pitos y flautas, Honduras y El Salvador acabaron a trompazos. En junio de 1969 las dos selecciones nacionales disputaron un partido que generaría una guerra loca, insensata, de imbéciles (¿qué guerras no las causan los imbéciles de manera insensata y loca?). El reportero polaco Ryszard Kapuściński bautizó el conflicto bélico como la «guerra del fútbol». Un saque de banda costó más de cuatro mil muertos.

El fútbol puede conducir a los hombres hacia un destino aciago, y puede elevar los espíritus («Cuando camines a través de la tormenta, mantén la cabeza alta», se canta en los primeros versos de *You'll never walk alone,* el himno del Liverpool C. F.).

El escritor y periodista Jaime Cevallos Encalada (Quito, Ecuador, 1969) mantiene con el fútbol una relación sacrosanta, que va de la concupiscencia retraída de Descartes a la pasión desatada de los deseos a los que se da rienda suelta. En su primera novela, *Cuando la pelota comenzó a rodar* (Ediciones Carena, 2015) se cuela el fútbol, el juego en su estado puro, la épica del perdedor que muerde la hierba en el terreno de juego. La inmigración relacionada con el fútbol.

«¿Por qué el fútbol? En mi país, el fútbol es una válvula de escape, es la puerta de salida de los barrios marginales, la posibilidad de escapar de los patios traseros de las grandes ciudades», observa Jaime, con el talle de un Maradona bajito, de andares desencajados y con la mitad de las palabras meditándose en su boca antes de salir a la palestra. «El fútbol es el opio del pueblo, igual que antes lo fue la religión. La cosa es que ahora es también un gran negocio, si no no se pagarían las cantidades que se pagan por los jugadores.»

Messi, el preferido de Jaime Cevallos, cuesta veinte millones de euros por temporada. Pero costaba cuatro duros el jugador que más le ha impresionado, el delantero ecuatoriano Polo Carrera («una zurda de oro», ya retirado).

Admirador del Barça y fotofo del Liga de Quito (subcampeón de la Copa Mundial de Clubes de la FIFA 2008), en *Cuando la pelota comenzó a rodar* el autor relata la llegada a la capital catalana de Nixon, ecuatoriano que desea que su hijo entre en La Masia, la cantera del Fútbol Club Barcelona.

Las escenas migratorias, con los pisos patera, las denigraciones y el rechazo del otro («yo llegué en el 2000 a Catalunya y sé que los cambios son duros, que la pelea por la vivienda y el trabajo es jodida») darán lugar a los encontronazos con los *hooligans*.

«La idea para escribir la novela me vino en el 2003, y me la dio el por entonces presidente del Barça, Joan Laporta. Echó a los Boixos Nois del Camp Nou, y los ultras se la tenían jurada, hasta el punto de que le intentaron agredir… Eso es lo que me fascina: el poder desmesurado de estos tipos rapados. ¿Cómo puede ser que unos chavales amenacen a un dirigente de un equipo de fútbol como si ellos fueran los dueños de la institución? No lo he entendido nunca», repara Jaime, que se encoge de hombros como un barrendero absorto por los *looks* de las *celebrities* en el festival de música californiano de Coachella. Es decir, fuera de tiesto. «A mí me gusta ir al campo, pero no me gusta ese mundo. Creo que las hinchadas violentas son un síntoma de la descomposición social. La sociedad es violenta, y se muestra en el fútbol, que es un espectáculo. Lo que hay que hacer es acotar el espacio a los violentos. Por eso digo que Laporta fue un valiente.»

La novela acabará degenerando en un *thriller*, aunque no sea esta su intención.

«De hecho, el libro empezó siendo un cuento corto, que luego fue largo, y luego ya se desmadró…», indica.

En *Saber perder* (Anagrama, 2008) el director de cine Fernando Trueba amamanta las frustraciones, las deja caer por el precipicio, y no le importa que nadie relama las heridas que en los sueños rotos se quedan abiertas. En *Saber perder,* el joven futbolista argentino Ariel Burano quiere hacerse un hueco en el mundo.

Y el mundo le da la espalda.

Como le ocurre a Nixon, el perdedor de *Cuando la pelota comenzó a rodar.*

XXXVIII

ENTREVISTA CON VÍCTOR CHARNECO,
AUTOR DE *DEVUÉLVEME A LAS ONCE MENOS CUARTO*

UNA MUJER INDEFINIDA

Una mujer indefinida, con el pelo laso o con el pelo alborotado por los re-molinos y los mechones, alegre o atribulada, campechana o circunspecta; una mujer que no sabemos quién es se acercó a Bruno, con paso decidido, con larvadas intenciones; se inclinó y le susurró al oído: «Es hora de lo nuestro».

Bruno acababa de soñar un sueño que no era suyo. Se lo dejó en la almohada Martín, alguien a quien tampoco conocía, uno de esos viajantes de la vida en los que nos hemos convertido todos. Los dos habían ocupado la misma habitación de hotel: uno, un día antes; el otro, al día siguiente. «Los sueños tienen algo de desconocido, de incomprensible», responde Víctor Charneco (Zafra, Badajoz, 1976), el autor de *Devuélveme a las once menos cuarto* (Ediciones Carena, 2013), la novela con la que se ha ganado la curiosidad de los lectores. «¿Que por qué las once menos cuarto del título? En mi casa siempre ha habido un reloj parado a esa hora y siempre me he preguntado sobre lo que eso puede significar.»

Devuélveme a las once menos cuarto sigue la estela de un libro de relatos previo, *Duelos,* inédito. «Se trata de historias paralelas sobre temas universales: el amor, el honor, la muerte… Son historias que giran sobre estos asuntos y que están narradas en su haz y en su envés», explica Víctor, periodista de frágil apariencia, de robustas ensoñaciones, de exquisita facilidad para la prosa. «*Duelos* me permitió adquirir los conocimientos necesarios para enfrentarme a mi primera novela. Lo escribí en el 2008, en Nueva York, ciudad en la que estuve viviendo unos meses.»

A finales de ese mismo año, del 2008, Víctor Charneco volvería a soñar despierto y se pondría manos a la obra. Se puso a escribir *Devuélveme a las once menos cuarto,* novela que le ha robado dos años y medio, que da por bien empleados.

En este tiempo, ha urdido una historia sin dobleces, en la que las voces de dos personas se encuentran al azar sin que ninguna de ellas lo supiera y sin que ninguna de ellas llegara a atisbar el verdadero alcance de su destino.

«Lo más llamativo de todo, lo onírico, es lo que está menos estudiado. La gran aventura de este siglo es adentrarse en las mentes para entenderlas», le hace costado el escritor Fernando Clemot, quien presentó esta novedad literaria en la librería Les Punxes, de Barcelona, el primer acto de una gira que recorrerá la Península.

«En *Devuélveme a las once menos cuarto* puede que haya algo de los autores que más me han influenciado. Desde luego, este libro bebe mucho de *Sobre héroes y tumbas,* la novela que Ernesto Sábato escribió a mediados del siglo pasado», confiesa Víctor, sorprendido por las tramas que como matrículas dobladas se interponen unas con otras en la narración. «Me gusta contar historias.»

No solo Ernesto Sábato ha dejado su impronta en la pluma de este autor: Javier Marías, «único»; Antonio Muñoz Molina, «imprescindible»…, y los integrantes de la llamada Generación X, *el realismo sucio* norteamericano, con Richard Ford y J. D. Salinger al frente.

«Me gusta contar historias, como he dicho, historias relacionadas con el hombre, con sus miedos y sus ambiciones. Por eso me gusta tanto Nueva York, porque me inspira la grandeza de la ciudad, con barrios diversos como el Greenwich Village y el Soho, con personas que se cruzan por la calle y que forman parte de algo superior.»

XXXIX

ENTREVISTA CON MARÍA ALEJANDRA CISNEROS,
AUTORA DE *CONSTELANDO CON TUS SUEÑOS*

SI EL SUEÑO FUERA...

Si el sueño fuera (como dicen) una
tregua, un puro reposo de la mente,
¿por qué, si te despiertan bruscamente,
sientes que te han robado una fortuna?

Jorge Luis Borges escribió a los sueños estando despierto. Abrazándose a ellos, consiguió guiarse en la vida, ya cegato y torpón.

En el fondo, soñar es un verbo poético, de la misma familia que amar y bordar y lograr: se conjugan en infinitivo y se recitan como si fuesen verbos talismán.

La ingeniera química María Alejandra Cisneros (Caracas, Venezuela, 1976), al igual que el autor argentino de *El Aleph,* se enredó en los sueños, en los que sigue atrapada. A ella también le han servido para orientarse y crecer.

María Alejandra ha publicado *Constelando con tus sueños* (Ediciones Carena, 2020), que es una biografía novelada o una ficción real.

Comienza así el libro, algo que habría dado pie a una segunda parte de *La casa de los espíritus,* de Isabel Allende: «De pequeña tenía problemas para dormir sola, porque en el fondo sabía que no estaba sola en mi habitación».

«De pequeña veía imágenes, sombras, y eso me lo fui cuestionando cada vez más. Notaba presencias, veía luces. Y luego soñaba cosas que sucedían, como la muerte de un familiar, por ejemplo. En los sueños, se manifestaban», introduce María Alejandra, pelo liso, moreno y descollado, con ojos panaderos de perla, uñas pintadas de rojo y una paz interior que la hace más guapa, de día y de noche. «Todo esto se lo contaba a mi hermana, Livia, lo que veía y lo que sentía. Yo no prestaba atención a la escritura, aunque la escritura estaba innata en mí. La escritura como refugio.»

En la casa de los padres, las pizarras adornaban las paredes, y en ellas escribía versos sueltos, libres, juglares.

Por eso, su padre le acabó regalando la antología *La infancia en la poesía venezolana*, «recuerdo sagrado» que aún conserva en su biblioteca («esa obrita me cautivó»).

La poesía, como los sueños, forma parte de su vida, azacaneada y laboriosa.

La poesía de las canciones: «Me abres el pecho siempre que me colmas» *(Yolanda,* de Pablo Milanés).

La poesía de los recordatorios.

En el 2003, emigró a España, víctima del parón general en el sector petrolero promovido por las políticas populistas del comandante Hugo Chávez. Algo que, años más tarde, traería una edad oscura para Venezuela: desabastecimiento, inseguridad, violencia…

Instalada en Sant Andreu de la Barca (Barcelona, «mi casa es mi templo»), cuidando de su hijo, Guillermo (2012), María Alejandra comenzó a cultivar su ser interior, a retomar luces y sueños y sombras (que son luces pálidas). Se inició en el reiki. Se apuntó a retiros espirituales. Conoció la Fundación Elisabeth Giner *(Yo Soy Creación).* Meditó. Se dotó de los instrumentos necesarios para volar. Conectó con sus guías. Transmitió energía. Sanó heridas pasadas, sin más armas que su propio tesón y la confianza en sí misma.

Piensa: «Hay algo más».

Intuye: «Algo te reconduce».

Declara: «Ahora estoy plena».

Se desarrolló.

Se sosegó.

Se creyó.

La ingeniera química y escritora María Alejandra Cisneros sueña las cosas del alma, que son las cosas de Dios: «Yo soñé con mi hijo antes de tenerle. Le vi antes de haber nacido».

La poeta Emily Dickinson lo llama «la inconfundible conexión del alma con la inmortalidad».

Si el sueño fuera…

El capítulo con el que empieza *Constelando con tus sueños* («De pequeña tenía problemas para dormir sola…») se titula: «La naturalidad de lo sublime».

Sublime es epíteto, el adjetivo que la caracteriza.

A su lado camina Dios.

XL

Entrevista con Gabriel Colomé, autor de La Cataluña insurgente

JFK/GC

«La propia palabra *secreto* es repugnante en una sociedad libre y abierta; y nos hemos opuesto intrínseca e históricamente a las sociedades secretas, a juramentos secretos y a procedimientos secretos.»

Estas palabras públicas corresponden al último discurso que dio el presidente de los Estados Unidos John, *Jack,* Fitzgerald Kennedy, apuesto y engominado, el chico listo de su promoción.

Sin pronunciarlas en este mismo orden, es seguro que las conoce Gabriel, *Gabi,* Colomé (Barcelona, 1955), periodista y politólogo, si estos dos términos se ajustan a derecho. Habría que añadir a tales categorías: «Kennedycólogo», porque como él mismo confiesa: «Soy un friqui de su historia».

Para nada es una exageración: en la web de la John F. Kennedy Presidential Library and Museum *(«Milestones & Mementos»)* se ha comprado, por 12 dólares, un bolígrafo Parker de la clase Jotter, de la submarca Premium y con tinta gel de color azul, el más popular de los bolis populachos, el mismo que usaba Jack.

Después de que, el 22 de noviembre de 1963, el mujeriego y sonriente trigesimoquinto presidente americano fuera asesinado subido al Lincoln Continental descapotable, su hermano Robert Francis, *Bobby,* Kennedy cogería el relevo de la esperanza, como si a una ola gigante le siguiera otra tres metros mayor, en un maremoto impredecible y desproporcionado. «Yo seguí la campaña de Bobby, la seguí intensamente cuando estaba estudiando en Bélgica, y aún guardo los recortes de prensa.»

En Bélgica, donde pasó diez años de su vida, Gabi se declararía proamericano, porque los americanos eran dueños de la libertad.

En Bélgica vería desfilar a los veteranos de la Primera Guerra Mundial.

En Bélgica saborearía las mieles del Estado del bienestar.

Nota I: «Me encantan las biografías históricas».

«Fue un mazazo la muerte del hermano de Kennedy [el 6 de junio de 1968, en el Ambassador Hotel, en Los Ángeles]», retrocede en el tiempo Gabi Colomé, niño pequeño en un cuerpo grande, con las gafas de Malcolm X en versión 2.0 y que convierte su trabajo en una sonrisa pícara o conspicua o, como él mismo dice, en un «balneario». Así lo cuenta: «De mi trabajo hago un balneario, es decir, me lo tengo que pasar muy bien».

Otro rasgo que le caracteriza y que le maximiza y que le describe: está conectado al teléfono móvil 24 horas, con llamadas aparentemente sin importancia que pueden durar hora y veinte minutos.

«Artilugios que me chiflan», corrige.

Ese «artilugio» no para de anunciar los nuevos mensajes del día que termina y del día que comienza.

Suena el móvil.

Y entre tuit y tuit, en esos dos minutos de descanso digital, Gabi cuenta su vida ufana: criado en la pastelería Carmen, por el nombre de su madre, pasó la adolescencia en una de las comunas de Bruselas, que le dio un francés impecable. De vuelta en la negrura franquista, enfocó sus estudios hacia el periodismo, subsección Deportes. Ejerció en medios como los periódicos *Hoja del Lunes* y *Sport,* y llegó a ser el director de prensa de ciclismo en los Juegos Olímpicos de Barcelona. «Dimos la primera medalla de oro al combinado español: a José Manuel Moreno, ciclista en la modalidad de pista que disputaba la contrarreloj. Eso fue el 27 de julio de 1992», puntualiza con exactitud.

Le interrumpe una canción que suena de fondo: *Viva la vida,* del grupo Coldplay.

Nota II: «Esta canción la escribió Chris Martin [líder de la banda] cuando visitó con su mujer, Gwyneth Paltrow, la basílica de Santa Maria del Mar».

Corre tanto su mente que las imágenes se suceden a una velocidad de vértigo, y vuelve atrás para seguir relatando hacia adelante, como el videoclip rayado de *Allí donde solemos gritar,* de Love of Lesbian. Es una calculadora de fechas que suma más que resta, como una enciclopedia ilustrada para todos los sabios con patas, como un samurái que se encomienda al conocimiento del tao y como un gladiador que hace de la arena su lugar de estudio, su habitáculo frío que él allana para que dé calor. Coincide con el poeta Joan Margarit *(Un hivern fascinant)* en esta frase: «Soy más partidario de la inteligencia y menos de los sentimientos».

Años más tarde se dejaría seducir por la investigación académica, y acabaría doctorándose en Ciencias Políticas; y se dejaría seducir por el socialismo catalanista y de *progrés,* al que le dedicaría su tesis *(El Partit dels Socialistes de Catalunya: estructura, funcionament i electorat. 1978-1984).* Y se dejaría seducir por las campañas electorales, de unos y de otros, sabiendo que la primera campaña que no dirigió ya la había leído en la prensa extranjera cuando el exfiscal general Robert F. Kennedy ilusionó a los negros, a los blancos y a los *hippies.*

«Yo fui de los primeros en traer a España el márquetin político, la consultoría política. Y en la Universitat Autònoma de Barcelona creamos el primer máster en este sentido. Y también fundamos el Institut de Ciències Polítiques i Socials», reconoce.

Actualmente, Gabriel Colomé observa la realidad y la que le precede, y hace números como si echara las cartas: este pactará con ese y aquel se presentará en solitario.

Pregunta: «¿Cómo es la política de hoy?».

Respuesta: «Depende».

Pregunta: «¿De qué depende?».

Respuesta: «De la generación que mires. Porque, por ejemplo, la generación que sacó adelante la Transición es de excelencia, y quizás eso fue así porque todos ellos se conocían, todos ellos coincidieron en la lucha antifranquista y les unían vínculos de amistad, se ayudaban entre ellos y convivían en un mismo espacio en el que todos se veían, cosa que no ocurre ahora, porque ahora no hay puentes tendidos entre políticos, y en un pleno de ayuntamiento puedes escuchar cómo se insultan entre sí: "Tú te callas, que eres un corrupto", le soltó el primer teniente de alcalde del Ajuntament de Barcelona, Gerardo Pisarello, al exalcalde Xavier Trias».

Pregunta: «Me refiero a la generación que tiene el poder».

Respuesta: «Gente corriente».

Solución que él propone: «No escuches nunca las declaraciones de los políticos».

Y entonces dibuja en un folio un círculo central del que salen varias flechas que van a dar a unos círculos menores que son partidos políticos y coaliciones electorales (PSC, Comuns, Ciutadans, Junts pel Sí…) que se conectan entre sí como vasos comunicantes, y dibuja sobre las líneas que salen de todos estos círculos y circuitos otras flechas que se clavan en otros polígonos sobre los que escribe «voto confianza» y «voto refugio» y «lista normal» y «lista transversal», y suena a predicción si no fuera porque no hay demiurgo, y parece una bola de cristal si no fuera porque es un papel sobre una mesa en un bar de una calle de un barrio cualquiera. Y en la otra cara de esta hoja manchada por las croquetas de pollo, escribe, con relación a la política catalana de los últimos meses del 2017 que ha sintetizado en *La Catalunya insurgente* (Ediciones Carena, 2017): «Si no se arregla esto, tendremos frustración, que derivará en irritación, que, posiblemente, derivará en violencia».

Pero este escenario nadie lo desea.

Porque es un escenario de mediocres.

Contextualiza: «A partir de los años treinta, en lugar de buscar a los mejores de entre los candidatos, se busca al "hombre común". Y ese ha sido el patrón. Y hoy, en los tiempos de la *posverdad,* el hombre común no es el político, concepto asociado a la casta, al *establishment.* Por eso ha ganado en Estados Unidos Donald Trump. Esta gente no política carece de sentido de Estado, no ansía el bien común, y juega al tacticismo, al partidismo».

Sugiere: «1. no abandonar nunca los estudios, y 2. aprender un oficio. De esta manera, no dependes del cargo político, que Dios te lo da y Dios te lo arrebata. Si no te has procurado una profesión, te conviertes en un *killer,* porque tu subsistencia depende de la silla que ocupas».

Nota III: «Te recomiendo la película *Presidente Mitterrand (El paseante del Champ de Mars),* de Robert Guédiguian».

Preferible volver a los chicos alegres de la generación Kennedy *(Una nación de inmigrantes),* que eran los hombres y las mujeres normales de las clases medias.

Pregunta con enunciado previo: «Ahora que la Administración del presidente Donald Trump promete desclasificar los documentos secretos sobre el asesinato de JFK, cumpliendo de esta manera también su anhelo, puesto que no le gustaban los secretismos, pregunto: ¿quién crees que mató a Kennedy?».

Respuesta: «Lee *Brothers,* de David Talbot».

Petición: «¿Lo puedes resumir?».

Concesión a la petición: «John F. Kennedy es un personaje porque construye una idea de futuro. Es como la llama de la libertad. Él y su hermano Robert removieron todo, todo: los derechos civiles, la política armamentística, las relaciones bilaterales con la URSS... Por eso despertaron la bestia profunda americana. Y se ganaron muchos enemigos: la mafia, los anticastristas, la CIA, el FBI, los magnates texanos del petróleo, el Ejército...».

Interpretación de la respuesta: entre todos le mataron.

XLI

Entrevista con Luisa María Contreras Sánchez,
autora de *Sonreímos en Gülhane*

LA MADRE

La mujer, como el hombre, puede ser una gruta, una pancarta y un tesoro de gemas, perfumes y taitianas conchas de sal. Todo eso puede ser la mujer, y el hombre, en el proceder de la vida, en ese camino tan largo como la infancia. Y el hombre, como la mujer, puede avanzar y retroceder, incoar y prescribir, volver y esfumarse como una paga doble. Todo eso lo pueden hacer hombre y mujer.

Todas las mujeres, y todos los hombres, hallan su acomodo en *Sonreímos en Gülhane* (Ediciones Carena, 2017), la primera novela publicada de Luisa María Contreras Sánchez (Barcelona, 1967), dramaturga que llegó al teatro por pura timidez.

«Yo era una chica tímida, y desde pequeña escribía piezas de teatro. Las ensayábamos con las amigas en el patio y luego la profesora accedía a representarlas en clase», revela este titánico portento con velocidad de crucero, en un estado intermedio entre la llamada y la declaración, con una mata de pelo negro y unos ojos rescatados de ese fabuloso tesoro pirata que es la mujer, y el hombre. «Ya de pequeña escribía mucho, y tengo mucha obra guardada, y alguna que otra representada. Por ejemplo, tengo un tema dedicado a Chavela Vargas, y una obrita titulada *Escoles d'ahir, històries d'avui.*»

Pese a sus tablas sobre el escenario del grupo Kaddish, que la convierten en un ser fuerte, fogoso y, a veces, furibundo, la profesión de Luisa María no es la de actriz. Ella es profesora de educación especial, porque los niños y las niñas sin estructuras familiares estables son más «interesantes».

Debido a la elección en la carrera de magisterio de la especialidad de «marginación y delincuencia», pasó por los colegios de primaria y los institutos del área metropolitana como una bola de fuego carmesí, cabalgando sobre la grupa de un cometa de cartulina.

Hizo las prácticas en la Escola El Polvorí, en La Marina Zona Franca (Barcelona), y acabó dando clases en la Escola Can Palmer, en Viladecans (Barcelona)…, siempre con los chicos, y las chicas, más necesitados, aquellos que el periodista Manu Leguineche incluiría en su delicioso *El club de los faltos de cariño*. Allí vio matriarcados, contestatarios y escasez de recursos, y esto último no ha hecho más que agravarse con el correr del tiempo: «En Catalunya, en la educación pública, hacen falta recursos humanos. Y creo que al sistema le debe de importar un carajo si los niños [y las niñas] comen o no comen, porque lo que le interesa es la burocracia interna. Se requiere mayor claridad y conciencia».

En estos momentos, como asegura, ella se encuentra «en el limbo», a la espera de que surja una plaza que ocupar para el nuevo curso que se presenta, después del verano. Estos días de asueto viajará a la isla de Cuba para tomarse un respiro después de un año en el que el mundo se le ha tambaleado. Hace cuatro meses que murió su madre, Luisa, y todavía siente su enorme presencia.

De hecho, publicó *Sonreímos en Gülhane* como homenaje a su figura, porque en este canto coral muchas de las voces son femeninas, y en muchas de esas voces de párpados móviles y tonos claros la voz de su madre resalta como la arcadia en el cenagal.

«Yo tenía la necesidad terapéutica de expresar mis sentimientos en este libro en el que se explica una ruptura sentimental: al final, la relación con el hombre se terminó, pero empezó mi relación con la ciudad de Estambul. Y luego retomé el manuscrito y lo amplié, y se solapó con la enfermedad de mi madre, y por eso ahí está ella», describe, con las manos entrelazadas como aves que sostengan una relación conyugal.

En algún pasaje de *Sonreímos...*, la narradora escribe: «Creo que mi madre la admira por no dejarse vencer en un mundo de hombres, por tener la valentía que ella no tuvo en su momento, por ser la mujer que abandera la reivindicación femenina en la familia».

Sostenemos que se trata de la madre de la autora, y a quien admira es a Luisa María Contreras. La mujer que puede ser una hondonada, una cascada y un parapente.

Esa madre, ya en la paz del cielo, soplará este 22 de julio, el día que habría cumplido años, unas velas de algodón para que se cumplan los deseos de todos. Y de todas.

XLII

Entrevista con Josep Maria Corral i Belorado, autor de El psuc a Santa Coloma de Gramenet (1936-1979)

LA BARBA

Los días de reflexión son días para posar, más que para pensar. Las jornadas de reflexión en las citas electorales, con el silencio de los candidatos, se instituyeron en los años setenta, en el contexto de la Transición. Desde entonces, en lo que se refiere a las elecciones catalanas de cualquier nivel, el fotógrafo Pedro Madueño ha ido rascando las sonrisas de los políticos para retratarlos antes de que se den el batacazo, la mayoría.

En 1979, Pedro Madueño tomó la foto de portada del ensayo *El psuc a Santa Coloma de Gramenet (1936-1979)* (Ediciones Carena, 2021), del historiador Josep Maria, *Chema,* Corral i Belorado (Santa Coloma de Gramenet, Barcelona, 1953).

Con otros compañeros de promoción política, con otros *psuqueros* de sueños sin romper, Chema aparece en primer plano, con una ropa escarchada, acorde con la época: americana de pana, jersey de pico y barba de poeta maldito, una barba desvelada que sintonizaba con los vientos de cambio y con las utopías. A su lado, hombres y mujeres con gafas de concha como las que llevaba Rosa Chacel *(Sobre el piélago)* y con cuellos de riscos como los que vestía nuestra Montserrat Roig *(Els catalans als camps nazis)*.

«En aquesta foto la mitjana d'edat deu estar al voltant dels 35 any, però jo tenia 25», señala Josep Maria, que ya es otro siendo el mismo de entonces: hoy la chaqueta de pana ha dejado paso a una media parca, y la barba, recortada, le acerca más al actor Antonio Ferrandis que al teosófico Charles Webster. Con todo, la mirada se mantiene intacta, igual que hace cuarenta años: amusgados los ojos, vislumbrando el futuro que está lejos, comiéndose el mundo a bocados.

«En El PSUC a Santa Coloma de Gramenet (1936-1979) he anat recollint les vicissituds d'aquest gran partit, El Partit: no hi havia una altra organització en importància ni millor articulada, aquí estava qualsevol persona que vingués de qualsevol tradició. Va ser l'ariet de l'antifranquisme», dice Josep Maria Corral, que estudió Historia en la Universitat Autònoma de Barcelona mientras trabajaba en la banca, donde encontró verdaderos militantes de izquierda: «Tots volíem acabar amb un sistema autoritari com era la dictadura de Franco, un sistema totalitari, teníem aquesta necessitat de rebel·lar-nos i lluitar per la justícia social per acabar amb les desigualtats i redistribuir la riquesa».

Así lo prometió y así lo cumplió.

Algo de Chema hay en este libro, comedido, bien armado y nada ortodoxo.

Ingresó en las juventudes comunistas en 1972, paso previo para entrar en el Partit Socialista Unificat de Catalunya (PSUC), en 1974, del que solo queda el nombre y poco más: «Pensàvem en la vaga general, en la vaga nacional, en la ruptura democràtica, en un govern provisional d'àmplia coalició... Però el que va passar va ser una reforma pactada, i la política va saltar dels carrers i les fàbriques a les institucions. Les tensions internes van trencar la formació», aduce, y reparte las culpas entre todos, él incluido. «No vam saber o no vam poder fer-ho millor.»

En 1991, la URSS, el referente comunista, se vendría abajo: «A partir d'aquí, vam haver de generar un model nou, que no es basés en el partit únic, sinó en la democràcia plena; en una economia pactada, centrada en el medi ambient i no en plans quinquenals, i en més inversió pública, no estatalitzada. Són canvis substancials, encara que no siguin la revolució».

China no es el ejemplo.

En El PSUC a Santa Coloma de Gramenet (1936-1979), de Josep Maria Corral, todo cambia y todo permanece, como en el poema Vida, de José Hierro

(«Después de todo, todo ha sido nada, / a pesar de que un día lo fue todo»).

Las ideas no mueren.

Y Marx sigue vigente: «Per què llegeixo a Marx? Perquè estic en la lluita i necessito l'anàlisi de per què passen les coses».

Las ideas no mueren, aunque ya nadie lea a Marx.

«Después de nada, o después de todo / supe que todo no era más que nada.»

XLIII

Entrevista con Josep Maria Cuenca, autor de *Escritos lamentables*

UN PERRO

Un perro.

La cabeza de un perro.

La solitud de un perro en un promontorio vacío.

El fondo oscurecido del que sobresale el hocico de un lastimoso chucho con las orejas gachas.

El genial Francisco de Goya se tiñó de negro en el cuadro *Perro semihundido,* óleo que sirve como portada para *Escritos lamentables,* del periodista y escritor Josep Maria Cuenca (Ediciones Carena, 2021).

«Es la muestra del estupor ante nuestro mundo.»

Brujote, rigodón, cuadriculado en el sentido de hacer cumplir los principios, Cuenca recopila en esta antología una treintena de artículos publicados originariamente en el blog *La Lamentable,* auspiciado por el reportero urbano José Martí Gómez *(El oficio más hermoso del mundo).*

Amigo del poeta José María Valverde («un hombre venerable»), Josep Maria Cuenca tira de nombres, citas y reseñas sin fin. Se podría decir que es un obrero intelectualizado que nunca se cambió de clase —hoy los tránsfugas se cambian de clase como se cambian de chaqueta.

Así que, en la misma conversación, el teórico social Karl Marx («aún vigente en muchos sentidos») nos llevará, de alguna manera, al filósofo Friedrich

Nietzsche («vaticinó certeramente el fin del buen periodismo, entre otras cosas inquietantes»). Y el filósofo Friedrich Nietzsche nos llevará al sociólogo Slavoj Žižek («es un pensador más serio de lo que parece»). Y el sociólogo Slavoj Žižek nos llevará a Antonio Gramsci *(Notas sobre Maquiavelo, sobre la política y sobre el Estado moderno),* quien nuevamente nos llevará al teórico social Karl Marx *(El capital)* y también al diplomático Nicolás Maquiavelo («hay que leerlo, es imprescindible»). Y el diplomático Nicolás Maquiavelo nos llevará al periodista Manuel Vázquez Montalbán («dijo aquello de echar abajo los barrios dormitorio para rehacerlos de cabo a rabo»). Y el periodista Manuel Vázquez Montalbán nos llevará al ensayista Walter Benjamin *(El concepto de crítica de arte en el Romanticismo alemán),* su gran referente. Y, haciendo carambolas dialécticas, el ensayista Walter Benjamin nos llevará al novelista George Orwell *(1984),* quien nos llevará al articulista Javier Pérez Andújar («siento aprecio por él»).

Buena parte de los autores nombrados arriba se cuelan en los artículos de *Escritos lamentables.* Y en algunos de sus más de quince libros en el cuarto de siglo que viene ejerciendo la crítica literaria y la entrevista periodística.

Josep Maria Cuenca (Barcelona, 1966) se crio en Ciutat Vella, distrito de inmigración, convivencia y lecherías. «En los ochenta, la heroína echó a perderlo todo, machacó el barrio», recuerda. Luego se fue a la periferia barcelonesa, al Baix Llobregat, lo que él siempre ha llamado «el exilio económico».

Formado a deshora, aprovechando los minutos de bocadillo, fue entrando libros en su casa a escondidas, de contrabando («para una familia tan pobre como la mía gastar el dinero en libros podía considerarse un lujo»).

Luego vendrían los clásicos del siglo XIX («los franceses y, por descontado, los rusos»), la conciencia política (militó fugazmente a los 19 años en las juventudes comunistas, aunque desde hace tiempo se siente «huérfano de izquierdas») y la escritura indisociable de la lectura.

Entre otras, colaboraría en revistas como *Cuadernos de pedagogía* («conocí a gentes muy diversas: Josefina Aldecoa, Maruja Torres, José Antonio Labordeta, José Luis Sampedro…»).

Licenciado en Geografía e Historia por la Universitat de Barcelona, acabaría trabando amistad con dos pesos pesados de la Catalunya plural: el escritor y periodista Paco Candel, con quien acabó publicando *Els altres catalans del segle* XXI («nunca he conocido a nadie tan bondadoso»), y el periodista y escritor Juan Marsé («mordaz y a veces despiadado en sus juicios, pero un buen tío»), de quien es biógrafo *(Mientras llega la felicidad)*.

De los dos bebió Josep Maria Cuenca. Y a los dos se inclina para combatir el Procés, del que habla sin tapujos en *Escritos lamentables*.

Frases sueltas:

«El nacionalismo en Catalunya viene de lejos»; «El Procés es un proyecto de clase y de derechas»; «Supuesta emancipación nacional»; «El nacionalismo se basa en el nosotros somos mejores que vosotros»; «Es triste no poder vivir sin enemigos» y «La construcción de identidades es un rasgo venenoso de nuestro tiempo».

Echa en falta la vocación internacionalista («el universalismo»).

Y como buen pesimista, se sienta delante de las *Pinturas negras,* de Goya.

Y despotrica de las identidades colectivas y la especulación desinformada y la sinrazón.

Y pese a todo, se resiste a hundirse, como el perrito de la portada.

XLIV

Entrevista con Pablo-Ignacio de Dalmases,
autor de *Oficio de carroñero*

HACER LA CALLE

«Carroñero. Dicho de un animal: que se alimenta principalmente de carroña.»

El periodista Pablo-Ignacio de Dalmases (Barcelona, 1945) titula sus memorias *Oficio de carroñero. Un periodista en la calle* (Ediciones Carena, 2009) porque hay quienes piensan que los profesionales de la información tienen algo de esta condición, aunque él lo desmienta.

En *Oficio de carroñero,* su sexto libro, Pablo-Ignacio, que escribe como habla, con la elegancia de las verónicas, se ha desahogado y ha soltado toda la ironía y el inconformismo que llevaba dentro. No ha sido inclemente con los personajes a los que se refiere, pero le ha hecho el traje a alguno de ellos: «Quien se pica, ajos come». Y del refrán tira para narrar el quita y pon de las redacciones de antaño, lugares en los que el humo de los puros lo invadía todo, antes de la revolución tecnológica y las leyes medioambientales: «Si los operarios de los talleres se manchaban sus manos con el polvillo de la aleación tipográfica y de la tinta, los redactores y los colaboradores nos pringábamos con el engrudo de pegar cuartillas y con la tinta fresca de las pruebas de imprenta».

Como buen hijo, desobedeció a su padre, que pensaba que eso del periodismo era «un invento de Franco».

Acabada la carrera en la Escuela de Periodismo de Madrid (pertenece a la generación de Pedro Erquicia; su título lo firma el ministro franquista Fraga Iribarne), Pablo le echó cara («en esta profesión hay que ser descarado») y se plantó en uno de los medios del Movimiento que por aquellas fechas despuntaban en Barcelona: *Solidaridad Nacional,* conocido popularmente como *La Soli,* al igual que el histórico diario de la CNT. Luego cambiaría de tercio y Pablo-Ignacio pasaría 33 años en Radio Nacional de España, donde coincidió con muchas de las grandes figuras que allí hicieron historia.

Así, esta promesa de la pluma y del micro que deseaba hallar un hueco en la *tribu,* y que buscaba las historias arriesgadas de los años de la represión (entrevistó con la kefia palestina de Arafat anudada al cuello a la exministra anarquista Federica Montseny en su regreso del exilio), se lanzó a la carrera y acabó conociendo a personajes y personajillos sin par.

Salvador Dalí, Alfonso Guerra y Fidel Castro son solo tres del medio centenar de tarjetas de visita de las celebridades con las que estableció contacto, a las que habría que sumar decenas de seres entrañables, como los artistas que pasaron por el Paral·lel barcelonés.

«He escrito de textos docentes a textos pornográficos, incluso periodismo de sucesos», constata, y le hace un lugar en la memoria a la única excepción. «He tocado todas las teclas, menos el periodismo deportivo, que siempre he pensado que es como el Principado de Andorra, un mundo aislado.»

A mediados de los setenta, con los últimos coletazos del dictador, más peligroso cuanto más acorralado, viajó al Sáhara, en cuya radio trabajó rodeado de desierto: «Una experiencia enriquecedora a la vez que traumática». Viajar como forma de vivir, sin importar el destino: «Me descubro ante De la Quadra-Salcedo y Jesús González Green, compañeros en RTVE. Ellos sí se arriesgaban, lo mío no deja de ser como los viajes de la señorita Pepis».

A Pablo-Ignacio le daría «morbo» conseguir un visado para entrar en Corea del Norte, pero se conforma con desembarcar en las islas Chafarinas, su próximo compromiso.

Precisamente, su siguiente libro se titulará: *Viajes por la Historia,* con las estancias en aquellos lugares que guardan una entrada en las enciclopedias.

Los reportajes de 15 páginas ahora los publica en *Travelport,* la revista de la que es director. Todo ha cambiado: «El periodista trabaja delante del ordenador. Yo siempre he dicho que un buen periodista tiene que ser como las putas, hacer la calle».

La crisis económica le ha puesto a la defensiva: «Te acojonas viendo lo que pasa. También es verdad que los medios estaban muy saturados, y se ha producido un cambio… Cuando yo empecé, solo en Madrid, Valencia y Pamplona había Facultad de Ciencias de la Información. Acabábamos la carrera y nos colocábamos con mucha facilidad. Había hasta diarios vespertinos. Hoy, solo en Catalunya, hay más de media docena de facultades. Cada año, salen cientos de licenciados, cuyo fin último es el paro».

Pablo-Ignacio de Dalmases, risueño, a la moda, desmadrado a su manera, no cree que el papel desaparezca («convivirá con los *newsletters*»)*,* tal como nunca cerraron las salas de cine, pero sí que es consciente del «difícil momento» que vive la profesión: «Internet y los periódicos gratuitos están haciendo daño. El patio está muy mal».

Pasa de los blogueros («no tengo tiempo»), pero les respeta; y pasa de las cruzadas («el periodista, aunque no lo parezca, casi siempre ha sido dócil») y de los mamotretos para documentarse («en esta profesión solemos ser muy vagos»).

Dicho lo cual, y por todo lo anterior, Pablo-Ignacio de Dalmases ha escrito *Oficio de carroñero* para arrojar luz sobre un pasado que recuerda con cariño y sin excesiva nostalgia, y del que quiere dejar constancia antes de que se difumine en el recuerdo: «Nuestro trabajo, de por sí, es efímero y se olvida pronto».

Pese a ello, su cita biográfica y bibliográfica: «El periodismo sigue siendo la misma profesión apasionante de siempre».

XLV

Entrevista con Felipe Declara Caso, autor de *Después de vosotros*

LA ESCRITURA. LA VIDA

La escritura o la vida. La conjunción disyuntiva la colocó el escritor Jorge Semprún en medio de dos palabras que se necesitan. Darían título a su libro sobre la memoria del genocidio, en la Segunda Guerra Mundial. «Estamos vivos y obligados a asumir ese estado absurdo, o al menos improbable, de proyectarnos en un futuro que nos es intolerable imaginar, aun cuando sea un futuro feliz», aportaría su amigo y Premio Príncipe de Asturias de las Letras Carlos Fuentes sobre *La escritura o la vida,* obra que exorciza el Holocausto. A su modo, Felipe Declara Caso (Barcelona, 1968) ha hecho suyo el compromiso de quitarse capas, algunas sucias, otras no tanto, después de adentrarse en su particular averno. Con un pasado oscuro, la poesía le ha salvado: «Es una terapia y una necesidad», confirma. La escritura, la vida. Felipe ha publicado *Después de vosotros* (Ediciones Carena, 2016).

Alto como el gigante Briareo, de cien brazos (centimanos), robusto, con la madera de roble clavada en su espalda recta y una barba de peligroso comunista que se sepa la obra completa de Émile Durkheim *(La división del trabajo social).* Receloso. Apocado en un principio. Educado, noble, con un sentido innato de la justicia, precisamente por ser, en su día, partícipe de buena parte del mal que se hace en este mundo.

Así se podría describir a Felipe, aunque él lo haga de otra forma.

«Mis padres se llaman Consuelo y Felipe. Mi madre ya murió. Tengo dos hermanos, mayores que yo, Manuel y José. Nos asentamos en el barrio de La Cooperativa, en Sant Boi de Llobregat [Barcelona], barriada complicada. De hecho, nací en mi propia casa, asistida mi madre por una comadrona; un parto rápido. Me gustaba estar en la calle con los amigos, y hacer de todo, no me interesaban los estudios... Sí que leía: Ken Follett *(En alas de las águilas)*, John le Carré *(La casa Rusia)* y Alberto Vázquez-Figueroa *(Manaos)*. Golfeaba en la calle. Mi madre me apuntó a Mecánica en un colegio de formación profesional, pero no tenía interés por estudiar, y no pensaba que me pillara el carro tan pronto»...

Así se ve él.

Los años de adolescencia de Felipe son años terroríficos.

Y lo que vendría después del «coqueteo con las drogas» sería peor: «Luego vino el bajón, la culpa, las noches sin dormir, el sueño inquieto, un desastre. Años de vacío total, mucho dolor y sufrimiento».

De lo malo aprendió.

Actualmente, Felipe cuida de su padre, que no se puede valer por sí mismo. Su madre ya murió, por la que siente devoción: «Si no hubiese sido por ella ahora estaría muerto».

A ratos, escribe. Se ambienta para ello, como si fuese un sacramento, en la liturgia de la media noche. La escritura sustituyó las drogas. En muchos casos, su efecto puede superar cualquier sustancia alucinógena. Leyó y escribió: *«Son las ocho de la mañana. Desinteresadamente acabado hago cola en la oficina de empleo. "¿Es usted el último?" "Me temo que no. ¡Como yo hay muchos!" Daría cualquier cosa por estar en mi casa debajo de la cama y lamentando ser el mismo de siempre».*

Pensamientos, disquisiciones, sugerencias...

Tonterías. Boludeces. Naderías.

Letra pequeña del día a día para un calendario de nevera.

Todo aquello que para la Premio Nobel de Literatura Svetlana Aleksiévich forma la grandeza del alma humana: «Yo rastreo el sentimiento, no el suceso» *(Los muchachos de zinc).*

Las mismas historias que, para su bibliografía *(Espejos)*, cazaba con su caña de ojos el luchador Eduardo Galeano.

Felipe Declara llegó a la escritura hace tres años, cuando apenas sabía juntar dos frases. Se planteó seguir por ese rumbo, dejar atrás la «vida jodida».

El pasado le sirve para encarar el futuro. No le condiciona.

«Aborreciendo lo malo, aplicándoos a lo bueno» *(Epístola a los Romanos,* 12: 9). Se desahoga. Se busca constantemente. Como el psiquiatra Victor Frankl en *El sentido de la vida.*

Todo sirve. Todo lo que ocurre sirve.

Nada se tira. Nada se borra; tampoco se puede suprimir, como si la vida fuera una tecla de ordenador y se pudiera actualizar dándole al F5.

El sentido de la vida es seguir viviendo, pese a todo y para bien.

¿La escritura o la vida?

La escritura.

Y la vida.

XLVI

Entrevista con Ángel López del Castillo, autor de *Doulas*

ELLAS

La primera de las preguntas que se hizo el enamoradizo y veleidoso Pablo Neruda fue la siguiente: «¿Por qué los inmensos aviones no se pasean con sus hijos?». Esta y otras dudas las compiló en el *Libro de las preguntas* (1974), obra póstuma que le perpetuó. Si Neruda hubiera conocido a Ángel López del Castillo (Barcelona, 1964), habría sabido las respuestas, al menos, en lo que confiere al primero de sus interrogantes: Los aviones no se pasean con sus hijos porque no existen *doulas* entre los aviones.

El periodista y escritor de Hostafrancs ha entrelazado en *Doulas* (Ediciones Carena, 2013) cuatro historias de mujeres que tienen más cosas en común de las que les separan y que, como las *doulas* –las matronas que asistían a las parideras–, se prestan a la ayuda por mor de la maternidad, que las endulza, las hace más juiciosas y les da el mandato divino de la solidaridad.

La *doula* de Ángel López del Castillo ha sido un hombre.

De la mano de su padre, Ángel López, visitó las salas de fotograbado de *Solidaridad Nacional*, que tenía la redacción en Consell de Cent. Le inoculó el virus de la curiosidad.

El periodismo deportivo fue su puerta de acceso, con el fútbol acalorándole la garganta (se acuerda de la plantilla del Barça de 1973: Mora, Rifé, Costas, De la Cruz, Torres, Juan Carlos, Rexach, Asensi, Cruyff, Sotil y Marcial).

Con la llegada a Barcelona del holandés Johan Cruyff, a Ángel le hicieron socio del club.

Tras el temporal del servicio militar, destinado en la brigada de infantería de reserva de Almería, y ya de vuelta en Barcelona, sin el casco con el barboquejo y sin el Cetme y el machete, buceó de nuevo en la prensa escrita. Acabó aterrizando en Ediciones Mayo (Grupo Mayo), editorial de revistas especializadas en información sanitaria, y en la que todavía sigue.

«En el 2010, en Valencia, y como editor de revistas de matronas, asistí a un congreso de comadronas. En la clausura, tomó la palabra una *doula* norteamericana, que narró su experiencia al cuidado de otras mujeres. Salí de allí extasiado. Yo no tenía ni idea ni siquiera del concepto. Tuve que buscar la palabra *doula* en el diccionario. Desde aquel momento, tenía en la cabeza este libro…», se acurruca en sus recuerdos Ángel, de aspecto frágil, de tibetanas ensoñaciones, cuyas frases suenan con la cadencia de un hilo musical, suaves como un cisne negro. «Así que me inventé las historias de cuatro mujeres: una prostituta atormentada por su oficio, una niña de la que abusan sexualmente, una maestra con cáncer y una cuidadora que atiende a un anciano. Y sentí lo que ellas sentían, o eso intenté, y me quedé obsesionado por ellas.»

XLVII

EL CUERVO

Que cada uno de nosotros anda colgado a la intemperie con la placa de una calle solitaria no es extraño. Somos polvo.

El salvaje novelista estadounidense Edgar Allan Poe nunca encontró su sitio: voló sobre tantos fuegos y alfileres y ciudades sin cuna (Fort Independence, Baltimore, Boston…) como el cuervo sobrenatural que le vistió de luto.

El cuervo del poema y Poe se solapan, atendiendo al concepto alemán de *doppelgänger,* el doble fantasmagórico. Poe exorcizó sus tibios miedos, las ricas creaciones y los senderos de sus desdoblamientos en el cuento *William Wilson* (1839), sobre las dos almas de un mismo ser.

William Wilson es el relato que «vampirizó» el abogado y escritor José Manuel del Río (A Coruña, 1982): «*¡Oh paria, el más abandonado de todos los parias! ¿No estás definitivamente muerto para la tierra?*».

El abogado penalista José Manuel jamás había escrito sobre la memoria.

«Un verano, agobiado por la ola de calor, me presenté a un concurso de relatos en Santa Coloma de Gramenet, que es una Barcelona distinta a la que me siento muy ligado. Cogí *William Wilson* y le di la vuelta. Y recuerdo que disfruté, fue una experiencia gratificante», se remonta en el cometa del tiempo este hombre de aspecto de guardia marina, que es una diminuta mirada recamada y en algún punto hundida como dos profundas bodegas de bajel, que es de una altura mediana y colosal con una draconiana actividad en los brazos, que son dos brazos púlpitos tatuados con las velas de los bergantines y una rosa de los vientos, que es voluminoso (autodidacta), mental («conciencia del valor del individuo») y dentado («soflama revolucionaria»).

De este juego de dados que supuso su primera incursión en la literatura negra nació *Crónicas de un antisistema* (2015).

«Me había picado el bicho y junté anarquistas con una banda de moteros», abrevia, moviendo los dedos insomnes.

Se echó a los proscritos brazos del escritor «grande» Francisco Casavella *(El día del Watusi)*.

Se percató de las dolencias de la condición humana, de sus miserias y sus chispas y sus milagros («la sociedad está sumisa y aletargada»).

Y pronto se enfrentaría a su pasado, inevitable para quien salda las cuentas consigo mismo. Usando la expresión que José Manuel del Río gusta de utilizar, «abriría el melón»…

En *La marea roja* (Ediciones Carena, 2018) el autor vuelve a la Galicia natal, que, para él, «es principio y final».

Las copas llenas, las drogas buenas, las malas notas…

«Quería recordar toda aquella época y hacer algo que sirviera de homenaje. Rellenar los huecos de mi vida, lo que no me acuerdo. Y pretendía la nostalgia de lo no ocurrido», musita, envuelto en un halo ensombrecido por los colegas que se fueron («se apagaron») y por los que, quizás, y es peor, se fueron a intervalos, desgajándose con cada año que pasa, a andanadas y en parcelas. «Recordaba las reuniones de colegas, las noches. Y quise contar lo real a través del mito, utilizando muchos roles.»

En *La marea roja* el dinero crepita y se esnifa. Llega tan rápido como se mastica y se esfuma.

«Es la vida de muchos de nosotros, la vida de la que hemos sido testigos y en la que hemos participado. Pero yo preferí malvivir a tener un cochazo. Empecé a ver a gente extraordinaria que por un kilo de cocaína acababa nueve años y un día en prisión. No merece la pena», asegura, y de repente se eleva y se hace sólido y ladrillo y muralla. «Todo Dios se metió. Yo me libré.»

Hasta bien entrado el milenio, y como el camarada Poe *(La máscara de la muerte roja)*, José Manuel del Río anduvo «inconscientemente perdido», como tantos elementos.

«Cuando he intentado llevar una vida normalizada, amoldarme al día a día prestablecido, es cuando no me he visto», testimonia.

A los 18 años se fue de casa.

La familia, «bien estructurada», le dejó que navegara y eclosionara.

Picoteó en la amplia noche («algo muy oscuro»), en pubs de Ibiza, Tenerife y Santiago de Compostela.

Su Nueva York del Bowery se le presentó en la Barcelona del Raval, a la que llegó en el 2007 («en mi esquema mental me faltaba una gran metrópoli, y en lugar de irme a Madrid me vine a Barcelona»).

Se sacó la carrera de Derecho mientras recogía vasos vacíos de Gin Bombay Sapphire.

«Mi vida ha sido una carambola», se desprende, como tendido en el diván de Viktor Frankl para dictarle las notas con las que confeccionar *El hombre en busca de sentido* (*«A este tipo de cosas que parecen adquirir un significado al margen de la vida humana pertenecen no ya solo el sufrimiento, sino la muerte, no sola la angustia sino el fin de esta»*).

Por una cuestión de inercia, como él mismo apunta, provocó sus propias circunstancias.

«Anota que hice el Interrail con cuatro colegas, importante», requiere.

En el 2009, un profesor le contrató para su bufete.

Quizás le salvara.

Quizás le salvara para que él pudiera salvar a los demás: «En los casos que llevo, tomo distancia y altura respecto a los problemas personales. Sé que la libertad de algunos clientes depende de mí, por lo que no me tomo el lujo de...».

José Manuel evita el verbo *dudar* y lo suspende en aire, en el último momento.

«Podría escribir mil libros cada semana con sus historias», asegura.

En el 2011 fundó su propio despacho de abogados, Del Río Abogados.

Utiliza el plural mayestático del *nosotros* («fundamos»), pues en realidad fueron tres.

Acumula frases memorables desde entonces: «el que dirige un despacho de abogados también es un tendero»; «no me gusta la presión; por otro lado, me encanta»; «el penalista es un abogado de otra pasta, y además de no tener que cargar con tantos papeles, se puede ser creativo. Es como un abogado de calle»; «la crisis fue un ciclón»…

De pequeño, quiso ser delantero del Superdepor (Real Club Deportivo de La Coruña).

Como la niña Lucía Carranza, podría haber divagado sobre el mar en *El mar, visión de unos niños que no lo han visto nunca* (1936), recopilación a cargo del profesor Antonio Benaiges: «*Yo digo que no voy a ir, porque tengo miedo que me voy a ahogar*».

El mar es *La marea roja* y es su autor.

De mayor, el abogado penalista José Manuel del Río se hizo cantor.

Silvio Rodríguez en *Domínguez:* «Fui un trovador errante, / sombra por caminos sin alas. / Mis riquezas / fueron aquellos sitios / donde aprendía mis canciones…».

XLVIII

COMPATIBILIDADES

«Los pasos de mis padres se cruzaron por primera vez en un museo de la Calle 23 en Nueva York.»

Así comienza la editora Katharine Graham su biografía *Historia personal. Sobre cómo alcancé la cima del periodismo en un mundo de hombres* (1997).

Una vida paralela a la influyente propietaria del *Post* podría ser la de la periodista Alexandra Di Stefano Pironti (l'Eixample, Barcelona, «te digo mi edad pero no la publiques»).

Ella también ha escrito sus memorias, tituladas *El sueño de una sombra* (Ediciones Carena, 2021). Empiezan de esta forma: «Cuando murió mi bisabuela, yo tenía nueve años y me imaginaba que, si marcaba el número de teléfono de su casa, que era el 2537528, podría hablar con ella».

Con matices, coinciden en lo sustancial Alexandra –rasgos orientales, sedosa voz, mística– y Katharine –insobornable, femenina, cabalística.

En boca del poeta Walt Whitman *(«No te detengas»):* «No abandones las ansias de hacer de tu vida algo extraordinario».

Veamos.

El marido de Katharine se suicidó, y el hermano de su padre murió en el naufragio del trasatlántico *Titanic.*

La madre de Alexandra intentó cortarse las venas. Hoy vive retirada en una finca extremeña.

El padre de Katharine se planificaba la vida, por lo que la vida de Katharine acabó siendo una vida planificada.

Alexandra siempre tomaba notas: «Era mi manera de desahogarme».

De pequeña, a Katharine le repetían: «Ten por seguro que todo pasará».

La infancia de Alexandra fue «triste y pesada», ahogada por una sofocante sensación de incertidumbre. Pasó.

La madre de Katharine conoció al pintor Pablo Picasso en París.

Alexandra ha vivido rodeada de arte, y su casa se asemeja a una pinacoteca, con los óleos de su bisabuelo Eliseo Meifrén, paisajista «introvertido y arisco» con vocación de marinero. En las entrevistas, se salía del guion: «Diga usted que nací en Barcelona. Esto es cierto. Después, añada usted lo que quiera».

La madre de Katharine anota en su diario: «No puedo ocultar que mis aficiones son más profundas y mis intereses más serios que los de la mayoría de estas mujeres».

Si la madre de Alexandra hubiera escrito un diario, habría puesto exactamente lo mismo. Ella se rodeó de un ambiente «espiritual y esotérico» que siempre ha acompañado a nuestra autora, que da clases de meditación en el Espai de Gent Gran Maria Aurèlia Capmany: «Durante muchos años, he estado desestabilizada. La meditación te enseña esto: foco-concentración-atención».

Katharine nunca tuvo intención de dedicarse al periodismo, que le venía de familia, ni aun estando tras la barrera. Entendía el periódico como un «bien público al servicio de las personas en una democracia».

Alexandra estudió Filología Árabe, aunque le tiraba mucho la Filosofía. El periodismo también le venía de familia, por ello tomó una decisión que el tiempo estropearía: «No quiero ser periodista».

Para Katharine, ser reportero equivalía a «perseguir el objeto de cualquier pasión repentina». La idea no es tanto contar la verdad como intentarlo. Entre sus *scoops,* los Papeles del Pentágono (1971) y el Watergate (1972).

Para Alexandra, el periodismo ha de ser reivindicativo, imbuido quizás de esa conciencia cósmica: «Ser menos materia y más divinidad». Ella cubrió los casos de niños secuestrados en Dubái y de prisioneros políticos en Indonesia, algo que todavía la perturba.

Katharine negaba la existencia de la objetividad: «El mero hecho de decidir qué es noticia y qué no lo es implica ya un juicio».

Alexandra piensa que la bondad y la belleza pesan tanto en el ser humano como sus pensamientos.

Katharine disfrutaba de sus vacaciones en las Bahamas.

Alexandra concibe el viaje como una «experiencia de conocimiento»: «He vivido fuera con añoranza, con el corazón en Barcelona y el alma desparramada».

Katherine habría odiado las redes sociales. Creía en la prensa libre, que no es anonimato.

Alexandra detesta las nuevas aplicaciones.

Katharine Graham, de *Historia personal,* es Géminis.
Alexandra Di Stefano Pironti, de *El sueño de una sombra,* es Escorpio.
Según el horóscopo, son compatibles Géminis y Escorpio.
Se llevan bien.

XLIX

ENTREVISTA CON J. DOMÍNGUEZ-MACIZO,
AUTOR DE *LOS CHICOS DEL PARQUE*

RAYOS-SOLEDAD-BRAGAS

Rayos. En 1984, los rayos inclementes caen sobre los árboles mortecinos en una noche frankensteniana. Ante la mirada del cantante alemán Marian Gold, los rayos seccionan los troncos como en una tabla de cuchillos afilados. Se trata del videoclip *Big in Japan,* de la banda Alphaville *(synth pop,* de sintetizador).* La visión parpadeante de la dama de hierro Margaret Thatcher aparece como una mueca grotesca del inframundo, en una milésima de segundo. ¿O es una geisha? Cuatro minutos cuarenta y tres segundos.

Soledad. En 1993, los dólares se ordenan en maletines blancos que apenas caben en los maleteros. Las delicias se prostituyen por dinero. En el videoclip *Who is it,* el majestuoso paseante de la luna Michael Jackson se desespera porque su amada le es infiel. Dama de compañía, puta de lujo, pasillos largos de hotel. El *skyline* es un brochazo al alba. Seis minutos treinta y siete segundos.

Bragas. En 1993, una Madonna poco centrada, al volver a casa, pone a remojo las bragas que guarda en el bolso negro. Recoge la correspondencia atrasada. Se relame con la comida del gato. *Bad girl.* Muere estrangulada con una media sobre una cama de sábanas blancas. Seis minutos siete segundos.

De la suma de estos tres videoclips *(Big in Japan; Who is it; Bad girl)* nace *Los chicos del parque* (Ediciones Carena, 2017), que no es un videclip ni un corto ni un largo, sino una novela de J. Domínguez-Macizo (Barcelona, 1977).

«Estudié Audiovisuales en la Universitat Ramon Llull, en Blanquerna, y me he criado con el lenguaje visual de los grupos de los ochenta, y con los programas de televisión como *Tocata* [1983-1987]. Me han influido poderosamente Madonna y Jackson. Sus videoclips, *Bad girl* y *Who is it*, están realizados por el director de cine David Fincher *(Seven)*. Esos vídeos tienen muchos detalles. Hay que fijarse; yo lo hago», recomienda J., el piloto de uno de esos aviones de reconocimiento RC-135, de la Fuerza Armada estadounidense, que patrullan sobre el mar Báltico.

Este autor de letras puras todo lo ve desde el aire, suspendido sobre los ciudadanos que se arrastran con los pies. Alma libre que piensa en *frames* y convierte el silencio en música; la cadencia de los días veraniegos, en tráilers de persecuciones vertiginosas, y los sucesos insulsos que transcurren tras los burladeros, en clarines que anuncian arriesgadas historietas.

«Yo bebo de los cómics, leo entre líneas. Me encantan los *thrillers*. Pero nací en el país erróneo. En Estados Unidos, la industria cultural se respeta, no se toma a broma, es dinero. Aquí hay mucho amiguismo todavía.»

En el 2014, J. se quedó en paro. Se dijo: «Ahora o nunca».

Rescató el proyecto de guion de la carrera y lo trabajó hasta convertirlo en una novela cinematográfica, un mejunje de *Cabaret*, *Mad Max* y *Zodiac*.

«Me gusta mucho David Fincher pero también David Lynch [1990], con la serie *Twin Peaks*, y David Benioff, con *Juego de tronos* [2011].»

En *Los chicos del parque*, J. es deudor de algunas de las escenas más trilladas, pero les da una vuelta de tuerca para hacer nuevo lo viejo. Y no tan viejo.

«Lo que he querido denunciar en *Los chicos del parque* es el mundillo de las apariencias, la hipocresía de la sociedad del siglo XXI en la que solo importa la forma, en la que se pierde la sustancialidad. Es una crítica a la naturaleza humana que me fascina por las dobles vidas: digo A cuando lo que yo hago es B.»

Exactamente igual que el mensaje de los videoclips *Big in Japan* (rayos); *Who is it* (soledad) y *Bad girl* (bragas).

En el proceso de escritura, J. Domínguez-Macizo se fue inspirando con cada caso de corrupción en esta crisis que no es únicamente económica, sino también moral.

Para resarcirse, J. lee al escritor George Orwell *(Rebelión en la granja)* y hace teatro.

Está a punto de estrenar una versión de *Las tres hermanas,* de Chéjov.

En la cabeza guarda un refrán apócrifo no autorizado por las escuelas de romanceros: «Cuantas más cosas desees más esplendorosa será Fantasía» (la Niña Emperatriz a Bastian en *La historia interminable,* de Michael Ende).

Le encantaría que David Fincher llevara a la pantalla grande *Los chicos del parque.*

O el Fincher español: el director Raúl Arévalo *(Tarde para la ira).*

Eso es lo que más desea.

L

Entrevista con Raquel Andrés Durà,
autora de *Los ángeles no tienen Facebook*

GENERACIÓN YO, S. L.

No le gusta Facebook. No le gusta registrarse en cuentas que no valen para nada, en las que lo más normal que suceda es que te sumes a la campaña contra el fraude fiscal y al grupo de apoyo a quienes les ha afectado la separación entre Eva Longoria y Tony Parker. No va a la moda. Lleva un *piercing* en la nariz. Tiene 22 años. No se comunica mucho por teléfono, y no se descalabra para cogerlo cuando suena. Raquel Andrés Durà (Alicante, 1988) ha escrito *Los ángeles no tienen Facebook* (Ediciones Carena, 2010), ensayo sobre las redes sociales. Imprescindible. No cree que nada sea imprescindible.

«No tengo Facebook porque no lo necesito, y no lo necesito porque quedo con mis amigos sin tener que meterme en Facebook. Otros se han hecho dependientes, yo no», aclara, menuda, ponderada, con la misma volatilidad que una piñata. «La historia comenzó en la villa universitaria de la Universitat Autònoma de Barcelona [en la que estudia Periodismo]. En una charla de sobremesa con compañeros de piso, ellos comentaban las supuestas conversaciones que mantenían en sus *muros*. Ni mi novio ni yo estamos en Facebook. Ese día cogí un boceto e hice la estructura del libro y resumí lo que pondría. Algunos capítulos se me han desbordado, sobre todo el de la censura en internet: no me imaginaba que hubiera tanto de lo que hablar. Por ejemplo, la Revolución Twitter, en la República Islámica de Irán, y su papel en las elecciones.»

Para Raquel, Facebook es la Gran Mentira: «Uno vende imágenes de sí mismo que no son reales. Claro, se pone la cara bonita, no vas a colgar las fotos con tus defectos… Somos la Generación Yo, S. L.: nos convertimos en el producto que vendemos. Las personas son escaparates».

No es que no le guste internet, ya que ha abierto una página web para su libro (www.losangelesnotienenenfacebook.com), sino que no soporta la comidilla por los vestiditos de popelín crudo que Letizia Ortiz luce en La Zarzuela. No se siente muy católica cuando se le obliga a consultar la cartelera en la red social o bien cuando sin quererlo ni beberlo se le invita, nuevamente, a entrar. No conoce a Mark Zuckerberg, aunque ha visto la película que sobre la epopeya de su invento ha dirigido David Fincher, y le ha gustado, pero solo cinematográficamente hablando («el actor principal lo borda»). No se traga que sea una biografía «no oficial» ni que detrás de la película no haya mucho dinero, más que nada porque cuando sales del cine «Zuckerberg te parece simpático». No idolatra a nadie, ni cree en las teofanías ni en la opereta del misterio de la reencarnación.

No cree que haya 500 millones de usuarios conectados «a esta cosa».

«¿Son 500 millones de personas reales o virtuales?», duda.

No es que no le guste internet, porque se abrió un blog personal desde el que canta al mundo cada mañana. No le gusta madrugar, como a nadie.

No le gusta la página que se llama «Yo también creo que las moscas traman algo con ese frotar de patitas». No le gusta la página «Yo nunca vi al señor que regalaba droga en la puerta del colegio». No le gusta la página «Si un policía me dice "papeles" y yo contesto "tijeras", ¿quién gana?».

No le gusta contar su vida privada a la ligera: «Ahora estoy mirando la tele», «Ahora estoy comiendo ganchitos», «Ahora me acabo de despertar».

No entiende la razón por la cual la gente pierde el tiempo en tonterías: «Me llama la atención el *spam* personal, esa gente que pone algo de su vida que le gusta mucho. Por ejemplo, mi cuñada se casa, y cada día envía un mensaje recordándolo».

Sí entiende la razón por la cual la gente pierde el tiempo en tonterías: por la mal traída fama: «Tendemos a una sociedad de hombres y mujeres grises en la que no hay relación. Buscamos el contacto donde nos hacen caso, porque en la vida diaria pasan de nosotros. "Al menos en mi paginita personal solo hablo de mí, es mi minuto de gloria", se consuelan, pero se trata de la misma sociedad gris de perfiles. La gente solo quiere hablar de sí misma. El conformismo ha acabado con el discurso crítico (hay crisis económicas, pero en las rebajas se llenan los bulevares), y la televisión-basura ha acabado con la cultura. Los valores son los de *Operación Triunfo,* el triunfo fácil: o triunfas o fracasas».

No le gusta que la red social se retroalimente con la excusa de que ayuda a que se produzcan los reencuentros de la promoción del instituto. No le gusta porque opina que esas cenas, diez años después, son artificiales.

No le gusta la censura ni la autocensura.

«Para redactar este ensayo me abrí una dirección falsa en Facebook, temporalmente. Ya no la uso, la he abandonado. Ahora mismo debe de ser un cadáver virtual. Me pregunto: ¿dónde estará el cementerio de la Red?»

No le gustan los cementerios virtuales.

No le gustan los cementerios.

«A pesar de todo, soy muy positiva.»

LI

Entrevista con Eudald Escala Pujadó,
autor de *Los poemas del hospital*

LA BALADA DE EUDALD

If you want a lover
Ill do anything you ask me to

El Príncipe. Yo soy el hombre del lino blanco, quien con su sombrero borsalino de Indiana asume el riesgo de la muerte para vivir más de lo esperado, para entrar en las páginas de los aburridos libros de las historias ingenuas. El Partisano de las ubres del demonio, la Hoz en los cuencos de la sopa y el Fausto adorador de los corderos sin Dios.

Yo soy Eudald Escala Pujadó (Barcelona, 1951), bardo que ha cantado a todas las mártires de las catacumbas de la barcelona en minúsculas, con la garantía de mis ideales blancos: paz, honor, justicia.

Míos son *Los poemas del hospital* (Ediciones Carena, 2009).

And if you want another kind of love
Ill wear a mask for you

Todo empezó a los 17 años.
Las clases salvajes del amor.

Las absentas en La Taverneta, compartiendo mesa con Jack Daniel's y con las rayas impúdicas de los cartagineses: *La mala reputación*, de Paco Ibáñez; *Mira que eres canalla*, de Luis Eduardo Aute, y de Silvio Rodríguez, *La oveja negra*.

La Vieja Guardia, los Antiquísimos, los Versos Clandestinos de las Casas Fronterizas: los cantares de Machado; *Aquí están todas las rosas encarnadas del deseo*, de Gabriel Celaya, y de Rafael Alberti, *A galopar*, con sus crines como hebras.

Antes me había atado a Gustavo Adolfo Bécquer con un nudo en la garganta, inflamada por tomarme a pecho a León Felipe. Me regalaron una joya de contrabando de Losada, con la *Antología rota* camuflada, y aquí me paré en seco: «¡Ahora, esto es un poema!».

Todo empezó a los 17 años.
Las clases salvajes del amor.

La poesía es una cruz sencilla.
«¿Poesía? Pensar alto, sentir hondo y hablar claro.»
Con la guitarra me ligué primero a las niñas bonitas que atrapaban el cielo detrás de las paredes: «Calla, calla, que ahora cantará las *Nanas*, de Miguel Hernández».
Llegarían los pensamientos de Cole Porter, que se debatían entre el sí o el no, entre la luz o la oscuridad, que ansiaban aire para descansar de tanta dura dictadura.
Rascaba, y me aprendí los acordes. Primero, Pepa me increpaba: «Para ya», para pedirme luego *Palabras para Julia*.
Recitaba con los dedos seductores de Tomatito, Paco de Lucía y B. B. King.
Ricardo Soriano, con el permiso de Jorge Metón, le tocó el sexo a la *Suzanne* de *Songs of Leonard Cohen*, y seguiría al músico canadiense, Leonard, hasta los confines, sobre la cabalgata de las valquirias del Palau de la Música, donde actuó por vez primera en 1974.
Humanidad, piedad, justicia.

Todo empezó a los 17 años.
Las clases salvajes del amor.

If you want a partner
Take my hand
Or if you want to strike me down in anger
Here I stand
Im your man

Todo empezó a los 17 años.
Las clases salvajes del amor.

Yo cogí la línea amarilla hasta Trinitat Nova. Nací en los suburbios de
Praga.
El bachillerato, en Avellaneda, con la reválida, la Escola Industrial y la
Escola Massana.
Pestañeo y han pasado 40 años y, despojada de médicos, una vocación a
tientas.

Como mi padre, mi tío, mi hermano, en el Banco Vizcaya (hoy Banco
Bilbao Vizcaya Argentaria) de Calvo Sotelo (hoy Francesc Macià) un día
trabajaba...
Un día que duró 18 años. El tonto: restaba, estampillaba un artilugio que
matasella...
Refunfuñaba a menudo por el sentido de la vida.
A los distribuidores preguntaba:
¿qué es la gloria de un cheque barrado y los pagos en una balanza?
Odié poco. Bebí mucho.
El banco me embargó las cuentas y la tristeza.

Todo empezó a los 17 años.
Las clases salvajes del amor.

Llegaba tarde al escondite.

El Jefe me castigó como a un niño: «¡Una semana en el pasillo de personal!».
Esa semana la pasé con mis poemas, ondeando a toda máquina.

Aquel pobre hombre no entendía nada: «Espero que hayas reflexionado».

Ellos deberían estar prohibidos. La usura legalizada. La mezquindad a un límite elevado. La hostia de la rehostia. La cueva de los ladrones. Los bancos, las checas en las que se oprime al moribundo y se echa sal en las llagas-hipotecas. Vas con un aval y te escupen fuego. Botín habla de beneficios.

En el contenedor del Condis, Ariadna rebusca ofertas caducadas de espárragos trigueros.

Trabajadores mileuristas superputeados.

Nissan… Puerta. Bayer… Puerta. Inoxcron… Puerta. Pirelli… Puerta. Puerta. Puerta.

No hay países, hay empresas. Puertas. ¿Obama poderoso? ¡Oh Halliburton! Razón, fuerza, justicia.

Todo empezó a los 17 años.
Las clases salvajes del amor.

If you want a boxer
I will step into the ring for you
And if you want a doctor
Ill examine every inch of you
If you want a driver
Climb inside

Todo empezó a los 17 años.
Las clases salvajes del amor.

El libro rojo con las obras completas de León Felipe.
Melena y luenga barba:
«Buenos días, soy el enviado del señor».

Actos políticos en el centro social de Santa Engràcia, antes de las Guerras del Golfo y de la versión que de mí haría Paco Aguilera.

Me intentó captar la CNT. Me echaron porque con las cuotas no comulgaba.

Me metí en el comité de empresa, en el que ya se habían infiltrado los camaradas.

«¡Compañeros, Fulanito ha de salir de la cárcel!», coreaban las tropas con banderas.

A Fulanito los sopapos de los *grises* le ponían la cara morada.

En el calabozo de Via Laietana el sargentucho con bigotes y tirantes rezongaba su fascistoide chulería. «Íroslo pensando.» A él le debo votar a las izquierdas.

Todo empezó a los 17 años.
Las clases salvajes del amor.

Franco murió, y nació la teoría de su muerte, un mito urbano. Sumas la fecha del inicio de la Guerra Civil española (18-7-36) y la fecha del final oficial de la contienda (1-4-39) y da la fecha exacta de su fallecimiento: 19-11-75.

Solo por el respeto a quienes fueron fusilados por luchar por la democracia, voto, aunque sea en blanco, aunque cada vez más vote mucho más a los blancos.

¿Yo yo yo, chafar a los demás? No, yo no quiero eso.

¿Resumir mi vida? Hemos venido aquí para ayudar a Los Otros.

Aquella época forjó una fragua.

Quedaron los amigos que me han ido dejando.

Los ideales: libertad, dignidad, justicia.

Todo empezó a los 17 años.
Las clases salvajes del amor.

Or if you want to take me for a ride
You know you can
Im your man
Ah, the moons too bright
The chains too tight

Todo empezó a los 17 años.
Las clases salvajes del amor.

Si hubiese tenido un hijo, se llamaría Leonard, como homenaje a Leonard Cohen.
Tuve una hija, y se llama Jara, en honor de Víctor Jara.
Cuando tenía dos añitos, le compuse esta canción, *Finestra oberta:*

Sols per tu obro els ulls amb alegria
i omplo la casa de versos i clavells,
poso sol i lluna on no n'hi havia
i tinc ales per volar com els ocells.

Todo empezó a los 17 años.
Las clases salvajes del amor.

LII

Entrevista con Miquel Escudero, autor de *Sostiene Mengano*

APRENDIZ DE POLÍMATA

El «plano cartesiano» está formado por dos rectas numéricas perpendiculares, una horizontal y otra vertical que se cortan en un punto.

Podemos buscar las coordenadas en cualquier plano cartesiano, espacio euclídeo para el buen discernir. Nos podemos concentrar en las ventas de sus esquinas, tal día a tal hora, y seguro que por allí, impávido, deambulará Miquel Escudero (Barcelona, 1954), profesor de Matemática Aplicada de la Universitat Politècnica de Catalunya.

«Hice matemáticas porque se me daban bien los números, acabé la carrera con 21 años de edad, pero terminé grogui. No era ni soy un gran matemático, pero sí que me considero un buen profesor», sostiene Miquel, con la acerada dicción de los melismáticos contratenores, y con los hacendados modales de Lord Minto, virrey en el Raj británico. «Las matemáticas ponen los raíles para razonar con rigor, con flexibilidad, con imaginación, para organizar metódicamente la duda, para saber conjeturar. Es una gimnasia mental. Realmente, yo quería ser filósofo, y me he llegado a doctorar en esta disciplina, porque me gustan las humanidades. De ahí mis ganas de escribir.»

Nunca perdió el sentido del humor, compartimentado en un lugar bien resguardado del casillero interno, en las profundidades del alma. Allí donde reposan los dones, las predicciones y el tiempo preservado para el amor. Por eso, desde hace unos años, Miquel escribe perfiles de clásicos, aristócratas, *héroes de las casernas del supermercado:* del líder que puso fin al *apartheid,* Nelson Mandela, al genio de la lengua Álex Grijelmo.

Sostiene Miquel que a todos se les ha de respetar, porque las personas merecen más consideración que las ideas que puedan tener.

Sostiene que las opiniones lisonjeras tienden a volar según soplen los vientos, pero las personas permanecen, aunque estas mueran en trance. Entronca con la frase favorita del periodista Juan Tortosa *(Periodistas. El arte de molestar al poder):* «Lo que te digo no es una opinión, que es rebatible; lo mío es un diagnóstico, que es diferente».

En estas piezas sostenidas, Miquel Escudero junta churras con merinas en un «caos aleatorio», y en todos los nombres trasluce el brillo del argumento.

«Presencias y ausencias, invoco a quien sea como en un tribunal de náufragos, y reivindico a los clásicos», dicta, consciente de dejar constancia escrita. «Cada autor responde a unos interrogantes. Es aquello de Quevedo de *con pocos, pero doctos libros juntos entro en conversación con los difuntos y escucho con mis ojos a los muertos* [«Desde la torre»].»

Se enfanga en la política, con ese compromiso de encarar y no rehuir.

Para tal cometido, las matemáticas le son propicias.

¿Qué haría este matemático para salir del atolladero en el que se encuentra Catalunya?

«Hay que empezar por la concordia sin acuerdo. Juego limpio. Respeto a todos los ciudadanos y al Estado de Derecho.»

Miquel tuvo la suerte de tener unos padres sin estudios, porque ellos apreciaron como nadie la cultura: «Un enorme afán por la cultura, no para hacerse ricos, sino para saber». La misma suerte que tuvo el escritor Luis Landero, maestro de *Juegos de la edad tardía:* «El afán es el deseo de ser un gran hombre y de hacer grandes cosas».

Sabiendo que quería «saber», trazó Miquel un itinerario que le llevó a las aulas de estudio, donde aprende y departe, confiándole a sus alumnos el tesoro de los números y la poderosa maleta de los cuentos, en los antípodas de las transparencias de powerpoint («ponerles un powerpoint a los chavales es criminal, para dar clases hay que sudar como un obrero»).

De aquel joven estudiante que fue Miquel Escudero, aquel que leía *Eurocomunismo y Estado,* de Santiago Carrillo («modelo revolucionario idóneo en los países capitalistas desarrollados»), solo quedan las matemáticas.

El autor de *Sostiene Mengano* (Ediciones Carena, 2019) convive con la incertidumbre, con calma y sosiego.

«En este sentido, con las matemáticas transmites una manera de estar con los demás, son "enseñanzas". Su etimología en griego es *máthēma:* "conocimiento".»

Aspira a ser polímata, como un aprendiz de Leonardo da Vinci.

LIII

EL HOMBRE RACIONAL

El director es un diario personal y clandestino de la etapa en la que el reportero David Jiménez sirvió como máximo teniente del periódico *El Mundo.*

El Cardenal, Los Nobles, La Digna… Los clanes y sus jefes se prodigan en las páginas, atentos a El Gran Juego de los Favores.

Poder, gloria y un ego desmedido que no cabe en el ascensor. Ese es el retrato de la redacción periodística.

Una cavernícola estampa que se corresponde con la recreación de las variopintas estaciones en la edad de los *Homo neanderthalensis,* hace muchos telediarios.

No hemos evolucionado gran cosa.

«La necesidad de protección, la necesidad de procrear, la generosidad, el altruismo, el miedo, la alegría…, los instintos de entonces, de hace cuatrocientos mil años, son nuestros instintos», reconstruye el historiador Xavier Escura Dalmau (Barcelona, 1954), un Kepler con el telescopio enfocando hacia el pasado. «Los primeros hombres también se mataban entre ellos, como ahora.»

La paradoja es que la crueldad es un rasgo del hombre racional.

Xavier ha publicado *La leyenda de Arga* (Ediciones Carena, 2019), «la leyenda prehistórica de nuestros ancestros en Atapuerca».

¿Qué es Atapuerca?

«Es el lugar de Burgos con la mayor acumulación de fósiles de Europa. Los homínidos arcaicos vivían en clanes, eran nómadas, cazadores, seguían las migraciones de las manadas de bisontes.»

Hoy la carne se compra en BonÀrea.

El origen de *La leyenda...* se remonta mucho después de las frías praderas de lobos y gatos pardos con los seres humanos a cubierto en las cuevas del Montseny. Se remonta a la época en la que Xavier escribió el guion divulgativo *Vida y muerte en Atapuerca* (1999), que indaga en la paleoantropología, y que tenía que publicarse mensualmente en la revista *National Geographic*.

Años después, ese proyecto se acabó convirtiendo en una novela exhaustiva sobre las relaciones circulares y emotivas, para averiguar cómo se comportaban los antiguos bípedos.

Xavier Escura Dalmau, vecino de Sant Cugat del Vallès, cursó los cuatro primeros años de la carrera de Medicina, lo que le sirvió para avanzar en su conocimiento sobre la biología molecular: «Descubrí la composición orgánica del ser humano, y eso me ayudó a entender cómo se relaciona en sí la humanidad».

De Medicina («no estaba hecha para mí, no soportaba el dolor ajeno») saltó a Historia Contemporánea («apasionado de la realidad de la vida»), a las guerras fratricidas que desde el Neolítico –y antes– nunca nos han abandonado.

La paradoja es que la guerra es un rasgo del hombre racional.

«En la universidad, en los años setenta, la historia se estudiaba desde un punto de vista dialéctico, y ahí estaba no solo Marx, sino Hegel con su determinismo», expone, despierto, animado por los términos científicos *(filogenética)*, en guardia por si alguna novedad editorial aún le puede golpear el esternón de la curiosidad que lleva dentro. «Somos artefactos, no somos máquinas perfectas, y tenemos muchas cosas en común con el *Homo habilis*. Nos adaptamos al medio, pero ahí influye el azar. Todo es azar. A partir de las mutaciones genéticas, ¿quién vive? ¿quién muere? Es un juego.»

La gran paradoja es que el estúpido juego, la estúpida guerra y la crueldad más estúpida son rasgos del hombre racional.

LIV

Entrevista con Francisca Espasa, autora de *Pepe Molta*

EL FOGONERO DEL *TITANIC*

En aquellos años de la miseria, de la odisea, de la infausta necesidad de salir, de huir, de hacer las Américas, el español Sebastià Moltó, marinero de profesión y de credo, se embarcó en el A-380 de los transatlánticos, una joya como la región del Languedoc Rosellón Midi Pirineos, descomunal por sus proporciones: se embarcó en el *Titanic,* el barco de ensueños de la compañía White Star que naufragó después de chocar contra un iceberg en la madrugada del 15 de abril de 1912. La nieta de Sebastià, Francisca Espasa (Oliva, Valencia, prefiere no dar la edad), ha publicado su tercera novela, *Pepe Molta* (Ediciones Carena, 2015), y prepara un libro sobre la figura familiar del «fogonero del *Titanic*».

«Yo nunca conocí a mi abuelo. Recuerdo lo que contaba mi madre, Teresa, lo que ella oyó de pequeña en casa: que cuando el barco se hundía, aquella noche helada, él y otros dos saltaron al agua, dos españoles y un inglés, y que los dos españoles se salvaron, y que al inglés no le pudieron ayudar porque no tenían más fuerzas para tirar de él. Eso, por lo que se ve, traumatizó mucho al abuelo», narra Francisca, señora dialogante con dos abitones por manos, en las que se enroscan los pocos anillos y las muchas historias que guarda en el arcón de la casa materna. «También me contaba mi madre, y a ella se lo contó su padre, que el barco se partió como una *magrana* (granada), que se rompió en dos, tal como él lo vio. Y contaba que la orquesta tocó hasta el final, que luego todos saltaron al agua… Yo nunca he contado nada porque siempre he creído que este suceso forma parte de mi familia, y tampoco tengo ningún papel que acredite que mi abuelo, Sebastià Moltó, se enrolara en el *Titanic*.»

Francisca Espasa todavía madura los pocos datos que conserva en la memoria, pero investiga entre los tíos y los hermanos por si la información escondida pudiera abrirle puertas para que entre la luz. Al parecer, el abuelo ya tenía seis hijos (solo uno sobreviviría a la difteria) cuando le informó por carta a su mujer que trabajaba en la naviera británica, y que viajaría a Nueva York en el viaje inaugural del buque más grande construido hasta la fecha. A la ciudad estadounidense acabaría llegando, pero a bordo de un barco «extranjero», que le recogió del mar, y del que Francisca no guarda el nombre. La abuela de Francisca, Josefa, creyó que su marido había fallecido en el hundimiento, y se puso de luto. Casi se muere del susto cuando vio venir a su Sebastià vivito y coleando, en el viaje de vuelta de Estados Unidos. «No te embarques más, por Dios», le dijo. De la nueva vida que le regaló Dios, tuvieron al séptimo hijo, la madre de Francisca, que nació en 1913.

Según el libro *Los diez del Titanic* (Lid, 2015), de los periodistas Javier Reyero, Cristina Mosquera y Nacho Montero, estas fueron las personas de nacionalidad española que hicieron el infausto trayecto del que se han hecho decenas de películas: María Josefa Pérez de Soto, Víctor Peñasco, Fermina Oliva, Encarnación Reynaldo, Emilio Pallás, Julián Padró, las hermanas Florentina y Asunción Durán, Juan Monrós y Servando Oviés.

Sebastià Moltó sería la undécima persona.

La escritora Francisca Espasa, que ha ejercido de maestra durante más de treinta años en el colegio Sant Josep Teresianes, en Barcelona, se ha planteado indagar en el álbum de fotos después de haberse quitado una espinita.

En *Pepe Molta* ha exorcizado los demonios de un hecho que la ha marcado. Hace dos años presenció cómo una mujer joven se tiraba a las vías del metro. «No sé, tenía que darle una explicación, y me inventé la vida de esta chica, y por qué había hecho lo que había hecho. Tenía que sacármelo… Así es como comienza el libro, que es una historia de segundas oportunidades…», expulsa, con la cabeza fría, la mirada caída y sosegado el espíritu.

Se inspira en la playa, donde se inhibe con la brisa del mar.

Y el mar le devuelve la vida de su abuelo, Sebastià Moltó, el fogonero del *Titanic*.

LV

Entrevista con Remedios Falaguera, autora de *¡Pide el cambio!*

CARTAS AL LECTOR

¿Se acuerdan de aquella frase de la televisión que Fernando Tola le dirigió a Carmen Maura: «Nena, tú vales mucho»?

Sí se acuerda de ella la comunicadora Remedios Falaguera (Valencia, 1961), licenciada en Periodismo por la Universitat Internacional de Catalunya y diplomada en Magisterio por la Universidad Católica de Valencia.

Remedios reivindica el «genio femenino» para humanizar al ser humano en el ámbito familiar, educativo, político, económico y cultural. Y religioso: «Yo soy católica, apostólica y romana. Creo que la mujer tiene un papel fundamental en la Iglesia. Nuestro carisma y talento –que Dios ha elegido única y exclusivamente para cada uno de nosotros– también es un modo de servir. Yo lo veo así».

En esa línea, y como «deuda a sus hijos y a los amigos de sus hijos» («quería darles las gracias por estar conmigo, por que me dejaran ser partícipe de sus vidas, por enriquecerme y por hacerme mejor persona, mejor profesional, mejor hija de Dios»), Remedios ha escrito el ensayo *¡Pide el cambio! Cartas a los jóvenes que sueñan con cambiar el mundo* (Ediciones Carena, 2011).

«Yo siempre he escrito a mis hijos, les he inculcado el poder del diálogo y de la escritura. Les dejaba papelitos por las noches: "Mira, que ayer me quedé pensando en lo que me dijiste y creo que fallas en esto o bien deberías de plantearte esto otro". A su vez, guardo las cartas de mis niños al Ratoncito Pérez y a los Reyes Magos de Oriente, en las que siempre me pedían un nuevo hermanito.»

Con *¡Pide el cambio!,* Remedios se transmuta en poco menos que el activista Arcadi Oliveres, por la intención subliminalmente levantisca que revierte su mensaje: «Pedir el cambio para transformar esta sociedad en un campo fértil y limpio de rastrojos heredados».

Para saber quién es Remedios Falaguera habría que preguntarse quién fue primero, si la gallina o el huevo, si ella o sus hijos, puesto que los dos se prolongan en los dos, dando al traste con las leyes biológicas y adentrándonos en los universos paralelos de la Física.

Si suponemos que Remedios, flemática, rubia cobrizo, con las uñas pintadas de un negruzco malvavisco, llegó antes, como es lógico, percibiríamos en ella la influencia de sus seis hijos, con edades comprendidas entre los 11 y los 26 años, y con este orden natalicio, de menor a mayor: Santiago («porque me quedé embarazada durante el Año Santo Jacobeo Compostelano»), Almudena («porque mi marido, Javier, es de Madrid»), Víctor, Rafa, Rocío («estaba en Huelva por entonces») y Javier.

Remedios se crio con dos hermanos, y le supo a poco: «Me gustan las familias numerosas, y siempre creí que tres hermanos eran pocos hermanos. No sé».

Cuando Remedios se matriculó en Periodismo, en el 2001, destinaba un día por semana a realizar los trabajos pendientes de clase (algunos, en powerpoint, una vez supo que se trataba simplemente de un programa de presentación y no de una teoría económica). Ese día, coincidió con cinco de sus hijos, siendo su casa, en Sant Cugat del Vallès, el sagrario de las bibliotecas, con un silencio insólito: «Le pedía a mi marido que se llevara al peque al parque, y aquí todos hincábamos los codos para estudiar».

En seis años, se sacó la carrera, y no defraudó a los niños: «Recuerdo que era junio cuando hice mi último examen, y que al día siguiente nos íbamos de vacaciones. Le dije al profesor: "Mire, tengo a uno de mis hijos esperándome en la cafetería. Ya sé que no se suele hacer, pero ¿podría revisar mi examen hoy mismo y adelantarme si he terminado, por fin, la carrera o bien me queda la asignatura para septiembre?". Aprobé».

Ya que, y como dice el proverbio 2.0, quien no está en Facebook, no existe, Remedios se abrió una cuenta, alentada por la red social de su prole: «Mis hijos me han ayudado a tener esta página, y me han agregado como amiga. Claro que en lugar de poner mi foto, he puesto a mi querida Mafalda. Aún no entiendo cómo los jóvenes pueden colgar fotos de ellos tan libremente. Ahora me están enseñando a moverme en Twitter».

Si suponemos que sus seis hijos, alistados en brigadas de voluntarios para los campos de trabajo solidarios en el tercer mundo («hay veces que he tenido a mis críos repartidos por tres continentes»), llegaron antes que su madre, cosa improbable y, por lo demás, imposible, percibiríamos la influencia portentosa de Remedios en ellos: «Están muy sensibilizados con el movimiento de los *indignados* del 15 de Mayo. Están de acuerdo en que se ha de cambiar algo, porque están muy formados y su futuro es cada vez más difícil».

La idea de las «cartas a los jóvenes» recopiladas en *¡Pide el cambio!* (por ejemplo, «Provoca, que algo queda» y «Un cuerpazo con sensatez», o aquellas en las que toca las drogas, el botellón, el fútbol…) surgió en el plenilunio de su formación universitaria. Remedios enviaba cada día (ahora, cada semana) una misiva a la sección de Opinión de los diarios tradicionales, firmadas con nombre y apellidos, en las que constaba la dirección, el teléfono y el DNI: «Para mí era un ejercicio, como cambiar pañales, y nunca me ha importado si luego las publicaban o no. En las cartas a los lectores te sientes protagonista, porque es la forma de aclarar, quejarte o felicitar por alguna iniciativa interesante. Sinceramente, creo que debería de darse un premio a esta sección de la prensa diaria».

Temas sobre la actualidad mediática, esa de la *agenda setting* del docente Bernard Cohen: la eutanasia, l'Estatut de Catalunya, la desertificación, el ahorro energético, las canciones de Hilary Duff, el juicio al exgeneral serbobosnio Ratko Mladić en el Tribunal Penal Internacional para la antigua Yugoslavia… «Influir a través de los medios, el futuro», sostiene con convencimiento, por lo que se preparó para «saltar a internet».

Colabora como bloguera, con la columna fija «Genio Femenino», en la revista digital *Infocatolica.com* («su misión es la difusión de información, formación y opinión basada en la doctrina católica»).

Volvemos a la religión: «El Papa es la persona que sirve a la Iglesia. Yo estudiaba cou cuando eligieron Papa a Juan Pablo II, y él me abrió los ojos. Su mensaje, para mí, fue: "Tú, como mujer, tienes valor no solo en la Iglesia, sino en la familia, la cultura, la educación, el trabajo profesional…, en definitiva, en la sociedad en general"».

Institución que, siguiendo la Fe de Jesucristo, no admite sacerdotes mujeres.

«Cristo podría haber elegido a una mujer para ser sacerdote y no lo hizo. ¿La razón? No la sabemos. Solo sabemos que Cristo quiso que la Iglesia fuese tal como es. El sacerdocio no es un derecho, es un servicio. No necesito "figurar" en un cargo eclesiástico para evidenciar mis cualidades femeninas con las que "hacer" un mundo más humano. Ni mucho menos. Sabedora de que en la Iglesia de Jesucristo somos todos iguales, y en la que cada uno de sus miembros tiene su función y sus competencias, me sorprende cómo todavía hay quien arremete contra la Iglesia por no aceptar la ordenación de mujeres. No comulgo con lo de "mujer, sométete al hombre". Pero todos somos necesarios, no hay nadie que sea más que el otro», pontifica, y reivindica la voz femenina en este campo: «Veo que la mujer puede aportar aún más. Pero veo que algunas mujeres, para competir con el hombre, renuncian a la maternidad, que es un don, una pasada, aquello que nos hace distintos como seres. Yo no he estado dispuesta a renunciar a ser madre ni a renunciar a hacer cosas a favor de la mujer».

Entre esas cosas, la publicación de una especie de tesis o hagiografías: *Homenaje a las madres de los sacerdotes* («dar las gracias a todas esas madres, siempre en la sombra, que como María Santísima, Madre de Jesucristo, Sumo y Eterno sacerdote, han sido predestinadas desde la eternidad para vivir en sus hijos el privilegio de un servicio exigente, el ministerio sacerdotal») y *La mujer en primera línea de la Iglesia* («sobre la grandeza de la dignidad femenina, su reconocimiento a lo largo de la obra de la Salvación y su necesaria y privilegiada participación en la vida de la Iglesia»).

Con *Las mujeres en la vida de san Pablo* (Styria de Ediciones y Publicaciones, 2009), Remedios Falaguera desmontó el tópico de que el Apóstol de los Gentiles, san Pablo, era misógino: «Conté todas las veces en las que aparecían mujeres. La proporción es de 52 hombres y de 30 mujeres. Y esto, hace dos mil años, se podría considerar un hecho casi revolucionario y, para muchos, provocativo. Si leemos con atención sus cartas, para cada una de ellas tuvo palabras de admiración y agradecimiento. Incluso para la Virgen, Madre de la Iglesia, Madre de los Apóstoles».

En el cántico del *Magnificat* del evangelio de san Lucas, las palabras más hermosas dirigidas a María:

«Proclama mi alma la grandeza del Señor, se alegra mi espíritu en Dios mi Salvador».

LVI

Entrevista con Mireia Farriol, autora de *Hágase según arte*

LA HORA DEL CAFÉ

Ningún cirujano cardiovascular podría determinar que si se aborda el corazón con descargas poéticas, este recupere el bombeo y el ritmo adecuados. Quizás la poesía no cure las válvulas averiadas de los que han perdido la fe en sí mismos, pero sí que ayuda a sobrellevar el dolor.

En los años ochenta, en los días en los que la médico Mireia Farriol (Barcelona, 1943) cubría las guardias en el laboratorio de análisis clínicos, la escritura de versos desnudos le permitió mantenerse despierta, lúcida, enrollada en la vida.

«Esos fueron años duros, muy duros. Yo trabajaba en el área de investigación bioquímica, el germen del futuro Institut de Recerca del hospital, y allí pasábamos muchas horas, muchas», airea las prendas de la memoria Mireia Farriol, que pica a las puertas bucólicas, con dos ojos grandes como fugas musicales, rodada en el arisco sentir de las palabras como los aviones que despegan de la pista de Fiumicino.

«De repente, en aquellas noches de guardia, me puse a escribir poesía. Me servía como terapia, para volcar la tensión. Yo ya conocía los poemas de Lorca, porque había estudiado parte de la carrera de Medicina en Granada, donde conocí a mi marido, pero nunca había escrito nada antes. Y eso que mi padre siempre me regalaba libros, como *Gitanjali,* de Rabindranath Tagore.»

La poesía la convenció con sus argumentos de silencioso respeto, como una ofrenda para sus labios. Tanto la convenció, que cuando se jubiló, en diciembre del 2008, después de media vida viendo correr las camillas de los accidentados por los túneles de luz, se matriculó en el itinerario poético de l'Escola d'Escriptura del Ateneu Barcelonès (*«Escola d'experimentació creativa i d'aprenentatge professional»*).

Congenió con la profesora Teresa Martín Taffarel («Algunas claves para leer a Borges»), esa Bruja Befana que salta las vallas y las fronteras y las acartonadas convenciones para brillar con su prosa como un chaleco antireflectante.

«Lee a Wisława Szymborska», le recomendó encarecidamente. Y compró uno de los numerosos libros *(Instante; Dos puntos; Hasta aquí)* de la Premio Nobel de Literatura (1996). Y lo abrió por una página indeterminada. Y un caluroso viento sin visado le rajó como un cúter. Leyó el poema «La cebolla», «espectacular»: «Lo de la cebolla, / eso sí lo entiendo, / el vientre más bello del mundo: / se envuelve a sí mismo en aureolas / para su propia gloria».

Como el general insurrecto Godefroid que se rebela contra el orden establecido, la poesía de Szymborska provocó en Mireia una desestabilización lírica que ha ido perfeccionando. En la obra de la escritora polaca («los poetas tendrán siempre mucho trabajo») averiguó que existe «la poesía cotidiana».

«¿Cómo puede dedicarse un poema a las capas de la cebolla?», se rompía la cabeza Mireia. «A partir de ahí me comenzaron a atraer las pequeñas cosas. No solo en las grandes verdades del mundo hay poesía. No hay nada que no pueda ser objeto de la poesía, de esos "circuitos mentales" poéticos. Soy muy sintética, por eso no me tira la novela. Me cuestan las grandes descripciones.»

Con esta filosofía se activó la rampa inflable de su descenso a la mar callada de las rimas.

En el 2013, la doctora Mireia Farriol publicó su primer poemario: *Adagio. Allegro ma non troppo. Lento* (Stonberg Editorial), con poemas al reloj del Hospital de la Santa Creu i Sant Pau, a las zapatillas, al ascensor de la finca donde residen sus padres: «De fusta antiga / amb els botons dels pisos en daurat, / pujava a petites embranzides / fins que arribava al setè pis, sacsejat».

Y en el 2015, ha sacado *Hágase según arte* (Ediciones Carena), con poemas al teléfono, al bolero y a la hora del café: «Un solo sorbo / dilata los sentidos / y un impulso incontrolable / preludia un feliz desastre».

Feliz.

LVII

CRÓNICA DE UNA DESAFECCIÓN

Ruperta es una mujer alegre, pero impostora. Femenina, pero lasciva. Interesante, pero mentirosa. Valiente y, a la vez, asustadiza. Incluso es imperfecta. Cleptómana, celosa y envidiosa.

«Quise sacar a flote la sociedad de hoy, y sus mujeres. Seres normales, no las típicas heroínas con un tipazo y que jamás desean el mal ajeno, sino las verdaderas mujeres, con todos sus vicios y sus cualidades», confiere Maribel Juan Fernández (Barcelona, 1965), reportera de la agencia Efe desde hace más de veinte años (editora de vídeo), de estatura media, bizarra y generosa. Maribel ha publicado *Ruperta* (Ediciones Carena, 2013), novela que sin ser leída podría ser un trasunto de *Sexo en Nueva York,* pero que apela más al cambio de era y a las convicciones de una clase media ya descafeinada.

Desencantada de la profesión periodística, Maribel ha encontrado refugio en la literatura. «A veces escribo cuando estoy de muy mala leche, debido a las diversas vicisitudes de la vida. Y me salen unos textos con mucho sentido del humor», suscribe. Ruperta es divertida, ergo esconde el genio de su creadora.

«Digo que estoy desencantada porque cada vez soporto menos la mediocridad de la gente, sobre todo de los políticos que nos representan. Por mi profesión estoy en contacto con la primera línea de la política catalana, y veo mucha ruindad, poca catadura moral. Y eso me mata», se frustra Maribel, a la búsqueda de nuevos proyectos en los que foguearse, tras la desafección que la ha ido desgastando.

«Pero es que lo mismo me pasa con el mundo de la empresa periodística cuando la conoces por dentro. Cuando entré en Efe, en octubre de 1989, estuve tres años trabajando sin contrato. Y me despidieron al quedarme embarazada. Me pagaban un importe que variaba según el humor del jefe de turno. Les denuncié, y me readmitieron», explica, y bucea en su pasado laboral que da sobradas muestras de valor, aun el cinismo oficial imperante. «Ya antes había hecho oposiciones en Televisión Española [TVE], y las aprobé. Pero duré un año en la casa. Me echaron después de que arrojara una cinta de vídeo a la cabeza del responsable. Le rompí una ceja. Bueno, pasó lo que pasó. Además, me tiraba los trastos.»

La periodista Maribel ha tocado todos los palos del oficio: como locutora de Antena 3 Radio cubrió el atentado de Hipercor, en 1987, perpetrado por la banda terrorista ETA: «Recuerdo que el suelo del paseo de Gràcia tembló con la explosión de la bomba en aquel párquing de la Meridiana». No le impactaron los cadáveres porque ya se había inmunizado durante la elaboración de un reportaje de «interés social» en primero de carrera («La profesora Mar de Fontcuberta nos envió a hacer un tema de color por la UAB, y yo lo hice sobre la morgue de la Facultat de Medicina, y su sala de disecciones, con su piscina de formol con cuerpos inertes y su nevera para la conservación de fetos humanos. Allí vi a un tío pelirrojo, jovencito, partido por la mitad»).

Y en la agencia Europa Press cubrió las elecciones generales de 1986, que ganó el PSOE de Felipe González: «Yo cubría a los comunistas de Gerardo Iglesias [Izquierda Unida], y siempre que venía Julio Anguita a Catalunya, iba a sus mítines».

Y en TVE colaboró en el programa de deportes *Estudio Estadio,* con los veteranos Olga Viza y Quique Guasch: «Con ellos cubrí el descenso a segunda del RCD Espanyol».

La incursión de Maribel Juan Fernández en la fonda de las letras no es nueva. Antes de *Ruperta* ya había escrito la biografía de Marta Ferrusola, esposa del President de la Generalitat de Catalunya Jordi Pujol: *Marta Ferrusola a l'ombra del poder* (Planeta, 2003). Y el ensayo sobre los atentados integristas en Madrid *11 M. La trama completa, de Aznar a Zapatero* (La Tempestad, 2004).

Ruperta es su tercera novela, tras las precedentes: *Nubes sobre un cerro andaluz* (La Tempestad, 2006), sobre el maltrato, y *La rosa mojada* (Davinci Continental, 2010), sobre la dictadura chilena.

El único que no ha defraudado a Maribel es su familia extensa, empezando por una familia «intensa»: su marido, José González, con quien lleva desde que tenía 15 años, y sus hijos, Óscar y Laura, que no quieren dedicarse a la «carroñería».

Léase periodismo. O su mala praxis.

LVIII

Entrevista con Viviana Fernández García, autora de *Taradas*

DESHABITADO Y VERDE

Deshabitado y verde. «Este es un libro que no es símbolo de nada y que no ha pretendido hacer bandera de la condición de mujer.» Clara y azul.

Viviana Fernández García (Villalba, Lugo, 1980), mujer de intervalos musicales, llora en pocas ocasiones, y cuando llora, crece el nivel del mar, de lo desconsolada y huérfana que se queda. Siendo improbable y dudoso su gemido, esta escritora en ciernes ha hecho de la necesidad, virtud, y se ha puesto a escribir como se podía haber puesto a comer, dos obligaciones que ha agrupado para saldarlas como una sola deuda. Viviana Fernández publica *Taradas* (Ediciones Carena, 2010), el relato de cuatro chicas que quieren ser lo que no son y que viven, ríen, sueñan y hacen el amor.

«Los personajes de la novela no son prototipos, pero sí que poseen los rasgos de amigas que he conocido. Existen mujeres desinhibidas y depredadoras como Esther, y algunas que consumen droga, como Virginia», relata la autora, con las uñas de azul cobalto, los labios de rojo Shanghái, la cinta en el pelo de caída libre y los zapatos con tacón de aguja hipodérmica, tan altos, tan altos, tan altos, que se pasean por el cielo provocando a los arcángeles. «Sus frivolidades pertenecen a caracteres que conozco. Me puede parecer exagerado, pero no ciencia ficción.»

Las cuatro actrices principales de *Taradas* son Esther, Virginia, Carla y Silvia.

Podríamos decir de Esther que se esfuerza por dar una imagen que no le corresponde, porque se le escapa la fuerza por la boca. Podríamos decir de ella que es lo suficientemente taimada como para hacer el papel de Elsa Pataky en *DiDi*. Podríamos decir de ella que miente. Escarpada y magenta.

Podríamos decir de Virginia que le afectan más de lo que cree los rumores malintencionados. Podríamos decir de ella lo que predijo Oscar Wilde en *El alma del hombre bajo el socialismo:* «Toda autoridad es degradante». Podríamos decir que se esconde. Pastora y violeta.

Podríamos decir de Carla que, en el fondo, tiene más cosas en común con *Madame Bovary,* «la mujer histriónica de Flaubert», que con cualesquiera de los roles a los que se acaba relegando a la mujer: «virgen o casquivana». Podríamos decir que tiene el corazón roto, pero sería decir mucho. Vital y mora.

Podríamos decir de Silvia que es como es porque no consiente que los demás le digan qué tiene que ser o qué tiene que ponerse o qué tiene que pensar o a qué ha de atenerse. Podríamos decir de Silvia que, pese a sus problemas, es la más libre de todas. Penetrante y artanita.

Viviana Fernández es un cruce de Virginia con Esther, y al igual que la diosa Hera, hermana y esposa de Zeus, sus hijas son sus propias madres, que tejen estofas de seda: Carla y Silvia.

Leída y versada en el *gay saber* de la literatura («sigo a Nabokov, Márai y Valle-Inclán») ha ido yendo y viniendo ligera de equipaje (cursó tercero de bachillerato en Inglaterra; el cou, en Madrid; estuvo de Erasmus en Holanda y Suiza; y dos años en Haití, como consultora de Unicef, un país «en manos de cinco familias de cuarterones y mulatos, de políticos previsiblemente corruptos»; vive desde el 2008 en Luxemburgo, el destino de Manuel, su marido, diplomático, al que le acaban de ofrecer un nuevo destino, Ginebra).

«Esta novela la escribí en Haití, donde vivía como en una burbuja, un *Gran Hermano.* La idea era, en un país de extrema miseria, ofrecer una cara fresca de la juventud, y mostrar a las mujeres ambiciosas que no quieren ser floreros. Mi próxima novela se titula *La vida insignificante,* sobre una treintañera que supera una depresión en un país al que acaba de llegar. Mis protagonistas son mujeres, relego a los hombres a los papeles secundarios.»

Viviana Fernández, escritora que coadyuva el fortalecimiento de los cinco sentidos, tiene por autor fetiche a un hombre que murió y vivió con la misma austeridad: Paco Umbral.

«Creo que *Mortal y rosa* es lo mejor que se ha escrito de la literatura española contemporánea.»

Mortal y rosa.

Canción y cuna.

LIX

Entrevista con Emili Ferrando Puig,
autor de *Haissa. Història d'una tragèdia obrera en el tardofranquisme*

EL HIJO DEL CARPINTERO

El profesor de Historia Contemporánea Emili Ferrando Puig (Benassal, Castelló, 1948), siendo un monaguillo de la parroquia de Nuestra Señora de la Asunción, escuchaba de labios del cura que celebraba la eucaristía las virtudes del Cristo que murió para redimir a los hombres. Bebía de los evangelios y de los tres libritos del catecismo que, en invierno y junto al fuego del hogar, le enseñaba su hermana, Clotilde, para luego cantarlos como un papagayo. Más tarde, Emili descubriría al Jesús revolucionario. «Jesús de Natzaret es el personaje histórico plenamente hombre, si entendemos la plenitud de la vida como la actitud de volcarse hacia los demás.»

Un Jesús diferente se le apareció en sueños, más limpio de mirada, más claro en su mensaje, más conciliador en medio de los despropósitos totalitaristas. Se nota en su obra académica. Emili acaba de publicar *Haissa. Història d'una tragèdia obrera en el tardofranquisme* (Ediciones Carena, 2009).

En la escuela del pueblo aprendió a leer y escribir, y continuó sus estudios en el seminario diocesano de Tortosa, la única vía posible para las familias pobres, sin que le tuvieran en cuenta las haches que se dejaba atrás y las comas puestas del revés: «¡La de faltas de ortografía que hacía! Tanto era así que los superiores me dijeron el primer día de clase: "Te hemos cogido porque tienes cara de buen chico, porque si fuera por las faltas..."». Los domingos impartía clases en las casas de los labriegos que deseaban saber para abandonar la rémora del analfabetismo e ingresar en las filas de la ilustración. En la carpintería de su padre, Emili se ganaba el respeto del hijo que ayuda en casa lo que puede, y lijaba las puertas y los tablones lijaba... Su hermano mayor ya era maestro en el oficio y serraba lo que una mula no podría cargar.

En sus escapadas de la carpintería, leía el amor prohibido de las ideas libres. «De joven me chiflaba la idea de libertad del anarquismo, pero luego me di cuenta de sus insuficiencias, y me empapé también del marxismo y de otros humanistas.»

Leyó *El capital,* y en el tratado de economía política cayó en la cuenta de los sobornos autorizados y de la explotación legalizada. Leyó *El manifiesto comunista,* y la lucha de clases le pasó por encima como una estampida de reses. Leyó *El Estado y la Revolución,* y se le iluminaron los ojos con la pedrería del monopolio capitalista que anegaba las cosechas de la bondad.

Sin deificar a los pensadores ni glorificar las enajenaciones, buscó sus héroes entre las personas anónimas que le rodeaban, a quienes él les ponía nombres y apellidos con letras de molde: «No es preciso acudir a Lenin ni a Marx. Para mí, mi abuela Pepeta, quien nunca salió del pueblo, ha sido la persona más buena del mundo. Ella ha sido mi luz».

Inadaptado al glamur de las comparsas de caviar y a los eslóganes de «Dios, patria y fueros» que los carlistas entronaban en los castillos, Emili, militante de la Hermandad Obrera de Acción Católica (HOAC), se empleó en una fábrica, con la intención de compartir la suerte de los asalariados: «Quería ser cura obrero, y trabajé cuatro años en una fábrica de curtir pieles en Vall d'Uxó, en Castelló». Metía la tripa de vaca en unos bombos para tratarla, aderezarla y pintarla, haciendo de su vida laboral un gesto de solidaridad con el prójimo.

Fichado por participar en las asambleas de los sindicalistas, en su tiempo libre ayudaba a tomar conciencia obrera y cristiana al mismo tiempo que vendía libros de temática social entre los amigos y compañeros: «Me hinché de vender *La madre,* de Gorki, de la editorial subversiva ZYX, cuyo nombre, con las tres últimas letras del alfabeto, hacía referencia a la cita bíblica de que los últimos serán los primeros». Eran los años setenta.

«Se hablaba de la teología política y de la teología de la liberación. Era la época progre, secular, que siguió al Concilio [Concilio Vaticano II, de 1959]. Nosotros siempre hemos sido críticos con la Iglesia, pero no hemos perdido la fe. En la Iglesia de base y popular te encontrabas con gente muy maja. Emergían las contradicciones: nosotros queríamos evangelizar el mundo obrero, aunque ni los obreros ni la jerarquía clerical, por distintos motivos, se fiaban de nosotros. Lo importante es que, por primera vez en la historia de España, unos colectivos eclesiales como fueron la HOAC, la JOC [Juventud Obrera Cristiana] y la ACO [Acción Católica Obrera] contactaron con el movimiento obrero con autenticidad.»

Años después, en 1975, y sumando a la carrera de Teología la de Magisterio, dejaría los avellanos de su pueblo para ir a la gran ciudad: «Donde me encontraba a gusto era en el campo, recogiendo avellanas y almendras, sacando los brotes, sudando y moviéndome entre las hileras de árboles, con mi merienda y mi bota de vino. Pero después de hacer la mili me fui a Badalona para dar clases en una escuela primaria».

Con el banderín de enganche de su conciencia, se lanzó al vacío docente de los barrios marginales: «No he renegado de lo que aprendí, de las palabras *solidaridad, clase, plusvalía,* que ahora parecen desfasadas. El marxismo tiene elementos de análisis interesantísimos. Por ejemplo, que los protagonistas de la historia son las clases populares. Hoy, más que nunca, existe la lucha de clases, porque sigue habiendo ricos y pobres, tensiones y pugnas. Y si alguien lo duda que se lo pregunten a los miles de parados».

Emili impartía la clase de Historia, y se preparaba bien la materia, con un enfoque nuevo y una terminología extraña para los oídos menudos, salpicada de revueltas: «Me hice unos librillos, que yo mismo imprimí, en los que explicaba mi visión, dividida en épocas: la época de la esclavitud, la de la servidumbre, la del proletariado... Llevaban por título *La Historia, largo camino hacia la libertad*».

En la gira de su andar, con la bufanda de los testarudos inconformistas, Emili siguió las actividades académicas en el Colegio Roma, en el barrio de Sant Roc, en Badalona, en unos pisos con tabiques de tableros de madera y unos sesenta alumnos en el aula. Empezó con mal pie: «El propietario de la escuela era el jefe de la policía secreta. El primer año los profesores le montamos una huelga. Durante unos días, él y otros policías nos persiguieron con la pistola por las calles circundantes».

En las clases de Religión, el poli le espiaba con el oído detrás de la puerta, no fuera que difundiera esas bombas dialécticas que tanto ardían en los pechos nobles: «Yo no era un revolucionario, solo intentaba defender la verdad y la justicia y dar a conocer a Jesús, porque creo que su persona tiene una gran capacidad de conversión».

Tras cuatro años de enseñar los valores insobornables, se pasó al colegio público Ramon Berenguer, en el barrio de La Trinitat de Barcelona, «una de aquellas "escuelas en lucha" creadas a partir de la presión de padres y maestros».

Siete años dio clases en el colegio público Josep Boada, en el barrio de Gorg de Badalona, ciudad de la que se volvió a desprender solo para refugiarse, durante un año, en las faldas de Montserrat, donde dormía y trabajaba en la escuela pública unitaria de Vacarises. Pasó luego a la enseñanza secundaria en un instituto de formación profesional de L'Hospitalet, el Vilumara. Al instituto Barres i Ones de Badalona llegó tras su paso fructífero por el de La Pineda.

En el Barres i Ones, en el que lleva 13 años, se ha jubilado.

En todos estos centros educativos ha dejado las migajas de su ilusión acalorada, y en casi todos ha dejado también un horno de cerámica: «Me gusta trabajar con barro».

Y un sinfín de horas de estudio y una colección de libros firmados por él: *La dona a Badalona, cent anys de protagonisme invisible* (Mediterrània, 2000); *Cristians i rebels,* resumen de una parte de su tesis sobre la HOAC (Mediterrània, 2000); *Les Comissions Obreres en el franquisme. Barcelonés Nord (1964-1977)* (Edicions de l'Abadia de Montserrat, 2005); los cinco volúmenes de *Benassal; La immigració a Badalona durant el segle* XX (Ajuntament de Badalona, 2006)*; Àlbum de la memòria compartida. República i Guerra Civil a Badalona* (Ajuntament de Badalona, 2007); *Fuentes orales e investigación histórica* (Ediciones del Serbal, 2006)...

«En los libros sobre historia de Badalona, me topaba con la noticia de aquel incendio de 1974 en la empresa Haissa, y siempre me preguntaba: ¿Por qué murieron aquellas cinco mujeres –tres de ellas muy jóvenes– y aquel electricista? ¿Por qué nadie se acuerda de ellos? ¿Por qué estas personas trabajadoras cuentan tan poco para la historia cuando en realidad son los pilares del mundo y la clave fundamental para interpretarlo?»

Para escribir *Haissa,* Emili ha entrevistado a 21 personas relacionadas directa o indirectamente con los hechos: familiares de las víctimas, bomberos, compañeros de trabajo, vecinos, el enterrador…

Emili Ferrando, doctor en Geografía e Historia por la Universitat de Barcelona, se ha enfrascado en su labor con las mañas de los detectives que sortean las ganas de olvidar, las mañas de quienes han luchado contra una experiencia traumática para poder seguir viviendo: «Encontrar a la hermana o a la madre de una de las víctimas era una felicidad porque me ayudaba a recuperar su perfil humano. Cada persona es única, original e irrepetible. Cada una lleva dentro de sí a la humanidad entera».

Y está satisfecho, razonablemente satisfecho: «En *Haissa* he puesto toda mi alma».

Les vides anònimes dels nostres entrevistats són un desafiament a la nostra raó, als nostres principis, al nostre dret, a la nostra cultura, a la nostra moralitat i als nostres sentiments més vius.

«Este libro es mi testamento.»

LX

ENTREVISTA CON DIEGO FONSECA, AUTOR DE *VOYEUR*

EL ZORRO

El Zorro montaba un caballo que se llamaba *Tornado.* El Zorro, que combatía a los villanos, hacía su aparición vestido de negro, encapotado y con una máscara también negra que le confería un aspecto misterioso, irreal.

Tornado era un caballo negro.

El Guerrero del Antifaz también se tapaba la cara, y apenas se le distinguía el color de los ojos. Su caballo, *Centella,* también era negro.

Las máscaras de los héroes servían no solo para ocultar la identidad de los buenos, sino para darles un halo de clandestinidad que les hacía más atractivos.

En todo esto ha pensado Reportero Jesús cuando recibió el tercer wazap de la mañana, a las 10.28 a. m.: «Llegué. Camisa celeste, pantalón café, mascarilla negra. La mala leche es indetectable».

El periodista o prosista o cronista Diego Fonseca (Las Varillas, Córdoba, Argentina, 1970) también lleva mascarilla negra, quizás, por los mismos motivos que los forajidos, aunque en estos tiempos nieve coronavirus. Él no se cubre los ojos, sino la nariz y la boca.

La mascarilla negra de Diego se describe de manera simple (reutilizable, ergonómica, de tela) o de manera compleja (fantasiosa, persa, seductora). A lo mejor describir la prenda es describir a quien la lleva. Hay tantas mascarillas como personas: de diseño, de algodón, con o sin filtros… Y hay tantas personas como mascarillas: alegres, soliviantadas, caritativas…

Quita y pon.

Diego se quita la mascarilla negra para escribir. Ya sean ensayos (sobre desiertos, propinas, codos, *bitcoins,* los fin del mundo: «Todo animal que conquista se sacia»…), ya sean novelas (honrada sea *Muerte súbita,* de Álvaro Enrigue, inspiración: «Sintió el cuero de la bola…»), ya sean notas financieras («áridas, técnicas, aburridas»), ya sean *newsletters* (textos de doscientas palabras), ya sean *freewritings* («jugar con el lenguaje»), ya sean perfiles como los de *Voyeur,* del empresario Donald T***P al empresario Florentino Pérez (Ediciones Carena, 2020, en la colección Cronistas de Hispanoamérica, dirigida por Yabo Mora).

Escribir en cualquier parte, con ruido y sin ruido, en una cafetería o en una peluquería, y escribir sobre cualquier soporte, tipo servilleta o tipo Moleskine o pantalla de móvil cuando el móvil está cargado.

En la escritura se encuentra, además, la reescritura: «Es un dolor de huevos editar, vos sos otra persona, quieres morirte y acabarlo».

Diego se pone la mascarilla negra para viajar desde Europa hasta América y desde América hasta Europa. «Si me tuviera que definir diría que desciendo de piamonteses, portugueses y lombardos de La Pampa: agrestes, descolocados. Una impostación que necesito vivir», se describe. Su identidad no va asociada a la geografía: puede estar tanto en Igualada (Barcelona), con su hija, Mila, como estar en Scottsdale (Arizona), con su hijo, Matteo.

Ya es un *million miler,* algo así como un pasajero vip.

Diego se quita la mascarilla negra para leer. En cada lugar del mundo en el que vive o ha vivido –se puede estar sin vivir, pero él está viviendo– guarda cajas de libros, «fragmentarios». Los libros son ladrillos si no se leen. Y los libros son poderosos instrumentos en manos de la lengua. Diego lee como escribe, en cualquier parte y en cualquier formato. Leyó el *Storytelling step by step,* de William E. Blundell para *The Wall Street Journal* («robé una copia»), con el que aprendió lo que intuitivamente ya sabía: la conexión emocional con el personaje, las cifras expuestas de forma que no rebajen el artículo a lo estrictamente notarial, ser disciplinado...

Diego se pone la mascarilla para recordar los pasos que ha dado. De adelante atrás: Washington (consultor), Miami (analista), México (exuberante), Buenos Aires (en la revista *América Economía)*, Córdoba (Comunicación Social) y Las Varillas (escuchando *Simplemente jazz,* el programa radiofónico de su padre).

Desliza: «Siempre me estaba yendo…».

Su orden de preferencias de carreras universitarias: Periodismo, Arquitectura, Derecho, Biología y Medicina.

Diego se quita la mascarilla negra para tomarse una horchata en La Valenciana *(«Orgullosos de nuestra tradición»).*

Quita y pon.

El periodista y prosista y cronista Diego Fonseca se quita y se pone la mascarilla negra para escribir, reescribir, viajar, leer, recordar y beber.

Como buen piamontés de La Pampa, habría sido un gran contador de mentiras.

LXI

Entrevista con Michael Ford, *Res Nullius*,
autor de *Mundus Furibundus*

LOS BUITRES

El hombre que siempre llega tarde a todos los sitios, de vez en cuando, también se precipita.

Juró que nunca se casaría, que nunca tendría hijos, que nunca madrugaría para ir al trabajo. Incumplió los tres preceptos: «Me levantaba a las cinco y media de la mañana para dar clases de inglés. Como premio, reventé en el hospital, un roce con la muerte que, lo quieras o no, te acaba marcando».

Y superviviente de varios naufragios –familia, salud–, a una edad tardía comenzó a lidiar, mediante la escritura, con sus fantasmas y con sus delirios.

Michael Ford (Nacogdoches, Texas, Estados Unidos, 1957) ha optado por no perderse esta guerra, la de la Gran Estafa, tal y como denomina la crisis financiera que dura desde el 2008, como consecuencia de las hipotecas *subprime* y de la quiebra de los bancos inversores como Lehman Brothers Holdings Inc.

Michael ha publicado *Mundus Furibundus* (MF, Ediciones Carena, 2014; traducido como *Mundo furibundo)* bajo el seudónimo de Res Nullius (cosa de nadie).

«Comencé el libro en octubre del 2011, y lo terminé en octubre del 2012, en un trance de indignación. Gracias a Dios, no soy economista, por eso tuve que documentarme extensivamente para explicar las aberraciones que, hasta el desastre final, el Poder Financiero ha perpetrado, con la cobarde aquiescencia y declarada complicidad del Poder Político. Me basé en dos historias reales», cuenta Michael, con la ironía fina de un *muckraker,* con la nariz roma y sonrojada de los marginados de John Steinbeck, y calado con la gorra de los viajeros itinerantes, los que no piden permiso y, si acaso, piden perdón.

Historia A. Historia B.

La historia real A, a la que se refiere Michael, es la «opípara cena, la cena de los buitres» del 5 de febrero del 2008, en un restaurante de la Séptima Avenida de Nueva York. La cena de los cinco peces gordos, la cena para debilitar el euro, la moneda europea, y que reveló el periódico financiero *The Wall Street Journal.*

Entre otros, asistieron el director del fondo inversor SAC Capital Advisors, LP, Aaron Cowen, y el magnate George Soros, de la Soros Fund Management, LLC.

Así, pues, presentamos formalmente a los cinco «buitres», como los tacha Res Nullius:

1. George Soros, de la Soros Fund Management LLC (El Viejo Profesor en MF)
2. Hans Hufschmid, de la Salomon Brothers, ahora ejecutivo de la GlobeOp Financial Services S. A. (el «banquero responsable» en MF)
3. David Einhorn, de la Greenlight Capital Inc. (El Águila en MF)
4. Aaron Cowen, de la SAC Capital Advisors LP (El Niño Genio en MF)
5. Donald Morgan, de la Brigade Capital (El Herederísimo en MF)

«En esa reunión se provocó la crisis de Grecia, para, posteriormente, que [el neoliberalismo] entrara a saco en Europa. El tinglado de Europa, de la Unión Europa, se quedó en bragas», se convence Michael, de tez rosada y debilitado en parte por una trombosis reciente («mala sangre nunca muere», se reconcilia consigo mismo).

La historia real B es la del autor de la matanza de Olot (Girona), Pere Puig. Un cincuentón al que le gustaba disfrazarse de *sheriff* del condado mató a dos empresarios de la construcción y a dos banqueros, el 14 de diciembre del 2010.

«Cuando ocurrieron los asesinatos pensé: "Ahora, el miedo va a cambiar de bando, empieza la revolución"», opina Michael, alicaído en ocasiones como un pajarito al que le hubieran cortado las alas, mordaz, cáustico y agudo.

Las historias A y B han tenido unas consecuencias nefastas: «La gente está perdiendo el trabajo y la casa. ¿Hasta dónde tenemos que aguantar? De hecho, lo que me planteaba en *Mundus Furibundus* era la legitimidad de la violencia. Hasta ahora hemos sido unos santitos, pero ¿hemos de ser demonios?», se interroga Michael, que deja caer tal posibilidad más como una divagación metafísica que como una acción previsible. «No digo que cada uno coja una escopeta, sino que me pregunto si esa sería la manera de acabar con la impunidad de algunos.»

«Estamos hasta las narices de la insolencia, la arrogancia y la impunidad del poder», revienta, con el mismo tono que si cantara un tema de *Las trompetas de la muerte,* de Facto Delafé y Las flores azules.

Su revolución no es organizada, porque desconfía de «la democracia formal», de los ediles y del resto de políticos con cargo público, con sueldo seudovitalicio, con la plata canosa que les recorre la sien.

Michael Ford ha llegado tarde a todos los sitios en su vida.

Nacido en la nada absoluta, en el erial texano de Nacogdoches, población que todavía homenajea al general George Armstrong Custer, este autor tuvo la enorme desgracia de ser un gran observador: «Era muy difícil escaparse de la dolorosa realidad evidente. No pude tragar las mentiras del Imperio que me servían en la escuela, la tele, la sociedad..., en todas partes. La Pesadilla Americana».

La realidad de los sesenta: manifestaciones contra la guerra del Vietnam (1955-1975; «el síndrome de Vietnam»), manifestaciones del movimiento *hippy,* manifestaciones feministas y por las libertades civiles, de los roqueros...

Su generación asumió los ideales de Mayo del 68: «Los de la contracultura eran nuestros héroes».

«Me sentía extraño en tierras extrañas», se sincera Michael, *Res Nullius.* «No compartía la visión del mundo de los demás, era como una disociación, no estaba compenetrado con ellos.»

Llegaba tarde.

En 1979, huyó a Tepic (México), cerca del Pacífico: «Me di cuenta de que allí todo era diferente, que no era necesario vivir como hasta entonces vivía. No era necesario que me arrastrara, que me humillara…».

Una mujer le rompió el corazón.

«La cagué miserablemente. Yo era un hombre que se ahogaba y que se agarraba a una tabla para salvarse», apela.

La economía colapsó.

Llegaba tarde.

En 1982, huyó a París: «Cumplí mi sueño de ir a Europa. Y como un palurdo norteamericano más, mi ideal era París, seguir los pasos de mis admirados Miller, Hemingway, Fitzgerald… Pero pronto descubrí que el bullicioso París surrealista de entreguerras ya no existía; quizás nunca existió».

Llegaba tarde.

A las puertas de 1983, huyó a Barcelona: «De Barcelona solo sabía que se bebía sangría, que se bailaban sevillanas y que se iba a los toros. O sea, no sabía nada».

Y en Barcelona se quedó.

Y a la hora en punto, habiéndole dado cuerda al reloj, ha decidido ser madrugador.

Ha visto la crisis de cara. La Gran Estafa.

Se ha enfrentado a ella.

Y ha escrito un libro más cruento que la revolución egipcia de Tahrir.

Se ha quedado con los apellidos de los usurpadores: Soros, Hufschmid, Einhorn, Cowen y Morgan.

«Se trata de la visión profética de un mundo distópico que es el que padecemos hoy en día. En mi novela, en *Mundus Furibundus,* un grupo de perroflautas, un ejército de vagabundos, se carga a los mandamases que asistieron a la cena de Nueva York, aquella cena del 5 de febrero del 2008 en la que decidieron hundir medio planeta. Y estos perroflautas los buscan y se los cepillan de uno en uno, de uno en uno».

¿Terroristas o soldados?

¿Criminales o justicieros?

¿Desesperación o legítima defensa?

LXII

ENTREVISTA CON MARÍA ASUNCIÓN FREXEDAS,
AUTORA DE *LA VOZ ANTIGUA DE LA TIERRA*

LA FRASE

Cuenta María Asunción Frexedas (Vilafranca del Penedès, Barcelona, sin edad), en el palimpsesto *La voz antigua de la tierra* (Ediciones Carena, 2010), que, habiendo entrado en el aula una mañana de nubes bajas y olor a Ajax pino, en el instituto Joanot Martorell (Esplugues de Llobregat), asaz antiguo, bajo la férula de Barcelona, en esa aula de losetas, digo, en la que Lengua y Literatura impartía Asunción con la bondad de mi tía Josefina, con la agudeza de los mamuts antes de La Helada y con la excelsitud de su alma abocada a la enseñanza de prodigios por la magia de la palabra, digo, en ese día que era jueves, y en esa aula, la cuatro, ella vio destellar la chispa en algunos ojos de su alumnado: «Ver asomar esa singular chispa de inteligencia es maravilloso, señal inequívoca de que un alumno está empezando a razonar. Se ha de observar al chico y notar si se va. El hábito de atender se pierde, y la inteligencia, si no se estimula, también. Por eso les divierto con capítulos escogidos de *El Quijote*. En especial, les aconsejo el capítulo vigesimosegundo: "De la libertad que dio Don Quijote a muchos desdichados que mal de su grado los llevaban donde no quisieran ir"», el capítulo de Los Galeotes. O el pasaje sublime en el que el caballero Don Quijote, vencido definitivamente por el señor de la Blanca Luna, se confiesa el más desdichado de la tierra. Y sostiene, maltrecho y abatido, que su derrota se debe, solo y exclusivamente, a la flaqueza de su brazo, no a que haya faltado a la verdad».

Les había despertado la curiosidad, y por ello Asunción tocó la gloria y la eternidad, y se colocó imaginariamente una corona de laureles, como la que se ganó Kenenisa Bekele en los diez mil metros, en los Juegos Olímpicos de Atenas 2004.

Algo de esa chispa y de la guirnalda de hojas de laurel aparecen en la primera novela de María Asunción Frexedas, profesora temeraria con los giros lingüísticos, y escritora desde hace un montón: «Me cabreó tanto la invasión de Iraq del 2003 que pensé que todas esas reflexiones tenía que plasmarlas en papel. Y me puse a escribir».

La voz antigua de la tierra nace de su voz, tan honda como los sepulcros de la Vía Appia. Se trata de una historia de amor que transcurre y balbucea y crepita en Malasia, en los entreveros de una historia de amor entre Oriente y Occidente, y en cuyo regazo se sientan otras historias de amor igualmente verdaderas: «Estamos dando la espalda a muchos pequeños campesinos en aras de la Era Financiera», pronostica, y más que adivinar, constata; y más que consentir, se consterna. «Nos estamos cargando el planeta. En Malasia, mal que bien, conviven tres etnias. Esta es una novela de amor, de amores, con la tierra como símbolo.»

Cuenta María Asunción Frexedas, de nervios de punta, de una torpeza reconvertida en genio, de estatura como la de Ricky Rubio, o un pelín menor ;-), que los jueves, sus clases de Lengua y Literatura suenan a Quevedo, con *quejíos* tan prolongados en sus versos existenciales (*«la postrera sombra que me llevare el blanco día»*) que devienen en estreñimientos por el futuro malhadado que al ser humano espera, resignado, y que ella, en su banal intento de hacerse un hueco en la atención de la turba adolescente —con los dedos escopeteados por las ansias de los nuevos sms y trabados al iPhone, al iTunes y al iPad, como una pareja de gansos enamorados en La Ponia que no para de decirse «sí quiero sí quiero sí quiero»; realmente existe la Generación Nini–, ella, digo, les canturrea a los alumnos las *Últimas tardes con Teresa*, empezando por la segunda parte: *«Transcurrió aquel invierno cargado de vagos presagios y, al llegar al verano, los Serrat se trasladaron de nuevo a su villa cerca de Blanes con la servidumbre».* Mueven el culo tantas Teresas en su clase, que si alguna de ellas, con la cabeza gacha, leyera los trasfondos de los personajes que Marsé recogió de la calle de las Camèlies, se daría cuenta de que antes de que pite su móvil con la advertencia del nuevo mensaje, hubo vida en este mundo.

María Asunción Frexedas es profesora «por vocación y oposición». Lo repite tantas veces y tan de verdad, que la primera vez suena a ironía de funcionario de prisiones, la segunda a recochineo y la tercera a compromiso inequívoco y a responsabilidad («somos un servicio público, no una empresa privada»), algo para tomárselo tan en serio como las visitas del presidente ruso Dimitri Medvédev al polvorín de Daguestán.

Le gusta afianzarse como profesora, se siente cómoda en el papel de Anya, la Princesa de las Nieves, que busca flores en el bosque como quien busca las ganas de aprender debajo de las gorras de béisbol.

En 1978, egresada de la Universitat de Barcelona, en la que cursó Filosofía y Letras, aprobó las oposiciones y continuó su itinerario románico por las escuelas. Le bastaron dos: un instituto en Cornellà, en el que ejerció en sus primeros años, y el instituto Joanot Martorell, en Esplugues, en el que sigue. Con los años iría acumulando clásicos («El *Licenciado Vidriera* de las *Novelas ejemplares* es una joya. El libro debe dar placer»), iría cambiando pañales de la misma manera que se gastan los pañuelos por culpa de un resfriado (tiene cinco hijos locos por las Ciencias), pecaría con voluptuosidad en su puesto de trabajo («realmente me apasiona, en una oficina me hubiera ahogado») y robaría tiempo al tiempo sin su permiso ni su anuencia ni su perdón («hice una adaptación cinematográfica de la novela *La sombra del viento,* de Carlos Ruiz Zafón, y el autor se quitó el sombrero»).

«¿Que por qué soy profesora? Pues, no lo sé.»

Miente. Sí lo sabe. Quiere ser profesora porque cree en el afán de superarse, cree en los cálculos infinitesimales de las rimas, de tan alta composición como las páginas de Jon Lee Anderson en *The New Yorker* sobre las favelas de Río de Janeiro, recogidas en *El dictador, los demonios y otras crónicas.*

En definitiva, quiere ser profesora por pura lógica matemática, por la misma innata apetencia que Freud sentía por su diván o Einstein por sus dados o Joe DiMaggio por su bate. O Buda por los tallarines con gambas. Es decir, ansias de saber, que es lo mismo que ansias de enseñar, dos verbos complementarios, como dormir y despertar, y reír y llorar, y comer y soñar.

«Quiero potenciar todas las facultades del chico», dice antes de tomarse un cortado en el bar L'Anglès, de la calle de Gavà, después de dejar en el párquing el coche que, cuando ha de cruzar Barcelona, le trae por el camino de la amargura, más largo y con más atascos que el Camino de Santiago. «Hay que distinguir entre escolarización y educación. La educación es también un derecho. Pero cada vez nos lo ponen más difícil.»

Se lo pone chungo el *conseller* de Educació de la Generalitat, Ernest Maragall, quien si mantuviera un cara a cara con esta mujer impulsiva y animada y agotadora, saldría tan escaldado que dejaría el cargo con sus primas y sus ínsulas y se metería a fraile en la abadía de Montserrat. No lo dice ella, lo digo yo. Lo que no digo yo y lo dice ella es que en la información institucional sobre normativas, estudios, centros de enseñanza y trámites del profesorado faltan datos: «Se miente sobre el fracaso escolar, hay mucho más del que se pone sobre la mesa».

¿Qué es *fracaso escolar?* «Se fracasa cuando no se hace funcionar la cabeza ni se despierta la sensibilidad. Además de transmitir pensamientos hay que enseñar a pensar. Enseñar a pensar.»

En general, en su opinión se condensan todos los votos que no entran en las urnas, el Gran Partido de la Abstención, pese a que ella vote con la tranquilidad de los clientes del balneario de Sharm el Sheik: «La ciudadanía se aleja de la política y asiste con espanto a la desvergüenza de los políticos. ¿Debatir sobre los toros cuando hay más de cuatro millones de parados?».

Hum… Miguel Hernández y Jesulín la compararían con un toro, porque incita y arremete, y el segundo aprendería de su maestrazgo que no es lo mismo *cenó* que *cenaba* ni es lo mismo Benedicto XVI que la castidad, que *im-presionante* se escribe separado, y Jesulín aprendería qué es un verbo y un adverbio y una oración subordinada.

«Me encanta la sintaxis y me encanta analizar oraciones.»

Muchos de sus exalumnos aún no han resuelto un problema más sencillo que un trabalenguas y más complicado que un algoritmo. Uno de esos jueves de cielos plomizos, María Asunción escribió en la pizarra una oración como un acertijo, y Jordi y Abigail y Hassam reaccionaron como si les hubieran hecho una llave de judo. Entre sus no-tesoros, en alguna libreta perdida con las lecturas obligatorias de *Cachito,* de Arturo Pérez-Reverte; *El alquimista impaciente,* de Lorenzo Silva; *Tres sombreros de copa,* de Miguel Mihura, y *Leyendas,* de Gustavo Adolfo Bécquer..., se encuentra, igual que la vajilla desportillada de la abuela, este reto, profundo como *La voz antigua de la tierra:* ¿cuál es el sujeto y cuál el predicado en la frase siguiente: «Lo que pasa es que no me gusta examinarme»?

LXIII

Entrevista con Blas Gallego, autor de *Donde anidan los sueños*

CAMPO DE AMAPOLAS

Un campo de amapolas en las mesetas de Teruel. Allí es donde anidan los sueños de Blas Gallego (Barcelona, 1963), escritor de teorías y de vivencias, barcelonés de Ciutat Vella y saboreador de helados de yogur con moras en su oficina de Farggi. Blas acaba de publicar *Donde anidan los sueños* (Ediciones Carena, 2012), historia de reencuentros que se escapa de los finales previsibles. «A mí siempre me ha gustado la literatura, la facundia. Me gusta enrollarme. Era de los que escribían paja en los exámenes», se presenta este hombre, de prosodia templada, de atrayente melancolía, de terroso discurrir, como el sol que se adormece en el ocaso del día.

«Me gustaría que este libro lo tuviera Mary, a quien hace años perdí el rastro...»

Blas Gallego habla de Mary como de una nao de la época de los descubrimientos que hubiera varado en la playa igual que un cachalote de atractiva mirada. Mary es una estadounidense, pedagoga en el estado de Pensilvania, que en los años mozos de los panes se enamoró de Blas.

«Ella hacía un posgrado de Filología Española, la carrera que yo cursé en la Universitat de Barcelona. Un día ella se me presentó. Yo no me lo esperaba. Me tocó en el hombro y yo me giré. La tenía a mi izquierda, lo recuerdo perfectamente. Me dijo que se había fijado en mí, y a partir de ahí estuvimos saliendo juntos durante al menos tres años. El último año académico yo hacía continuos viajes a Madrid para verla, porque se había matriculado en un curso en una universidad en la que tenía como profesores, entre otros, al poeta José Hierro», explica Blas, cuyo amor se fue alejando más y más, apremiado por la distancia y la irreversible frontera que imponen los itinerarios alternativos. «Estuve a punto de irme a vivir a Estados Unidos, si la hubiese seguido. No lo hice, no lo hice…»

El autor de *Donde anidan los sueños* se quedó en Barcelona, atrapado en sus sueños, enredado en sus palabras, con las que ha iniciado una expedición por el pasado de la España rural: «El pueblo de Ariño se levanta en la ladera de una colina…», se lee al inicio del libro.

«Siempre he tenido una relación de amor y odio con las palabras. De pequeño mi abuelo se reía de mí porque no sabía pronunciar bien la erre de *perro*. Creo que nunca la he pronunciado bien», asegura, y se acarameIa con sus escritores favoritos, el legado de la biblioteca de su padre: «Mi padre era un enamorado de la letra impresa. No sabía nada de inglés, pero podía dejar de comer para comprar revistas en los mercadillos. Tenía toda la colección del *Illustrated London News,* y yo, de pequeño, en lugar de ir a jugar al fútbol como los otros chavales, me subía al descansillo, y me tiraba tardes enteras pasando las hojas con los dibujos».

Luego llegarían los roquedales de la versificación, para mayor gloria de Dios y de los poetas: Jaime Gil de Biedma, Luis Cernuda, Francisco Brines, Carlos Bousoño, Claudio Rodríguez…

«A todos ellos les he leído hasta la saciedad», infiere. «Y llegó un momento en el que me puse a escribir en serio, y en el que me decidí a publicar. Sí, le he de enviar un ejemplar a Mary.»

Cuando su Mary, una especie de remedo de *La tesis de Nancy,* del novelista Ramón J. Sender, se fue al Otro Mundo, que es el Nuevo Mundo, Blas Gallego se quedó roto, según sus propias palabras.

Palabras. Palabras. Palabras.

«¿Sabes que en griego Blas significa "hombre callado"?»

LXIV

Entrevista con Gabriel García Voltá,
autor de *Comprender el estalinismo*

LUCES Y SOMBRAS

13 de febrero del 2012. 18.15 horas. Restaurante L'italià de La Bordeta, en Barcelona. El profesor Gabriel García Voltá (Barcelona, 1951), lenguaraz, el pelo encrespado y disciplinado en su digresión por cuanto no deja margen para la duda, echa el azúcar de Portofino en el café con leche, que ya se asemeja a una caleta. Acaba de publicar el ensayo histórico *Comprender el estalinismo* (Ediciones Carena, 2012), con un subtítulo indispensable, ligado a la obra como la Academia Pontificia de Ciencia está sujeta a Dios: «Luces y sombras de una revolución». Luces y sombras.

Reportero Jesús.—¿Cómo era Stalin?

Gabriel García Voltá.—¿Que cómo era Stalin?... Era hijo de sus circunstancias, era hijo de su tiempo, hijo de la contradicción de la Unión Soviética.

R. J.—Pero se le fue la mano con las purgas.

G. G. V.—Sí, pero se ha de entender que él estaba absolutamente convencido de que lo que hacía lo hacía por el bien del socialismo. Para él, no había ninguna alternativa a su persona, porque eso sería un desastre.

R. J.—¿Loco?

G. G. V.—No, loco no. Ten en cuenta que Stalin era un ávido lector, un devorador de libros. Y era cierto. Su biblioteca contenía más de veinte mil volúmenes. Y era muy humilde. En su vida no había tenido más de tres trajes, y prácticamente llevó el mismo abrigo durante treinta años. No se puede decir que no estaba instruido, pero el momento histórico que vivió, en el que la supervivencia del Estado que había ayudado a construir era vital, incluía la sospecha y la desconfianza.

R. J.—¿Por qué la necesidad de *Comprender el estalinismo?* ¿Qué hay que saber que no sepamos ya?

G. G. V.—Yo escribí un libro anterior a este, *Aproximación de la historia del comunismo. Biografía de una frustración* (PPU, 1995), y me dio la sensación de que la figura de Iósif Stalin sobresalía por encima de otras muchas. Vivió la revolución y murió con las mismas convicciones que se había forjado. Así lo creía él. Para entender la Rusia de hoy, la Rusia de [Vladímir] Putin, es necesario saber qué ocurrió entonces.

R. J.—Bueno, la Unión Soviética se hundió.

G. G. V.—Pero la Unión Soviética no fue un proyecto fallido. Cito a [Winston] Churchill: «Stalin heredó un país de madera y lo ha puesto en la modernidad atómica». No todo fueron errores. Realmente, el salto que se dio en educación fue inmenso: a principios del siglo XX, el 60 % de la población rusa era analfabeta, y la mayoría vivía en el campo. Con Stalin en el poder, con el impulso de sus planes quinquenales y de la industrialización del país, la población era, básicamente, urbana, y los analfabetos comenzaron a ser minoría.

R. J.—Entonces, lo que falló fue el sistema.

G. G. V.—El comunismo sigue vigente. Yo estoy muy influenciado por el materialismo histórico. Para mí, el concepto de «ideología dominante» es tan científico y funciona con el mismo rigor que el darwinismo.

R. J.—Opresores y oprimidos.

G. G. V.—Exacto. Lee *Exterminad a todos los salvajes,* del sueco Sven Lindqvist. Verás que, en la Segunda Guerra Mundial, los nazis ocuparon Rumanía y Polonia como los belgas colonizaron el Congo, con la misma prepotencia y con el mismo racismo. Por eso aún pienso que el marxismo es la doctrina que mejor ha explicado el mundo, la lucha de clases.

LXV

Entrevista con Plàcid Garcia-Planas,
autor de Como un ángel sin permiso

DORMIR A PIERNA SUELTA

Si las guerras empiezan cuando una azafata se aplica el brillo labial para seducir a los comerciales de las empresas de armamento en la feria parisina de Eurosatory, y si las guerras terminan cuando uno llega a casa y un hermano te pide, sin fanfarronería: «Pero, ahora, explícame la verdad», lo que rebulle en medio, como en un interregno, es eso, la guerra total, con toda su crudeza y con toda su humanidad. Y ahí, en la guerra, sin niñas monas que enseñan sus mallas de poliuretano y sin banquetes familiares, Plàcid Garcia-Planas (Sabadell, Barcelona, 1962) se enfrenta contra la muerte con mucho sueño: «Soy muuuy perezoso, y lo único que deseo es dormir, dormir profuuundamente».

Reportero de guerra del diario *La Vanguardia*, Plàcid Garcia-Planas ha publicado *Como un ángel sin permiso* (Ediciones Carena, 2012), recopilatorio de crónicas de los dos últimos años en los más dispares lugares, marcados por el fuego eterno de la guerra: Afganistán, Venezuela, Libia...

«La primera guerra que cubrí fue la del Golfo, en 1991. Yo era un chico con una libreta en la mano que, sin quererlo ni beberlo, se vio trasladado a un conflicto del que no entendía nada. De mis artículos publicados entonces no se salva ni uno», repasa mentalmente, mientras come un plato de Bún bò hué en el restaurante vietnamita Hanoi de la avenida de Sarrià, y cernido por la locura de los bombardeos y de la terminología bélica que, en aquellos días de manifestaciones escolares, se puso de moda: aviones *Mirage,* misiles Scud, misiles antimisiles Patriot...

Cuando Plàcid se presenta al público, a menudo añade: «Sí, soy Plàcid, y no soy un misil programado». Lo hace conscientemente, con la intención de que las personas que tiene delante (los alumnos del máster en el que da clases, por ejemplo, y que se maravillan con los fogonazos virtuales de los videojuegos de guerra Battlefield, Counter Strike y Armed Assault) sepan que su voz es crítica porque es propia, y es propia porque es crítica. «¿Qué es el periodismo sino contar lo que uno ve? Escribir un reportaje es como hacer el amor, no hay una ciencia que lo explique, cada uno encuentra su forma.»

Por eso, el periodista de *La Vanguardia* ha aprendido a localizar los eufemismos en los textos encriptados de los comunicados de agencia: «institución correccional», en lugar de decir *cárcel;* «neutralizar» por *matar,* e «intervención militar», por *guerra.* La guerra. Las «malditas guerras y aquellos que las alientan», como adjetivó el excoordinador general de Izquierda Unida Julio Anguita, cuando su hijo, el enviado especial de *El Mundo* Julio Anguita Parrado, *empotrado* en la tercera división de Infantería del Ejército estadounidense, falleció en Iraq, el 7 de abril del 2003.

«Al final, en *La Vanguardia,* me acabaron considerando el chico de las guerras, y con el tiempo me dejó de molestar, y lo encontré una oportunidad para reflexionar. ¿Qué es la guerra? Yo tengo comprobado que, excepto en Normandía, las guerras obvian las playas, vacías, aparentemente lejanas, de agua cristalina y límpida. Y yo, en la medida que puedo, me intento escapar a las playas y me apetece muchíiisimo tumbarme y dormir, dormir, dormir profuuundamente. Yo estaba en Libia, y después de recorrer 250 kilómetros para ir al frente, en la parte trasera de una *pick up,* sobre las cananas de los guerrilleros del Consejo Nacional de Transición, cuyas balas se te clavaban en el culo, y después de deshacer el camino, ya en el hotel, cubierto aún con el polvo de las tormentas del desierto, me urgían desde la redacción, vía satélite, para que entregara la pieza que saldría publicada al día siguiente. Pero yo lo que quería era dormir, dormir, dormir.»

«Cuando he tenido que investigar para alguna de las crónicas, y he tenido que hacer reportajes en ciudades bombardeadas, arriesgando mi vida, siempre me he intentado poner en lugar del otro, pero sabiendo que yo no soy *el otro.* Que yo estoy de paso, y que voy a contar lo que veo, solo eso», reflexiona Plàcid, que prepara un trabajo histórico sobre el periodista filonazi César González Ruano, en cuyo honor la Fundación Mapfre otorga un premio literario desde 1975. «Buscar en el pasado, atar cabos, remover conciencias es también escribir con emociones, investigar. Se asocia el periodismo de investigación con algo frío y calculador. Pero puede ser muy cercano si se cuentan las cosas de aquí, las que te pueden afectar o que te pueden influir y que te pueden llegar adentro. Sin ir más lejos, en *Como un ángel sin permiso* publico crónicas en las que tuve que hacer juegos de malabares para que no me echaran de los sitios. En la feria de armamento más grande del mundo, Eurosatory, en Francia, hice ver que quería comprar ataúdes para los caídos, y se lo tomaron en serio.»

Hablábamos de la guerra, hablábamos de los misiles («los libros sí son misiles»), hablábamos del miedo («pasar miedo es bueno, porque hace que estés tenso»), hablábamos de *Como un ángel sin permiso,* alegoría entre *Algo supuestamente divertido que nunca volveré a hacer,* de David Foster Wallace (DeBolsillo, 2010), y *De calles y noches de Praga,* de Egon Erwin Kish (Minúscula, 2002).

Y hablábamos de dormir a pierna suelta en un colchón Pikolin «acolchado de fibra y copos de látex, ergodinámico, de estructura alveolar y células abiertas».

Plàcid bosteza.

Plàcid tiene sueño.

Las guerras fatigan. Va a ellas por imperativo, sin sentir la adrenalina, como quien coge el autobús para ir a comprar al centro. Y procura deshacerse de los maquilladores, los respectivos gabinetes de prensa que edulcoran el dolor y cambian el color de la sangre.

La guerra es fea, embrutece.

Y mata los sueños.

LXVI

Entrevista con Concha García, autora de *La lejanía*

LA HABITACIÓN

Las habitaciones pueden ser individuales, dobles, triples. Con camas nido, supletorias, turcas. Con armarios empotrados, integrados, roperos. Con ventanas de aluminio, de madera, de policloruro de vinilo. «Os pido que imaginéis una habitación como millares de otras, con una ventana que daba, por encima de los sombreros de la gente, los camiones y los coches, a otras ventanas», fantaseaba la novelista Virginia Woolf en *Una habitación propia* (1929). La ventana de la habitación de la poeta Concha García (La Rambla, Córdoba, 1956) da a la calle, a una despoblada calle insulsa de dos sentidos sin sentido. Pero, sobre todo, la ventana de la habitación de Concha da al cielo: «Me gusta escribir mirando el cielo, lo necesito». Concha ha escrito *La lejanía. Cuaderno de Montevideo* (Ediciones Carena, 2014), la huida hacia adelante de una mujer atrapada en un podio de banderas.

«Me estoy dando cuenta de lo mucho que detesto los nacionalismos, aunque los respete. De hecho, en Latinoamérica noto que los nacionalismos se disuelven, cuando aquí, en Catalunya, se concentran. Lo que he soñado en España se me ha concedido en Latinoamérica», delibera Concha, mujer de ojos sintéticos, con rizos como cabos amarrados en el mar, y que despliega el abanico como una baraja de deseos. El abanico le sirve de metáfora: «Mira, a medida que el deseo abre su espacio —y Concha abre el abanico—, encuentras lo que buscas. Es importante el despliegue del deseo, que siempre es un deseo acompañado del movimiento de la existencia, porque nada permanece quieto».

En la habitación de Concha, en un piso de la calle barcelonesa de Ferran Valls i Taberner, no ondean las banderas. Tiene un *chaise longue,* una estantería de libros *(Donde el sol sale y cuando cae,* de Czesław Miłosz; *En este lugar maravilloso vive la tristeza,* de Selva Casal, y *La señora Dalloway,* de Virginia Woolf), un escritorio con cajones, una mesa, un ordenador con torre y un altar en el que coloca sus fetiches: gemas (lapislázulis), la virgen de Luján (patrona de Argentina), ángeles («siento que, inconscientemente, me guían por el camino intuitivo») y poemas de Álvaro de Campos (heterónimo de Pessoa).

En la habitación también guarda sus cuatro vidas, las tres que ya ha vivido y la que está por venir:

La primera vida de Concha García acabó cuando se fue de la casa paterna, en los setenta. De padres conservadores (padre observador y obediente; madre de carácter y llena de miedos), es la mayor de cuatro hermanas, estudiantes de las monjas de la congregación de Jesús y María. «Deseaba con toda mi alma una habitación propia, porque a la hermana con la que compartía espacio no le gustaban los libros, y ¡yo no sabía dónde ponerlos!» Dejó plantado al novio, se buscó una habitación con vistas y se matriculó en Filología Hispánica, en la Universitat de Barcelona.

La segunda vida de Concha García acabó cuando se separó de su pareja y voló por primera vez al Cono Sur. Retomó la conciencia de clase, quizás porque, como ella relata, una ruptura siempre es violenta y genera radicalidades en su discurso. En América se reencontró con el otro y con la otra, *los otras:* «La identidad es algo relacionado con lo afectivo y no se puede reducir al territorio. Por eso si me preguntas de dónde soy te contestaré que de ningún lugar concreto».

La tercera vida de Concha recién comienza como un pase más en las ventanas de la existencia. Fiel al propósito de ofrecer su tiempo a la literatura: «Me he politizado por la causa de la visibilidad de las mujeres en la escritura, en la poesía, y por la causa de las nuevas sexualidades». Esto último lo identifica la autora con el concepto «sexualidades no heteronormativas». Algunos de sus poemarios: *Ayer y calles* (1995), *Cuántas llaves* (1998) y *Lo de ella* (2003).

La cuarta vida se la imagina la poeta Concha García en el campo, acompañada, y viajando mucho.

«Lo que he querido lo he ido haciendo.»

Mira el cielo.

LXVII

Entrevista con Crescen García Mateos, autora de *Lisailla*

EL CUADERNO

Muchos años después de haber visto por primera vez el sol de otras tierras sin nombre, tras despertarse al amanecer de un mal dormir y con los ojos soñolientos, casi sin saber por qué, Lisailla se puso a pensar en tiempos que le parecían remotos.

El cuaderno dorado de Doris Lessing era de color azul. El cuaderno de Crescen García Mateos, *Chenchy* (Horcajo de Montemayor, Salamanca, 1950), es de un color más subido y, aunque parezca una contradicción, también de un color agraz, como una barrica seca y descuartizada. Ha publicado *Lisailla* (Ediciones Carena, 2013), novela de la España acomplejada del franquismo, silenciada por sus héroes y malograda por sus muertos. «No es mi biografía, pero *Lisailla* tiene mucho de mí. Yo nací en la España *nacional,* y desde siempre he escuchado las leyendas de los maquis y de la represión. En mi familia ha habido de todo: policías, anarquistas, asesinos… Menos curas y monjas, de todo», admite Chenchy, codiciosamente risueña, de piel increíblemente mediterránea, con el corazón cosido en la boca. Quizás por eso no tenga apego patrio y nunca se iría a la guerra por un pendón. Se toma una clara en el Lletraferit, local de copas en el Raval de Barcelona en el que se proyecta una de dibujos de La Pantera Rosa y en el que se escucha música de *Wonderful World,* de Sam Cooke.

Lisailla había nacido en un pueblo de Castilla, de aquellos que parecían ser oriundos de moriscos y judíos, con cuerpos de sarmiento y colores de piel cetrina, aún más curtida por los climas extremos de aquellas tierras que separaban el valle de la ladera, donde el sistema Cambroño había invadido de espinos hasta el último rincón.

«Empecé a escribir *Lisailla* en 1985, porque me fascinaba la convivencia de vencedores y vencidos en las aldeas rurales de España», explica esta Doris Lessing española y afrancesada que ha renegado de España, «país de mierda, de un machismo sórdido, con una violencia sexual latente».

Y no es para menos. En 1967, con 17 años, y previa autorización paterna, se marchó a Ámsterdam haciendo autoestop, en un viaje iniciático que la llevaría a París, «mi ciudad y mi luz». Y poco más tarde, en 1970, con su maleta pequeña, viajaría a Suiza, donde a ratos trabajaría de camarera («en eso soy muy buena») y a ratos estudiaría Antropología, licenciatura que se sacó en la Université de Genève. No tenía los papeles en regla, por lo que se sentía como una inmigrante más en un país que acogía una colonia española numerosísima: «Yo convivía, además, con yugoslavos y griegos. Con los primeros no me unía nada, pero con los griegos, todo. Así que también aprendí su idioma».

En Ginebra, lejos de las escuelas para señoritas, escribiría una tesina sobre la etnología en Las Hurdes.

A Lisailla, ya crecida, el invierno se le hacía interminable, largo como la soledad de aquellos parajes.

Harta del frío, acalambrada, azacaneada, atosigada como las chachas de *Las chicas de la sexta planta* (Philippe Le Guay, 2010), Chenchy, que se autodefine como «revoltosa», volvió a España en 1979. A la Barcelona acomplejada. Al mar.

Crecida ya la primavera, se empezaban a percibir los calores del verano y, con estos, la fiesta.

«Yo quería ser azafata para viajar. Yo quería ser periodista, como Maruja Torres, para seguir viajando», asiente.

Logró su propósito, a su manera.

«Siempre he tenido una zona mítica en mi cabeza: África, que acabé recorriendo de arriba abajo. Y otros lugares a los que he vuelto en repetidas ocasiones, como Venecia, Roma...»

Por eso ha acabado sintetizando en una sola cosa sus aficiones y sus anhelos. Y sin serlo, también Chenchy es Lisailla.

LXVIII

TEORÍA DEL MANTO

El origen del universo se puede teorizar de diferentes maneras, según los modelos cosmogónicos y cosmológicos predominantes y según el estado de ánimo del ponente.

Según la astrofísica, todo comenzó con el Big Bang (Gran Explosión), en un día (seguramente martes) de un mes (seguramente abril) de un año indeterminado (seguramente el 13 847 000 000 a. C.). Posiblemente, al Big Bang le seguirá el Big Crunch (Gran Contracción).

Según la religión cristiana, Dios mandó a sus ángeles a la Empresa de Trabajo Temporal para que firmaran un contrato por obra y servicio por un periodo de seis días. Otros lo retransmitieron por *streaming*, vía Sagradas Escrituras: «Entonces dijo Dios: "Sea la luz". Y fue la luz».

Según la espiritualidad, los ángeles compasivos (con pasión) acompañan el dolor del mundo para que sea llevadero. Es el dolor narrado en los ensayos de crecimiento y en las novelas juveniles como *Laura i els àngels* (Lluís Hernández).

Según la literatura, los movimientos de la Tierra –rotación, traslación, precesión, nutación y bamboleo– tienen lugar en el firmamento cercado de puntos de luz que son estrellas enanas y arcaicas y perecederas, que brillan y se descongestionan y se *supernovan,* todo ello en el interior de una caja de zapatos guardada en el interior de un armario de luna en la habitación particular de Dios. Según la literatura de Murakami *(Escucha la canción del viento)* y la de este reportero.

Según la filosofía, venimos de los peces.

Según los chinos, cualquier elemento concuerda con el anterior.

Según la inclasificable poeta Andrea Garriga (Birmingham, Inglaterra, «tengo una manía: no decir mi año de nacimiento en público»), el origen del universo se basa en la Teoría del Manto, que ella llama Teoría Oscura: «Mi hipótesis es que no hay inicio ni final».

Según ella, no lleva reloj porque cree en el caos por imperativo moral.

Según esta dulce chica de uñas azules, las galaxias se mueven entre agujeros blancos y negros que expulsan y engullen la energía, que aquí toma la forma de una nada que se condensa y se revierte y que acaba en nada. «Es decir, como si el tiempo pudiera ir hacia atrás.» A todo esto, los gusanos (anquilostomas) relampaguean en una batea o en un zarzo de hierbajos o en un cartón corrugado.

Nota al margen: «Los "agujeros de gusano", que conectan los agujeros negros con los blancos, no son el tiempo, sino una hipotética característica topológica de un espacio-tiempo descrita en las ecuaciones de la relatividad general, que, esencialmente, consiste en un atajo a través del espacio y el tiempo».

Según Andrea, debajo de nuestro espacio negro que se abre al infinito hay más infinitos espacios paralelos, en un manto de naturalezas muertas desordenado y coherente, como un festón en *Los vagabundos de la cosecha*, de John Steinbeck.

Como la mesa que hay debajo del posavasos.

El colchón debajo de la sábana.

La aguja debajo de la paja.

Esta es la Teoría del Manto.

Según nuestra poeta.

«Descubrí la Física en cuarto de ESO. Yo quería ser psicóloga o hada o jueza o peluquera o bailarina, pero en una clase de fórmulas y análisis, la profesora Teresa Alsina me enseñó el arte numérico», dice, con el permiso del autor de las leyes de la dinámica, Isaac Newton, del apátrida Albert Einstein, del singular visionario Stephen Hawking, de la neoplatónica Hipatia y del exo-biólogo Carl Sagan. «Me influyó mucho la Teoría de la Relatividad, saber que el tiempo puede pasar de forma diferente dependiendo de la velocidad. Yo creo que no hay Dios, aunque creo en la idea del ángel, y creo que el tiempo no existe, y que nuestro sistema es más bien un ordenamiento, lo que ahora se llama *entropía*. O sea, no creo en la linealidad temporal, sino que somos energía oscura, materia oscura, sin principio y sin fin.»

Según Andrea, estudiante de Física en la Universitat de Barcelona, la tercera dimensión, la que no corresponde con el espacio-tiempo, se podrá demostrar algún día de algún mes de algún año futuro… Según.

Por ahora, ella juega con los números de las matemáticas y la física: «La física no la puedes probar sin las matemáticas».

Corregimos: Ella juega con los números de las matemáticas y la física y la poesía: «En una clase de cálculo diferencial, escribí unos versos sobre las derivadas. Dice así: "De las matemáticas aprendí / que si me diferenciaba parcialmente / de mí en mí tenía / como resultado la exactitud / de ti en ti"», recita, y lo adereza con algunos datos complementarios acerca de los vectores, las sumas y las medias cuadráticas.

La poesía le ayuda a explicarse y a explicar su entorno, incluidos los agujeros negros y sus lombrices (pelagras).

En sus versos, las palabras *absentista, estramonio* y *carraca* no hallan acomodo.

Las sustituyen estas otras palabras: *chispa, pupila, ilusión.*

Para la elaboración de algunos pasajes de su poemario *25 noches* (Ediciones Carena, 2017), la joven Andrea Garriga creó el grupo de wazap que llamó «Bah». Luego, como administradora, echó a los amigos que agregó. Ya sola, se enviaba mensajitos, se escribía, conversaba existencialmente consigo misma.

Según Andrea, así es como uno se escucha.

Según Andrea, así es.

LXIX

ENTRE DOS MUJERES

«Me estaba divorciando, y estaba jodido. Ella se fue a Paraguay. Yo cogí un vuelo y me planté allí. Pero… una putada. Me acabé de hundir.»

La vida de Sergio Girona Jaen (Barcelona, 1975), bien filmada, se podría proyectar en el cine Comedia, y su película robaría espectadores a la cinta de Cary Joji Fukunaga *Jane Eyre*. «Entonces estuve un año en Paraguay, sin hacer nada; bueno, sí, escribiendo», prosigue. «Hasta que volví a Barcelona, para festejar el 2011, y me puse a escribir como un loco. Me encerré en casa, y, en 48 horas, en los cuadernos Gran Jefe, compuse los 22 primeros poemas de *El hombre que habla y habla* (Ediciones Carena, 2011), tema amoroso que se dirige a una mujer idealizada (después de publicar, ya solo me queda subir en globo). Además, en aquella época, todos mis amigos se divorciaban, caían como moscas. Por eso se me ocurrió también una pieza de teatro, que titulé *Luto por un divorcio.*»

Sergio Girona Jaen, que trabaja como farmacéutico en Montgat («alegrar a la clientela no es fácil, muchos son enfermos crónicos»), se podría *deconstruir,* físicamente, como un Lego: corpulento sin ser voluminoso (más bien «abundante de hombre», en la visión del poeta Miguel Hernández), carnívoro con unos terrones de azúcar (indolente a su pesar), ofrece una imagen de boxeador que espera en el rincón de la lona el *ring the bell* (toque de campana) que dé inicio al asalto. Se recrea en las metáforas pugilísticas: «¿No fue Cortázar quien dijo que la novela gana por puntos y el cuento por k.o.?». En *El hombre que habla y habla,* Sergio se ha quitado de encima el polonio radiactivo de las frustraciones, alejándose del vocablo que mejor definiría su particular momento personal: «fiasco», como si realmente él hubiera agonizado igual que el exagente del KGB Aléxander Litvinenko: «Vete de mí, tranquila, / porque voy a sobrevivirte / a golpes de amor y de furia».

A los cinco días de desgañitarse en versos como Lorca se revelaba en «Preciosa del aire» («el viento quiere violar a una niña y Lorca consigue que sea incluso bonito»), Sergio conoció a Celia López, mujer intuitiva, la del medio de varias hermanas, otra paraguaya residente en Barcelona desde el 2006. La reverencia, en un sentido más afectivo que los saludos del capitán Cobarde Francesco Schettino a los adeptos que le piden que no se rinda («Comandante, *non mollare).* La conoció en el «mercado de carne» de los chats, y, tras quedar, tras oírse mutuamente las voces y pasarse los teléfonos móviles, su dulzura se impuso. Ahora, Sergio está trabajando en una novela sobre el abuelo de Celia, perillán que luchó en la Guerra del Chaco (1932-1935) y que murió a los 97 años de edad. «Voy por el capítulo cinco, y explicaré cómo se lió con una india para tener hijos con ella. También quiero poner el dedo en la llaga de Estados Unidos, responsable de la Operación Cóndor, que plagó de dictaduras Latinoamérica», infiere Sergio, que pretende narrar la epopeya del anciano, de la misma forma que Theodore Dreiser glosó en *El financiero* el auge y la caída del millonario Frank A. Cowperwood, en Filadelfia.

El autor Sergio Girona Jaen también inició su carrera literaria entre dos mujeres: «Yo me crié con mi abuela Hortensia y con mi madre, Maite. De mi abuela aprendí a fabular, a chantajear con las palabras. Era muy lista, enfebrecida por la imaginación. Y de mi madre aprendí a leer. Me daba libros que no entendía, como *La metamorfosis,* de Kafka, y que yo leía como un cuento», sugiere, amalgamando los recuerdos para futuras creaciones literarias. En el fondo, su vida de «inexperiencias» la han escrito las mujeres: su madre, su abuela, su exesposa paraguaya y la paraguaya Celia, que sonríe y le apacienta: «Yo le leo todo, porque son cosas muy bellas».

LXX

Entrevista con Javier López González,
autor de *Cuando canto, tu boca me sabe a sangre*

LOS SIETE MARES

«Venga, ponme un chupito de ron, que así me acuerdo de cuando viví en el Caribe.»

Al igual que Matt, *El viajero,* el tío de Gobo, de los *Fraggle Rock,* que se pateaba el Mundo Exterior para maravillarse con las «estúpidas criaturas» humanas, el escritor y estudioso del flamenco Javier López González (Prado del Rey, Cádiz, 1952) sale de tanto en cuanto, y durante largas estancias, a recorrer los siete mares.

Javier López González ha escrito la novela *Cuando canto, tu boca me sabe a sangre* (Ediciones Carena, 2013), que ve la luz por la necesidad de «enaltecer el flamenco»: «Que la sociedad catalana sepa la importancia de financiar a los artistas flamencos y que estos puedan profesionalizarse. En gran parte, la evolución del flamenco será fruto de la generosidad de esta sociedad».

«Barcelona ha sido muy flamenca, mucho. Aquí ha habido más cafés cantantes que en Madrid y que en Sevilla. En Barcelona estaban La Criolla y El Cangrejo. Aquí nació Carmen Amaya. El distrito Quinto, en el Raval, era como un plató literario, y el flamenco tomaba cuerpo.»

Viajero incansable, infatigable, indestructible, Javier ha presenciado insurrecciones y derrotas, revoluciones y terremotos, levantamientos y represiones. Como un cóndor andino, vestido de franela y calzado con unas playeras de goma, con repechos de tristeza, con el aire de los extraviados, como una peonza que da vueltas y vueltas y más vueltas, y borracho por el aguardiente de la vida, Javier ha decidido vagar por esos mundos de Dios sin arrastres ni cometas. Con lo puesto.

«Cuando tenía 17 años, me enrolé en la Liga Comunista Revolucionaria, y con ellos me fui a la Revolución de los Claveles, en Portugal, en abril de 1974, y a la caída de la Junta de los Coroneles, en Grecia, en julio de 1974; en el estadio del Panathinaikos asistí a un concierto de la cantante María Farandoúri y del compositor Mikis Theodorakis en el que interpretaban el *Canto General,* de Pablo Neruda. Fueron momentos de apoteosis y de euforia», ensalza, y sacude uno de los brazos, que inclina como si fuese el gajo de una higuera.

A partir de ahí, Javier se echaría al monte y a los embarques, los trayectos largos y los aviones sin rumbo fijo. Ha visitado un centenar de países: Vietnam, Filipinas, Irán… Y agrega, arrecido y, a la vez, entrando en calor, por el efecto del licor añejo: «Hago como [el escritor Josep Maria] Espinàs, que iba a sentarse a los mentideros de las plazas de los pueblos, a escuchar y a mirar».

«Me he pateado Latinoamérica entera, de arriba abajo. En Santiago de Chile, años después del asesinato de Salvador Allende, salí escaldado de una manifestación contra [Augusto] Pinochet. Y en el Sáhara acabé perdiéndome en el mar desértico. Después de dos días de racionar el agua y la comida, logramos salvarnos», añade, con los dedos extendidos como los dientes del bieldo y con la boca brillante como la teca. «Durante un tiempo colaboré con organizaciones no gubernamentales, salvando el archivo documental de los monfíes de Tombuctú, en la República de Malí. Precisamente, en Malí canté flamenco con el *griot* Ali Farka Touré, seducido por el *blues,* que nació a orillas del río Níger.»

Ingeniero agrónomo de carrera, Javier López se estrelló contra las letras puras («el latín se me atragantó»), pero lo suplió con su afán por agradar al duende.

En Sevilla, asistía a los vermuts con pinchos de la taberna de La Macarena, de la que era asiduo el *cantaor* Manolo Caracol.

Luego, aprobadas las oposiciones para funcionario de Aduanas, escogería como destino Barcelona, adonde llegaría en 1981, ciudad que siempre le parecería «el colmo de la modernidad».

El arrecife de los recuerdos coralinos con sus anécdotas y sus deslices poéticos por esos siete mares los ha ido ordenando de tal manera que queda en el subconsciente de *Cuando canto, tu boca me sabe a sangre,* en el que incluye a *bailaores,* a los emigrantes de la Catalunya de los setenta y a los exiliados melancólicos en Francia.

«Además, me puedo vanagloriar de una cosa: yo he cantado flamenco en tugurios de Nueva York, de Berlín y de Buenos Aires, donde conmueve la vidalita, y he cantado con guitarristas que han tocado con Paco de Lucía», se regocija, alentado por la suspicaz colección de postales que no ha enviado. «En Teherán conocí a un guitarrista que aprendió a tocar la guitarra escuchando discos de Vicente Amigo.»

Cuando canta Javier, su boca sangra dolor y sentimiento sangra.

«Canto fatal, pero soy muy buen aficionado.»

LXXI

Entrevista con Juan Manuel González Lianes,
autor de *Quimera del lector absorto*

EL *DECAMERÓN*

He aquí un hombre con una alforja de haches *(hinojos),* de uves *(vértigos),* de efes *(fumareles)* y de zetas *(cierzos).* He aquí el obispo que se unge con el óleo de las letras de molde. He aquí el Rainiero de los Principados Literarios en los que los autores quedan relegados a curiales devotos de sus magnánimas obras. He aquí un valor emergente en el horizonte descafeinado del *top manta.* He aquí a Juan Manuel González Lianes (Mataró, 1964). Odia las comparaciones, pasa desapercibido en el plácido laberinto de las librerías y se la traen sin cuidado las entrevistas, los futuros premios, los caballetes de piropos y las tinajas repletas de buenas intenciones y cortesías y paramentos. Con su primera novela, *Quimera del lector absorto (QLA,* Ediciones Carena, 2010) –briochines que se leen como se comen–, explica en diez correos (en realidad son nueve) diez relatos con el libro como protagonista. Un guiño ;) al *Decamerón,* de Boccaccio, cuentos narrados durante diez jornadas: *«Carísimas señoras, tanto por las palabras oídas a los hombres sabios como por las cosas por mí muchas veces vistas y leídas, juzgaba yo que el impetuoso viento y ardiente de la envidia no debía golpear sino las altas torres y las más elevadas cimas de los árboles».*

Las historias de *QLA* giran en torno a estos correos electrónicos que un tal Ignacio envía a su amigo Dámaso con las rocambolescas peripecias que le ocurren en un congreso de lectores compulsivos en Criptana: un guiño ;) a *El ingenioso hidalgo Don Quijote de La Mancha,* de Miguel de Cervantes, que el autor leyó a los 15 años en una edición de Austral, con letra minúscula («un descubrimiento»): *«Tenía en su casa una ama que pasaba de los cuarenta, y una sobrina que no llegaba a los veinte, y un mozo de campo y plaza, que así ensillaba el rocín como tomaba la podadera. Frisaba la edad de nuestro hidalgo con los cincuenta años, era de complexión recia, seco de carnes, enjuto de rostro; gran madrugador y amigo de la caza».*

En los cinco primeros mensajes a Dámaso, guiños ;) a *La colmena,* de Camilo José Cela *(«Vino la guerra y con ella el final de su carrera política»),* y guiños ;) a *La busca,* de Pío Baroja *(«Se levantaba el señor Custodio todavía de noche, despertaba a Manuel, enganchaban entre los dos los borricos al carro y comenzaban a subir a Madrid, a la caza cotidiana de la bota vieja y del pedazo de trapo»).*

El quinto, sexto y séptimo correos, guiños ;) a *El camino,* de Miguel Delibes, con las referencias a una prosa de encinas y labranza *(«se me vienen los de mochuelo, escopeto, curita»,* página 52 de *QLA);* a *La isla del tesoro,* de Robert Louis Stevenson, con la traición de Silver a bordo y un cofre con su perdición; a *Guerra y paz,* de León Tolstói, y a los versos deshilachados del torrente nerudiano («no concibo la vida sin leer, aunque parezca de locos») y de la candidez de Machado («gente que recela de cuanto ignora»). En sí, una obra que homenajea la literatura y que aspira a circular por sus venas femorales con soltura.

Juan Manuel González Lianes ha recibido una educación de cinceles y reglas de 24 pulgadas. Hijo en una casa cuya biblioteca se reducía a las novelitas cortas del Oeste de Marcial Lafuente Estefanía y a las novelitas de verano y limonada de Enid Blyton. Eso lo arreglaría más tarde con *La carretera,* la inquietante fábula de Cormac McCarthy sobre una Norteamérica devastada.

«En las expectativas no estaba [algo que no fuera trabajar].» Deslizan sus labios esta frase, a horcajadas de esta otra mucho mayor: «Un albañil, si no sabe poner un ladrillo, no encontrará trabajo. Por eso no entiendo cómo no respetan las normas básicas del idioma muchos de quienes escriben novelas.

La materia prima de un escritor, su herramienta, es la lengua, y debe saber utilizarla».

Coherente y cartesiano, con una pizca de distinción en sus movimientos, estudió, por todo lo anterior y esperando lo venidero, Filología Hispánica en la Universitat de Barcelona. Estudiaba de noche, porque de día se ganaba el pan en la fábrica, en la sección de tratamiento térmico de unos talleres que fabricaban piezas para telares.

En 1994, cerró la empresa en la que se había roto la espalda durante los diez años anteriores, y asió la biznaga de ensoñaciones que revoloteaban de antiguo por su cabeza. Abrió una papelería-librería: *Argent viu,* que atraía, como la alpinista Miss Oh al Annapurna, a los alumnos de la Escola Pia Santa Anna, el colegio de escolapios de enfrente.

«Entre cliente y cliente tenía tiempo para reflexionar, así que trabajé el lenguaje y escribí estos cuentos con nuevas maneras de contar», afirma Juan Manuel, que diseccionaba los lexemas y extirpaba los galicismos como un artesano medieval del gremio de los talabarteros.

«Así estuve cinco años, pero la construcción de Mataró Park y el consiguiente traslado del colegio a unas nuevas instalaciones causaron una debacle en el negocio, que se resintió, y tuve que traspasarlo. Hoy la librería se ha convertido en un estudio fotográfico.»

Juan Manuel González Lianes escribía en sus ratos muertos, ya tarde, en los desvelos, después de pedir la tanda en la carnicería, en los descansos para almorzar en su nuevo empleo, un modo de subsistencia consistente en montar estanterías de pino y anacardo.

Escribía cosas como esta: «La literatura, si algo retrata, es un mundo paralelo a este en el que vivimos, no reflejo ni copia de cuanto nos rodea, sino mundo autónomo en el que individuos que creíamos ficticios comen, duermen a pierna suelta, corren aventuras, fornican, y para el que los libros son ventanas privilegiadas a las que el lector se asoma».

«Ventanas catedralicias», diría Juan Marsé.

Y leía a los Grandes, los Clásicos Imperecederos en los Ruedos de Primera: *«Las aguas, lanzadas a treinta pies de altura, fulgieron como enjambres de surtidores, para caer luego en una vorágine que circuía el cuerpo marmóreo de la ballena» (Moby Dick).*

En el 2006 se preparó las oposiciones para profesor de secundaria. Aprobó y consiguió plaza en el IES Ramon Turró, de Malgrat de Mar, en el que da clases de Lengua Española («me gusta mi oficio, porque es mi oficio»).

«La lectura es la única manera de aprender a escribir.»

Se puso en modo imperativo y escribió *Quimera del lector absorto,* una agenda con los teléfonos de Lope, Galdós y Espronceda. Cuentos extraños, marcados por el absurdo, por la fantasía, la imaginación explotada al máximo, por la experiencia lectora «extrasensorial». Peces plomados, piélagos y patrañas, y escritos en el ordenador («escribir a mano me angustia, porque pienso más rápido que escribo, y mi tiempo es limitado»).

QLA rescata los libros de las guillotinas de la galbana *(El jinete polaco,* de Antonio Muñoz Molina; *Llámame Brooklyn,* de Eduardo Lago, y *El maestro de esgrima,* de Arturo Pérez-Reverte).

Un guiño ;) a *Fahrenheit 451,* de Ray Bradbury, al amor pasional y apasionado de la lectura: «Romper con la realidad y entrar en un mundo extraño».

LXXII

ENTREVISTA CON MIQUEL GONZÁLEZ QUINTANA,
AUTOR DE *UN PAÍS SENSE MANUAL D'INSTRUCCIONS*

SHULULANDIA

Antes de ponerse a escribir, Miquel González ha dejado pasar un tiempo prudencial, de tal manera que sus pensamientos reposasen, se atemperasen y maduraran, de acuerdo con la sugerencia del escritor Stefan Zweig en *El mundo de ayer:* «Y si hoy tuviera que aconsejar a un joven escritor todavía inseguro sobre el camino que emprender, trataría de convencerle de que primero sirviera a una obra mayor como actor o traductor».

Ese tiempo prudencial ha sido de unos treinta años.

Antes de que Miquel González Quintana (Villanueva de Algaidas, Málaga, 1959) escribiera *Un país sense manual d'instruccions. El perquè de la nostra complexa convivència* (Ediciones Carena, 2014; traducido al castellano), había escrito libelos, baldones y pasquines. O sea, *posts* (artículos) para su blog (cuaderno de bitácora, diario de derrota o como él lo llama: «fracasos, errores y algún éxito»): http://elmundodeshululandia.blogspot.com.es

Dejamos a la imaginación del lector qué país es Shululandia (evoca la tierra de los zulúes, Zululandia, en Sudáfrica).

Antes de *Un país sense manual d'instruccions,* ensayo sobre la actualidad socioeconómica en España (la portada es el mapa del Estado dividido en comunidades autónomas, dibujado como el engranaje por el que se precipita

Charlot en *Tiempos modernos),* Miquel González le había enviado por correo postal una carta al presidente del Gobierno, Mariano Rajoy. Una carta como las de antes, pero escrita en ordenador (familia tipográfica Times New Roman, cuerpo 12), que ocupa cuatro páginas (12 873 caracteres con espacios), con el texto justificado y con un encabezamiento seudonobiliario: A don Mariano Rajoy Brey. (Decía el Premio Nobel de Literatura Vicente Aleixandre que el único que merece el don en la poesía española es don Antonio Machado; y Don Quijote –este don en caja alta–, añadirá Reportero Jesús.)

Señor presidente:

Lo primero que quiero decirle es que no les voté a ustedes, ni a lo socialistas, aunque le reconocí como mi presidente desde el momento en el que ganó las elecciones. Por eso tengo que expresarle mi total decepción por su gestión, ya que ha logrado lo que parecía imposible: hacer bueno al Sr. Zapatero.

Lo que más me extraña es que, de entre los miles de militantes que tiene el Partido Popular, haya formado un Gobierno con un ministro de Educación que, en la era de la información, quiere adoctrinarnos y devolvernos al siglo xv; con un ministro de Justicia que ha logrado lo que nunca antes había hecho nadie en España: que los jueces hagan huelga; con un ministro del Interior que reconoce ser incapaz de hallar a los autores del informe policial con calumnias contra el presidente de una comunidad autónoma; con una ministra de Trabajo que, pese a los millones de parados, no acude a las cumbres sobre empleo que se convocan en Europa; con un ministro de Hacienda que cada día amenaza a algún colectivo usando información confidencial de su departamento; con un ministro de Economía que centrifuga el déficit para quienes prestan los servicios, que son las comunidades autónomas, y que reconoce que les debe dinero, pero sin estar dispuesto a pagarlo, como ocurre con Cataluña (lo que nos lleva a ser el país más incumplidor de Occidente); con una ministra de Fomento que se olvida del Corredor Mediterráneo y de hacer tres túneles en los Pirineos, y con una ministra de Sanidad que asegura no extrañarse de que su marido le trajera regalos lujosos día sí y día también.

Miquel se despide de esta manera:

Sin nada más, reciba un saludo de un ciudadano decepcionado.

La respuesta tardó 41 días en llegar, con una carta oficial (con el escudo del Reino de España) remitida por el director del gabinete de la Presidencia del Gobierno, Jorge Moragas:

Estimado señor:

En nombre del Presidente del Gobierno le agradezco la confianza depositada al trasladarle sus comentarios.

Con el fin de responder a la difícil situación que atravesamos y sentar las bases de un crecimiento estable y sostenible de nuestra economía en el futuro, este Ejecutivo ha puesto en marcha la más ambiciosa e intensa agenda de reformas que se haya emprendido en nuestro país en los últimos años.

Como bien sabe, los españoles contamos con la capacidad, la fortaleza y la determinación para superar la crisis actual y salir reforzados de ella. Por su parte, este Gobierno mantiene la voluntad y la valentía para cumplir con su deber y avanzar con firmeza hacia el camino de la recuperación.

Puede tener la seguridad de que el Presidente va a continuar trabajando para cumplir con la tarea que los españoles le han encomendado, que no es otra que lograr cuanto antes la recuperación económica de nuestro país.

Atentamente,

Jorge Moragas

Miquel González ha colgado las cartas en su blog (la misiva de ida y la de vuelta).

No ha quedado satisfecho con la respuesta («al menos, me han contestado»).

«Creo que se debería cambiar la ley electoral y el sistema de financiación de los partidos políticos, porque lo que ocurre ahora es que el bipartidismo (la Restauración) se perpetúa», propone Miquel, que actualmente trabaja en el Servei Català de la Salut. «Para que resurja económicamente España se ha de asistir a la clase media. Y que se actúe contra los *fondos buitre*. Y que impere la meritocracia. Me parece muy bien que J. K. Rowling sea multimillonaria, porque ella ha hecho leer a una generación. Quiero decir que se lo ha ganado. Otros no se lo han ganado.»

Buena parte de sus ideas las recoge en *Un país sense manual d'instruccions*. En El Mundo de Shululandia, Miquel González se presenta así:

«Me llamo Miquel González. Nací en Andalucía en 1959, por lo tanto, tengo… unos cuantos años. Nos vinimos a Catalunya en 1962. Pertenezco a la mayoría silenciosa, puesto que mis padres (q. e. p. d.) siempre me dijeron que no me metiera en nada. Ahora he visto que nuestro silencio nos ha llevado a la ruina y a la pérdida de los valores más elementales, por eso no estoy satisfecho con el país que les dejamos a nuestros hijos. Así que he decidido empezar a escribir alto y claro, y a luchar por un país que entre todos debemos mejorar».

LXXIII

Entrevista con Rubén Darío Gualtero Pérez,
autor de *El chico del Partenón*

EL VERBO

«En el principio era el Verbo, y el Verbo era con Dios, y el Verbo era Dios.»

El primer versículo del evangelio de Juan no requiere un análisis morfológico en el que determinar las formas, las clases y las categorías de las partes de la oración. El verbo al que aquí nos referimos no es el de la existencia; es la voluntad, la imperiosa necesidad de *hacer* cosas y de no rendirse, sea la propuesta irresoluble o imposible. El verbo *hacer*.

Rubén Darío Gualtero Pérez (El Espinal, Tolima, Colombia, 1951) ha hecho de la negación un adverbio insustancial y hasta divertido, porque a cada *no* le ha puesto delante un *sí* o, cuando menos, un *ya veremos*.

En *El chico del Partenón* (Ediciones Carena, 2015) ha novelado sus años de juventud, el viaje iniciático de un chico de provincias que tenía un sueño que no se podía aplazar y que cumplió: visitar las ruinas clásicas del Partenón, en la Acrópolis de Atenas.

«Mi sueño era conocer Grecia. La primera vez que oí algo sobre el Partenón fue en la clase de Historia Universal, en el bachillerato superior. El maestro nos hablaba de Pericles, del ágora, de gente discutiendo, filósofos… Yo me dije: "Yo quiero conocer eso".»

Fue el primer sueño de Rubén hecho verbo.

Como en una canción de desvelados trovadores, la voz de Rubén Darío se transforma en letra de verso libre, porque su dicción y su pensamiento se combinan como las dos orillas del Éufrates. De mirada larga, se sorprende con cada encuentro, como si sus ojos fueran ardillas que recorrieran el árbol de los acontecimientos, royendo los instantes con tanto placer como curiosidad. Despierto, no torpe; afanado, no vago; dispuesto, huracanado.

«Le planteé a mi padre viajar a España, por la cercanía de la lengua. Era a Europa adonde quería ir, a Grecia. Pero viajaría desde México, porque también quería conocer América», reconstruye su itinerario. A la manera del abogado chino de los derechos humanos Pu Zhiqiang, y como defensa de aquellos años de convulsiones estudiantiles, cuando los corazones vibraban a miles de revoluciones por minuto, esgrime su verdadera motivación, o parte de ella: la «cosa social».

«Tenía mis fantasías y quería hacerlas realidad. Para mí era una prueba.»

Todo lo intentó a su modo, y fue saltando las vallas en esa carrera que le tenía embobado: quiso hacer autoestop en la carretera panamericana (Prudhoe Bay, en Alaska-Ushuaia, en Argentina). No le dejaron. Quiso viajar en barco hasta la Madre Patria española, en 1971. No pudo. Quiso ser médico en la España «apagada, triste y gris» de Franco («verdaderamente, notabas el peso de la represión»). No acabó; terminó casándose con la doctora Asunción Soriano. Estudió Sociología, cuando el régimen tenía miedo de Marcuse, Adorno y Habermas («foco subversivo»). Quiso estudiar Antropología, pero no existía, ni se esperaba, tal especialidad en un país que cargaba a los jóvenes con la culpa del pecado. Estudió Enfermería, y tomó tanto impulso que acabó siendo el redactor jefe de la revista *Psicopatología y salud mental del niño y del adolescente*.

En su primera incursión en la narrativa, *El chico del Partenón,* trata Rubén Darío de dar alguna explicación a ese pasado que le hizo hacer al revés el camino de la emigración («siempre es una ruptura»). De los Andes a Europa. «Me lo pedían mis hijas», apela, y el libro recoge, sobre todo, los once meses que pasó en México, en 1970: «Hace tanto tiempo, y tantas cosas pasaron…».

En 1978, Rubén Darío Gualtero hizo realidad su promesa de juventud, por eso *sí* sigue siendo joven. «Fue increíble.» Vio el Partenón.

Hizo.

LXXIV

Entrevista con Cristina Harster Wanger,
autora de *La galeria dels quiets*

RUKIA KUCHIKI

«Será mejor que no derramemos lágrimas, porque esa es la derrota del cuerpo ante el corazón.» La frase pertenece a Rukia Kuchiki, heroína del manga.

Cabello caído como la hoja de una guillotina, de ojos intensos y proclives a la mirada circunspecta, voluntariosa y defensora de los buenos shinigamis.

En realidad, Rukia Kuchiki podría ser el *alter ego* de Cristina Harster Wanger (Barcelona, 1963), porque ella también es una heroína anime.

Afectada de anoxia al nacer, eso no le ha impedido convertirse en el hada madrina de la literatura. Acaba de publicar *La galeria dels quiets* (Ediciones Carena, 2019), su historia contada sin conmiseración, sin derrotas y con objetividad periodística: «Mi madre siempre me decía: "Tienes que contar quién eres, tienes que contar quién eres"».

Y a eso se puso en el 2013, el *annus horribilis,* puesto que a la muerte repentina de su madre, Denisse, se sumó un cáncer que Cristina padeció. Venció el cáncer, venció los *hollows* que habitan en el Hueco del Mundo. Ahora lucha contra otro cáncer, con las armas supersónicas que se viste la mujer guerrera: templanza shitagi, visión kosode, generosidad hakama. Sus virtudes las mete en un carcaj y se lanza en tromba contra la enfermedad: «La verdad es que cuando vuelves de la quimio estás fotuda».

La galeria dels quiets es la primera obra publicada de Cristina. Tardó dos años en pulirla. Pero no es su ópera prima. Antes había escrito las novelas *Els capvespres d'un comiat; La lliçó d'anatomia* y *La galeria de les llunes corves*, títulos que podrían competir con la trilogía de Stieg Larsson.

En *La galeria dels quiets,* las teselas de la memoria de Cristina se vuelven crisálidas de colores: allí está su etapa juvenil, como escritora tenaz capaz de identificarse con las tortugas lentas de las fábulas; allí está su resuelta inquietud por tocar el arpa, como una *bella donna* de la Edad Media.

Pronto se olvidó del arpa, cuando otro sueño le quitó el sueño: ser profesora para niños con dificultades. Muchos años después, Cristina saltaría al Parlamento Europeo, en Luxemburgo, con una beca de traducción de inglés y francés. Pero un propósito se le ha quedado medio adormilado en su regazo de gigai: ser jueza, «dirimir conflictos mediante la aplicación de la ley», para lo cual tiene la receta: «extraer la emoción de las causas».

Allí, en *La galeria...,* está su paso por le escuela Thau *(«Projecte educatiu»),* y allí está Joan Triadú *(Endimió),* el maestro que marcó a Cristina las líneas generales para convertir las frustraciones en proezas.

Allí está su adolescencia atronadora, cuando quería ser como sus amigas, ir a las discos del *Sábado noche* y tener novietes, varios. «Mis amigas me decían que yo era como ellas y ninguneé mi minusvalía.»

Allí están, mientras estudiaba la carrera de Filología Hispánica en la Universitat de Barcelona, las horas de lectura sin fin de *El amor en los tiempos del cólera,* de su idolatrado Gabriel García Márquez: *«el olor de las almendras amargas le recordaba siempre el destino de los amores contrariados»*...

Luego alternaría a García Márquez con Goethe *(Las afinidades electivas)* y Éric Vuillard *(14 Juillet).*

Allí están los días de aprendizaje y consuelo en el centro piloto sobre parálisis cerebrales Arcàngel Sant Gabriel, en Montjuïc.

En todos los centros formativos de la Sociedad de las Almas por los que ha pasado Cristina, le han dado la matraca en el mismo sentido: «Lo que te ocurre no es excusa para que no te esfuerces».

Y Cristina aprendió con rapidez, consciente de las poderosas partículas que se mueven con los astros, los cohetes y los sentimientos: «Es lo que hay».

Siempre se ha apoyado en lo positivo, y le ha dado una patada en el culo a los mohines de disgusto, las malas caras y los tontos que no saben ver la belleza que esconde su tirón de orejas: «En la vida diaria he sufrido algunas discriminaciones, pero me da igual. Cuando enviaba currículos a las empresas no ponía nada de mi discapacidad. Pero cuando luego les llamaba, con esta voz que tengo, se daban cuenta de algo raro y me colgaban».

Cristina prefiere el término «movilidad reducida» al de «discapacidad».

Algunos la han tratado como a una niña pequeña, cuando es una mujer bankai de armas tomar: «Te tratan como subnormal, como si fueras una inútil…».

Se ha entusiasmado con la película *Campeones* (Javier Fesser, 2018), y a la salida del cine escuchó la voz de un niño que se dirigía a su padre: «Papá, ¿por qué la gente no les quiere?».

Rukia Kuchiki, la heroína del manga con ojos vivaces, lleva una vida complicada, como ella misma dice.

Hace un año, se le murió su pareja, Víctor, afectado de una hemiplejía.

«Me gustaría invertir en los países pobres para evitar que haya refugiados.»

Sus propósitos siempre serán nobles.

«Ser una carga no es cuando no tienes el poder para luchar, sino cuando no tienes la determinación para hacerlo.»

LXXV

Entrevista con Alexis Hechavarría Duarte,
autor de *Por esta vez te has salvado*

PÁJAROS EN LA CABEZA

Al día siguiente de la muerte de Ana María Matute, la escritora de los cabellos blancos, las agujas de sus dedos se han clavado en otro escritor de limpios sonajeros con cascabeles. Quiere decirse que hoy, 26 de junio del 2014, el día de los niños huérfanos que se han vestido de luto por primera vez, y como si fuera una cuenta pendiente antes de partir al reino de las hadas, el espíritu de Ana María Matute, la escritora de la Real Academia Española que creía en la existencia de los gnomos, ha amparado los 22 cuentos del cubano Alexis Hechavarría Duarte (Las Mangas, Bayamo, Cuba, 1971), que ha presentado en El Corte Inglés de Portal de l'Àngel de Barcelona en una edición cuidada y con el intrigante título de *Por esta vez te has salvado* (Ediciones Carena, 2014).

«Los cuentos están en todas partes, en las calles, en los velorios y en cualquier lugar, y anidan dentro de nosotros. Las historias nos asaltan y nos persiguen, por eso no hay más remedio que contarlas», espulga este hombre de ronca voz, manos de marinero y con pájaros en la cabeza. «Siempre he tenido pájaros en la cabeza (gorriones, canarios, guacamayos…), por eso brinqué el charco [crucé el océano Atlántico] y quise alcanzar mis aspiraciones. Para mí, tocar bien la guitarra es la cumbre, realizarse.»

Alexis Hechavarría siempre ha vivido con una guitarra, su tercer brazo. Siendo niño, sus padres, campesinos de una zona de Bayamo (la segunda ciudad fundada por los españoles, en el extremo occidental de la isla), le dieron veinte pesos para comprar juguetes que compartir. De tres hermanos, él era el mediano, pero se las arregló para volver con una guitarra con clavijas de madera.

Biznieto de un mambí (insurrecto contra España en el siglo XIX, en las «guerras de liberación»), en la casa de su abuela materna aún se guarda el *paraguayo* (machete) que se utilizó contra los soldados pobres de la Madre Patria española. «Cuba es el único país latinoamericano que ha luchado contra el colonialismo y contra el neocolonialismo y que ha vencido», se enorgullece Alexis, que aún siente el olor de las flores de la casa de campo (gardenias, rosas y jazmines), flores como invitadas de honor en una fiesta primaveral.

Con la guitarra, Alexis le ha cantado a los pájaros y a las hadas, al misticismo y a lo inexplicable. Desde jovencito, asistía a las casas de la trova, refugios culturales donde se conversaba con la métrica de las palabras, que iba cazando al vuelo: *hozar* (hurgar el cerdo en la tierra, con el hocico), *transido* (flaco, con las costillas hacia adentro), *acezando* (jadeante), etcétera.

En esos puntos de luz, comunión y trovadores, Alexis se iba formando como un Picasso de la música, anotando cualquier voz esquiva, registrando en papeles las notas de las habladurías, influenciado por muchos: por su tío Ramiro Duarte, miembro de la Unión de Escritores y Artistas de Cuba, que le regaló tres bolsas de gordos libros con esta simple recomendación: «Léete todo esto, cuando acabes te doy más. Todo aquel que quiera escribir tiene que leer»; por los «cuenteros» Onelio Jorge Cardoso, Julián del Casal y Guillermo Vidal Ortiz; por su otro tío Bernardo Hidalgo, director del conservatorio de música de Bayamo; por los «poetas repentistas», declamadores que improvisan...

Y luego, en La Habana, otros le seguirían empujando hacia adelante: la maestra Gertrudis Ríos, que le enseñó el emparrado de los acordes; el director de orquesta del Tropicana Club, Armando Romeu, con quien estudió armonía y quien hizo los arreglos para el disco de boleros del pianista y cantante de jazz Nat King Cole («Siempre que te pregunto / qué, cómo, cuándo y dónde / tú siempre me respondes: / "quizás, quizás, quizás"»)...

Por eso, cuando viajó a Barcelona, en 1994, se trajo el amor, el desamor y la lucha, los temas universales que darían sentido a las canciones que él mismo compondría, en tríos, cuartetos y quintetos de diversa suerte: «Si a lo que él llama *misterio,* / prefiero llamarle *arcano,* / mascula con rostro serio: / "ahora sí que la arreglamos"» *(Canción del beodo)...*

Tocó, cantó y sedujo en locales como La Cova del Drac, y con acompañantes de excepción como el cantautor de la Nova Cançó Francesc Pi de la Serra. Y aquí se casó con Marifé Escobar.

Y de Cuba, Alexis Hechavarría también se trajo los demonios literarios, que ha querido exorcizar en *Por esta vez te has salvado:* «Mientras el tiempo cautivo de agujas y mecanismos daba vueltas en la esfera, él componía canciones, barrocos endecasílabos, y soñaba con tertulias donde poetas atormentados colorean sus angustias» (de «La ciudad de los lagartos verdes»).

Componía con las agujas del acerico de hadas de Ana María Matute, con las apariciones místicas del realismo mágico y con los mitos, como el comandante Fidel Castro: «A Fidel solo le he visto en sueños. Él iba caminando por una carretera y yo pregunté a mis padres: "¿No lleva escolta?". Y ellos me contestaron: "Él no necesita escolta, su escolta es natural"».

Son sueños.

Son los pájaros en la cabeza de Alexis: «Las historias viajan con uno durante siglos, siglos».

LXXVI

ENTREVISTA CON JUAN HERNÁNDEZ HERRERO,
AUTOR DE *EL LÉXICO DE EL QUIJOTE*

LA VARA DE LA JUSTICIA

Con latidos de luz de corazón se iluminan y se apagan los nombres. El poeta del pronombre y del *tú, a mí, conmigo,* el poeta Pedro Salinas, condujo el corazón a un copero de mirlos en el que a tientas latía de tanto sufrir de amor. El corazón de los ayes y de los difuntos enamorados, el corazón que parpadea en el pecho de Salinas, pende de las manos del cardiólogo Juan Hernández Herrero (Salamanca, sin edad), autor de una obra cervantina y, por lo tanto, monumental: *El léxico de El Quijote* (Ediciones Carena, 2010), el diccionario de los dichos, los refranes y los vocablos en desuso con los que El Manco de Lepanto hizo sembrar los dos tomos de *El ingenioso hidalgo...* No faltan citas al corazón en el gran libro de nuestra literatura: *De corde exeunt cogitationes malae* («Los malos pensamientos proceden del corazón», en el prólogo de la primera parte de *El Quijote).*

En unas vacaciones de verano, en el recibidor de su casa, con la maleta de polipropileno cargada de suéteres y mudas limpias, Juan Hernández tuvo la ocurrencia de hacerle un hueco a *El Quijote,* que hasta entonces penaba en el sitial de su propio corazón («lo había leído a los 17 años y, aunque se me hizo pesado, me dejó con el azogue de sus páginas»). Así que guardó los 52 capítulos de la primera parte que todos saben cómo empieza pero nadie sabe cómo acaba: «*Forsi altro canterá con miglior plectio*» («Quizás otro cante con mejor estilo»). Y a tiempo estuvo de meter un diccionario de Casares pincelado con el musgo de las huellas de los dedos, de tanto abrirse por las consonantes del medio.

«Me tiré el verano entero recogiendo y anotando las expresiones y las palabras que Miguel de Cervantes utilizó para su obra y que hoy han dejado de oírse en la calle.»

De «A buen salvo está el que repica» (es fácil reprender a otro, mientras el que reprende está a salvo de equivocarse; capítulo XXXI de la segunda parte) a *zuzar* (azuzar, incitar a los perros; capítulo LII de la primera parte).

El recorrido, inmenso, solo pretende aportar un grano de arena a la magna bibliografía que los investigadores han ido publicando sobre el mismo tema y con el mismo afán: *carriola* (tarima), *harón* (perezoso), *quedo* (quieto)… y un refrán que le costó horrores saber cómo terminaba, por la manía del escritor de abusar de los puntos suspensivos: «De paja y heno… el pancho lleno» (lo que importa es satisfacer las necesidades; capítulo III de la segunda parte).

Nacido en Salamanca, en los ojos de patio de piedra arenisca de la ciudad, Juan, el último de una serie de hermanos con vocaciones diferentes, se licenció en Medicina, atendido por profesores tan denodados que seguían la estela de Miguel de Unamuno, cuya tristeza fue lo único que cultivó en sus postreros días.

En 1968, aquel año de adrenalinas, un chico que ya se había fijado en el mecanismo más bonito del cuerpo humano («en realidad, el corazón no es más que una bomba») optó a una beca en el Hospital del Mar, en Barcelona, que le fue concedida. Ya se quedó, entre corazones de coraza, como los de los versos de Benedetti. De allí saltó al Centre Cardiovascular Sant Jordi. Actualmente, ejerce en la Clínica Corachan.

Los años de medicina interna, y los que ha pasado encerrado en los atrios de los enfermos, los sintetiza con una frase que bien podría haber pronunciado *el caballero andante*, a quien tanto le debe: «La medicina no es un jardín de rosas. Hay que padecer con quienes la padecen».

«¿Qué por qué me interesa hasta tal punto *El Quijote* que lo he leído como diez veces? Porque me parece la cumbre, lo más hermoso», se deleita

Juan, y hace extensiva su galantería al castellano, lengua de tal cadencia y trabazón que en ramos regala sus frases: «Ya mi abuelo Evaristo, a quien aprecio porque hizo de mi madre una niña feliz, sabía el hondo sentido de muchas palabras, y realmente, todo casa en el idioma».

A Juan Hernández, autor de *El léxico de El Quijote,* le chifla tanto la etimología que se ha hecho con un anticuario de diccionarios *(Diccionario de dudas y dificultades de la lengua española,* de Manuel Seco; *Diccionario de uso de las mayúsculas y minúsculas,* de José Martínez de Sousa; el diccionario de Roque Barcia) para dar a luz productos de su cofradía, como el *Estudio sobre la etimología de los elementos químicos.*

«¿Que qué capítulo de *El Quijote* me impactó más? Sin duda, el capítulo en el que Sancho y el Quijote están en casa de los Duques, y el Quijote alecciona a Sancho sobre cómo tiene que gobernar, y le dice lo que me aprendí de memoria: "Si acaso doblaras la vara de la justicia, no sea con el peso de la dádiva, sino con el de la misericordia".»

LXXVII

Entrevista con Francisco Hidalgo Gómez,
autor de *Carmen Amaya. Cuando duermo sueño que estoy bailando*

EL OLIVO

La vio, la sintió, la atrajo hacia sí como una nube rosa de caramelo de algodón, pero ni se acuerda, y, por este motivo, le asalta un remordimiento equinoccial: «Mis padres me dijeron que la vi bailar. Era un crío, y ellos me llevaron al Teatro Duque de Rivas, en el que actuaba».

Francisco, *Paco,* Hidalgo Gómez (Posadas, Córdoba, 1949) venera a Carmen Amaya, y es un amor correspondido, aunque la llama y el genio de la *bailaora* se apagaran el 19 de noviembre de 1963 y con su brío desmadrado se fuera a zapatear a otros cielos. «Genio, temperatura y violencia. Es la mujer de la Historia sin historia.» Paco Hidalgo, sereno como el mar, madrugador de domingos, manos cultivadas y claridad de manzanilla, y exdelegado de la Junta de Andalucía en Catalunya, Valencia y Baleares (existen 168 entidades andaluzas en estos territorios), ha publicado *Carmen Amaya. Cuando duermo sueño que estoy bailando* (Ediciones Carena, 2009).

«Emigremos al norte, que allí hay trabajo.»

En los labios de la madre se consagraron los destinos de sus seis hijos, mozalbetes de pechos henchidos, patillas desplomadas y sentidas compenetraciones. Paco Hidalgo, el mayor, maestro del San Rafael, colegio de secundaria de Córdoba, cerró los libros y se despidió de un remolino de niños que pronto dejarían de serlo, con su nobleza campesina de ajos tiernos y sus dientes de cayado y dos acequias por ojos. A ellos les daba Lengua y Literatura. «Me gusta más Manuel Machado que su hermano Antonio, a pesar de que lo crucificaran por ponerse del lado de Franco. Y, cómo no, Cernuda y Altolaguirre, y García Baena. De los poetas recientes me quedo con los antepenúltimos: Caballero Bonald, Martí i Pol...»

Cuando bajó del tren, en la Estació de França de Barcelona, en agosto de 1974, cargado de roscos de aceite y lapiceros Alpino, se sacó él solito las castañas del fuego, y desdobló el recorte del periódico que había guardado con celo, en el que se solicitaban profesores de Historia para el curso académico 1974-1975 en el colegio Nuestra Señora del Pilar, en la calle de Cristòfor Llargues de Cornellà. El 1 de septiembre de 1974 abría la puerta de su nuevo domicilio laboral.

«Entonces, yo escribía letras para coplas, y sigo haciéndolo.»

Hasta que el pueblo las canta,
las coplas, coplas no son,
y cuando las canta el pueblo
ya nadie sabe el autor.

Rojo, punzante, despreocupado.

Paco se aclimató a las gentes y al lugar. Se hizo un hueco en la gerencia de los apremios. Se bajó a las huelgas para corear con todos lo que a todos convenía.

«Yo viví la Cornellà de las luchas obreras, de las huelgas de Siemens, y fue la primera vez que veía lo que era una huelga. La Cornellà de entonces no tiene nada que ver con la de ahora. Es una de las ciudades en las que se ve más y mejor cómo han actuado los ayuntamientos democráticos durante estos últimos treinta años.»

Tal es la gloria, Guillén,
de los que escriben cantares:
oír decir a la gente
que no los ha escrito nadie.

Ansioso, ávido, cercano.

Paco, antiguo militante de base de la Asociación Socialista Andaluza, se puso en contacto con la Federación Catalana del PSOE, que posteriormente evolucionaría hacia un nuevo partido, el PSC. Se fijó unas metas. Se alborotó el pelo. Se alegró de que los compañeros crecieran en número. Se comprometió a capitanear los cambios.

Así, coordinó el Colectivo Crisol, la sectorial del PSC dedicada a lo que vino en llamarse la Nueva Cultura Catalana; dirigió la Fundació Gresol, «plataforma de comunicación y foco de proyección de iniciativas»; asesoró en cultura tradicional y popular a la Diputació de Barcelona...

Procura tú que tus coplas
vayan al pueblo a parar,
aunque dejen de ser tuyas
para ser de los demás.

Conciliador, atiplado, montaraz.

Paco se asentó. Se la jugó varias veces, en varias ocasiones, con varios imposibles que a fuer de conversar y convencer se pusieron en vereda. Se ganó a los vecinos. Se subió a los andamios. Se perdió por los anillos de circunvalación. Y nunca se olvidó de dónde vino.

«La inmensa mayoría de los que vinimos sentíamos nostalgia, y tenemos la ventaja de tener dos culturas, que se complementan. Cuando vuelvo a mi tierra, todo el mundo se cree que soy del Barça. Yo les digo que soy de la Unió Esportiva Cornellà, que no sale de tercera división», se explaya, y se enoja con las millonadas que se pagan por los traspasos de jugadores. Por eso vuelve a la inmigración, a la nueva, que hace frente a la crisis con la red solidaria que ha sabido tejer. «Los motivos de los *nouvinguts* son los de siempre, los económicos, la estabilidad. Y cuando la consiguen, después de pencar mucho, buscan lo que nosotros buscábamos, la reagrupación familiar. Su nostalgia, siendo la misma que la nuestra, aún es mayor, porque las distancias son mayores. Irremediablemente, habrá un proceso de evolución y de interrelación multicultural. La integración no ha estar condicionada, ha de ser voluntaria, y el poder público ha de facilitar los instrumentos para que así se produzca.

Lo primero, ganarse la vida, comer; luego, hablar catalán y darles a conocer la identidad catalana. Es lo mismo que hicimos nosotros. A mí me gusta hablar, por esta razón, de socialización. Yo les digo a mis paisanos que critican a los recién llegados: "Pero ¿tú no te acuerdas de que cuando veníamos a la plaza formábamos un grupo porque no nos juntábamos con los de aquí?".»

Carmen Amaya

Matisse y el incombustible Picasso sacaron los coloretes a Paco Hidalgo, con sus desnudos y sus fanfarronadas visuales que trenzaban de azules cobalto los verdes, y los verde de chile los convertían en amarillos fiebre. Por eso, durante un tiempo, pintó, para que corrieran solos los manojos de la creatividad. «Creé el Círculo Artístico Séneca, pero cuando vi lo bien que pintaba mi hermano, supe lo malo que era yo.»

Las letras le dieron menos guerra, y le dieron cobijo en forma de coplas y obras de teatro infantil. «Escribía piezas surrealistas en las que salían corsarios y bucaneros y que representaban los alumnos del colegio. En *La glorieta de la Luna,* la Luna pisa la Tierra y se convierte en mujer. Actualmente, estoy trabajando sobre esta idea para reconvertirla en un musical flamenco. Y también trabajo en un estudio serio que reúna las cosas sueltas que se han publicado sobre la relación de García Lorca con el flamenco y con la música afrocubana.»

Con el flamenco, Paco Hidalgo se ha encontrado a sí mismo, pese a que el lucero del alba le ha guiado en los amaneceres de inspiración. Si ha de escoger un *cantaor,* no tarda tres segundos en contestarme, tan directo que el envoltorio del acento con el que pronuncia el nombre se deshace en la boca: Antonio Fernández, *Fosforito.* «Es la Llave de Oro del Cante», y se afana por completar las respuestas con otros discos de platino. «También me gustan Enrique Morente, Carmen Linares...»

Se merecen sus oídos: «Son figuras». Una cosa parecida le ha pasado con la Carmen Amaya del Somorrostro: «Un día, miré la *Enciclopèdia Catalana* y leí una reseña tan breve sobre ella que me dije que tenía que hacer algo, máxime cuando hay un antes y un después en el flamenco con esta mujer».

Ilusión, brío, ímpetu.

Paco se ha puesto hoy a escribir la crónica de ayer, porque mañana esa crónica ya será de un pretérito tan imperfecto como fugaz. Se baja a las minas del sur. Se fuma un ducados rubio.

Paco Hidalgo es un olivo con raíces que se hunden y que crecen con tal fuerza que sobresalen y destrozan el pavimento, las paradas de autobús y los arcenes. Canta.

Que, al fundir el corazón
en el alma popular,
lo que se pierde de nombre
se gana de eternidad.

MANUEL MACHADO

LXXVIII

ENTREVISTA CON YOLY HORNES Y FRANCESC MERCADÉ, AUTORES DE *NOSOTROS MISMOS*

EL VALS DE LAS FLORES

En una de esas noches de baile de la escuela Bailongu, a la sombra de las ocho torres arreboladas del templo expiatorio de la Sagrada Família, dos personas se movían, giraban, aplaudían, se pisaban, rodaban como en una carretera austral de varios sentidos, se balanceaban con sensualidad cuando sonaba la bachata, cándidamente se estremecían cuando el bolero sonaba. Una de esas personas, Francesc Mercadé (Reus, Tarragona, 1955), naviero en un mar de estadísticas, de sonrisa amable y corpachón agigantado, se detuvo, cambió de pareja, se subió a la palestra de Eros y le tocó en gracia su Psique. Una de esas personas, Yoly Hornes (Buenos Aires, 1953), pianista de dedos reticulares, con la engañosa mirada grial y la picardía netamente femenina, se detuvo, cambió de pareja, se puso el traje de Psique y se dio de bruces con Francesc.

Yoly y Francesc se conocieron en Bailongu, en una plenaria de bailes de salón, mientras ejecutaban su primer vals *(El vals de las flores,* de Chaikovski). Y mientras los dos se aprendían los pasos, fueron deslizándose las frases que compondrían la primera novela de los dos, *Nosotros mismos* (Ediciones Carena, 2010).

Los cafés, tres, y las copas de *bourbon,* también tres, nos entonaron las conversaciones hasta la hora del baile, que empezó con un vals rodado a trompicones por los dos traficantes de galanteos que acababan de sumar sus vidas…

Yoly adoptó la posición de Isabel Porcel en segundas nupcias, augusta y de labios carnosos, en el retrato que le pintó Francisco de Goya. «Nunca dejaré de agradecer a mis padres que me enseñaran a escribir a máquina. Siempre me fascinó el teclado y la relación entre la cabeza y los dedos», se dijo a sí misma. Se licenció en Filología Hispánica.

Se cogió a Francesc, con los brazos a la altura de las caderas, y pensó en esta frase para el futuro libro de los dos, cuando los dos se conocieran más y, como si en vez de amigos fueran una pareja, tuvieran su primer libro: *«Es que los juegos de palabras me vuelven loca y me hacen pensar que la relación entre significante y significado no es tan arbitraria como nos enseñó Saussure».*

Francesc entrelazó los nervios a los de Yoly, sin enfrentarse a los pies de ella, más comulgando con ellos y rindiéndose incondicionalmente a su empuje. «Mis lecturas fueron las de los niños de entonces, de Julio Verne a Emilio Salgari. A los 16 años, las lecturas me transformaron. Ordenaron mi cabeza», se dijo a sí mismo. Se doctoró en Ciencias Económicas.

Se cogió a Yoly, le colocó la mano derecha entre el costado y la espalda, afrontándose los dos a su primer fuego cruzado de miradas. Pensó en esta frase, que luego le serviría para abrir *Nosotros mismos: «No creo en el psicoanálisis, quiero simplemente hablar conmigo».*

Yoly mantuvo la distancia con Francesc. «De toda la vida, la ficción me ha atraído muchísimo. Creo que entiendo mejor la realidad a través de ella», se dijo a sí misma. Escribió las novelas *El hombre de los besos oceánicos* (Harlequín, 1998) y *El juego del espejo* (Nihil Obstat, 2000).

Levantó los brazos a la altura de los hombros, flexionando los codos y generando entre sus codos y los codos de Francesc un vacío ovalado que se llenaba con respiraciones y divagaciones despeinadas. Pensó en esta frase, incorporada posteriormente a *Nosotros mismos: «Las mujeres inteligentes tenemos muchas contradicciones».*

Francesc giró su brazo a la izquierda. «El comportamiento humano se ve como resultado del azar, pero la suerte se construye», se dijo a sí mismo. Escribió los ensayos *Sociología hoy* (Teide, 1979) y *Cataluña: intelectuales y nación* (Península, 1982).

Con el brazo despegado del cuerpo, Francesc inició una media vuelta que acabó en vuelta y media. Tiró de su pareja. Cortésmente, como los caballeros de Sión. Como los arquitectos de canales, impecablemente. Pensó en otra frase, que ayudara a propalar lo que él llama «perspectivas mágicas»: *«[en la nuca] se esconden los perfumes y se descubren las incompatibilidades»*.

Yoly apoyó el brazo izquierdo en el brazo derecho de Francesc, como si este fuera el palo de contramesana y ella fuera un cabo suelto que ansía el nudo perfecto. «Me gusta la literatura intimista, la literatura romántica, y me gusta trabajar en equipo porque es estimulante compartir la creatividad», se dijo a sí misma. «Llevo toda mi vida trajinando con palabras.»

Depositó el peso de su brazo cansado en el brazo nervudo de Francesc, sin llegar a colgársele, sin llegar a despegarse, dándose aire, desplazándose ambos, relajándose, alejándose, acercándose. Pensó en una frase: *«Digamos que soy una feminista de sentido común».*

Francesc se impulsó hacia adelante y la inercia hizo que variara la postura, extendiéndose por la pista eternizada de cuerpos que giran y galopan como si estuvieran en Estambul. «Se puede vulnerar el azar y crear una relación que se viva como propia, pero lo que más importa es acumular experiencia», se dijo a sí mismo. «Me gusta reinventar la vida.»

La invitó a moverse con el estilo que él imprimía, y Yoly se dejó guiar como si estuviera en las manos de un lazarillo. Pensó en decenas de frases: *«Compartir mi intimidad es un privilegio que los hombres tienen que ganarse».*

Yoly Hornes y Francesc Mercadé juntaron todos estos pensamientos, todas estas frases incomunicadas entre sí, y con ellas se abrocharon, tejieron, entrelazaron, amarraron, confeccionaron su primer libro juntos, *Nosotros mismos*, juego de rumbos y de existencias aparentemente abúlicas, pero que arriesgan y que se muerden los labios. Chico busca a chica y chica busca a chico, y en algún punto, chica busca el amor y chico busca el amor. Y, en algún punto, cuando el amor asoma, surgen las dudas, el miedo, la aventura, lo inespera-do... «Nuestra novela, en la primera parte, podría ser como el título de un delicioso relato de la obra de Italo Svevo *Corto viaje sentimental,* pero luego la trama estaría más en la línea de Calvino (Italo, también), en *Si una noche de invierno un viajero»,* resumen Yoly Hornes y Francesc Mercadé.

«Lo fortuito, el concepto de destino, es la clave en *Nosotros mismos.»*

LXXIX

Entrevista con Enrique Ibáñez, autor de *Palabras silenciadas*

LA NOCHE

Año 1967. Hora 19.30. Lugar Ateneo de Santander («institución dedicada al fomento de la cultura»), en la plaza Porticada, a un lado de la comisaría del cuerpo nacional de policía de Santander, los famosos *grises* de la época. Sección cinematografía y teatro, a cargo de su presidente, José Ramón Saiz Viadero. Piso segundo, encima del despacho del delegado de Información y Turismo, José Luis Herrero Tejedor, hermano de un todopoderoso alto cargo en el tardofranquismo. Función *La excepción y la regla,* de Bertolt Brecht (1930). Obra en dos actos dirigida por Ángeles Alonso en la que el inversor, potentado y empresario Karl Langmann desconfía de un culi a su cargo, en el desierto mongol, y le mata. («La obra termina con el juicio del asesino y su absolución. El espectador se ve obligado a aceptar la monstruosidad del veredicto o a condenar en bloque el sistema político que lo hace posible.») Distancia del público tres metros. Entre los intérpretes del grupo de Teatro Ateneo de Santander, Enrique Ibáñez.

Antes de ser poeta, Enrique Ibáñez (Santander, 1945) se bruñó en la dramaturgia, como uno de los productores de Daft Punk. Antes de publicar *Palabras silenciadas* y *Los poemas del caminante* (Ediciones Carena, 2014 y 2015, respectivamente), Enrique Ibáñez diseccionaba la realidad, la vampirizaba, hasta sacarle las moléculas de sangre y fuego y separarlas en clases antagónicas. Ibáñez siempre se ha considerado un obrero de la palabra. Como Bertolt Brecht (*«Vosotros, que surgiréis del marasmo en el que nosotros nos hemos hundido, cuando habléis de vuestras debilidades, pensad también en los tiempos sombríos de los que os habéis escapado»*).

Nacido de noche en la negrura de una España desgajada, y de padre represaliado, como tantos padres, Enrique estudió peritaje industrial en Santander.

De noche, a las tantas, junto a su padre escuchaba La Pirenaica (Radio España Independiente), tapados con una manta lanuda.

De noche, antes de que el sol saliera a calentar motores, trabajaba como auxiliar de analista de laboratorio en una planta piloto que los americanos habían instalado entre pastos de vacas, en Gajano-Santander, para producir caucho sintético y negro de humo. Negro.

De noche, Enrique leía todo lo que caía en sus manos. Amagado como Guns N'Roses en *Paradise City*, colérico consigo mismo por ser duro de entendederas: «Quería decir algo y que fuera comprendido», deduciría cincuenta años más tarde.

De noche, pintaba aguadas con el retrato del Che *(Aquí va un soldado de las Américas)*, disoluciones arrítmicas cargadas de color que su madre hizo trizas por el miedo a las represalias.

De noche, veía películas del checo Milos Forman *(Búsqueda insaciable)*, prohibidas por el régimen, temeroso de que los checos se levantaran como las Mariannes de la República.

De noche, roncaba con la voz en *off* del cineasta lituano Jonas Mekas *(Time and Fortune Vietnam Newsreel)*, que experimentaba en sus montajes con las palabras, con las expresiones, con las imprecaciones.

De noche, aprendía inglés con Mick Jagger *(Their Satanic Majesties Request)*.

De noche, la vida se le hacía soportable, aunque fuera durmiendo la noche y viviendo en el sueño.

De noche, la quijada de la apertura adquiría sentido, veía claro, nítidamente: «No entendía que hubiera cosas que no se pudieran decir».

De noche, la voluntad de cambio hacía que se cuestionara el futuro para huir del pasado.

De noche, en las etapas finales del franquismo, a principios de los setenta, volaría a Londres, donde vivió tres años, para apuntarse a la vida en democracia, a las clases de improvisación y movimiento del Oval House, del South London's Theatre. El cantautor Joaquín Sabina dirigía el Club Antonio Machado de Londres, centro de reunión de los exiliados españoles y donde conoció a algunos de los integrantes del grupo de teatro Los Goliardos (*Streaptease,* de Slawomir Mrozeck).

El 20 de noviembre de 1975 murió el dictador Francisco Franco («sentí una liberación»).

El poeta Enrique Ibáñez, que antes de ser poeta fue actor, metió en una botella la noche y la lanzó al mar. Lo único que se salvó fue la poesía de Bertolt Brecht: «En una época, sus versos me permitieron descubrir el mundo. La poesía me permite ser libre y ser útil».

«Vosotros, cuando lleguen los tiempos en los que el hombre sea amigo del hombre, pensad en nosotros con indulgencia.»

LXXX

Entrevista con Sebastián Jané, *Shemtov, autor de 40x30*

SUBCOMANDANTE SHEMTOV

«Me despidieron de El Corte Inglés porque vendía las cosas más baratas.»

La frase la pronunció, en el 2001, el Subcomandante Marcos, líder del Ejército Zapatista de Liberación Nacional.

El sefardí Sebastián Jané (Utrera, Sevilla, 1947), de nombre hebreo Shemtov, también trabajó como dependiente en El Corte Inglés. Él solito se despidió.

A su manera, Shemtov también es un revolucionario.

Cree en la cultura, que es la ampliación del conocimiento. Por lo tanto, cree en el conocimiento, que es la profundización en la naturaleza.

Como uno de los mayores especialistas de la figura de Leonardo da Vinci (1452-1519), Shemtov acaba de publicar la novela histórica *40 x 30* (Ediciones Carena, 2020), «magnífica epopeya».

«El título responde a las medidas del cuadro *Retrato de Salai,* pintado por Da Vinci. Gian Giacomo Caprotti, llamado Il Salai [Diablillo], era uno de los alumnos preferidos del artista. Ese cuadro estuvo en mis manos, me lo enseñó el especialista en la obra del renacentista, el profesor de la UCLA Carlo Pedretti, que ha catalogado los dibujos de la Biblioteca Real, en el Castillo de Windsor. Hoy, la pintura está bien guardada en un banco suizo», explica Sebastián Jané, *Shemtov,* un leonado admirador de cualquier bella escenografía, con los pelos alicatados debajo de la kipá y una gorra azul adriático de las que usaba Chanquete.

En *40 x 30*, Shemtov glosa la vida de Leonardo da Vinci, a quien le hubiera entusiasmado conocer y cuyo talento, a decir del autor, era inigualable.

«Su mano izquierda era excepcional. Un genio con una gran condición humana. Sumamente espiritual», reconoce, y le colma de epítetos grandilocuentes. «En fin, como sabes muy bien, era muy curioso. Da Vinci diseccionaba cadáveres para conocer el cuerpo humano, y por ello fue amonestado por el Papa, de ahí que no se llevara bien con la Iglesia, que le trató muy mal.»

La debilidad de Da Vinci, sobrevivir.

Su enemigo, la facilidad para pintar.

Su ilusión, poner en marcha los inventos, del primer submarino al primer helicóptero.

Su escolástica, crear.

Su maestro, Verrocchio *(El bautismo de Cristo).*

Su secreto, quién era realmente Mona Lisa.

Su congregación, el Gremio de San Lucas.

Su primer biógrafo, Giorgio Vasari.

Su último biógrafo, Sebastián Jané, *Shemtov,* que no será el último.

«Yo llegué al arte en 1973, cuando el propietario de Muebles La Fábrica, Félix Estrada, me puso al frente de uno de sus museos, en el que se exponían cuadros comerciales de decoración. Entonces pedí un crédito y compré tres óleos que luego vendí», echa la vista atrás. «Comprar cuadros es comprar el espíritu de su creador.»

Actualmente, Shemtov posee más de trescientas obras maestras, de diferentes pintores a quienes conoció (Hans Hartung, Don Fink, Wolf Vostell…). Algunas de ellas nunca las venderá, por formar parte de su vida afectiva. Es el caso del lienzo *Masada,* de Ana Lentsch, y *Don Quijote,* de Ileana Bratu.

Sigue a pies juntillas el consejo de uno de sus profesores: «Lo más caro en esta vida es la libertad».

Shemtov es un hombre libre.

«La libertad es como la mañana…», dijo el Subcomandante Marcos en la selva lacandona.

«El mundo de la cultura es el mundo del futuro», añade el escritor y marchante de arte.

Por eso Shemtov es un revolucionario.

LXXXI

Entrevista con Edjanga Jones Ndjoli, autor de *Heredarás la tierra*

EL SUEÑO DE EDJANGA

En *Los sueños de mi padre. Historia de herencia y raza,* el presidente de los Estados Unidos, Barack Obama, se interroga, se confiesa, pretende descubrir quién es, además de un color en un país de muchos colores, predominantemente el blanco (*«según nuestra tradición, cualquier hombre puede trabajar la tierra que no está cultivada»*).

En *Heredarás la tierra* (Ediciones Carena, 2016), Edjanga Jones Ndjoli (Madrid, 1982), de ilustre presencia, como un bisonte de acucharada cornamenta, alto como las palmeras, se vuelve circunspecto, se cuestiona lo que ha aprendido en las escuelas, los pilares en los que se basa su fe, extraña palabra, manoseada como una frazada en el campamento de Idomeni.

¿Quién es realmente Edjanga? Peleado con el mundo, Edjanga es un negro que se reafirma en su negritud, hijo de muchos movimientos y muchas etapas en la Historia: de la medalla de oro del atleta Tommie Smith, uno de los puños cerrados del Black Power, a la transición sudafricana hacia la democracia.

En *Heredarás la tierra,* Edjanga expone sus maduras reflexiones acerca del yo, del yo negro y del nosotros, blancos y negros: «Aquí expreso mi conflicto. Las preocupaciones de una persona en torno a sí mismo y donde vive, que hacen que explote algo en su interior. Cosas sin resolver, reflexiones que me incluían a mí y a mis padres. ¿Qué pasaría si yo fuera mis padres? Es un diálogo introspectivo sobre la figura del padre que podría llegar a ser y sobre la figura del hijo que he sido».

Heredarás la tierra podría ser la epifanía de los sofistas intelectuales que se han consagrado al pensamiento del humanista francés Michel de Montaigne sin haberlo leído nunca (*«La prueba más clara de sabiduría es una alegría continua»*).

Quizás, el punto de inflexión que le lanzó a escribir este «ensayo lírico» fue la estancia que pasó en Londres, donde entró en crisis existencial tras una relación sentimental fallida. «Lejos de todos y de todo, esa ciudad me exigía digerir los acontecimientos presentes y no buscar excusas en miedos pasados, rechazos de uno y otro lado del mundo que se concentraban en mis experiencias, de dónde vengo y adónde voy», explica.

En la redacción del libro también influyó la paliza que recibió, en 1996, en la estación de Goya del metro de Madrid, entre las calles de Alcalá y Narváez.

«Iba a recoger a mi novia. Salía del vagón de metro. Unos *skinheads,* un grupo numeroso, me siguió por las escaleras. Primero me escupieron. Yo veía lo que se me venía encima, y mi cabeza iba a mil por hora, planteando todos los escenarios posibles, y ninguno de ellos me satisfacía: a. no hacer nada, lo que sería interpretado como que me mostraba intimidado, y b. encararme, pero eran demasiados. Yo seguí andando. Uno me gritó: "Eh, tú, puto negro". Giré la cabeza. Le miré. Y él se sintió agredido, en plan: "¿Por qué me miras?". Yo seguí andando. Entonces, uno se abalanzó sobre mí para darme una patada, que pude esquivar. Los demás comenzaron a pegarme. Caí al suelo. Me hice un ovillo. Me dejaron tirado. Durante años tuve una cicatriz en la cara, resultado de la agresión. De lo que más me acuerdo fue de sus caras de odio. Tanto odio… Me di cuenta de que el problema lo tenían ellos, no yo. Que no eran felices consigo mismos.»

Edjanga tenía tan solo 14 años.

Antes y después oiría otras veces lo mismo: «¡Qué te pasa, negrata?».

En su cerebro se registraron los datos biométricos de aquel suceso de 1996, penoso suceso, del que ha extraído todo lo bueno, al igual que hizo en sus ensayos Montaigne (*¿Qué se yo?*), moralista de familia judeoconversa que acabó ardiendo en la hoguera de la Inquisición. «El racismo es una actitud cobarde que busca el amedrentamiento del otro. Yo no sé si alguien, en el autobús, no se sienta a mi lado porque yo sea negro. No lo sé. Sí puedo llegar a saberlo cuando hay una declaración formal y te apartan», deduce, moralizante, sabio y maduro: «Los episodios racistas nunca han sido elementos que quiera subrayar. Soy fruto de ellos, pero el racismo me lo tomo como una constante en mi vida. He aprendido a mirar estos hechos como torpezas de múltiples formas y maneras. No son las torpezas propias de las ingenuidades de un niño, sino que están dirigidas de manera consciente. Yo me enfrento a ellas con dignidad, sin darles un peso mayor del que tienen: pequeñas anécdotas con gente que tiene miedo».

Diez años después, de algún modo, ese odio, agitado con el amor («el amor generacional, ancestral»), le estalló como un naranjo en flor, como un trueno pirotécnico en la verbena de Sant Joan.

En el 2006, Edjanga viajó a Guinea Ecuatorial, la patria de sus padres (Francisco Jones, exactivista político, y Josefina Ndjoli, enfermera). Allí estuvo ocho meses. Da cuenta de su decisión: «Quería saber quién era yo. Es muy duro vivir en España siendo negro. Siempre se repiten los mismos clichés, los tópicos manidos: que si el negro solo sabe que bailar, que sabe cantar muy bien, que si es una máquina del sexo… Te ves obligado a ser un estereotipo, y eso es muy incómodo. La disfunción llega cuando la gente se asombra por el color de la palma de tu mano o por tu pelo. Ese extrañamiento de los demás me hace ser diferente».

Continúa: «Mis padres me presionaron para que no hiciera ese viaje, por el peligro en las calles, pero yo vi un país con miedo, con una actitud de psicosis, en la que la amenaza está continuamente presente, una amenaza perturbadora». Y agrega: «En Guinea, la película negra de mi memoria se llenó de sentidos, sabores, sonidos, colores e imágenes que ya conocía, pero solo en la intimidad de mi hogar».

De vuelta, y de nuevo en España, no supo qué hacer: sí que había entendido que en todas partes cojearía. Escuchaba las canciones del rapero Frank T *(Los pájaros no pueden vivir en el agua porque no son peces)*, que apela a la realidad social. Estudió Políticas, en la UNED, para analizar las circunstancias de su entorno y sus porqués.

Y la escritura le sacó del atolladero: «Fue un ejercicio de conciencia, reflejar lo que me sucedía y lo que sucedía alrededor».

Afloró *Heredarás la tierra,* su tabla de salvación, obra con la que ha querido revalorizar sus orígenes: «África es el pilar de la cultura, y quería hacer visible a quienes más quiero, hacernos visibles».

Esta es la frase de su biografía, en la solapa, pensada con mucha intención y «empoderamiento»: «[Edjanga] pertenece al clan de los bomanongo, de la línea kombe del pueblo de handjé, y es descendiente del primer pastor presbiteriano del pueblo, Myongo, y descendiente basek por parte materna».

«En Guinea me resguardé de muchas cosas, con humildad. Allí tengo un futuro. Quiero retomar el sueño de mi bisabuelo.»

Se llamaba Maximiliano Jones.

«Mi bisabuelo Maximiliano fue descendiente de esclavos y construyó el mayor imperio económico de la isla de Bioko [Guinea Ecuatorial], y tenía amistad con la Casa Real española. Creó un lugar para que los hijos de sus hijos no tuvieran que huir jamás como él tuvo que hacerlo, aunque, paradójicamente, seguimos huyendo y buscando nuestro sitio en la tierra. Maximiliano nos dio un sueño, una esperanza, y lo hizo desafiando la época que le tocó vivir.»

En sus visitas a las escuelas, Barack Obama recomienda dos títulos sobre la esclavitud: *La cabaña del tío Tom,* de Harriet Beecher Stowe («mercaderes de almas»), y *Vida de un esclavo norteamericano contada por él mismo,* de Frederick Douglass («para tener un esclavo contento es necesario impedir que piense»).

En el 2008, Barack Obama llegó a la presidencia del país más poderoso del mundo.

Cuando este reportero pregunta a Edjanga Jones si querría llegar a ser presidente de España, carcajea, luego especula, razona y verbaliza la espera, y segundos más tarde inicia un debate sobre la colectividad.

Y finaliza con esta declaración: «España no está preparada para que un negro mande. Pero ¿por qué no? Tal y como está la política, quizás lo haría mejor que ellos».

Eso seguro.

Doy fe.

LXXXII

Entrevista con Montse Jordà i Cotonat,
autora de *L'estació dels desvaris*

EL TIEMPO

En la fase de contracción del universo (Big Crunch, lo opuesto del Big Bang), la flecha termodinámica del tiempo va en dirección contraria: ¿nos acercamos al futuro?

En *Breve historia del tiempo,* el astrofísico Stephen Hawking desmenuza el tiempo, después de repasar los apuntes de hipótesis temporales de los últimos siglos. Se plantea la no existencia de Dios, en el supuesto de que demos por buena la suposición de un universo finito.

En el ensayo *La teoría del todo,* la recopilación de algunas de sus conferencias, Stephen Hawking reincide en esta visión: galaxias sin fronteras o un capitán Spoock mediovulcano que sustituye la idea del Ser Superior. En esta línea, la joven estudiante catalana Aina Oliver ha abierto camino con el trabajo de su TFM (Trabajo Final de Máster: «se reivindica nuestra época como la era del espacio, aquello que Foucault denomina heterotopía, y como resultado de esta red de relaciones surge un tiempo heteróclito [heterogéneo]»). En la era global, difícilmente se puede mesurar el tiempo, porque se vive en el presente (Twitter), con lo cual, caída la te del eje de coordenadas, el espacio gana espacio. La edad se mide en localizaciones, en lugares, en territorios estáticos.

Este rollazo viene a cuento de una declaración: «Es en la tercera edad donde el tiempo se detiene, donde deja de tener sentido. Y es entonces cuando la persona conecta con su verdadero yo, porque no hay prisas ni metas ni mañanas».

La tercera edad es un agujero negro bueno.

Lo dice la psicoterapeuta Montse Jordà (Ripoll, Girona, 1965), que no es ni Aina ni Hawking. Formada en terapias Gestalt, y como si fuera la energía astral de una nueva revelación, ha escrito la novela *L'estació dels desvaris* (Ediciones Carena, 2017), sobre la tercera edad, que no es una edad, sino un espacio sin luna ni sol ni translación ni rotación. El convite de una boda sin antes ni después, solo el cóctel, hojaldres al horno.

«Siempre me ha interesado la vejez, porque yo veía a mi abuelo y veía a otras personas de su edad y me preguntaba: "Cuando el cuerpo no responde, ¿cómo seguir?". Y eso me reafirma en la idea de que la vida es un viaje en solitario. Otros nos acompañan en el trayecto, pero hasta los hijos también estarán solos, porque también se hacen mayores los hijos», medita Montse, que es una mujer alta y noble y con ojos dolidos que se vuelven cordilleras, copas, cantos. Depositaria de muchas voces, canciones últimas que en su regazo examina detenidamente. «Tardé tres o cuatro años en terminar *L'estació dels desvaris,* en la que quise experimentar cómo es la vejez, ahora que yo también me estoy haciendo más mayor.»

Se le pregunta por el futuro, sin contravenir el principio de incertidumbre ni el principio antrópico ni el principio de Fermat. ¿Cómo es ser viejo siendo uno joven todavía? «A medida que llegas al final, relativizas, la vida no es tan seria. La vejez nos quita capacidades (pérdida, limitaciones, muerte), y nos da otras (sapiencia). Lo más importante: disfrutar de cada momento de nuestra existencia», resume sin pestañear.

Licenciada en Medicina por la Universitat Autònoma de Barcelona y diplomada en Geriatría, Montse Jordà considera que el sistema sanitario convencional responde solo ante casos de vida o muerte: corta la hemorragia, devuelve el bombeo al corazón desasistido, chequea. Pero es torpe porque trata enfermedades, no pacientes: receta pastillas, no busca las raíces del mal. «No profundiza ni en lo físico ni en lo emocional ni en lo social, y el entorno del enfermo también influye», aduce Montse.

No somos números. Podemos ser palabras. Jugar con las palabras es pasar ratos agradables con nosotros mismos. Sacar jugo de esas parcelas cotidianas es atender lo pequeño. Nosotros somos pequeños aunque nos veamos gigantes. Cervantes ya lo adivinaba. Por eso escribió *El Quijote* al final del viaje, ya sesentón.

Final que es principio.

No hay atrás ni adelante.

El tiempo se para.

Solo queda el espacio.

Energía que se transmite.

Lugares felices.

Eternos.

Estaciones.

LXXXIII

Entrevista con Helena Junyent, autora de *El cuerpo adivinado*

EL ÁNGEL

Miércoles 22 de diciembre del 2009, en Ediciones Carena

El repartidor de Celio Preimpresión, la imprenta con la que trabajamos, es un tipo peculiar, con una cara mustia de algarrobo y un corpachón serrado por sus costuras. No dice nada, no muestra el menor signo de interés, no atiende. Si uno procura darle charla para romper el hielo, se queda con la palabra en la boca. Gael llega con una camioneta blanca pobre en octanos con la que hace el reparto de los pedidos. Trae una caja sin nombre y unas cajas con el nombre de *Te compraré unas babuchas morunas,* la saga de una familia de campesinos de Sierra Morena. Una novela inquietante, absorbente, que a mí me recuerda la prosa desbordada y agradecida de Ana María Matute, a quien imagino con una máquina de escribir, deletreando sus perezas para mantenerse despierta y distraída.

«No suba a la acera, que la acaban de cementar y se rompen las baldosas.»

Un cartel lo deja bien claro.

Ni puto caso. Gael sube, echa marcha atrás, se lleva una de las vallas y mi pie, a punto de caer bajo el peso de la locomoción.

Descargar 27 cajas con 18 libros cada una da para, cuanto menos, intercambiar tonterías y banalidades del estilo «qué frío que hace» y «¿se quedará por aquí en estas Fiestas?». Ni eso. Gael, con su infantil y honorable rudeza, que me recuerda los pasos de los Geganters de Sants, se mete en la furgo, sin despedirse, y arranca y hace dos maniobras que los operarios marroquíes observan callados, resignados, indiferentes ante la salud de la obra, que será de todo menos imperecedera.

Cuando llegó Gael, yo contestaba un mail de Pili Garcia, muchacha de Lleida tan salada como el mar. Y a partir de ahí, el camarote de los hermanos Marx. Llegaron más fardos, y con los paquetes de cartón piedra, Pepa Cantarero, la autora de las babuchas, con su prole: su hijo, Cristian, y su hija, Jade, nombre de esmeralda, verde como la cubierta de su madre (la contracubierta la redactó ella). Y llegó Eudald Escala, que me traía una nueva lectura de Leonard Cohen: *Conversaciones con un superviviente,* de Alberto Manzano. Y cuando ya todos estábamos de pie porque el espacio de ratonera se estrechaba cada vez más, entró José Enrique Martínez Lapuente, el arcabuz de los carenianos, a quien yo asocio con los barbudos de La Habana, armado con la alabarda de su pluma y siempre con digresiones de términos marxistas y con la salvedad de una autocrítica «constructiva-discursiva».

José Enrique, autor de *Un extraño viaje,* portaba un ejemplar de su obra con la numeración descontrolada: después de la página 106 se volvía a la página 101. Días atrás, en la revisión de galeradas, descubrimos un fallo garrafal, que a mí me parecía tan divertido como conveniente: «Creo que si no lo tocamos se venderán más libros». La portada titulaba: *Un exraño viaje.* Y la palabra caló en Carena: «Sí que es *exraño,* sí».

Las guirnaldas de un deseo

Gael volvería por la tarde para traer *El cuerpo adivinado* (Ediciones Carena, 2010), la poesía desnuda hasta la cintura: «*El cuerpo adivinado* no explica, no aclara, expone que la poesía es otra cosa: un aliento que vibra, un algo que se presenta como existencia de un cuerpo y aplicación de este a su lugar de conciencia», dice el prólogo.

El cuerpo adivinado, las guirnaldas de un deseo irremplazable, provoca un revuelo de versos con palabras y de palabras sin verso. La pintora-poetisa Helena Junyent (Vilafranca del Penedès, Barcelona, 1947), su autora y benefactora, ha publicado el poemario todavía convulsa por los cataplasmas del amor sometido a reglas. Se trata de unos ochenta poemas de breve recorrido y honda crítica, con formas rompedoras y ensoñaciones que van de los «yo-entusiasmo» y «Si valorar corresponde a medir, medir por medir ¡midamos!» a los encabalgamientos ásperos y astrosos del «justo ahí / donde el sí y el no / luz no se necesitan».

Dos ángeles embrollan a Helena: un Ángel Rojo, demonio seductor, y un Ángel Blanco, un Hombrecito de Blanco.

A Helena, el señor con cuernos y rabo le concede primacía a la pintura, a las paletadas de colores que se clavan en el corazón como las chinchetas y que le extraen a uno la sangre como esos dibujos pirograbados por la sanguina de las sanguijuelas. No en vano, clama al cielo.

Por el contrario, el ángel bueno le llena de pájaros la cabeza con el *lied* de sus cantos y sus rimas desprovistas de sentido. El Ángel de Blanco de Algodón revolotea en círculos concéntricos por las viejas glosas de imberbes griegos.

Helena nació con el Ángel Rojo, con el diablillo de la pintura. Rojo, cáustico, disoluto.

«Lo mío era el color traducido a la forma: pintura, dibujo, mosaico, grabado...», desmenuza su pasado, distraída cuando quiere, envuelta en un aura de solvencia que solo he visto en Pepa Cantarero (con quien comparte el mismo pelo de la Transición) y en Jane Austen. «Desde que era niña tuve claro que lo mío era pintar. Ya en la escuela siempre estaba en la luna, en Babia, absorta con la invención de posibles imágenes.»

En algún momento a los colores se les deshizo la compostura, y su arte —expresionista, no figurativo, pero sí equilibrado y con connotaciones figurativas— se le vino encima como una mole, del mismo modo que a Goya le pudo sus *Pinturas negras*. Entró en una crisis creativa con los pies descalzos, desvalida, confusa, y, en medio de la gruta de la muerte-en-vida, se dejó caer, confusa, desvalida, descalza. Fue en 1997, y su coco no paraba de dar vueltas y vueltas y vueltas y más vueltas...

El Angelillo Bueno de la Poesía, blanco, chulapo, enguantado, se le apareció sobre el hombro derecho, tocado con una chistera de himnarios y sosteniendo una cítara para cantar sobre las olas de su desgracia. Y le convenció.

Helena, sin ser diletante en gramáticas, se apuntó a un taller de literatura, escribió como un chef innovador en la cocina, echando un poquito de azafrán de más para ver a qué sabe, y las expresiones jugosas y mordientes que salieron de esta nueva experiencia la iluminaron de nuevo. En la finca del centro cívico de Can Deu se apuntó al concurso anual de los Jocs Florals, y ganó La Flor Natural con una poesía amorosa, exponente de un amor más que cribado, triturado. Luego le siguieron otros laureles; el último, el Premio de Poesía Tomás Morales. «Desde entonces no he parado de escribir y llevo 12 libros, prácticamente uno por año», cuenta, convertida ya en el monolito de las ánimas del limbo que tropiezan cuando se buscan a sí mismas. «No sigo las normas de la poesía clásica, ni el soneto ni la rima. Lo que busco es otra cosa.»

Espoleada por el Ángel Blanco (blanco, chulapo, enguantado), emisario de la poesía, que le chivaba en los descansillos de la escalera las estrofas ditirámbicas de la mística y las profecías, se zambulló en una literatura molida por su propio revulsivo, pero vigorosa y fresca como una rosa.

Se matriculó en l'Escola d'Escriptura de l'Ateneu Barcelonès, y cumplió los tres cursos de rigor. «El profesor Francesc Parcerisas me enseñó muchísimo, me hacía muchas preguntas. Quería saber si mi poesía respondía a algo más que a una escritura automática, así como las razones que me impulsaban a transgredir la sintaxis, y otras cosas más...»

Durante cuatro años, ni tocó los pinceles. Pero el Diablo sabe más por viejo, y esperó, paciente y atento. Un día, el Diablo, rojo, cáustico, disoluto, se le apareció sobre el hombro izquierdo, y le sopló al oído algo que le hizo cosquillas, todavía sin entender los puntos que escondía su manifiesto. De repente, Helena soltó el bolígrafo con el que escribía y saltó a la arena de los lienzos almacenados en el estudio, y chorreó témperas, y derramó óleos, y destiló ideas hasta la desembocadura de los marcos. Durante dos años, enajenada por las trazas de seductor del Ángel Caído, pintó como una posesa, esmaltada, furiosa, arisca.

«Combinar pintura y poesía, las dos cosas a la vez, no puedo. O una o la otra», le sale sin querer, como el suplicatorio desatendido del juez que dentro de sí le hurga. «Así, estuve dos años en los que no pude escribir nada. Solo pintaba.»

Los cuadros los expuso en el Espai Cultural Pere Pruna, en Sarrià-Sant Gervasi.

Apenas si rendido, el Ángel del traje de lino blanco, blanco, chulapo, enguantado, se le volvió a prender en el hombro derecho, y le recriminó que hubiera dejado de lado los serventesios, las liras y los hexámetros. Aun a pesar de haberlos repudiado de antemano por su ajustada y encorsetada métrica, Helena, arrepentida a medias, abandonó los tintes y el aguarrás y los pastiches, y se puso a escribir de nuevo con su bolígrafo preferido.

Encerrada en la cáscara de Calimero, los poemas le salían solos:

ante el legado
no dispongo
replico.

Leía, leía, leía como anteriormente le daba al coco vueltas y vueltas y vueltas. «Con Paul Celan me quedé absolutamente deslumbrada, me encantó el poder sugerente de su verso corto, roto, su sutileza, su manera de hacer, pero, sobre todo y ante todo, ¡la forma!»

Helena Junyent ha sabido elegir muy bien las lecturas: Góngora, Quevedo, Valente. Y Vallejo, Lima, Jabès... Y, últimamente, Olvido García Valdés y Chantal Maillard: «Anduve por el dorso de tu mano, confiada, / como quien anda en las colinas / seguro de que el viento existe...».

«Con ellos camino y con ellos voy al encuentro de mi voz», dice Helena Junyent.

En este periodo, concibió *El cuerpo adivinado*:

si de una oleada mojas el aire
y su trazo no traspasa el vacío
no lee el agua

Y deseado el cuerpo, Helena se enzarzó en una historia que arrastraba durante cinco años, «un mamotreto que me ha dejado vacía». Se trata de un libro de temática histórico-religiosa, con sus dudas, sus miedos, sus preguntas y, también, sus barbaries. «Es demasiado denso, caótico, descompuesto, indescriptible. Si algún día lo retomo y lo publico, tendrá muchísimos detractores, desbordados, saturados», asegura.

El Diablo, rojo, cáustico, disoluto, muerto de celos, enfurruñado porque su disfraz no surtía el efecto que esperaba, vio la ocasión y se le volvió a manifestar sobre el hombro izquierdo, con el color intenso de la siega al rojo vivo. «Deshazte de él», bisbiseaba el pequeño demonio con la marrullera sonrisa y los centelleantes ojos.

En junio del 2009, Helena, hipnotizada como Woody Allen en *El escorpión de jade,* dio carpetazo al mamotreto: lo pisoteó, hizo de sus zigzagueantes líneas imposibles trizas, y se tiró a un mar de turbias acuarelas como una suicida se lanza al abismo desde un puente.

«Tenía la necesidad de romper, de triturar más y más a través de la pintura, y me embarqué en un oleaje de pinceladas tortuosas y oscuras en las que el negro era la luz que me empapaba de Goya, de Saura…, a la vez que reciclaba la serenidad que siempre me ha transmitido *El caballero de la mano en el pecho,* de El Greco.»

Hace un mes que Helena, dual y controvertida, ha recuperado las ganas de escribir. Sí. «Pero me he vuelto una pejiguera, reviso cada línea, cada palabra, cada espacio, letra por letra, una y otra vez… Como dijo Paul Valéry: "No hay obras terminadas, solo obras abandonadas".»

Los pinceles la excitan. Le ponen. Le da morbo el color de la escritura.

La poetisa-pintora Helena Junyent ha vuelto a acostarse con el cuerpo que, deseado, adivina su momento preferido.

El Maligno, rojo, cáustico, disoluto.

Venció El Maligno.

LXXXIV

Entrevista con Ani Khachatryan, editora de *Antología de la literatura armenia*

EL PIANO

Adagio sostenuto. La Nieta

Cada vez que observaba sus chispeantes ojos, cada vez que oía su risa sincera, cada vez que le abrazaba y sentía los latidos de su corazón, dominaba en mí un extraño sentimiento, bajo cuyos efectos era capaz de convertirme en el mejor de los bienhechores o, por el contrario, en el peor de los delincuentes. Solo tenía que pedírmelo.

DIARIO DE UN HOMBRE PERDIDO, DE NAR-DOS

El Abuelo refunfuñaba porque los compases de la bagatela *Para Elisa* los interpretaba con el tempo de una oda. Apenas tocaba las teclas, estas producían un sonido intenso y desvariado que hacía chirriar los dientes hasta del gato. Por eso, el Abuelo abandonó las clases de piano con el convencimiento de que tras las cortinas tornasoladas los críticos de arte nunca se pararían a escuchar su música. No se hizo la miel para la boca del asno.

Cuando nació la Madre, una noche desmemoriada y de dádivas prometedoras, el Abuelo regaló a su hija un piano Royal de filarmónicas vértebras y con raya a un lado, de un negro brillante como los ojos de su retoño. La

Hija del Abuelo, emancipada de sus deberes paternales, y con el maletín de los pinceles en los dedos, aprendió a conjugar las sílabas y las melodías, y se graduó con los pies en la tierra, aunque luego ejerciera de maestra de Física y Química en los depósitos de las escuelas.

Cuando nació la Hija de la Madre, la Nieta del Abuelo, el piano había envejecido lo suficiente para dar las notas como si fueran una escalera de color. El re, el la y el do invertían sus términos y sonaban con desánimo si es que unas manos divinas no les acariciaban el costado como era debido.

Ani Khachatryan, la Hija de la Madre, la Nieta del Abuelo, es pianista de plenilunios en las farmacias del deseo. Quién lo diría. «No me gustaba nada, me obligaban», se queja de vicio, porque si tocar con saña sabe hacerlo mejor que nadie Richard Clayderman, domar a las fieras con sonatas corresponde a esta mujer de sólida presencia. «No me gustaban las cuatro horas semanales de solfeo», dice con desagrado, con los seis años de conservatorio cursados a cuestas. «Mi preferido era el *Claro de Luna*, de Beethoven. Yo tenía un pianazo, y ahora tengo un organillo pequeño con el que me conformo.»

Ani es un bumerán. Cuando nosotros vamos, ella ha vuelto, y ha hecho la compra y le ha dado tiempo a arrellanarse en el sofá y a sorber su refresco favorito con pajita. Nacida en 1986 en Gyumri, la segunda ciudad de Armenia, se llama así por las cenizas de su país. Ani, «la ciudad de las mil y una iglesias», fue capital de Armenia, hoy en territorio turco, por lo que su pronunciación evoca los sueños prohibidos de la tierra conquistada. Ani Khachatryan coordina la *Antología de la literatura armenia* (Ediciones Carena, 2010).

Allegretto. El viaje

Guiqor dirigía su mirada al pueblo con mucha frecuencia. Veía que nadie se había movido. Todos seguían en su sitio. Veía a su madre que se secaba los ojos con el delantal. Guiqor se movía a pasos mucho más rápidos que su padre. Daba vueltas alrededor de él... Se giró una vez más y, para su sorpresa, el pueblo quedó detrás de la montaña. Ya no se veía.

Guiqor, de Howhannes Tumanyan

Ani está ocupadísima. Tanto que ha costado 21 días quedar con ella.

«Sí, sí, necesito que el cliente me traiga los papeles, sí.»

Por las mañanas trabaja en una inmobiliaria, en la carretera de Santa Coloma, en Badalona, a tres pasos de la salida de Sant Adrià de la línea lila del metro. «No te asustes cuando vengas», me previene por si me molesta que se les haya ido la luz. La claridad de un día pasado por agua suplanta las bombillas halógenas. En un espacio amplio, tres mesas alineadas contra la pared. En la primera, se sienta la madre de Ani, Zaruhi; en la del medio, su hermana Anahit (diosa del amor; Arpine, su otra hermana pequeña, significa Sol),y en la última, ella atiende el teléfono y cierra los contratos.

Por las tardes, Ani asiste a las clases de cuarto de Derecho en la Universitat de Barcelona. Para ella, las únicas asignaturas que se salvan son Penal I y Penal II. Evidentemente, querría ser abogada penalista. De los hurtos y los dolos, y de los robos agravados por el asesinato con premeditación, Ani saca las razones para seguir formándose en una carrera que empezó sin ninguna motivación. «Me convencieron. A tocar el piano me obligaron, pero a estudiar Derecho me convencieron.»

Le bastó el artículo primero del Código Penal para sacudirse los picos de la falda y ponerse a empollar: *«No será castigada ninguna acción ni omisión que no esté prevista como delito o falta por Ley anterior a su perpetración...».*

«Siempre he sido muy buena estudiante», asume, sin la falsa modestia de la cancillera Angela Merkel, y con un recorrido de movimientos transitorios y viajes tan largos como inacabables. «A los 14 años me vine a Barcelona. Antes, ya se había instalado aquí mi padre, que vino para amasar el dinero que le permitiera enviar a sus tres hijas a la universidad. Mi padre es ingeniero, pero aquí empezó de paleta y hoy tiene una empresa de construcción: Sasha.»

Presto agitato. El genocidio

Nunca antes Hachi había andado de forma tan descuidada por la calle. Su andadura siempre había sido una demostración escénica, firme y muy masculina. Avanzaba con la mirada fija en un punto en la remota lejanía y llevaba siempre una bufanda marrón que cubría su joroba de casi setenta años.

LA PERSONA QUE SOBRABA, DE DERENIK DEMIRCHYAN

Aleksandr, Alexander, Aram, Aristakes, David, Eduardo, Gagik, Grigor, Hampar, Hasmik, Jacob, Lusine, Marios, Mikael, Mkhitar, Saint, Simeon, Dadi, Stepanos...

Aleksandr y Alexander, exhaustos, se secaban el sudor con los guantes de cabritilla de su piel fina y raspada. La caminata les consumía. Horas infernales bajo el sol abrasador que les quemaría la piel fina y blanca hasta alcanzar la población siria de Dayr az Zawr.

Aleksandr y Alexander perecerían en el intento de sobrevivir a su propio esfuerzo. El genocidio armenio, hace cien años, se cobró estos dos nombres, una aguja en un pajar de millón y medio de asesinatos.

Ani Khachatryan siente hacia su familia el aprecio sincero que un niño siente hacia su tamagochi. Con el percutor de la lengua describe la sangrienta historia de su pueblo, y Ani se conmueve con ese millón y medio de ciudadanos aniquilados en lo que constituye uno de los episodios más vergonzosos de la historia de la humanidad. Evasiva como los desplantes de Valentino Rossi, si Ani decide enmudecer, lo hace en el mismo plano que Telma Ortiz. Le pido que me dé su versión del holocausto y se dispone a regresar al pasado, como Michael J. Fox: «No acabaremos hoy…».

«La rivalidad entre Turquía y Armenia empezó hace siglos. El conflicto empezó, al principio, por el territorio. A finales del siglo XIX, Armenia estaba dividida entre dos potencias, Rusia y lo que hoy es Turquía. Ante los ojos de los sucesivos gobiernos turcos, los armenios eran considerados *nación leal,* debido a la falta de enfrentamientos armados, a pesar de ser un "pueblo conquistado". Algunos grupos de armenios empezaron a pedir más derechos sociales y a dejar de pagar el doble de impuestos que los turcos, por su condición de *dhimmi,* es decir, de no creyentes. Los turcos, como respuesta, iniciaron las matanzas para crear un clima de terror y silenciar, de este modo, a quienes pedían igualdad de derechos», describe, y su relato lo detalla con los números redondos del olor nauseabundo de la sangre. «Bajo las órdenes de

Abdul Hamid, *El sultán sangriento*, más de doscientos mil armenios fueron masacrados, entre 1894 y 1897. El genocidio en sí empezó aquí. Lo que vino en años posteriores, convirtiendo esa cifra en millón y medio de víctimas mortales, fue consecuencia del miedo, por un lado, y de la barbarie, por otro. Temían que los armenios de la parte turca pasaran a Armenia Oriental, uniéndose a las tropas rusas, para más tarde luchar en contra de Turquía. Mataron a los armenios, uno a uno, para prevenir posibles problemas.»

Esta chica tan débil como la salud de los brókers y tan fuerte como el ron añejo Cacique espera que la reconciliación entre los dos países se produzca pronto para que ella sea testigo: «No tengo amigos turcos, pero no me negaría». Ani pertenece a la Associación Amigos de Armenia, que, el pasado 19 de septiembre, erigió un monolito enfrente del Museu Olímpic i de l'Esport, en Montjuïc, como señal de hermandad con Catalunya.

La cultura armenia es muy rica, muy interesante y muy desconocida.

«Los domingos por la mañana, doy clases de armenio a los niños en un aula que la Iglesia Mayor de Santa Coloma de Gramenet ha cedido a la Asociación Ararat. Son pocos, en comparación con el número total de armenios, quienes saben escribir bien el idioma, que es, por otro lado, muy difícil, un desgarro del cirílico. Ten en cuenta que somos un pueblo de once millones de personas repartidas por todo el mundo, y en la propia Armenia solo viven tres millones, a causa de las masacres y del terremoto de 1988, que fue brutal», documenta, y muestra las causas por las que las diferentes migraciones han poblado de compatriotas los dos hemisferios. «Estamos en Bélgica, Francia, Latinoamérica y, claro, en Estados Unidos. Los Ángeles es la gran colonia. Allí viven mis tíos, y allí con el armenio pasas, no tienes que aprender inglés.»

La joven Ani Khachatryan, para evitar que definitivamente los muertos sean silenciados por las paletadas del olvido, ha recopilado los textos literarios de cuatro autores reconocidos en su tierra.

Nacidos entre el siglo xix y el siglo xx, padecieron el genocidio, al que sobrevivieron, y lo reflejan en su obra: el novelista Nar-Dos *(Diario de un hombre perdido),* el cuentista Hovhannes Tumanyan *(Guiqor),* el escritor de relatos Derenik Demirchyan *(La persona que sobraba)* y el poeta sarcástico Avetiq Isahakyan, con su *Patria* de anhelos:

Mi patria es hermosa.
Los picos de las montañas se pierden en la noche de los cielos.
Tus aguas son dulces, las brisas son dulces.
Tus hijos están en los mares de sangre.
¿Puedo morir por tu suelo, patria inestimable?

LXXXV

Entrevista con Carme Lafay, autora de *Rojo mar*

LA AMBICIÓN

«Las cualidades mentales consideradas como analíticas son en sí mismas poco susceptibles de análisis. Las apreciamos solo por sus resultados.»

Así comienza *Los crímenes de la calle Morgue,* el antecedente narrativo de *Las muertes de Poe,* la novela más redonda de Carme Lafay (Barcelona, 1954), con dedos meticulosamente condicionados a la escritura. «Me gusta el misterio, no sé.» A Carmen se le nota la profesión de radióloga en la vivisección que emprende de sus personajes, de los que, imperecederamente, se acaba siempre enamorando. «Me gusta cómo ellos van ensanchando sus propias vidas, aunque he de decirte que sus vidas las tengo bien amarradas desde un principio. No se me escapa nada cuando inicio una novela. El guion está cerrado y bien cerrado, y no hay sorpresas.»

La escritora Carme acaba de publicar *Rojo mar* (Ediciones Carena, 2011), novela sobre la pesca del atún rojo (cimarrón) con tintes de *thriller* (entre el elenco de actores, un exnarcotraficante): «¿El instinto depredador del ser humano dejará algo en nuestros mares?». Algo que valga la pena, se entiende.

Carme Lafay atesora las cintas del mejor Hitchcock, de tanto que ha cenado con sus luctuosas obras, que oscilan entre el gore y el terror de *Saw.* Se deja llevar por los fundamentos del ocultismo, de resultas de esas sesiones de suspense en el sofá de casa y de la disciplina coreana para acabar las lecturas del romanticismo decadente, entre ellas, las de los detectives que rastrean por las páginas de Poe. Así, Carmen ha dado con el Método Trachtenberg de la literatura, para que no se duerma en los laureles.

Los pasos para escribir son los siguientes:

PRIMERO. Vivir plenamente. «Ver lo que pasa a tu alrededor, empáparte.»

SEGUNDO. Dar con el argumento sobre el que escribir. «Dar con un tema que ocurra en la sociedad que nos ha tocado vivir, hoy, aquí.»

TERCERO. Documentarse. «Si puedo, viajo a los países en los que sitúo mis tramas para hacerme una idea de cómo son los lugares, los ambientes.»

CUARTO. Bosquejar una estructura en capítulos. «Antes de empezar a escribir, sé el número de páginas que va a tener el libro y qué va a pasar en cada una de sus partes.»

QUINTO. Ordenar la información. «Me hago un archivo con fichas de cada uno de los personajes de ficción, y muchos de ellos acabo copiándolos de la realidad, y les añado su foto.» Además, en una pizarra, como si fuera un caso de *Mentes criminales* (serie de televisión de Jeff Davis), reproduce el esquema con los lazos que unen a los integrantes de la narración.

SEXTO A. Escribir. «Escribo en el ordenador cada mañana. Me acuesto a las nueve de la noche, y a las cuatro de la madrugada ya me suena el despertador; es la mejor hora, porque la mente está despierta, nada la ha perturbado puesto que el día comienza. Luego, a las ocho, entro a trabajar. Como he cogido experiencia, sobre todo después de hacer un curso en el Aula de Escritores del barrio de Gràcia, ahora escribo más rápido que antes.»

SEXTO B. Poner un título. Las obras inéditas, con título, de Carme Lafay: *El sueño de Zita,* con el amor como fuente de energía; *Al-Andalus.com,* sobre los juegos de rol; *Un piano en tierra yerma,* sobre el conflicto árabe-israelí, y *La perla de la corona,* sobre las redes de prostitución en Barcelona.

Por ahora, estos son sus títulos publicados, además de *Rojo mar: Yo no soy tuya* (Hijos del Hule, 2005), historia sobre la violencia machista; *Nosotras y ellos* (Davinci Continental, 2008), sobre las relaciones humanas en una gran ciudad, al estilo de *Sexo en Nueva York,* y que quedó finalista de la cuarta edición del Premio Delta de Novela Corta; *Tots tenim secrets* (Cossetània, 2010), pasión, odio y engaño entre el Baix Empordà y Miami, y que ganó el

Premio Josep Lluís Savall de Narrativa Marítima, y *Las muertes de Poe* (Davinci Continental, 2011), sobre el trágico final del escritor estadounidense, que entronca con *Los crímenes de la calle Morgue*, quizás uno de sus relatos más recomendados.

Séptimo. Editar.

Octavo. *Reset* y volver a iniciar los mismos pasos: vivir plenamente…

En www.carmelafay.com, la autora habla en tercera persona, y repite la última frase, como una coda: «La escritura que, en forma de cuentos, relatos, o incluso diarios, ha ido practicando desde pequeña, se define ahora como una afición que se ha transformado en pasión, como un camino que seguir y que marcará en el futuro las pautas de un estilo de vida».

Además, según ella, la literatura es la actividad ideal para mantener el cerebro activo en la jubilación.

Contemporizando, queda así:

Primero. Carme Lafay va al gimnasio para desentumecer los músculos; no toma café, para dormir por las noches, y asiste a los conciertos de la Orquesta Sinfónica de Viena en L'Auditori. Segundo. Le llama la atención, por reportajes que ha visto en tv-3, cómo la República Popular China, «un sistema capitalista en un Estado comunista», está agrandando su mercado en África. Su nuevo libro versará sobre la China que se está implantando en la República Democrática del Congo. Tercero. Durante 15 días, a finales del 2010, Carme Lafay estuvo en China, y habló con guías y jóvenes sobre las libertades individuales y colectivas («¿qué opináis por no poder meteros en Google?»). Cuarto. La novela tendrá cuatrocientas páginas. Quinto. Entre los personajes, un boxeador, cuya figura se inspira en el escritor Juan Marsé («es que tiene una cara de *sparring…*»). Sexto A. Lleva escrito casi la mitad del libro, unas doscientas páginas, en castellano. «Hice dos años de Filología Hispánica para estudiar la gramática y el vocabulario.» Sexto B. Ya tiene el título: *Gato blanco, gato negro*, en recuerdo de Deng Xiaoping. Séptimo. La está puliendo. Piensa que se convertirá en un *bestseller*. Octavo. «Quiero seguir escribiendo y seguir publicando. Me he dado cuenta de que soy muy ambiciosa.»

LXXXVI

Entrevista con Luis María Llena León, AUTOR DE *El viejo que me enseñó a pensar*

EL LIGUE

El impertérrito y descamisado Pablo Neruda se preguntó en el *Libro de las preguntas* más de una cuestión indisoluble, con tal ahínco que parecía que le buscara los tres pies al gato: «¿Por qué los árboles esconden el esplendor de sus raíces? ¿Hay algo más triste en el mundo que un tren inmóvil en la lluvia? ¿El leopardo hace la guerra?».

Luis María Llena León (Barbastro, Huesca, 1963), profesor de Filosofía en el Centre López Vicuña de Barcelona, se hace las mismas preguntas, pero con menos prosodia, en *El viejo que me enseñó a pensar* (Ediciones Carena, 2010), las reflexiones entre un niño y un monje y las enseñanzas que ambos reciben de los dos. Desde entonces, y fagocitado por la empírea duda acoplada a sus pensamientos, Luis María nunca ha dejado de hacerse preguntas: «¿Te imaginas qué pasaría si cada uno tuviera que cumplir solo las normas que le apeteciera o aquellas que le gustaran más y que pudiera saltarse las que no le gustaran? ¿Aunque todos los relojes del mundo se pararan, el tiempo avanzaría?».

Por casualidad, como sucede con las cosas realmente trascendentales, Luis María leyó *La vieja señorita del paraíso,* pieza teatral de Antonio Gala, de propósitos ilícitos y gusto relamido.

La leyó con 17 años, la edad de los descubrimientos, y le inclinó hacia uno de los dos caminos que se le presentaron en la encrucijada de la juventud.

Luis era un escritor incipiente, pese a la confusión inicial en elegir su trayectoria académica: «Nuestros padres nos ingresaron a mi hermano y a mí en un internado en Zaragoza. Él ha acabado siendo entrenador nacional de fútbol de la Selección de Nicaragua, por las carambolas del destino; había entrenado a equipos de tercera división en España, como la Sociedad Deportiva Huesca. En mis inicios, yo me decidí por la Teología, y recibía clases sobre los libros de la Biblia y el secreto de la resurrección de Cristo. Me acabé licenciando por la Universidad Pontificia de Salamanca».

A los 24 años, aguijoneado ya por las estacas de la dramaturgia, Luis María se llenó la cabeza de más y más preguntas («¿odiar?»; «¿no podemos elegir las circunstancias que nos tocan vivir?»; «¿cómo se hace para intimar con Dios?»). El escritor que había querido ser, y que ya por las dehesas de las fábulas se encaminaba, tomó prestado el anillo de la confirmación como Pensador de la Cancillería de la Existencia Banal: el tiempo, la sociedad, los sentidos y la razón, la individualidad, la libertad, el bien y el mal, la conciencia, el amor, Dios y la muerte…, la antología de proposiciones que toca en *El viejo que me enseñó a pensar.*

Se sacó la carrera de Filosofía por la Universitat Ramon Llull y comenzó a escribir teatro, hipnotizado por la farándula lorquiana, la sopa boba de Miguel Delibes en el magistral *Cinco horas con Mario* y la tensión acumulada en las obritas de Tennessee Williams. Obras de Luis María Llena: *Mañana cumple usted 18 años* (sobre unas ancianas que sueñan en la residencia en la que han sido ingresadas); *La despedida de mamá* (comedia en la que las hijas de una mujer desean que se muera para heredar su fortuna); *La verdad, toda la verdad y nada más que la verdad* (parodia sobre la televisión-basura) y *La vaca flaca* (cómo se afronta una crisis económica sin que te falte de nada)…

Este sábado, el Grup de Teatre Champagne estrena, en el Teatre Joventut, en L'Hospitalet, a las 20.30 h, *Querida esnifanía,* sobre el abuso de las drogas…

Luis María Llena interpreta un papel a la medida de sus posibilidades: El ligue.

LXXXVII

Entrevista con Enric Llorens y Jaume Moreno, autores de *Con ases en la manga*

LA AUDACIA DE LA ESPERANZA

«Constantemente existe el peligro de que en la cacofonía de voces un político pierda su rumbo moral y acabe gobernado por completo por los vientos de la opinión pública. Quizás ello explique por qué buscamos en nuestros líderes una cualidad sumamente elusiva: la autenticidad, la capacidad de ser quienes dicen ser, de poseer una sinceridad que vaya más allá de las palabras.»

En *La audacia de la esperanza* (Península, 2009), el presidente de los Estados Unidos, Barack Obama, reflexiona sobre cómo restaurar el sueño americano. A Barack Obama le han escrito una carta cordial, cortés y breve, los autores del ensayo *Con ases en la manga* (Ediciones Carena, 2014). Enric Llorens y Jaume Moreno: «Nuestro propósito es aproximar al público la comunicación política, mediante técnicas y recursos que comparte con el mundo del espectáculo y, más en concreto, con el de la magia».

Con ases en la manga. Recetas de magia para comunicar se presentó en El Rei de la Màgia, el pasado 25 de febrero. En el pasillo con las paredes decoradas de felpa roja, con vitrinas como hornacinas en las que se exhibe el material del primer yacimiento de los magos, un hombre disfrazado de Barack Obama daba la bienvenida a los futuros lectores, sorprendidos por la relación entre el ilusionismo y la farmacopea de los gabinetes de los políticos.

«La magia, el engaño, se basa en la percepción que de ti tengan los demás», relata Enric Llorens (Barcelona, 1956), con los pómulos escondidos por los barrotes de la barba, ni luenga ni cerrada, más afín a la de los decanos de las facultades de Berkeley que a la de los principescos aprendices de Merlín.

Sin llegar a padecer ningún trastorno bipolar, lo cierto es que los dos hemisferios de la mente de Enric se alían para pensar de manera distinta cada uno de los puntos de la gramática de los días naturales, de la rutina perversa de las agendas y de las costumbres adquiridas: «Intento sorprender, que es lo más difícil. Por eso el público más exigente para un mago son los niños, porque ellos son vírgenes, su realidad no es la nuestra, leen de otra manera».

Enric Llorens, militante del Partit dels Socialistes de Catalunya, trabaja en la cocina del partido («soy cocinero, no *maître*»), en el que ingresó en los años de la Transición. «Siempre estuve comprometido socialmente, y puedo decir que siempre he estado donde he querido estar», avala, y bebe de su vicio: una Coca-Cola Zero, sediento de cafeína, de burbujas y de placeres.

«Mi *hobby* siempre ha sido la magia. De pequeño me regalaron el clásico Magia Borras, que nunca logré dominar. Ya casado, mi mujer, Regina, que siempre me ha apoyado, me compró unas bolas para hacer juegos de malabares. Le eché muchas horas para conseguir manejarlas. Pero me cuesta seguir los manuales de magia, mi cabeza no entiende las instrucciones escritas. Prefiero que me maravillen, que me despierten la imaginación. Me gusta ver y vivir la cartomagia, me abstraigo con estos espectáculos y siempre acabo asombrado.»

Seguidor del popular Juan Tamariz («tomaba apuntes cuando salía en *Un, dos, tres, responda otra vez*»), y cansado de los expertos asesores de la política –muermos que hacen que te duermas con su teoría insufrible–, Enric Llorens pensó en juntar dos cosas cotidianas para reírse a gusto: la magia y la política, sus dos aficiones.

«Los magos, los buenos magos, preparan concienzudamente sus actuaciones. Estudian al público, practican horas y horas, se aprenden los trucos. Y los políticos deberían hacer lo mismo. Tomarse más en serio su trabajo. En la puesta en escena, en el dominio del escenario, en la interacción con la gente, magos y políticos tienen muchas cosas en común. Intentan transmitir un mensaje. Los dos han de buscar la perfección», manifiesta Enric.

Como el Breton surrealista de los poemas inconclusos y automáticos, se buscó otro loco con la misma pasión por la comunicación. Su amigo y confidente Jaume Moreno (Barcelona, 1962), breado en las cavernas de alcaldía.

Licenciado en Periodismo por la UAB, Jaume ha encaminado sus pasos a la racionalización de los discursos de los ediles y primeros espadas, al pulimento de las notas de prensa, a la prosaica labor de escribir para otros lo que otros no saben expresar.

«Entré en el Ajuntament de Barcelona en 1990, y estuve durante dos mandatos de [Pasqual] Maragall y dos mandatos de [Joan] Clos. Después de los Juegos Olímpicos, y de presenciar cómo en un bar la gente se levantaba para aplaudir a quien consiguió este logro para la ciudad, la política se ha ido degradando a marchas forzadas», ratifica Jaume Moreno, flemático y pudoroso, «friqui» («me gusta lo esotérico») y calmoso, sonrosado y con un rictus funcionarial en el rostro, algo así como lo pragmático pegado a lo útil y sujeto a lo provechoso. «Digo que la política se ha ido degradando porque los mejores ya no están en la Casa Gran: ni [el sindicalista Antoni] Santiburcio ni [el arquitecto Oriol] Bohigas ni [la dramaturga Maria Aurèlia] Capmany. Y ahora, en el imaginario popular, se les ha sustituido por [el extesorero del Partido Popular Luis] Bárcenas.»

Con más de una docena de cursos sobre márquetin político a sus espaldas, Jaume Moreno, durante año y medio, redactó su parte del «manual», con sus tachones, sus correcciones y sus revisiones de estilo.

«Yo no he tenido ningún contacto con la magia. A lo sumo, cuando mis tres hijos eran pequeños, les llevaba a los homenajes a [el poeta Joan] Brossa, en la tienda de la calle de Rauric, El Ingenio. Yo siempre he trabajado en los despachos, y nunca he entendido el afán por ser mediático y estar en las listas: tu agenda se llena de citas, te quedas sin vida propia», insinúa Jaume, y da el nombre del político que mejor entiende el lenguaje de los gestos, el lenguaje corporal, el lenguaje no verbal: Bill Clinton, con una «capacidad innata de comunicar» («ser inteligente es rodearse de personas inteligentes, para así saber transmitir una idea con la certeza de que los demás la interpretan como tú quieres»).

«En este país tan raro tan raro tan raro, la política se ha acabado prostituyendo», sentencia.

Una de las recetas de magia para políticos en *Con ases en la manga:* mostrar la palma de las manos, sin levantar los brazos del todo, sinónimo de honestidad.

No es de extrañar que de la chistera de la magia, según el diccionario *Thesaurus* de la editorial Ramón Sopena, se saquen sinónimos como conejos.

Magia: *maravilla, estupendo, fantástico, fascinador, asombroso, extraordinario, seductor, atractivo, sorprendente, fascinante, impresionante, pasmoso, misterioso...*

LXXXVIII

ENTREVISTA CON CONCHA LÓPEZ LLAMAS,
AUTORA DE *BAJO EL DOMINIO DEL RÍO NEGRO*

EL LOBO

«Aquella tarde fui de nuevo al encuentro con mi amante.»

Quizás un lector cubierto por las hopalandas de las bayaderas hallara en esta frase el veneno de una historia de amor romántico, como en *Udaipur,* del poeta Fernando de Villena. Pero la primera frase de *Bajo el dominio del río Negro* entronca más con las pretensas líricas del escritor Rudyard Kipling en *El libro de la selva.*

Bajo el dominio del río Negro (Ediciones Carena, 2011) es la primera novela de Concha López Llamas (Madrid, 1955), naturalista en un sentido epicúreo: se embebe del aroma de los carrizos y de la luz de la lisimaquia, al abrigo de las sierras de Sanabria y Carballeda. Se trata del diario de su infancia, el trisagio de sus primeros años, en los que germinó en ella el amor por la naturaleza, incluidas las manadas de lobos, ese animal perseguido que forma parte del imaginario colectivo y que encarna el terror por lo desconocido. Concha redime el lobo: «Forma parte de mi mundo mágico».

Tenía 15 años Concha, Mari Conchi, cuando, con el cuerpo compungido como una alcuza, decidió aprovechar la hora de la siesta, sagrada en el pueblo de Santa Eulalia del Río Negro, en Zamora, a unos cincuenta kilómetros de Galicia, aldea de doscientos habitantes donde pasaba los veranos, de julio a septiembre («se llama así por su río, de aguas oscuras, río de ribera bajo las sombras de los alisos, que hacen de galería. El río Negro es afluente del Tera, subafluente, a su vez, del Duero»).

Concha traspasó el lindero de la línea verde que delimita las tierras de labor del robledal. Ni siquiera dejó que la acompañara su lebrel de caza, *Tani,* mezcla entre dogo y mastín, que proporcionaba más ánimos que seguridad. «Ese fue un momento crucial en mi vida, porque, de alguna manera, rompí las reglas; se me prohibía cruzar la línea verde sin el consentimiento paterno y, mucho menos, ir sola. Me armé de valor y me adentré en el bosque. Ahí es cuando configuro mi propio personaje, una mujer independiente que quiere ser libre y que busca sus señas de identidad. Creo que esa mujer soy yo», explica Concha López, con su voz terrosa, ciertamente revestida de aguamiel.

El lobo que Concha nunca se encontró de pequeña forma parte de *Bajo el domino del río Negro,* un libro en el que no pasa nada, pero en el que pasa de todo, porque en él se descubre la infancia, como la que vivió Javi en el filme *Secretos del corazón* (Montxo Armendáriz, 1997).

Muchos años después, en un periodo especialmente amargo para la autora, en el que se sentía vacía y desolada en el barrio de La Latina del Madrid natal, tuvo la necesidad de volver a las raíces y de narrar su pasado, lo que equivale a rodearse de la familia y «bordar emociones, sentirse acogida».

«Especialmente, recuerdo a mi abuelo, hombre muy querido por las gentes, quien me introdujo en su mundo natural, en sus montañas, y quien generó en mí la añoranza por el pueblo, cuya vida transcurría en las cocinas de las casas. Mi abuelo me sumergía en la vida cotidiana y me aleccionaba sobre las cosas del campo», observa. De ahí el riquísimo vocabulario que aova en el magín de la autora: *sanguino* (arbusto), *escañil* (banco de madera), *tornadera* (aparejo)…

Concha López estudió Biología en la Universidad Complutense, y dio clases en el Instituto María Zambrano de Madrid.

Ya jubilada, ya habiendo transgredido lo posible, Concha López, en la novela *Bajo el dominio del río Negro,* se vuelve a empapar de vivencias, ilusiones, intimaciones, reinvenciones: «Me refugio en el monte de Santa Eulalia del Río Negro».

Con sus miedos y sus lobos.

LXXXIX

Entrevista con Felipe López-Aranguren, autor de *Memoria del no poder*

A MUERTE

«No, en el Zurich no, que hay mucho turista.» Quedo con él en Living, bar escondido en la calle dels Capellans, con cuadros de los de Antonio López, apartado de las Ramblas: «Los guiris me han echado de las Ramblas».

Es el espigado ciprés de sombra y sueño de Gerardo Diego, por lo huesudo de su constitución. Incluso los quevedos que sostiene su nariz aguileña se remontan al periodo de los buhoneros del río Mackenzie. En la ficha de los editores, Felipe López-Aranguren (Madrid, 1951) aparece como el hijo del filósofo José Luis López-Aranguren (1909-1996), y con esta sacrosanta bendición ha ido bandeando los ceremoniosos duelos académicos de las presentaciones y los halagos. Felipe, el hijo, prepara un megaacto que espera que sea sonado, que raye los retrovisores y que sea un golpe en la mesa de la mediocridad campante: en junio se cumplen cien años del nacimiento de su padre. Para festejarlo, publicará un libro sobre la relación del ensayista de la moral con los poetas y poetastros de su generación.

«Mi padre era un hombre excepcional. Se rodeó de grandes escritores. Recuerdo las noches en las que se abría el salón, porque cuando invitaba a sus amigos les ponía almendras, y yo esperaba que al día siguiente quedara alguna para comérmela.»

Felipe conoció a los patibularios de los cantos contra la dictadura, la única luz en el hondo agujero de la represión. «Sus compañeros eran afables, simpáticos, cariñosos.» Conoció al falangista Luis Rosales, a quien nunca preguntó por los últimos días de Federico García Lorca; conoció al Nobel Vicente Aleixandre, que le palmeaba en la cabeza en señal de bienvenida; conoció al político Dionisio Ridruejo y a su tropa de garcilasistas; conoció al José Agustín Goytisolo de *Palabras para Julia,* y a Salvador Espriu, José Corredor Matheos, Carmen Martín Gaite, José María Valverde, de quien fue discípulo y coadjutor en las conspiraciones del PCC...

«A quien me hubiese gustado mucho conocer, porque le conoció mi padre y le dedicó los elogios a los que no era muy dado, es a Marcuse. Mi padre decía que era el hombre más inteligente con el que se había relacionado.»

Luis López-Aranguren, el padre, conoció a otros sabios: conoció al novísimo Leopoldo María Panero, al «chaquetero» Eugeni d'Ors, al magnánimo José Ortega y Gasset... Entre todos crearon el Grupo de los Jueves (se reunían los jueves).

Dada la formación estilística impresionante que recogió, de viva voz y de estos premios nacionales, Felipe López-Aranguren, el hijo, cayó en el pozo artesiano de la escritura, en el que se asoma a sus anchas como un pato mareado. Felipe acaba de publicar su quinto libro de poesía: *Memoria del no poder* (Ediciones Carena, 2008), en el que la «memoria» es entendida como crónica («recuperación fiel»), y «no poder», impotencia para cambiar la realidad. «¿Qué puedo hacer yo para impedir el envenenamiento de los mares, asociarme a Greenpeace?»

Memoria del no poder es un libro cerrado hace diez años, con siete poemas largos: «Componen un discurso que me hago a mí mismo, un yo yo yo». Poesía «civil», como él la llama. «Mis anteriores poemarios se cargaban de lirismo y erotismo.»

Felipe, el hijo, también ha enviado a la imprenta trabajos de tipo técnico con el membrete de los protocolos sobre infraestructuras culturales, patrimonio e inmigración. Y ensayos sobre el diablo en la música: salmodias, la lira de David, los bailes de los aquelarres... «Asomo la pezuña por todos lados.»

En *Memoria del no poder,* Felipe, el hijo, se moja como Gabriel Celaya, y le sale un fresco de alcohol y muerte. «La peña de mi amigo Luis y yo íbamos de vinos con Celaya. Le gustaba beber, bebía mejor que escribía. Amparitxu, su esposa, es la única alcohólica por amor que conozco. Bebían los dos, él porque le gustaba, y ella porque le gustaba él.»

Felipe López-Aranguren se hace eco de su tiempo, con sus paréntesis y remisiones y salvedades. No es un panegírico su libro.

«Crisis de valores, era Berlusconi, leyes contra gitanos, ultraderecha a ultranza… ¿Qué libros lo tratan? Cervantes, en *El Quijote,* colaba las fondas, las bodegas, los conversos, los judíos, la Inquisición… En las memorias de Casanova se encuentra su siglo, igual que en Dickens. Yo no vuelvo a la rosa; Juan Ramón Jiménez la describió mejor que yo. Y no hablo de castillos. Ahora se escribe sobre la Edad Media, que no es un reflejo de nuestra época. No quiero que de aquí a doscientos años se diga que mi temática era la Edad Media y no la crisis de mi tiempo.»

Así que aquí empiezan las preguntas de sus versos o los versos con interrogante: «¿Cambiaremos el sistema después de esta puta crisis económica? ¿Vamos a refundar el capitalismo? ¿Existe alternativa? ¿Volveremos a Lenin?». La respuesta es no. «Con la derrota de la Unión Soviética me quedé jodido. Estuve en Moscú en 1989, en el final de la Guerra Fría. Los americanos sembraban Europa de misiles balísticos. Pero la experiencia soviética no anula la teoría comunista, que busca la igualdad entre los seres humanos. Si no es que íbamos en contradirección, lo que es seguro es que no íbamos en la dirección correcta.»

El ciudadano Aranguren *junior* lejos está de comportarse cual una real alteza. Como tal, como hombre que poetiza («si soy o no poeta lo dirán mis lectores») y que se carcajea, opina y polemiza, entra al trapo y se traga el aceite de ricino del enfrentamiento entre los sofistas, los materialistas históricos y los evangelistas.

Sobre el problema: «Que un tal Maddof haya estafado a las Koplovitz tiene mérito. El sistema capitalista es corrupto, es el latrocinio basado en las hipotecas basura».

Sobre el remedio: «La solución, nacionalizar los bancos, algo que ya estaba en el programa del PSOE de 1982».

Sobre el PSOE: «En España hay una derecha moderada, que es el PSOE, y una derecha ultramontana fruto del franquismo».

Sobre el franquismo: «Aznar hizo ministros a los hijos de los generales del régimen».

Sobre José María Aznar: «Chávez ha sido elegido democráticamente, y el Rey le mandó callar por decir que Aznar es un fascista, que es lo que yo pienso».

Sobre el rey Juan Carlos: «Se evita difundir informaciones sobre el Rey en cacerías de osos en Rumanía, etcétera. Somos el único país del mundo que, de manera pacífica, ha cambiado dos veces la monarquía por una república. Hemos dejado vivos a los reyes, y luego nos la han devuelto».

Sobre la república: «Yo apuesto por un Estado federal republicano en el que quepa la nación catalana».

Sobre Catalunya: «La oleada de inmigración asiática nos va a llevar por delante. No acabará con el idioma catalán, pero acabará con los catalanes. Es imposible mantener una cultura intacta y sin influencias. Las hubo de los andaluces y las habrá de los chinos».

Sobre Andalucía: «¿Qué está haciendo Andalucía para desarrollarse, aguardar las subvenciones? ¿Le otorga la medalla del trabajo a la duquesa de Alba mientras no cesan los pelotazos urbanísticos en la Costa del Sol? ¿Qué hace la izquierda de [el socialista Manuel] Chaves, que no es [el venezolano Hugo] Chávez?».

Sobre las izquierdas: «Yo soy de izquierdas, por lo tanto, soy internacionalista. Hemos reconocido Montenegro, Croacia, Bosnia, ¿y ahora nos ponemos estrechos con Kosovo? A mí me suena a contradicción, como con los bancos».

Sobre la banca, el problema, el origen de esta puñetera crisis financiera: «Si yo doy dinero al banco, yo lo controlo. Ahora no tenemos garantías claras de su devolución».

Felipe Aranguren hijo fuma años con cafés con leche largos de café. Politólogo de carrera, aunque por ahí va diciendo que es sociólogo para que no le tachen de «memo».

En *Memoria del no poder* se halla su mensaje, que es un grito para no tirar la toalla.

«No detenerte nunca. A muerte. / Tú eres un corredor de fondo.»

XC

Entrevista con Juan Manuel López Hernández, autor de *Los mil días*

LA VERDAD

Que nosotros sepamos, solo hay dos hombres, hoy, ahora, en la Gran Barcelona, que puedan decir que escriben porque piensan, juntando las dos cosas en un único sentido, y que escriben como nosotros creemos que Juan Marsé plancha su ego, con respeto, con humildad, con modestia, con apego al terruño. Estos dos hombres son Juan Manuel González Lianes, con su *Quimera del lector absorto,* el auto sacramental de los Lectores Compulsivos, y Juan Manuel López Hernández («simplemente digo que nací en el Hospital Clínic de Barcelona para evitar que me pregunten por nacionalismos», 1951), complaciente, transigente, amontillado, con una cazadora de piel de vaqueta y las orejas dispuestas a escrutarlo todo como dos potentes receptores.

Juan Manuel acaba de publicar su primer libro de relatos, *Los mil días* (Ediciones Carena, 2010). El resto de escritores, paja. Con perdón.

Los juanes se han prodigado en las letras. «¿Que quienes son mis referentes? La Generación del 50: Carlos Barral, [José Manuel] Caballero Bonald y los hermanos Goytisolo, sobre todo Luis, autor de la tetralogía *Antígona.*»

«*Los mil días* porque si te pones a contar hasta mil nunca llegas al final. La realidad y la verdad son muy distintas. Esta es la historia de mi generación. La Barcelona que nos contaron era de mentira.»

Este podría ser el principio de los 24 relatos que conforman *Los mil días,* pero solo es el pensamiento crítico de un hombre de moral intachable que no se cayó del burro ni se subió al carro de los vencedores. El verdadero principio, borrando lo anterior, es el siguiente: «Por aquellos tiempos, los payeses que tenían las huertas junto al río las defendían provistos de escopetas cargadas con sal».

Una frase que podría haber salido de la enteca obra de *Según sentencia del tiempo,* de Gil de Biedma. Las frases no se le han dado mal. Jaime López, el sexto hermano de Juan Manuel (diez vástagos), regenta el bar Jaime, situado en la calle de Joaquín Costa, justo debajo del archivo de la CNT (en su biblioteca, *La Escuela Moderna,* de Francesc Ferrer i Guàrdia). Él regala frases como Cortázar desmontaba *cronopios.* Las escribe en la pizarra, como un menú gratuito del día (las editó la firma Anagal). Del tipo «Entre la guerra de Vietnam y un plato de judías…».

Aquellos hombres sabían que la criatura tenía hambre.

Es así que la biología se retuerce, busca incansable el más mínimo resquicio, el más improbable descuido para sobrevivir.

Todo lo hace soportable y a todo se acomoda la mente sujeta a la triste carne, a las ganas de comer.

Quizás las oraciones de Jaime y de Juan Manuel, conjugadas con la pasta de nueces de los convites, les venga de su padre, Antonio, que renació de las cenizas de la tuberculosis cuando salió de un campo de concentración fascista y emigró a las barracas de la calle del General Sanjurjo, en las que los pequeños maquis se criaban como chinches. El padre, empleado en Toallas El Oso, les dijo: «Las cosas han de ser verdad o no son bellas».

La verdad de Juan Manuel López son esos mil días que uno no puede dejar de contar. Uno, dos, tres, cuatro, cinco, seis, siete, ocho, nueve, diez, once, doce, trece, catorce, quince, dieciséis, diecisiete, dieciocho, diecinueve, veinte, veintiuno, veintidós…

Educado en la escolanía de la catedral de Barcelona, bajo la bóveda de cañón del aula, los misales le echaron el lazo, y desde entonces reverencia la literatura, la estética del libro y su notable mecanismo de entrega («el libro es la máquina más bonita y nunca se quedará obsoleta»). Nos habíamos quedado en el crucero del templo: «Pero si entras por el claustro, a mano derecha, está el carrión, y debajo está la sacristía. A mano derecha, aquí se guardaban los misales, lo que más admiraba. Pasaba esas páginas grandes, miniadas, embelesado, pero las monjas me los quitaban de encima».

LECTURA DEL LIBRO DEL ÉXODO: 12, 1-8. 11-14
En aquellos días, el Señor les dijo a Moisés y a Aarón en tierra de Egipto: «Este mes será para ustedes el primero de todos los meses y el principio del año. Díganle a toda la comunidad de Israel: El día diez de este mes, tomará cada uno un cordero por familia, uno por casa. Si la familia es demasiado pequeña para comérselo, que se junte con los vecinos y elija un cordero adecuado al número de personas y a la cantidad que cada cual pueda comer. Será un animal sin defecto, macho, de un año, cordero o cabrito».

La verdad es que se hizo monaguillo de verdad, aunque parezca mentira. Acólito en el altar, el monaguillo Juan Manuel alisaba la sotana roja, sacaba del sagrario el copón de metal bruñido, pasaba el cepillo para recoger la cosecha de *rubias*... En el obispado, comía pastelitos y veía *Marcelino, pan y vino*. Ya después, alcanzada la mayoría de edad, frecuentaría la parroquia de San Cristóbal, en el barrio de la Seat, en Zona Franca, donde podría haber conocido a Francesc Candel, otro monaguillo, a quien leyó profusamente antes incluso de que este tecleara en su vieja Olivetti *(Han matado un hombre, han roto un paisaje; Hay una juventud que aguarda; Échame un pulso, Hemingway; Els altres catalans...)*. La verdad es que, separados, ellos convivieron juntos, igual que con los otros juerguistas de la Generación del 50, vigilantes de la playa (Ignacio Aldecoa, «por supuesto»; Francisco Brines; Juan Benet, con su *Volverás a Región...*). Lo digo porque, y es verdad, todos ellos acabaron echándose las cartas y unos vinitos, en el Chino, el muladar de los literatos con mollera, entre concurrentes ignaros: «La del Chino era una Barcelona amarga y brutal. Claro, si tenías pasta, era otra Barcelona».

La Barcelona de verdad la vivió bien («conozco las Casas Baratas, pero el centro no existe como barrio; para mí, la civilización existe gracias al esfuerzo abnegado y tenaz del colectivo»), y la vivió quien fuera y es su pareja sentimental y compañera, Susana Larrosa, a quien le dedica *Los mil días*. «Ella ha trabajado como educadora social en los Hogares Mundet, por encima de la ronda de Dalt. En el franquismo, aquello era un horror…»

La verdad es que, a todo esto, Juan Manuel escribía casi diariamente, como si él fuera un mercado con altibajos en los precios y la lírica, un calmante contra la inflación. Escribía, pero no publicaba, por un pudor existencial que autores menos versados en la lengua y malos de cojón no tuvieron reparo en saltarse a la torera.

«Yo siempre he buscado la manera de sacar adelante la obra sin meterte en la parafernalia del espectáculo.»

En su morral caben la profesión de electricista autónomo y las clases de automatización e informática («especializado en maniobras»), las cajetillas de cigarrillos, las infusiones, el Smartphone de Nokia (para los borradores de los textos) y las novelas *La comuna de Lugares,* sobre un Don Quijote inmigrante; *Tríptico,* sobre las decepciones de la era moderna (tantas que ha gastado 252 folios), y *Sedimento,* trilogía autobiográfica.

Como a Pitágoras, le gusta el número tres. Como a los Reyes Magos. «Además, el triángulo es la figura perfecta», añade.

La verdad es que acabó tan desengañado, en las Hurdes de sus pecados irreprimibles (sinceridad, honestidad, laboriosidad… Lo que el poder corrompe), que, sin saber cómo, asistió, en la noche de otoño de los sótanos de la iglesia de Sant Medir, en el barrio de La Bordeta, a la fundación de Comisiones Obreras, en 1964.

Hace poco volvió a la catedral de Barcelona, a sus piedras envejecidas –que buscan quien las apadrine–, a sus cúpulas, a sus imágenes talladas con finura y piadosa devoción, a los arrozales de los cirios gruesos como jarcias.

«No me dejaron entrar. Les dije que yo había estudiado cinco años de mi vida allí. Pero me pedían tres euros para acceder al recinto», ratifica Juan Manuel, que transita por las complejas delimitaciones, en la medianía de sus sentimientos opuestos. «Les monté un número que pa' qué.»

La verdad es que Juan Manuel, como recitaba Blas de Otero, «nació para narrar con estos labios que barrerá la muerte un día de estos».

La verdad, y la realidad, es que nada es absolutamente verdad, ni siquiera el perdón póstumo a Jim Morrison.

…veintitrés, veinticuatro, veinticinco, veintiséis, veintisiete, veintiocho, veintinueve, treinta, treinta y uno, treinta y dos, treinta y tres, treinta y cuatro, treinta y cinco, treinta y seis, treinta y siete, y treinta y ocho, treinta y nueve, cuarenta, cuarenta y uno, cuarenta y dos, cuarenta y tres, cuarenta y cuatro, cuarenta y cinco, cuarenta y seis, cuarenta y siete, cuarenta y ocho, cuarenta y nueve, cincuenta, cincuenta y uno, cincuenta y dos, cincuenta y tres, cincuenta y cuatro, cincuenta y cinco, cincuenta y seis, cincuenta y siete, cincuenta y ocho, cincuenta y nueve, sesenta, sesenta y uno, sesenta y dos, sesenta y tres, sesenta y cuatro, sesenta y cinco, sesenta y seis, sesenta y siete, sesenta y ocho, sesenta y nueve, setenta, setenta y uno, setenta y dos, setenta y tres, setenta y cuatro, setenta y cinco, setenta y seis, setenta y siete, setenta y ocho, setenta y nueve, ochenta, ochenta y uno, ochenta y dos, ochenta y tres, ochenta y cuatro, ochenta y cinco, ochenta y seis…

Juan Manuel tiene razón.

Imposible contar hasta mil.

Entrevista con Fernando Lozano, autor de *Cerezas*

MORIR O AMOR

11 de septiembre del 2001. Antes de que el futuro autor de *Cerezas* (Ediciones Carena, 2011), Fernando Lozano (Ólvega, Soria, 1958, www. fernandolozano.net), se escapara, con mando en la literatura, al casino en el que el amor es rojinegro, los hombres vivían oprimidos por el miedo. Antiguamente, en la época de las policlínicas, Fernando, de anchas espaldas, deslumbrante calva, apenados ojos y tirsos en lugar de brazos, mostraba este cuadro paranoico: hipocondríaco enfermizo, con trastornos depresivos que le producían insomnio, bajo de moral y con un miedo bipolar a la muerte. Antes del 11 de septiembre del 2001, Fernando, el autor de *Cerezas* —«complejo, puro y crudo canto al amor»—, tenía miedo a la muerte, esa puta del tres al cuarto que anda por ahí fornicando con los *terminales*. Miedo miedo miedo.

Se acababa de separar de su primera mujer, la francesa Marie Joseph-París, de madre valenciana, traductora en la Universitat Rovira i Virgili, a quien conoció cuando él daba brochazos como Pollock. Su padre, ingeniero de minas, le había incitado a que estudiara electrónica, en Los Salesianos, con esta frase recurrente en la España negra: «Hijo, te vas a morir de hambre siendo poeta». En los años de formación profesional, las tablas le tiraban demasiado: «Me había apuntado a la compañía de teatro de la escuela, y representábamos adaptaciones de Poncela, el sainete y el astracán juntos.

Incluso nos atrevimos con *Arsénico por compasión,* del dramaturgo neoyorquino Joseph Otto Kesselring».

En el 2001, las peleas conyugales con Marie habían llegado a tal extremo que él quería darse el piro y largarse. Poner tierra de por medio. Compró un billete de avión con destino México. Allí tenía a su amiga Adela Trueta, la sobrina del traumatólogo Josep Trueta. Adela le daría alojamiento temporal mientras él rehacía su vida y le daba un sentido más claro a su existencia pictórica. «Pintaba desde 1973. Acababa de morir Picasso en aquella primavera cuando yo me incorporé a la pléyade de artistas. Me lo tomé en serio. Me iba al parque con el caballete, y me compré una espátula. Retratos con acuarelas y una serie de acrílicos con el título genérico de *La noche»,* observa Fernando, mientras se toma un chupito de Marie Brizard.

Estudió dibujo, pintura y cómo tallar en madera en la Escuela de Artes Aplicadas y Oficios Artísticos de Ciudad Real, y estudió grabado y los procedimientos de la pintura mural en la Escuela de Artes Aplicadas y Oficios de Tarragona. «Precisamente, fue en la galería de arte Pablo Picasso, de Barcelona, en 1980, donde vendí mis primeras obras: cincuenta cuadros por medio millón de las antiguas pesetas. Con el dinero me compré un párquing.»

Al año siguiente, en 1981, vendió por un millón de pesetas el cuadro titulado *Rapsodia gris.* Un cuadro frío, frío, frío. «El frío me deprime, es algo psicológico.» Fernando está deprimido.

Pintaba gatos: gatos siameses, gatos de angora, gatos bengalíes, gatos atigrados de Maine parecidos a mapaches. «Pasé por mi época de los gatos, mi época expresionista *(Pastorcillo muerto),* mi época mística *(Danzarín griego y réquiem por un torero portugués),* mi época roja *(Pánico),* mi época gris *(La casa del día nublado)* y mis otras épocas a las que en su día les puse nombre *(Cabeza de puerco, Nocturno 1, Naufragio...).»* Gris, gris, gris.

Fernando Lozano se había puesto la máscara funeraria, como esas que se encuentran junto a las estelas de arenisca roja en los yacimientos arqueológicas de las rutas arábigas. Se había colocado el óbolo en los ojos, el tributo con el que pagar a Caronte. Sucede que se había obsesionado con la muerte, que la veía por cualquier parte, que creía estar enfermo a cualquier hora, empalidecido por sus propios temores sin fundamento. Cuando se paraba a escuchar el corazón, y contaba con los dedos de la mano los latidos, la taquicardia la confundía con la arritmia, y un simple dolor de garganta, síntoma del catarro mal curado, se lo diagnosticaba como hepatitis B. Según él, podría tener sinusitis cuando lo que tenía era halitosis, y la muerte le rondaba en la cabeza si alguien pronunciaba el tabú: *cáncer* (en el *Diario de Patricia,* en las conversaciones casuales, en las terrazas de Rambla de Catalunya o en la novela *Mil soles espléndidos,* de Khaled Hosseini: *«Al despertar, comprobó que Aziza seguía respirando, le palpó los labios agrietados, le buscó el débil pulso en el cuello y volvió a tumbarse»*).

La muerte, la muerte, la muerte.

«La muerte es el perro rabioso que me quiere morder los talones», describe. ¿Será herpes zoster, será un trastorno de la vesícula, será la enfermedad de Crohn? El terror no le paralizaba, en absoluto. Por el contrario, caía en un frenesí creativo, como cayeron un siglo antes Chagall y Renoir, y pintaba, pintaba, pintaba.

«No podía parar de pintar. Era como una especie de huelga a la japonesa. Si no vendía nada, me ponía a pintar. Suponía que en un futuro podría hacer que los precios se desplomaran, y poder vender barato.»

Fernando ha pintado cuantiosas telas.

Por eso rompió con Marie. Por eso, en parte, huyó, como si la distancia mitigara los malos recuerdos (las semillas de ruda en su estómago, el aljófar cosido a las mangas de la mortaja, la bendición sobre la sofra).

11 de septiembre del 2001. A punto de coger el taxi para ir al aeropuerto de El Prat, un Boeing 767 de American Airlines se estrelló contra la Torre Norte de Nueva York, poco antes de las tres de la tarde (hora española). Fernando se cagó. «No supe qué hacer. ¿Y si los fundamentalistas islámicos tenían como objetivo todo el espacio aéreo norteamericano? México forma parte de Norteamérica, ¿no?», se preguntó a sí mismo, con la cara puesta del revés, abatido y consternado. «En plan aventurero, me fui a La Habana, en la que no había estado nunca, sin que allí tuviera a nadie ni nada a lo que ligarme. Mientras viajaba en el avión, pensaba: ¿Y si se cae el aparato al mar? En sí no tengo miedo a la muerte, sino a la forma de morir.»

Morir morir morir. Fernando ha muerto muchas veces.

Iba por unas semanas y estuvo siete años. Sucede que en Cuba conoció a Yolegne Lestapier, capitana de las Fuerzas Revolucionarias de Fidel Castro, de origen haitiano, con quien se casó en el 2003. Ocurre que se enamoró de Yolegne. Sucede que Yolegne es médico. Sucede que las enfermedades, de golpe, se volatilizaron, como los ácaros del polvo. Sucede que el amor arrinconó a la muerte, ganó el amor a la muerte, a la muerte el amor redujo a cenizas.

Entonces, Fernando Lozano se quitó el plomo de la muerte, rompió la cáscara de los ataúdes y se negó a rogar por las almas, ni siquiera por la suya.

Entonces, morir se vino abajo, con sus manoletinas de sombra y sus tenderos en los hospitales y sus muertos en los cruces de carretera. Morir se llevó a los gestores comerciales hacia otros trópicos, para vibrar allí con malas vibraciones, para detestarse con otras dictaduras militares y con sus muertes concebidas en casas coloniales de muerte, cadáveres fríos, calambres con soriasis, tumbas de leucemias, esqueletos ambulantes con nauseabundos abscesos y arritmias o taquicardias.

Entonces, Fernando Lozano empezó a escribir sobre el amor.

«El amor difícil me llama la atención. La actitud heroica hacia el amor.»

Entonces, empezó a escribir *Cerezas*.

Amor. Amor. Amor.

XCII

Entrevista con Ramón Esteban Magaña,
AUTOR DE *15-J. EL DÍA EN EL QUE LOS POLÍTICOS SE INDIGNARON*

CARTA A LOS REYES MAGOS

La multinacional de juguetes Toys'r'us, con el permiso de Santa Claus, ofrece a los niños, mediante su página web, la posibilidad de que escriban cartas a los Reyes Magos. Para ello, se ha de acceder a una especie de intranet, escribir tu *mail,* escribir la contraseña, confirmar la contraseña y aceptar la política de privacidad. El comercial e ingeniero técnico de Telecomunicaciones barcelonés Ramón Esteban Magaña, un niño con los pies fríos nacido en 1959, también ha escrito su carta, pero la ha hecho extensiva, y como no quiere cortapisas ni censuras, la ha publicado en este libro-panfleto: *15-J. El día en el que los políticos se indignaron* (Ediciones Carena, 2011). En esta obra, Ramón, como un ciudadano más del movimiento 15-M, se cabrea por la indignación de los diputados que no pudieron acceder al Parlament de Catalunya el 15 de junio del 2011, en aquella jornada que los diarios titularon en caja alta con las palabras *cerco* y *ataque a la democracia,* como si la Armada Imperial Japonesa del almirante Yamamoto hubiera vuelto a bombardear Pearl Harbor.

«Ese día estaba viendo las noticias en la tele, con mi hija, Ainhoa, y me encendí. Pensé que no tenían ningún tipo de razón para lamentarse. Todos estamos sufriendo en nuestras carnes los efectos de esta crisis económica que ellos han permitido. Los puestos de trabajo van cayendo porque cierran multitud de empresas, y la ira de la gente está totalmente justificada», reacciona Ramón Esteban. Días antes, el 27 de mayo del 2011, cuando los Mossos d'Esquadra intentaron desalojar la plaza de Catalunya, el autor se empezó a «quemar».

Escasamente vanidoso, con la flema de un labrador en el haza, manifiestamente ofuscado –un ofuscamiento con reveses; también es obsequioso y amable–, muy dado a fruncir el ceño y a platicar para «liarla», Ramón se puso en seguida delante del ordenador para desembuchar todo lo que llevaba dentro, vehiculando el rencor hacia otras formas de existencia, como si los dardos que disparara fueran las flores del búcaro del 68: «Quise escribir un librito, muy en la línea del *¡Comprometeos!,* de Stéphane Hessel, en el que volcar una idea a la que voy dando vueltas desde hace mucho tiempo: los políticos se deberían regir como los comerciales y como se rigen la inmensa mayoría de los trabajadores, es decir, por resultados obtenidos, por producción... Por ejemplo, si un presidente, un partido político o quien sea que ocupe un cargo público promete tantos puestos de trabajo, su salario debería ir en función de los frutos cosechados», discurre, y acto seguido desglosa los puntos fuertes de su razonamiento, que recoge como patatas en una parata: «Los políticos con cargo público no deben cobrar con fijos, sino con variables en función de los resultados y de la marcha del país... Que el sueldo esté en función de si han reducido el paro o no, por ejemplo, y de otra serie de parámetros que determinen la salud y el buen funcionamiento del país. Yo lo veo justo y lógico. Para eso les ha votado la gente. Y su programa, el programa electoral del partido con el que concurren a las elecciones, debería estar presentado ante notario antes de empezar la campaña electoral. Me parece de locos que el Partido Popular –vale para cualquier otro– gane las elecciones y que nadie sepa aún qué narices va a hacer, qué medidas económicas y de diversa índole se van a tomar».

Sigue y se embala, se envalentona: «Y eso por no hablar de los salarios vitalicios. Machacan a quienes mantenemos su *modus vivendi,* y ellos solo piensan en su bienestar mientras están en el cargo y en seguir manteniéndolo cuando lo dejan... ¡Qué chollo! En cuatro añitos ya tienes tu vida solucionada, la verdad es que me produce náuseas...».

15-J. El día en el que los políticos se indignaron fue escrito en apenas tres semanas, de ahí la urgencia de este ensayo. Y se nota: «Cuando lo empecé, justo después de ver las noticias televisivas del mediodía, el 15 de junio, tenía claro que debía ser algo directo al corazón. Y el hecho de que clamaran al cielo los parlamentarios y demás políticos fue el detonante. Lo escribí de una tirada, todo seguido. Yo había votado siempre, excepto en las últimas elecciones municipales, las del 22 de mayo del 2011, cuando me cabreé muchísimo, pero ahora ya lo he visto claro. La política se ha convertido en una profesión, y no lo es; se trata de un servicio al pueblo».

Entrevista con Albert Mallofré, autor de *Simplemente, vivíamos*

EL PAÍS QUE NO EXISTE

En El País Que No Existe, que es aquella desnucada España de Franco, el tuerto es Albert Mallofré (Vilanova i la Geltrú, Barcelona, 1926). un periodista «en la reserva» que se ha enganchado con las bielas del oficio de tanto que ha hurgado en su mecánica: antes que el *qué,* el *quién,* el *cómo,* el *cuándo,* para descubrir, inmune, el *por qué.* Mallofré le ha dado la vuelta a la tortilla. De El País Que No Existe ha extraído lo inmarcesible, la vida cotidiana, la oferta del pan y la risa en el teatro de variedades. «Aquella época está siendo condenada sistemáticamente, de manera que se da por entendido, y además se ha dicho explícitamente, que quienes sobrevivieron en el franquismo fueron los traidores que colaboraron con el régimen o aquellos que se agacharon haciendo callar su conciencia. Pero en aquella época uno vivía, trabajaba, se divertía, se enamoraba, formaba una familia, se compraba un 600, progresaba, en fin, al margen de quien gobernara», recuerda Albert Mallofré. Publica *Simplemente, vivíamos* (Ediciones Carena, 2009), su cuarto libro, el cuadro de una España sórdida y anquilosada de la que solo se salvaban las pinceladas de color de sus gentes. El País Que No Existe.

La crónica la protagonizó su padre en 1926, puesto que ayudó en lo que pudo a que una buena mujer, su esposa, diera a luz un bebé que berreaba como Pastora Imperio recitaba.

Mallofré recuerda la proclamación de la Primera República, el 14 de abril de 1931: «Mi padre me llevó a coletas al centro de Barcelona. Solo me acuerdo de la alegría en las calles». Y recuerda Mallofré que aquella era una *hespaña* en minúsculas, federal, con la hache de las hespérides, donde se morían los hombres al igual que nacían los recelos: «Cuando murió Francesc Macià, l'Avi Macià [25 de diciembre de 1933], mi padre, que era de Esquerra Republicana de Catalunya, me llevó con él a firmar en el libro de pésame que se había colocado en la capilla ardiente, instalada en el Palau de la Generalitat. La calle de Ferran era una riada humana hacia la plaza».

De esa niñería en El País Que No Existe, en la España que se fue, quedan las rivalidades de Federico García Lorca con los pasos del pentagrama de Manuel de Falla, y la investigación de Severo Ochoa sobre las células unicelulares que a Gregorio Marañón ni le interesaban. Mallofré recuerda que pasó la guerra sin apenas inmutarse, recluido en la casa materna por las travesuras que las bombas le impedían hacer; demasiado pequeño para la orfandad. «Mi padre tuvo que exiliarse. Cuando volvió, le obligaron a identificarse como miembro forzoso del servicio militarizado de ferrocarriles, pero aquello resultó un parche inicuo del que mi padre se deshizo tranquilamente», recuerda Mallofré.

En El País Que No Existe se crecía por onzas, atareados con sacarle rendimiento al estraperlo, en todos sus escalafones: «Estaba afianzado el estraperlo doméstico, el estraperlo organizado, el estraperlo institucional, etcétera». Trampa consolidada, mendacidad, falsía… Mallofré recuerda.

Las plazas se ocupaban a dedo; los cargos públicos de relieve se nombraban en función de si eras adicto al sistema o simplemente de si eras amigo de quien convenía, y las recomendaciones aumentaban si los títulos nobiliarios florecían a tu alrededor como escamas. «El franquismo se fosilizó, una estructura apelmazada y fastidiosa que tocaba las narices estúpidamente, pero la gente procuraba pasar de eso y vivía como podía. Lo mismo que pasa ahora, en cierta medida. Además, el régimen no tenía ninguna ideología, era una simple dictadura militar internamente desorganizada, y ni siquiera sabía hacer cumplir sus propias leyes», recuerda Mallofré.

Con una mano ligera para la caligrafía, Albert se coronó, poco a poco, como un soberano de la pluma. Ya en la escuela primaria se encargaba del diario-mural que se colgaba en las paredes, lo que le llevaría, años después, a cerrar una columna de opinión en un semanario local de Vilafranca del Penedès, que le reportaría después el título de director eficiente del periódico del regimiento de artillería número 44, en el cuartel de Sant Andreu de Barcelona, donde hizo la mili.

En 1952, recuerda Mallofré, simpatizó con una revista dedicada al mundo del motor, y escribía sobre rallys y carreras y curvas peligrosas, y sobre el nacimiento de la cosmogonía de las motos, con Montesa como hijo predilecto. La revista *Vida Deportiva* le fichó en 1954 como especialista en el fuel de los cilindros, y dado que el *magazine* se editaba en la misma redacción de *Destino,* acabó trabajando para sus páginas. *(Destino* era el sancta sanctorum de los medios de entonces, y tenía como maestro de los prodigios del espectáculo a Sebastián Gasch, tertuliano del café El Oro del Rhin, en Gran Via con Rambla de Catalunya.)

La redacción de *Vida Deportiva* y *Destino* se ubicaba en el piso de encima de *La Vanguardia,* en la calle de Pelai. Un día de 1964 le llamó el subdirector del diario, Horacio Sáenz Guerrero (el director era, a la sazón, Manuel Aznar, abuelo del expresidente del Gobierno José María Aznar), de quien aprendió el efecto llamada de los titulares. Así se enroló en el rotativo de los condes de Godó, y sentó cátedra con una plaza fija en la sección de Cultura y Espectáculos. Recuerda Mallofré que los resortes de la profesión periodística se los enseñó primero Sempronio, y más tarde el ilustre Manuel Ibáñez Escofet.

Por aquellos tiempos, desde El País Que No Existe viajaba con frecuencia hasta Londres, ciudad en la que la palabra *underground* empezaba a tomar cuerpo. Mallofré recuerda que allí conoció a los Beatles, grupo que apadrinó en sus crónicas desenfadadas por la música popular en ebullición. En ocasiones, escondido en destacados de anacolutos, había dejado escrita esta advertencia: «Poca broma con los Beatles, que este grupo es algo muy serio». Y recuerda Mallofré: «Es curioso que algunas mentes honorables que al principio les denigraron sonoramente por los defectos que no tenían, después se pasaron al elogio desmedido, y les atribuían virtudes de las que los Beatles carecían también».

A John Lennon le conoció de manera fugaz con motivo del concierto que ofreció la banda en la plaza de toros Monumental, el 3 de julio de 1965.

Lennon, «un señor muy culto y muy formal», rechazó las extravagancias con las que el conjunto se solía adornar. «No haga caso de lo que van diciendo por ahí de nosotros, es todo propaganda», le susurró.

Mallofré recuerda que fue una de sus mejores entrevistas y una de las más desaprovechadas. Cuando llegó a la redacción, con escribanías de cerezo y anaqueles con la edad de los brontosaurios, el jefe de su sección le echó un jarro de agua fría: «*La Vanguardia* no publica estas cosas; somos un diario decente». Pero unos días después, ante el revuelo popular que se había formado con la presencia de los melenudos en El País Que No Existe, el mismo jefecillo le reclamó: «¿No tenía usted algo de esos Beatles de los mil demonios?».

De esa supuesta seriedad, no queda nada en *La Vanguardia*: «Me entristece. Es una pena. Han prejubilado a los mejores, los más preparados, los puntales de cada sección. Ahora, como pasa con los demás diarios de Barcelona, *La Vanguardia* es un ejemplo de prensa sometida. Es un periodismo manso, dócil y creyente, como de hoja parroquial. El periodismo de ahora, en Barcelona, dista mucho del clima inquieto y tenso que se vivía durante el franquismo, cuando se trabajaba en tensión creativa, en una actitud permanente de trabajar la noticia. Si molestaba al régimen, tanto mejor. Ahora, aquella inquietud por buscar la verdad frente a la muralla de la censura y las posibles represalias, no se nota en las redacciones de Barcelona, que se repliegan ante el nacionalismo», indica Mallofré, que recuerda más de lo que olvidar puede.

«Aquí, en la actualidad, si un periodista publica algo enojoso para algún jerarca establecido, se verá de inmediato estigmatizado como botifler y catalanófobo, lo que puede entrañar serias dificultades para su porvenir profesional. Plantar cara en busca de la verdad y la razón puede conducir fatalmente al ostracismo profesional. Quizás este solapado clima represivo explique la mansedumbre de los medios de comunicación catalanes, que optan generalmente por la comodidad y el abaniqueo. La prensa, hoy en día, ha perdido influencia y poder. Y pierde difusión. Y perdiendo difusión, se pierde también publicidad... Estamos abocados a la ruina, moral y material.»

Mallofré recuerda.

Entrevista con Ángeles Mañas, autora de *Las historias de Melek*

LA MUJER QUE NACIÓ VERBO

La historia de las mujeres es la historia del principio de todo. Aquello del verbo que se hizo agua y de la primera llamada desesperada, que fue la de una madre en busca de su hijo, y de su hija. Rosa Parks, Indira Gandhi, Rigoberta Menchú… Acaso haya sido la escritora Ángeles Mañas (Sabadell, Barcelona, 1967) quien haya contribuido de una forma más prosaica, terrenal y expeditiva a la lucha por la igualdad entre hombre y mujer. Mañas ha escrito *Las historias de Melek* (Ediciones Carena, 2015), recetas de la aldea Dulzura: coca de cristal, carbón dulce, cisne de trufa…

Que a esta mujer alta y morena como las jotas, empecinada en trazar la autopista del arte que bulle en su interior, se la pueda comparar con las premios nobel, las amazonas urbanas y las luchadores incansables se debe a que desde su infancia siempre ha nadado a contracorriente.

Quiso ser niño. Nació niña. Jugaba con los chicos. Las muñequitas le aburrían. Guarda los clics de playmobil y los geyperman. No le asustaban las arañas. Dice que es tímida. Una mentira a medias. «Yo veraneaba en L'Escala [Girona] y allí cerca teníamos el campamento de entrenamiento de las COES [Grupos de Operaciones Especiales]. Nos íbamos a verlos y a colarnos en el recinto. Me habría gustado ser militar. De hecho, mandé una carta al Rey [Juan Carlos I], que no me contestó», irrumpe con su verbo descarnado, sincero, sentido, el del principio de todo, el de antes de las escrituras que los hombres escribieron sin sus mujeres.

Quiso ser policía cuando las muchachas se apuntaban a la Cruz Roja. Su padre no la dejó. Desobedeció a su padre. No aprobó las oposiciones. La tumbaron. Se quedó con la ropa puesta, entre el marrón y el azul. «Yo quería hacer todo lo que fuera para ayudar a la gente.»

Quiso ser carpintera. Su padre había establecido un pequeño taller ebanista en Sabadell. Aprendió a serrar las tapajuntas, a desbastar las maderas, a usar la rebajadora sin tener que decir lo siento.

«Los muebles de mi casa me los he hecho yo. Mi padre me daba el dibujo de un armario y me decía: "Hazlo". Y yo tomaba las medidas y me ponía a cortar. Algunas veces, incluso he ayudado a mi padre a montar decorados, en las escenografías de espectáculos teatrales, como *Fama,* el musical.»

Quiso ser fontanera. Y durante 13 años se enredó con los tubos de PVC. «Trabajaba mucho con fábricas químicas.»

Quiso ser remachadora. La Rosie que fabricaba los B-29, los bombarderos del Ejército norteamericano en la Segunda Guerra Mundial. Y se metió en la línea de montaje de Educa Borras *(«Bienvenido al mundo de diversión, entretenimiento y aprendizaje»),* creadores del juego que ha marcado una época: Magia Borras *(«Clásica 100 trucos»).* «Me propusieron trabajar los fines de semana petroleando las máquinas, y acabé en la cadena, encajando.»

En el 2009 cambió su vida: accidente doméstico, incapacidad total, depresión. Le dio la vuelta a las malas palabras, que se pasaron al lado bueno de las cosas. El escritor Tomás Prieto, autor de *El pintor de sueños* («todo se torna en necesidad»), la animó para que escribiera. Acabó de convencerla la lectura de *La sombra del viento,* de Carlos Ruiz Zafón («los misterios hay que resolverlos»).

No le gusta cocinar. Pero se muere por los bizcochos de chocolate blanco: http://elhornodemelek.blogspot.com.es

Le chiflan las aventuras de Los Hollister. Sus amigas y ella les emulan: Las Tiznadas.

Así nació *Las historias de Melek.*

En turco, Melek es ángel.

Ángeles. O el principio de todo.

Entrevista con J. C. Márquez, autor de *Como alas de mariposa*

LA PARADA

El martes 30 de mayo, a las tres de la madrugada, embarcaba en el aeropuerto de Larnaka, en Chipre. Vía Atenas (Eleftherios Venizelos). A las 10.48 del martes 30 de mayo, aterrizaba en la Terminal 1 de Barcelona el Airbus 320.

Este reportero volvía anticipadamente de Chipre, adonde había viajado para documentar las condiciones en el campo de refugiados de Kofinou, agujero de Europa. Un día antes, mi hermano me había escrito por el móvil: «El Tito ha muerto». Mi tío, a quien tanto quería.

En su funeral, civil, homenaje más que despedida, coincidieron dos luchadores antifranquistas: Custodia Moreno y Paco González, que vivieron en las barracas del Carmelo.

El viernes 2 de junio, a las cinco de la tarde, veraniegamente fresca, hablaba de aeropuertos despersonalizados, de incansables sindicalistas y de víctimas injustas con el escritor J. C. Márquez, seudónimo del abogado Juan Cuenca (Viladecans, Barcelona, 1975). Acaba de publicar la novela *Como alas de mariposa* (Ediciones Carena, 2017), que él mismo define así: «Obra de descubrimiento y superación personal, con todos los elementos de la novela negra: asesinatos, secuestros, investigaciones policiales, víctimas y villanos…».

«Como alas de mariposa nació, entre otras inquietudes, del impacto que me produjo el juicio, en el 2004, al asesino belga Marc Dutroux, que mató a

cuatro adolescentes en la década anterior. Este hombre vivía en la ciudad de Charleroi, en el sur de Bruselas, adonde fui porque tenía una amiga de esa localidad. Por aquel entonces estaba trabajando en un bufete en Bélgica y, de la mano de mi amiga, había visitado los escenarios reales del caso Dutroux», sitúa en el tiempo y el espacio Márquez, nadador en la estela de Mark Spitz, de facciones perfiladas como un hercúleo torso de bronce, con la mirada introspectiva de Agatha Christie *(Diez negritos)*, a quien tanto leía. «Años más tarde, en el 2008, cayó en mis manos *Los hombres que no amaban a las mujeres,* de Stieg Larsson, sin duda una gran novela, maravillosamente escrita. Y sin embargo, no me acabó de gustar la manera de resolver la historia: me pareció un tanto evidente y, en cierto modo, algo burda… Lo digo con el máximo respeto a un éxito mundial indiscutible. Quizás eso es lo que me animó a escribir.»

Dio la vuelta y se fue a casa, a su recién limpiado apartamento. Cuando pasaba por Zinkensdamm se puso a nevar. Tiró a Elvis en un contenedor de basura.

La historia de los hombres se puede condensar, circunscribir, anillar en dos o tres momentos de luz, fugaces, que no son más que situaciones de encuentro y desencuentro en los que uno se tiene que defender de sí mismo. Aquellos momentos en los que para bien y para mal la persona se define, mirando su pasado y conociendo su perpetuo presente. La categoría del sí y el no se diluye, y se responde a estímulos mentales, el peso de las etiquetas se aligera y solo la verdad se enfrenta, sola.

«Yo tenía claro que no quería escribir desde el punto de vista del asesino en serie, no me importaban las motivaciones del monstruo ni la justificación del mal, yo quería vivir con las víctimas, estar del lado de las víctimas. Cómo se puede, si es que se puede, sobrevivir al horror. Tenía que dar un mensaje de superación.»

Para pronunciar en voz alta esta frase, J. C. Márquez ya había puesto en valor la relación vecinal, la proximidad al otro, la alteridad tal como suena en boca del periodista Rafael Jorba *(La mirada del otro).* «Sin sociedad no hay verdadera vida humana», rubricó el pensador Francisco Ayala en su delicioso, necesario y nutritivo *Historia de la libertad.*

El autor de *Como alas de mariposa* se especializó en derecho mercantil internacional, pero en los convenios de arbitraje no se hallan consejos (Séneca: «la mente no puede ser esclavizada»), ni en las compraventas de mercaderías se apela a la voluntad por el fin de las tiranías («resistencia a la opresión», según la *Declaración de los derechos del hombre y del ciudadano)* ni en las sentencias y los laudos y la gestión del patrimonio se halla respuesta a la belleza de la muerte, que es el marco de la vida («Que tus días sean largos antes de tu muerte», versificó Swinburne).

«Todo relato vuelve a la niñez», profetiza el antropólogo Marc Augé en *Los no lugares. Espacios del anonimato.*

Los padres de Juan Cuenca regentaron durante muchos años el Bar Parada, en la avenida de la Roureda, 83, en Viladecans, que toma el nombre de la parada de la línea de autobús 81 (Gavà-Barcelona). «Tenía un fondo de comercio que era un micromundo, como en *La colmena*», recuerda el hijo de Juan y Paqui, ya jubilados.

Antes que escritor, el hijo Juan fue abogado, pero antes de enredarse en la jurisprudencia de las reglas de naturaleza jurídica, servía carajillos, trifásicos y zumos de albaricoque, aprendiendo que el ser humano, solitario, es un lobo. Que acompañado, una máquina perfecta. Que hay que proteger.

FABRICANTE DE ILUSIONES

Josep Valls había programado muchísimas zarzuelas, óperas, bailes, conciertos y espectáculos de circo para entretener a los asiduos del Mercat de la Llibertat y a sus toneleros, que se afanaban por ajustar los flejes a las duelas, y las duelas a los flejes; para entretener a los sastres de la calle de la Igualtat, abotargadas sus manos por las punzadas en los trajes de espina de pez y por la confección de chaquetones acolchados de cuello solapa con canesú en la espalda, y para entretener a los *peixeters* de la calle de la Fraternitat, que envolvían los arenques y las pescadillas en las páginas de *La Campana de Gràcia*. Las parejas de menestrales cogían asiento y veían la función con los ojos abiertos como platos salidos del lavavajillas.

Josep Valls fundó el Teatro Bosque en la Rambla del Prat, en Gràcia, cerca de la parada del metro de Fontana, que antes de ser parada y fonda era bosque de calesas, tílburis y cabriolés. El Teatro Bosque, en el que se ofertó todo tipo de ilusiones durante cuarenta años, se convirtió con el tiempo en el Cine Bosque. Luego llegaría Pedro Balañá y, más tarde, el Cine Bosque sería Bosque Multicines, y de ese traspaso y de esos bienes gananciales, de alguna manera, siguió siendo Josep Valls el inductor. Josep Valls era el abuelo de Joan Martí Valls (Barcelona, 1948), cineasta y guionista con tantos años de trayectoria como crucifijos reparte el Vaticano. Joan Martí publica *Història de la companyia okupa* (Ediciones Carena, 2011), la rebelión de los jubilados del mundillo del espectáculo, que deciden poner fin a su situación marginal.

«Solo un porcentaje pequeñísimo de guiones se llega a rodar, por lo tanto, hay una cantidad descomunal de material narrativo que se pierde. Yo he decidido convertir en novela ese uno de cada muchos tantos por ciento.»

El guionista Joan Martí es un niño que se ha hecho mayor pero que todavía mastica chicles, da la matraca y se zambulle en una película como los traficantes de coral practican el buceo en los arrecifes de los atolones de Tuvalu. Por las tardes, Joan salía del colegio y se colaba (con permiso de *l'avi*) en el Cine Bosque. Aprendió a fumar como lo hacía Humphrey Bogart en *Más dura será la caída* (Mark Robson, 1956) y aprendió a tratar a las damas como lo hacía Raf Vallone en *La violetera* (Luis César Amadori, 1958). Con mucha delicadeza.

Joan empezó a estudiar Arquitectura Técnica en la Universitat de Barcelona, pero claramente su «persistencia retiniana» estaba enfocada a seguir los haces de luz sobre los fotogramas, en los viejos proyectores de 35 mm. Quería hacer cine. «Yo era una rata de filmoteca, casi cada día iba al cine. Mi vida cambió cuando leí *El proceso,* de Kafka, y poco después vi la película de Orson Welles, con música de Albinoni. Salí del cine y me dije que yo tenía que dedicarme a eso. Tenía 19 años», se abstrae Joan, con dos ojos como dos acequias, zanjas que conducen las imágenes al plató de su cabeza. «Le dije a mi padre que dejaba la carrera. Me dijo que estaba loco, pero yo estaba decidido y lo conseguí.»

Su primera novela, *Història de la companyia okupa,* le debe algo a *El proceso:* «*Aquest país fa pudor. La pudor de l'enveja, de la vulgaritat i dels buròcrates fastigosos*».

En 1970, una pequeña productora de documentales le contrató y le glorificó en el mundillo, como Jesucristo inició la ascensión, desde el Lavatorio hasta el Eclipse de Crucifixión. De alguna manera, nunca dejó la arquitectura, porque pasó por todas las fases de la construcción de los filmes: «He hecho de guionista, que sería como el arquitecto de la película, a quien le corresponde el 50 % de los derechos de autor. Cuando cumplí 50 años mi vocación lectora y mi vocación cinematográfica se juntaron. También he hecho de director de producción, que sería algo así como el contratista, encargado de los aspectos técnicos y organizativos de la obra. Y he hecho de realizador, que sería el artesano».

En este oficio, Joan Martí ha trabajado con Jesús Garay, Francesc Betriu, Llorenç Soler, Pere Portabella, Joquim Jordà, Antoni Martí y muchos otros realizadores. En su haber, documentales, ficción, guiones para televisión. Ha sido operador, montador y productor. Y le ha dedicado un libro a su abuelo: *Josep Valls, fabricant d'il·lusions,* inédito hasta ahora.

EL FABULADOR

Cualquier momento en cualquier lugar, en cualquier época del año, puede ser un refugio para hacer saltar la imaginación, ese acelerador de tensiones internas.

Los escritores con madera no se refugian en panaceas, no se retiran en silenciosos monasterios para aislarse de lo cotidiano, no rodean de vallas sus postulados.

Los fabuladores sí se cuelgan del columpio de la fantasía, sea esta realidad o ficción, en el lavabo, a la hora de la cena, en los parquímetros…

«Yo soy un lector enfermizo. Mi autor preferido es Dostoievski, aunque me interesa mucho cómo estructura sus obras el británico Ken Follett. Y he leído tanto que un día me dije: "Y ¿por qué no escribo?". Y así empecé», se autoanaliza Carlos Martín Portugal (Barcelona, 1968), nieto de uno de los soldados de la Quinta del Biberón, republicano convencido, enemistado con la Iglesia, «ese aberrante y recalcitrante poder fáctico». Carlos rastrea el material sensible en los pretextos que son sus novelas.

Acaba de publicar *El hombre que pudo matar a Franco* (Ediciones Carena, 2019) justo en el momento en el que el *teletubbie* Franco resucitó para ser devuelto a la tumba. Previsiblemente, dentro de unas semanas, su cadáver será exhumado para ser inhumado. Sacado del Valle de los Caídos para meterlo en un nicho en El Pardo.

Atacado por el hormigueo literario en el rompeolas de la cabeza, Carlos Martín se remonta a los orígenes de su novela: «Di con la historia porque una vez conocí al ascensorista del Temple Expiatori del Sagrat Cor de Jesús, en el Tibidabo. Y él me confesó: "Yo he hecho algo que pocas personas han hecho". Resulta que, en un ascensor de reducido tamaño, en junio de 1966, había llevado a Francisco Franco y a su mujer, Carmen Polo, *La collares*. En broma reconoció que, en aquel instante, pudo haber matado a Franco».

Según el ascensorista, ya fallecido, el trayecto duró tres padrenuestros, justo un minuto.

Carlos se documentó («hubo 19 intentos de matar al dictador»), convocó los demonios de sus recuerdos («el día de luto del 20 de noviembre de 1975 fue un gran día de fiesta porque no tuve colegio») y mentalmente se trasladó al Grupo La Paz, en La Verneda (Sant Martí), donde se crio en los años de sol y sombra («curiosamente ese barrio lo inauguró Franco»).

Se enfrentó al teclado del ordenador, machacando las teclas como si los dedos fueran martillos demoledores.

Así le salieron las letras: «*Una persistente capa de escarcha cubría como manto de hielo los vitrales de la iglesia de la Pobla del Camp, resistiéndose a desaparecer a pesar de las cálidas caricias con las que le obsequiaba el aún tímido sol de media mañana*».

«Franco era un monstruo apolítico, ávido de poder, muy hábil. A su manera creía que lo que hacía era lo mejor para España, que España le necesitaba», indaga el autor en el personaje de su manuscrito, el patriarca de una dictadura que duró cuarenta años, un «sinsentido».

Antes de escribir *El hombre que pudo matar a Franco*, el fabulador Carlos había escrito *Asiel, la leyenda del elegido*, inédita: «Trata sobre una persona que se forma como terrorista y que lanza una bomba atómica sobre La Meca para destruir el planeta. Se me fue de las manos...».

Después de escribir *El hombre que pudo matar a Franco*, el fabulador Carlos sigue escribiendo: «He empezado tres proyectos, uno de los cuales transcurre en la posguerra, en las barracas del Somorrostro, sobre un hombre que vende su alma al diablo».

Entremedias, entre los dos adverbios, entre el antes y el después, el fabulador Carlos se agotó en un trabajo de oficina, en la ventanilla de una sucursal bancaria que podría ser la sucursal de la esquina porque todas se parecen: «Fui director de una oficina, siempre pensé que ayudaba a la gente a cumplir sus sueños concediendo préstamos, por ejemplo. En los inicios de la crisis, un día vino un cliente de toda la vida y yo le aconsejé que no se hipotecara, porque era lo mejor para él. Entonces, el jefe de área me pilló por banda y me soltó: "Pero ¿tú de qué vas? A ti te importa una mierda lo que le ocurra a este tío. Que se hipoteque y que se joda". Lo dejé todo. Me fui».

Y se puso a martillear con los dedos.

Y a fabular: ¿qué habría ocurrido si el ascensorista del Tibidabo hubiera matado a Franco?

XCVIII

Entrevista con Milagros Martín Carreras, autora de *Descubriendo mi tiempo*

PAN Y VINO

«Mi madre estaba aterrada. Intentó cruzar el puente sobre el río Vero, en Barbastro. Los milicianos no la dejaban pasar, temerosos por las bombas que caían sobre la ciudad y que lanzaban los aviones de Franco, ese imbécil. Mi madre, que era aragonesa y una mujer de armas tomar, se libró de ellos y echó a correr. Vino a buscarnos, a mi hermano y a mí, que estábamos escondidos debajo de una escalera, en el patio del colegio, abrazados el uno al otro, resguardándonos de las explosiones. Recuerdo la cara de alivio de mi madre al vernos y, cuando nos cogió a los dos, recuerdo echar la vista atrás y ver una pared pringada con el cuero cabelludo sanguinolento de una niña. Yo tenía cinco años. A Barbastro no he vuelto nunca. Desde entonces, cuando oigo cualquier sirena, me da repelús porque me viene a la memoria cuando debía bajar al sótano a esconderme.»

Las memorias de Milagros Martín Carreras (Salillas, Huesca, 1931) pertenecen a la cofradía del *pa negre,* ese almanaque de sensaciones, emociones y contriciones en la novela de Emili Teixidor, entre otros. Milagros anda más deprisa que el Conejito de Pascua de *Hop*. Aun sus ojos de ardilla, hace poco tropezó con una losa mal colocada y cayó de bruces al suelo, con tan mala pata que se rompió el húmero, y ahora va a rehabilitación. No es nada, porque ella nació con la Segunda República (14 de abril de 1931), y su nombre vino ya para contradecir el discurso oficial imperante en aquellas Cortes Generales.

Y con Milagros, el 14 de abril del 2011, festejamos que la versificación la salvó de la guerra. *Descubriendo mi tiempo,* poemario de «confidencias y reflexiones» (Ediciones Carena, 2011), es la tarta que ha preparado para la ocasión. Solo hay una vela, y es una margarita.

En *Descubriendo mi tiempo* Milagros habla de su madre cuando habla de sus hijos («rostros de mágica mirada»), en un poema titulado «A una madre», que es una especie de estimulación psicomotriz para afrontar la pérdida del ser querido.

«Mi madre era una mujer muy fuerte. De hecho, yo estoy engendrada en África. Mi padre era guardia civil y estaba destinado en la zona colonial del Sáhara. Cuando se casaron, pasaron unos días en el cuartel de mi padre. A mi madre, Pabla, la llamaban La Cristiana», refiere Milagros, y de sopetón, carraspea, se aclara la voz y cambia de registro para describir a su progenitor: «A mi padre, Sinforiano, zamorano, le destinaron a la sazón en la localidad oscense de Adahuesca, y luego en Peralta de Alcolea, hasta acabar en Barbastro, donde pasó la guerra con los *rojos,* como carabinero. Le recuerdo llorar desesperadamente, reclinado en unos escalones, lamentándose por la muerte de un amigo».

Finalizada la contienda, a su padre le enviaron a las cordilleras del Bierzo, «al maquis», lo cual se supone que constituía una especie de depuración del cuerpo armado (posteriormente, un decreto de don Camulo, el ministro de Gobernación Camilo Alonso Vega, más bruto que un mulo, le apartó de la Benemérita por haber pasado los años de guerra en *zona desleal); * aunque Sinforiano no se esmeraba mucho por cazar a los guerrilleros.

A Milagros la llevaron a Toro, en Zamora, para que recuperara los estudios y el entrenecimiento perdido. «Yo era la sobrina de don Benancio, el maestro de escuela», apostilla.

Milagros asistía a clase del profesor don Eugenio Caja, en Pedro Muñoz (una calle lleva su nombre como homenaje). «A Franco le estorbaban los maestros, y a don Eugenio le estorbaba Franco, aunque no pudiera hacer nada para evitar el régimen. Bueno, en una clase que en sí era un cuartucho, toda llena de niños (yo debía de tener once años), nos hacía leer *El Quijote* y una obra muy bonita, *Corazón,* de Edmundo de Amicis, que estaba prohibido por aquel entonces.»

Un párrafo de *Corazón:*

Lunes 17 de octubre

Hoy, ¡primer día de escuela! ¡Pasaron como un sueño aquellos tres meses de vacaciones consumidos en el campo! Mi madre me condujo esta mañana a la sección Bareti para inscribirme en la tercera elemental. Recordaba el campo, e iba de mala gana. Todas las calles que desembocan cerca de la escuela hormigueaban de chiquillos…

La madre de Milagros, que también pasaba por dificultades económicas, le preguntó al maestro, solícita:

«Dígame qué le tengo que pagar».

«Señora, deme usted pan y vino», respondió el docente.

Don Eugenio Caja tenía seis hijas: Rosarito, Asunción, Emilia… Encontrar qué comer cada día, su más ardua tarea.

A los 15 años, Milagros vino con su padre a Barcelona. Poco a poco, la familia se fue reagrupando. En Barcelona, esta mujer se matriculó en la Academia de Sants: «Por la mañana cosía y por la tarde estudiaba taquigrafía y francés».

Se casó y tuvo hijos, y cuando estos crecieron «enlazados con el viento», y se valieron por sí mismos, despertó del «largo letargo». Ella lo llama «renacer». Escribió versos, tan sofisticados algunos y tan taciturnos otros como las primas de riesgo que suben sus puntos básicos y bajan su diferencial de bono.

Hace unos meses, sintió la necesidad de recoger de la era que había trillado la parva de sus vivencias, y dar un último beso a los «paseos imaginarios», a su tierra y a sus amores. Así se acordó de su amiguito de la infancia, Vicente, y de este poemita que se sabe de memoria y que compuso cuando tenía diez añitos:

Una tarde en que solita
Antonia y yo estábamos
se nos ocurrió una idea

que al momento practicamos.
Era una idea genial,
para mí grande sorpresa.
Era que quería a Vicente
y no podía explicarlo.
Antonia me declaró que quería mucho a Tillo,
y yo le choqué la mano diciendo: «Te felicito».
Esta niña de la que os hablo
se llama Antonia Montero
y somos grandes amigas
por eso mismo la quiero.
Este […] tan preciado
que tan gran secreto encierra
lo tenía muy guardado
para que nadie lo viera.

XCIX

ENTREVISTA CON TERESA MARTÍN TAFFAREL,
AUTORA DE *A QUIEN CORRESPONDA*

EL RETRATO

En 1906, Picasso, amante amado, pintó al óleo el retrato de Gertrudi Stein, la Carme Balsells de los artistas parisinos, de los bohemios artistas parisinos que a duras penas tenían para un chato de vino. El cuadro, que se exhibe en el Metropolitan de Nueva York, muestra a una mujer vestida con formas cubistas, con las manos en el regazo, como dos fronteras firmes que se trazan siguiendo las dobleces de su vestido. Todos le debían algo: Picabia, Matisse, Braque… Acaso le debían que mantuviera la fe en sus obras, cuando ellos mismos la habían perdido.

En el 2015, una maestra de cuentos sin fin podría haber sido dibujada de la misma manera indolente, en el mismo ángulo, con la misma intensidad, con tal parecido con Stein que se diría que dos lágrimas juntas se habrían unido en un mismo dios. Teresa Martín Taffarel (Buenos Aires, 1940) es la profesora de literatura de Barcelona por antonomasia. Todos le deben la vida, si entendemos la vida como el fervor inmaterial que se alimenta de palabras. La lista podría ocupar muchas más líneas: Trinidad Casas, con *Campo de más allá* (2013); Javier Rodríguez-Rey Ortiz de Zárate, con *Las mil y una letras* (2014); José Eduardo Polío Morán, con *Entre líos y demonios* (2015)…

Teresa Martín publica *A quien corresponda* (Ediciones Carena, 2015).

En el Café Godot (Sant Domènec, 19), bajo lámparas de palos altos, a tiro de piedra de la librería La Memòria en la que imparte un taller de lecturas poéticas, Teresa se sienta en una mesa esquinera, como la virtuosa matrona de un templo griego. Degusta *Salvar a Mozart* (Navona, 2015), de Raphäel Jerusalmy, y sabe leer, porque no le entran las vocales por los ojos, como quienes se hartan de poner croquetas en los platos de las barras libres, sino que le entran por el coco. Lentamente, su dedo va siguiendo la línea de los párrafos seguidos, como si cada página fuera un destino, una predicción, un futuro abierto. Las manos rectangulares callejean entre las frases sueltas, contemplativas, manos reconfortantes que se mueven a la mínima velocidad de la luz, igual que una luz aspirada; quizás, brizan, dovelan, apostillan. Tres anillos plateados arman sus dedos. En las muñecas, dos pulseras de cuentas de negro y blanco, perlas dulces que la atan y la envuelven como si ella fuera objeto de regalo.

La cubre una chaquetilla estilo *cardigan* con cableado de puntos y bordados ondulados en las mangas de nácar. Con la cabeza erguida, puestas las lentes de cerca y de lejos, ventanas para unos ojos sabios, Teresa rememora la infancia, como un cuento de Mark Twain: «Yo nací en Buenos Aires, pero como mi padre trabajaba como representante de importación de carnes, mi familia se trasladó a Zárate, ciudad al lado del río Paraná… Y luego acabamos en Gualeguaychú, que en guaraní significa "agua de fluir lento"».

Estudiante de Magisterio, a los 17 años ya comenzó a dar clases a niños, en la escuela Francisco de Gurruchaga: «Yo sabía que eso era lo mío, lo sentía. Jugaba con las muñecas, las ponía en el suelo, enfrente de mí, y yo les enseñaba. Jugaba a enseñar con los amigos del colegio. Yo me dediqué a la enseñanza, que va muy ligada a la literatura».

En aquellos años, la madre de Teresa Martín, que le descubrió la poesía, le regalaba los clásicos mágicos de la literatura juvenil en la insigne colección Robin Hood: *La isla del tesoro,* de Robert Louis Stevenson; *El maravilloso mago de Oz,* de Lyman Frank Baum; *Los tres mosqueteros,* de Alexandre Dumas…

«Mi madre fue quien me enseñó a leer. Leía, leo y, si Dios me ayuda, seguiré leyendo», pretende, y se toca el pelo, ligeramente enmarañado por un montón de ideas que corren por la autopista de la creación.

En 1986, Teresa Martín se instaló en Barcelona y dejó un océano por medio, tan vasto como un campo de algodón bajo un terrible aguacero.

«Comencé a dar clases a los niños de aquí. Vine con la idea de que los niños eran educaditos y saludaban a la profesora…. Pero no. La escuela ha de cambiar tanto como sus profesores», cree.

Teresa se ha adaptado a la nueva sociedad: usa wazap.

Y ha entendido que es un puente, entre el aquí y el allá, entre el ellos y el nosotros, entre el ahora y el antes.

Entre Gertrudi Stein y ella.

«Para salvar las cosas.»

C

Entrevista con José Enrique Martínez Lapuente,
autor de *Un extraño viaje*

EL HÉROE

El hombre desnudo, privado de sentido y de historia, que mira de frente el sol
y la muerte, es un héroe.

Jean Daniel, sobre *El extranjero*, de Albert Camus

Se vestía en la playa caliente y se subía la cremallera en el tren, de la misma
manera que a veces se ponía los pantalones con la bragueta bajada. En la
Barcelona de los años sesenta, a las putas no se les montaban redadas; se las
montaba: se sentaban en el Saló de Cent, formaban parte del sistema, y a
ellas recurrían los comisarios de la brigada político-social anhelando algo de
consuelo cuando querían seguir descargando su porra de juguete. El barrio
Chino, el tocomocho (que nada tiene que ver con el calimocho) y las faenas
grises de bocadillo envuelto en los crímenes de *El caso* le daban a la ciudad
una pátina de fogoso tenebrismo con el que Caravaggio podía haber pintado el *Cristo con los peregrinos de Emaús*. «Siniestra, inhóspita, aislada.» Para
el traductor José Enrique Martínez Lapuente (Monforte del Cid, Alicante,
1951), Barcelona era un burdel de puerto con la Sagrada Família de fondo.
Acabó tan angustiado por la solitud, que cerró los párpados de la luna y se fue
a caminar el largo trecho de su vida por los soles del Born, cuando BCNeta,

como ahora, no existía. Algo de aquel tiempo lo cuenta en *Un extraño viaje* (Ediciones Carena, 2010), el anticipo de una novela biográfica de impecable factura: *Recuerdos e invenciones (crónica breve de una vida apresurada: Rodrigo Carballo),* quizás la experiencia insulsa del aceite hirviendo.

Entonces, José Enrique no era José Enrique, sino Émile, su alias político.

Sol Nuevo

«Tenía 15 años, y con 15 años un chico está muy solo.»

José Enrique, que no Émile, emigró con su familia, sus padres y dos hermanas, de Alicante a Barcelona, justo cuando el sol cursaba tercero de bachillerato.

Los soles, barrizales de cuerpos deseosos de afecto, rodaban por el adoquinado, y José Enrique, que no Émile, los recogía todos, y los escondía en el bolsillo interior de su abrigo de felpa de tres cuartos en el que guardaba una billetera sin billetes. Bajo el farol del sol, los obispos se la meneaban mientras oraban las salves de Sara.

«No me adaptaba a esa ciudad, un auténtico desierto para mí, un ambiente que no me ofrecía nada interesante. Con compañeros del instituto empecé a desarrollar lo que llamábamos "inquietudes". Buscábamos una vida diferente a la que se nos imponía, un modelo alternativo de sociedad que superara el principio de la propiedad privada. Uno se sentía como fuera de todo, una sensación como de estar aquí y de estar fuera», se acuerda José Enrique, que no Émile, y exhuma los recuerdos oscuros con el mimo arqueológico de los voluntarios de la Asociación para la Recuperación de la Memoria Histórica. «Con 18 años, en 1969, me hice militante comunista, y formé parte de una célula clandestina de la Organización Comunista de Barcelona-Bandera Roja, escisión del PSUC, maoísta. Militaban, entre otros, Jordi Borja y Jordi Solé Tura.»

Las ratas recibían a los huéspedes en la pensión de El Carme.

«El socialismo sin democracia es un cuartel», se decía en Checoslovaquia.

Émile, que no José Enrique, quien odiaba los «modelos autoritarios», fue expulsado de Bandera Roja por ser demasiado crítico con la dirección.

Cuarto Creciente

«Tenía 20 años, y con 20 años un chico está muy solo.»

Cine en matinés de domingo, debates interminables en parroquias sepulcrales con misas oficiadas por curas obreros, y libros-hugonotes, sociales, críticos, radicales: Max Aub, Vicente Blasco Ibáñez, Ramón J. Sender…, cuyo fin era devolver la identidad perdida, reconstruir la memoria prohibida.

Los soles, cánticos a la madrugada, cavidades sucias por el orín de los borrachos y los charnegos que bajaban de las barracas del Carmelo para divertirse en El Molino.

En las esquinas, las manos manoseaban las reglas de las chicas con dedos ágiles.

«En 1973, me entrevisté en la clandestinidad con Antonio Ubierna, histórico del Frente de Liberación Popular [Felipe], quien había pasado por Mayo del 68 y por Bélgica, expulsado de Francia, y que recaló en Berlín. A partir de ahí, dos compañeros y yo –un cártel, casi– hicimos con él un seminario de dos años, en el que se discutía TODO: el movimiento obrero, de antes y de después de la Revolución Rusa, las tesis de abril, el federalismo…», rebufa José Enrique, que no Émile, alentado por un Vichy que se bebe como un lingotazo de vodka. «Conecté con Acción Comunista, un grupo que procedía de una escisión del Felipe, y en el que inicialmente se encuadraron Julio Cerón, Ignacio Fernández de Castro y una serie de personas como José Luis Leal, posteriormente presidente de la Asociación de la Banca Española. Acción Comunista se definía como luxemburguista-espartaquista y antiestalinista, y reconocía el derecho a la divergencia dentro de la organización, la cual cosa me atrajo. Pero en 1976, una parte de la formación, sin autorización de la "mayoría cualificada", inició un conato de lucha armada en Barcelona que terminó con la caída del aparato: se incautaron pistolas, metralletas, millones de pesetas en metálico…»

Un año antes, había muerto el «vetealdiablohijodeputacabrón» de Francisco Franco, a quien Émile, que no José Enrique, despidió con la relectura agonizante, que a la sazón le venía como anillo al dedo, del poema de Pablo Neruda «El general Franco en los infiernos»: «Que la sangre caiga en ti como la lluvia…».

Los jóvenes llevaban las fundas de sus dientes en la guantera, y los zapatos lustrosos en la *boîte* de los prestamistas.

Émile, que no José Enrique, se apartó, junto con otros militantes, de Acción Comunista. Ya estaba más que harto de «aventuras irresponsables».

Sol Lleno

«Tenía 25 años, y con 25 años un chico está muy solo.»

Estudios en la Alliance Française de París, en la Association des Étudiants Protestants, cerca de los Jardines de Luxemburgo, la misma residencia a la que había arribado Jorge Semprún después de salir de Buchenwald. En la Rue Puteaux, 10, visitas a Juan Andrade, quien fuera amigo íntimo de Andreu Nin y discípulo de León Trotski. Relaciones con activistas críticos de ETA...

Los soles, norias de caballitos con la música trepidante de los banjos y un asomo de tristeza que se encarama en las tapias sin fisuras ni grafitos. Los pobres, maleantes y estafadores en la España de la abundancia. Cubiertos de loza para comer mierda con patatas.

«En 1976, en España, nadie confiaba en la democracia. Nadie daba un duro por nada. Cada día había muertos en las calles. La Ley para la Reforma Política aún no encontraba salida. Y algunos apostamos por la ruptura», reconoce José Enrique, que no Émile, acalorado por los delanteros de los futbatas del bar Llopart, en Sants. Toma distancia de su pasado para ver con perspectiva el vestidor de las palomas con el pico ensangrentado. «Retomamos el contacto con la Liga Comunista Revolucionaria y con la Organización de Izquierda Comunista, con lo que quedaba de Acción Comunista y con la vieja guardia del POUM, y lo reflotamos, de acuerdo con Wilebaldo Solano y otros veteranos militantes. Pretendíamos fundar un tercer partido que disputara el liderazgo de la clase obrera. Cristalizó en un frente electoral, el Frente por la Unidad de los Trabajadores [FUT], comunista, que no obtuvo representación parlamentaria en las elecciones de 1977.»

En 1981, con la consolidación de la democracia, para muchos finalizó un proceso que no llegaba a ninguna parte. Crisis. Angustia. Neurosis.

Émile, que no José Enrique, se refugió en el psicoanálisis de Jacques Lacan para entender qué carajo le había pasado.

El FUT se disolvió, por lo que Émile, que no José Enrique, evitó ser expulsado.

Cuarto Menguante

«Tenía 30 años, y con 30 años un chico está muy solo.»

José Enrique, que no Émile, se apartó de la política, se ubicó profesionalmente. Se centró en el oficio de corrector.

Los soles, peroratas con caninos que hace que te encojas en la silla y que te entre el sueño aun estando ya dormido. Los soles de sombra negra y llama intacta.

El salón de la placidez lo pintan bastos capellanes de anuncios por palabras.

«Un viejo afiliado del POUM en el exilio, Amadeo Robles, editor de la Librería Hispanoamericana de París, me regaló una máquina de componer textos IBM, el no va más por entonces, para que con ella me ganara la vida. La pasé a Barcelona con la colaboración de un oficial de Aduanas militante del Partido Comunista. Me establecí en un taller de composición y traducción de textos y diseño gráfico: Ápice, en la calle de Aribau, 15, en el que sacamos el primer número de la revista *Mientras tanto*», descansa la voz José Enrique, que ya no es Émile. Pagó con creces el peaje político en una Transición que se llevó por delante a cirios y troyanos.

Ahora, trabaja como autónomo para numerosos clientes: Círculo de Lectores, Grupo Planeta, Editorial Océano, etcétera. «La traducción de varias obras, como el *Diccionario histórico de la locura*, me ha enseñado mucho; es una pequeña obra de arte, considerada como tarea intelectual menor.»

Émile, que no José Enrique, es hijo de un tiempo intensamente vivido y escasamente comprendido en el que fue posible una conciencia de resistencia cultural y cívica, y en el que estaba vetado medrar en torno a negocios que inculcan leyes.

Hoy, José Enrique Martínez Lapuente, que no Émile, practica el pensamiento libertario, camino del anarquismo.

CI

Entrevista con Francesc Marzo Bellot,
autor de *La lógica del delirio*

EL AMOR

El deshonillador de versos y pensador existencial Francesc Marzo Bellot (Barcelona, 1988) escribe tanto sobre la imperecedera muerte que, sobre el papel, ya ha muerto muchas veces: unas de forma trágica y otras como expiación. «Es algo innato en mí, tengo obsesiones delirantes, y muchas de estas obsesiones me han llevado al hospital; estuve ingresado en el pabellón psiquiátrico», afirma con naturalidad. Y con la misma pachorra acaba de sellar la frase: «Unos días ingresado son una eternidad».

Quizás por sus aparentes extravagancias podría haber solicitado un puesto en *The Greatest Showman (El Gran Showman,* 2017*)*, el musical de Michael Gracey al que le rondan los Globos de Oro. Un puesto junto a la mujer barbuda, el enano napoleónico y el hombre lobo que nunca se cepilla (*«I'm not a stranger to the dark»*).

Sería una idea un poco loca.

Él dice: «No me he sabido encontrar. Voy siempre de un extremo a otro, y no me sé encontrar».

Quizás el novelista venezolano afincado en Madrid Edgar Borges creyera en este chico para componer *La niña del salto* (2018): *«ya en sus primeros pasos hizo intento de saltar en lugar de caminar».*

En un atestado policial podría leerse a sí mismo, minuciosamente descrito, si le llegara el último día: «[El sujeto] medía metro setenta, vestía anorak impermeable, se movía con soltura, meditaba largamente y rehuía las concentraciones, especialmente los martes de Champions. Apocado, desviaba la mirada, aunque no cabe minusvalorar el contenido de sus silencios, impuestos con fatídica precisión».

No le ha llegado la hora del pañuelo del adiós.

Él se sabe ver aunque le cueste verbalizarlo: «Tengo una ligera intuición de quién soy, más o menos. Con el corazón en la mano te puedo decir que busco la esencia, la autenticidad, y que ya no hay escritores».

Imposible rebatirle la declaración si en la nómina de escritores figuran los Kant («su *Crítica de la razón pura* es la abstracción científica llevada al límite»), los Nietzsche («se ha tergiversado su idea del superhombre, que creo que va relacionada con la renovación de lo humano, no con el poder») y los Kafka («sí, te doy la razón, es angustioso»).

Los genios crían malvas enterrados en un hoyo.

Sus obras perduran y les trascienden y les convierten en clásicos.

Tampoco esto consuela a Francesc.

Recientemente, Francesc Marzo ha publicado el ensayo *La lógica del delirio* (Ediciones Carena, 2018), en uno de sus momentos de crisis que vienen precedidos de tanta injusta lucidez («acción-reacción: crisis-creación»).

Del capitulito «Agujero», en *La lógica del delirio:* «Cuando se metió la mano en el bolsillo de la chaqueta, su cuerpo se vio arrastrado por ella, dejando vacío el uniforme. Fue a parar a una región sin fondo, donde una coloración intermitente dejaba intuir unas voces impregnadas en las paredes. Pedían expresiones con las que poder morir».

En momentos diferentes de un mismo periodo anímico, en la edad adulta del pensamiento, él dice: «Tuve una adolescencia complicada. Me he vuelto receloso de lo que hago. Tengo una baja autoestima y nada me sirve de consuelo».

Ni Tolstói, León *(Guerra y Paz);* ni Allan Poe, Edgar *(El gato negro);* ni Pizarnik, Alejandra *(La condesa sangrienta).*

Voces de ultratumba. Sardinas. Lagrimitas.

Este reportero le pregunta, sin mucha gracia: «¿Qué es la literatura?».

Francesc responde sin dudar ni un segundo: «Lo que te golpea, te remueve por dentro, te hace entrar en una historia».

«Entonces, es una literatura que te agita, en realidad», le devuelve la patata este reportero.

«Claro, claro, literalmente. Te busca y te asalta», completa.

Y este reportero insiste: «Pero…». Y no le da tiempo a acabar la oración cuando se ve arrollado de nuevo. Dice: «La literatura que ayuda a hallarte en lo esencial».

A bocajarro, este reportero se adelanta: «¿La literatura sana?».

Categórico, él: «No».

Pausa.

Sigue: «Sé que voy a caer».

Pregunta: «¿Qué es *caer*?».

No respuesta: «No quiero utilizar esa palabra».

Silencio.

Tiempo de espera.

Ha pasado un ángel.

Utiliza esa palabra de viejas glorias que fenecieron *(El infierno musical,* de Alejandra; *Los crímenes de la calle Morgue,* de Edgar; *El proceso,* de Franz): «Morir».

Caer es morir.

Se recrea en la muerte: «No solo la muerte espiritual, también carnal».

Gancho de izquierda: «¿Qué es la vida?».

Sonríe: «Vaya preguntita». Va al ajo del asunto: «Creo que tengo la sensación de que esta vida no es la verdadera. Pero puedo decirte que quizás el secreto está en vivirla».

Penúltima cuestión, nada insignificante: «¿Podrías escribir un texto con final feliz?».

Cree que sí.

Quemó ese final feliz. Una especie de cantata para piano que llamó *Reina Laura,* dedicada a su pareja («no estaba seguro de que fuera bueno»).

Última pregunta, antes de pagar el cacaolat y el cortado y el vino de la vida: «¿Qué es el amor?».

Marzo, Francesc: «El gran misterio que mueve el mundo».

En el camino a casa, recitará versos: «lugar cercano sin sombras / colores fulgurosos».

Pantallazos deslumbrantes.

Trenes.

A tomar por saco la muerte.

Aish, el amor.

CII

Entrevista con Antonia Massip Servat,
autora de *No habrá música en tu ataúd*

EL RUISEÑOR

De noche, las almas vagan por las parcelas de los sueños, los gatos son pardos y el ruiseñor canta a los enamorados, a quienes se buscan en la oscuridad, a resguardo de la luz que les prohíbe. El ruiseñor de las arboledas, ligeramente negruzco, vive la noche, la consume, le confunde, la baila. Por algo los ingleses lo llaman *nightingale* (vendaval de noche).

A las cinco de la mañana, Antonia Massip Servat (Barcelona, 1974) escribe, de noche, cuando el alba es una verdad abierta en el horizonte de pétalos congelados, poco antes de la mañana. A menudo se levanta de noche, como los ruiseñores, para ponerse delante del ordenador. Verduzcamente risueña como una llovizna rala, prima de Casandra, la diosa de las profecías, con las uñas pintadas de rojo como una salvaje explosión de dalias, Antonia ha escrito *No habrá música en tu ataúd* (Ediciones Carena, 2016), relato existencialista que tiene como protagonista a Ramona, mujer más sola que la una a la que, finalmente, le llega el amor. Sobresale la influencia de Albert Camus. La primera frase de *El extranjero:* «Mamá ha muerto hoy. O tal vez fue ayer, no lo sé». La primera frase de *No habrá música…:* «Hoy cumplo cuarenta años. A los treinta me juré que cuando llegara a esta edad ya no viviría con mamá».

Ramona es una mujer que busca realizarse, sentirse plena: «Todos tenemos algo interior que nos hace ser únicos, aunque pasemos desapercibidos y seamos invisibles».

Como el mago Saruman de la Tierra Media, Antonia se pone en los dedos Anillos de Poder, sus personajes. Construye historias corrientes de individuos que necesitan abrigo, que se desvelan ellos solos, como impulsos precoces para evitar muertes en vida, algo así como la narración del desvivir. Le interesa la manera en la que las personas se enfrentan a ellas mismas, armadas con su yo, y se encaran consigo, como si estuvieran delante de un espejo lujurioso hecho añicos. «Me interesa cómo se afronta la soledad, que la considero la enfermedad del siglo XXI», diagnostica Antonia, con ojos diamantinos, aguados, que se abren como dos rebosantes ensenadas. «Se fomenta una forma de relación *online,* y cada vez más se tiene menos tiempo para el ocio y para interactuar con los demás.»

De día, las almas arrastran los pies, se desperezan en los andenes, enfundadas en chaquetas de lana sintética. Cuando Antonia se mete en el metro, apretada por la gente que se ve obligada a fichar, observa, imagina pasados y presentes de sujetos a quienes no conoce. Se inventa qué asuntos pueden motivarles, qué familia puede esperarles, qué aspectos de la cotidianidad les aturden: «Yo me quedo mirándoles en el metro, y pienso: "Si fuera esa mujer de ahí mi Ramona, ¿qué haría ella ahora?"», divaga.

La quinta de seis hermanos, la infancia de Antonia no es la de Ramona. Desde sus tiempos universitarios en la Facultat de Dret, trabaja como azafata de tierra en el aeropuerto. Eso le ha permitido volar. No recuerda la primera vez que cogió un avión porque en la barriga de su madre ya estaba a diez mil metros de altura, yendo y viniendo a Menorca, donde la familia pasaba los veranos.

Matriculada en l'Escola d'Escriptura del Ateneu Barcelonès, ideó su *No habrá música…* como un ejercicio de sinopsis, que se acabó convirtiendo en novela. Durante cinco años, escribió en muchas madrugadas. Y a la hora de irse a dormir, colocaba una libretita en la mesita de noche, por si se despertaba con una idea genial que complementara alguno de los 22 capítulos del que hoy es su primer libro.

Durante esos cinco años ha viajado con su Ramona al lado.

La creaba de día y la escribía de noche.
Ramona ya no le pertenece.
Tiene vida propia.
Y no está sola.

Entrevista con María Ángeles Medina,
autora de *Por los caminos del verso*

EL CUENTO DE LUBINA LUZ DIVINA

Lubina Luz Divina es una lubina que chapotea en las cafeterías de los arrabales de Barcelona. Le gusta frecuentar los tenderetes de menta poleo y los locales donde las madres inician conversaciones en las que no se da la orden del «estate quieto», mientras sus fierecillas revolotean a dos metros, moviendo sillas y moviendo mesas y corriendo paredes y pernos de acero. Le gustan las cafeterías y las *sofaterías* en las que el silencio es un pastor amarrado a la baranda, ambientes que se prodigan en los alrededores de las escuelas públicas. Le gustan los sitios más mundanos que el huerto de Getsemaní, siendo el silencio el lobo que se come las ovejas del pastor amarrado a la baranda. Lubina Luz Divina es la única lubina, que se sepa, que se deja caer en la pica de *les granjes,* más alicatada que alicaída, siempre con una mano en el lápiz y con un punzón en el armiño del corazón, confeccionado con retales de bullas, griteríos y voces infantiles.

La cuentista María Ángeles Medina es Lubina Luz Divina, o su *alter ego* o su doble personalidad o su reencarnación en pez cartaginés. La escritora María Ángeles Medina chapotea en las cafeterías escandalosas y bullangueras en las que el silencio se cobija en los paragüeros, y en ellas, entre que el camarero va y le pregunta «què hi posarem?» y viene y le sirve el cortado con leche caliente, traza sus cuentecillos que carecen de textos marginales y páginas de birlí. Y entre el *habíase una vez* del principio y el *comieron perdices* del final, María Ángeles zurce poemas sueltos con la gracia de un colibrí, de acento gongorino y con el eco lejano de la cuaderna vía: «Hay tristeza… y en su alma / donde le vive el dolor / no cabe la fe que calma / pidiendo resignación, / ni caben los que se callan / la verdad de una razón».

Publica *Por los caminos del verso* (Ediciones Carena, 2010), antología con sus mejores decasílabos, postergada demasiado tiempo por la batahola de su afán, de peques que leen cuentos de piratas con pata de palo y que hacen trizas el silencio del pastor amarrado en la baranda de su propio asimiento.

Por los caminos del verso consta de 31 poemas sin conexión aparente, en la comisión permanente de la magistratura de su belleza, con el apego angelical de la dirección artística del Teatro Real, y con las comparaciones numinosas del crítico literario Terry Eagleton en *El portero,* y con el agua de un mar oscurecido.

María Ángeles nació en 1942, de las fuentes que surten las higueras de Jayena, pueblecito de Granada tan a su aire que no tiene web. De padre guardia civil y madre modista, que tejía con su Singer las palabras por las que luego ella enfilaría. «Mi madre tenía la obsesión de que yo estudiara o cosiera.» María escogió lo primero, porque bordar no es santo de su devoción, aun los rezos con los que postuló para novicia trinitaria. Con 13 años, de la mano de sus hermanas, Francisca y Conchita, se subió al tren de la emigración con destino a Badalona, con el pelo trigueño y la sonrisa escarlata y el sinsabor traspuesto en el rostro de los humildes campesinos que salían de la tierra para arar la ciudad. «Vinimos con la avalancha de la emigración. No supe lo que era tener hambre, pero la pobreza se vivía. Me acuerdo con tristeza, pero no me gusta la tristeza, porque soy alegre y luchadora. Lo siento, soy así», se adormece, escasamente taciturna, inclinada por milímetros a la acedía, más por el menoscabo de su parálisis, que la obliga a moverse con tirantez desde que tenía dos añitos. «Cogí un virus. Lloraba y lloraba y mi madre me cogió porque no me estaba quieta en la cuna. Y una mañana me levanté con esclerosis en la columna.»

María escogió lo primero, estudiar. Y estudió Magisterio. Le gustaban las letras, y entre las letras ungidas, *La hoja roja,* de Miguel Delibes («sencillo y profundo»). Y le gustaban las matemáticas, y entre los números y la acuarela de ecuaciones, la fórmula de Euler, en la que *e* es la base del logaritmo natural, algo así como el Espronceda de los teoremas («a mi tío Paco le encantaban Lorca y Bécquer. Le gustaba cuidar la métrica y la rima. Y a mí me gustaba la sintaxis, los morfemas, los lexemas... Las matemáticas no me entusiasmaban, pero llegaron a entusiasmarme»).

Entretanto, su madre murió de una embolia, y su recuerdo es otro cuento, esta vez de O'Henry: «Mi madre nos había llevado al cole. A las ocho se puso mala. Esa noche murió».

Y la manutención de tres niñas forzó al padre a que se casara con Josefa, una murciana muy apañada que cantaba en la cocina como la Niña de los Peines y que no tenía pinta de madrastra, siendo irremediablemente la madrastra de este cuento; los hombres, por entonces, no habían sido educados para las tareas domésticas.

Le cuesta caminar, encorvada como las encinas de los espesares extremeños, indolente y amartelada con el feudo del idioma, aquejada por la grave enfermedad que ha desligado sus costillas, que la pinchan y la punchan y la paran cuando quiere enderezarse.

«En esta vida lo he dejado todo: la enseñanza, los niños, el amor... La poesía, no. Cuanto más escribía, más sanaba. La poesía no la he dejado.»

Ni ha dejado los cuentos. Ni las olas curvilíneas de Mamá Ola ni las sardinas enlatadas de Sabialina...

María Ángeles Medina es la autora de la *Trilogía del mar,* obra inédita de cuentos para niños y versos para cuentos: 1. *El estrecho litoral,* en el que la sardina Sabialina huye hacia el litoral, escapando de la humillación de un mar engreído; 2. *Zaile (fuerza del mar),* en el que Mamá Ola enseña a sus olitas pequeñitas a bailar, antes de que el rugido de un huracán malvado las rapte con su fuerza sobrenatural y con su viento maestral de aliento contenido, que las monta en una nube y las aleja de su hogar, y 3. *La sirenita Mariona,* en la que el mar, enfurecido por unos peces demasiado atrevidos que se han adentrado en la tierra en una venturosa incursión, echa en su desafuero a las sirenas que en su seno reposan...

¿Qué haríamos sin los tres cuentos de Lubina Luz Divina, el único pez del Carrefour que habla por las branquias?

María Ángeles Medina se mece en el silencio de la poesía, pero prefiere el denso ruido de las cucharillas que tintinean en los cafés con niños y con cuentos, lugares en los que el silencio se acobarda y retrocede, con la boca amordazada de un pastor a quien le mataron su grey. Le gustan las letras, la métrica y la sintaxis y la morfología y los préstamos léxicos, le gustan los números y las potencias, le gustan los charcos en los que chapotear y le gusta la menta poleo, y le gustan los niños, calladitos o traviesos, con cuentos o sin cuentos, con versos o sin cuentos.

María Ángeles Medina.—Prefiero escribir poco, porque me gusta cuidar las palabras. Ahora me he comprado un ordenador. Sé entrar y salir, no sé nada más.

Reportero Jesús.—¿Qué ordenador es?

M. A. M.—Es uno grande y muy majo.

CIV

Entrevista con José Membrive, autor de El homo transcendente

HT

—¿Olvidarás lo que te he dicho?

—Lo escribiré en la agenda.

—Olvidarás lo que te he dicho porque perderás la agenda.

—He perdido la agenda, pero por dos euros he comprado otra en el bazar de los chinos. Lo que pasa es que le faltan la mitad de los meses, de julio a diciembre.

El diálogo lo mantiene el poeta y editor José Membrive con la escritora Pepa Cantarero, autora de *Te compraré unas babuchas morunas,* novela de la que José siempre cambia el título por este otro, simplificado: *Las zapatillas.*

El antiguo profesor de Lengua y Literatura José Membrive (Andújar, Jaén, 1953; ¿quién fue primero, el poeta o el profesor?) ha publicado su obra cumbre, la carta magna del humanismo: *El homo transcendente* (o *transparente,* según algunos lectores a quienes les sabe mejor así; Ediciones Carena, 2013).

Se trata de un ensayo sobre la evolución del hombre, de la esclavitud a la liberalización, como si en lugar de letras impresas en pliegos fresados, de papel coral book ivory de 90 gramos, estuviéramos informando de la vuelta a casa de las dos cooperantes españolas de Médicos sin Fronteras secuestradas en el noreste de Kenia, en el 2011.

«Este libro se fue haciendo solo. Necesitaba replantearme todo, absolutamente todo. Especialmente, en el campo de la afectividad, en el que la sociedad está más que perdida. La confusión entre el amor y la posesión, y la dependencia entre los dos, es el gran drama de nuestra condición. De ahí que se originen guerras, malestar, infelicidad. Siempre me ha intrigado que la violencia, en muchos casos, surja de los seres queridos: el marido que le pega a su mujer, por ejemplo. Lo normal es que te mate el enemigo, ¿no? Y eso aún no lo hemos resuelto», discurre José Membrive, calmado, clarividente, renacentista, con acento de limón, y trotskista en los años en los que vareaba el olivo de su campo jienense y en los años en los que los *grises* vareaban al universitario. Por el vicio de pensar.

Despistado, José ha perdido tantas agendas como días tiene el año. Igualmente, los recados, las citas y los números de teléfono (móviles y fijos) los apunta en el remite de una carta certificada que no ha abierto y en los albaranes de los pedidos. Por eso es original, auténtico, insustituible. Porque odia la burocracia como odia la mentira.

«La mentira es la necesidad que tiene el poder de anular cualquier contestación de base, cualquier cuestionamiento», afirma con relación a los partidos políticos y el espectáculo que dan quienes nos representan, cargos públicos (o impúdicos) en las instituciones democráticas (léase cohecho, malversación, prevaricación, estafa, insolvencia punible, falseamiento de cuentas, blanqueo de capitales y todos los derivados de la corrupción).

«Con la muerte de Mercè, necesitaba aclararme los sentidos», explica José.

Fue en la cuesta de enero del 2011, un día de nebulosas espirales, como en el inicio de la creación, cuando falleció su expareja, Mercè Camós, madre de su único hijo, Eduardo, estudiante de audiovisuales y amante del Bicing.

De la voluntad de indagar y de entenderse a sí mismo, y del esfuerzo por comprender los aspectos esenciales del destino humano, nació *El homo transcendente,* versión foliada de la serie de televisión *Cosmos,* del divulgador Carl Sagan.

En resumidas cuentas, la evolución del hombre hacia un estado espiritual que conjugue el arte con el placer (de esta manera, la palabra *trabajo* se sustituye por oficio; «se deja de trabajar cuando se descubre lo que se quiere hacer»).

En *El homo…*, se dan las claves de la evolución, sencillas:

Primero fue el universo, tras el orgasmo del Big Bang. Lo cual originó el Gran Desgarramiento o la «expansión eterna», algo así como una carrera de fondo sin fin. En nuestro planeta, provocó la división entre la tierra y el éter.

Después de la formación del universo vino la vida, con los microbios unicelulares. A su vez, la vida se dividió entre el cuerpo (tribu *homo*, nuestra especie, vinculada a la tierra; actualmente representado en el *Homo sapiens*, egoísta, telúrico, instintivo) y el espíritu (ser o alma, tocante al éter; subyace en él, como una célula durmiente, el «sujeto lírico», artístico, energético, solidario).

Después del universo y la vida, prendió la religión, que negó el espíritu: «La Iglesia manipula la religión. Y la religión hace que te alejes de la vida para someterte a sus dictados. La Iglesia considera lo espiritual como algo malo: los relaciona con la muerte, con el infierno, con el miedo, su particular arma de sumisión social».

Lo recogió la Premio Nobel Doris Lessing en *El cuaderno dorado* (Santillana, 2007): «Los seres humanos van diez mil años retrasados y son prisioneros del miedo».

Cabe decir que José estudió en el mismo seminario diocesano que el juez Baltasar Garzón.

«Hasta ahora, el artista era peligroso, a no ser que estuviera encerrado en su cubículo y que no se comunicara con los demás», atestigua.

Efectivamente, en el Génesis, el personaje bíblico de Lamec, que representa la cultura y el progreso, se asocia con lo diabólico, el demonio, lo satánico.

Después del universo, la vida y la religión, se erigió el poder: «El poder imita los valores del humanismo, pero el poder no es humanista, finge serlo. Por eso se apropia del lenguaje y utiliza expresiones populares, para acercarse al pueblo. Y dice: "Como Dios manda", "no llegar a fin de mes"… Y se hincha la boca con la palabra *libertad*. Así, esas palabras quedan hueras, vacías. Decía Gabriel Celaya: "Me queda la palabra". Ahora, ni la palabra nos queda».

Hoy, el poder persigue inutilizarte: «Los parámetros del poder actúan siempre en el plano material, te incapacitan para sentir afecto, y no se discierne entre el bien o el mal, solo se obedece».

El universo, la vida, la religión y el poder.

En un futuro próximo, aparecerá el último de los *homos:* el *Homo transcendente,* equivalente al *Homo artístico,* que concilia al actual gorila, el *Sapiens* (o el *Homo necius, horrendus, imbecillis),* con la espiritualidad bien entendida: «El concepto de la espiritualidad es bueno si está en la órbita de la transcendencia que promueve», colige José, erótico. «En cada órgano se da lo material y lo espiritual. Ahora somos *Sapiens,* excepto cuando hacemos arte. Porque con el arte, le ponemos sentido a la vida, canalizas los sentimientos hacia la moral. Y te sientes fuerte.»

Según José Membrive, meditabundo, cabal y reflexivo, el arte no se circunscribe solo a la pintura, la escultura, la escritura... —esta última, su preferida—: «Ser artista es serlo en todas las facetas de la vida, y en todos los momentos: paseando, amando, cocinando... En el fondo, es ser coherente: ser creativo y rompedor, en perpetua búsqueda. El artista nunca se repite, siempre está buscando».

La coherencia que pide Membrive, y con la que se ponen de acuerdo actos y deseos, da lugar al «poder compartido», que sería la estructura social en la que se gobernaría el *Homo transcendente.* Es decir, el no poder. «Ahora existe la pirámide del poder. Pero yo propongo que cada uno use en su área el poder que ostenta, cada uno, jefe de sí mismo, y en diálogo con los demás.» Es decir, el no jefe.

Asimismo, se puede aprender a ser coherente, y a volver a serlo. Para ello, José sugiere la creación de «centros de replanteamiento vital» en los que se pueda llegar a transcender, especie de conventos laicos en los que abstraerse.

De ahí a la empresa social va un paso: «No tiene sentido lucrarse. El lucro compensa el vacío que uno siente, pero cuando se está satisfecho, con un salario lo más digno posible, el lucro pierde su razón de ser».

Noticia de *La Vanguardia* de hoy, lunes 15 de julio del 2013: «Los banqueros irlandeses, prodigio de arrogancia. Grabaciones muestran burlas de directivos del Anglo Irish Bank: "Mencioné siete mil millones de euros como podía haber dicho cualquier otra cantidad. Me saqué la cifra del trasero, lo importante era involucrar al Gobierno y tenerlo bien agarrado, porque a partir de ese momento se jugaba sus propias perras y lo teníamos en el bote"».

Y con el lenguaje poético, el *Homo transcendente* revive el cadáver de la lengua: «Se regenera la expresión».

Por esa razón, José Membrive se ha dotado de su propia casa de letras.

En 1992, este agitador cívico y su *partenaire* literaria Araceli Palma-Gris fundaron Ediciones Carena (o Palma-Membrives).

En la calle Alpens, 8, en Barcelona, se encuentra el local de la editorial, delante de la portería de vecinos número 9, en cuyos bajos las pintadas apaches prescriben por haberse anclado ya en el espacio (en su mayor parte, grafitis de los «antifas», los antifascistas de las «jornadas internacionalistas»).

El local de Alpens, 8, lo ocupa desde el 2006 (antes, moró en la calle de Sovelles, en el barrio de Casas Baratas de La Marina-Zona Franca, en Barcelona). En veinte metros cuadrados, Ediciones Carena florece. Encorsetada en unas paredes estrechas, crece a lo alto, con cajas de libros que como en un andamio construyen el templo de la palabra.

Libros variopintos, sustanciales, milagrosos, aerodinámicos, para cada una de las colecciones indivisas: *Existe un hombre que tiene la costumbre de pegarme con un paraguas en la cabeza,* novela de Fernando Sorrentino; *Quiero ser Alí Bey. Rutas insólitas por África,* ensayo de Pablo-Ignacio de Dalmases, y *Gramática gráfica del Juampedrino modo,* ensayo filológico de Juan Pedro Rodríguez.

El tiempo en Carena no se mide en Eras Geológicas (Carena Inferior, Carena Medio y Carena Superior); se mide por inundaciones, la última de las cuales se produjo en el verano del 2011, cuando las aguas fétidas de la escalera de vecinos rebosaron por el váter.

El Homo transcendente, de José Membrive, plantea una revolución social pacífica, en la estela del predicamento del líder Mahatma Gandhi y del activista negro Martin Luther King.

«Si la gente transciende hacia un plano ético y espiritual, hablarán de tú a tú entre ellos, como iguales», insiste. «Yo me igualo a ti.»

Su hoja de ruta: «Habrá una gran eclosión de la ecología, de lo renovable [termosolar, eólico, fotovoltaico], y el mundo se dará cuenta de que no hace falta someter a nadie para llegar a ser feliz. El mundo no se puede construir sobre la desesperanza».

Para la transición del *Homo sapiens* al *Homo transcendente,* José Membrive ha pergeñado una herramienta útil en cuanto indispensable: el manual *Dignificaos.*

Tras la saga de *¡Indignaos!* y *¡Comprometeos!* (Destino, 2011), de Stéphane Hessel, este *Dignificaos.*

«Hemos de dejar de ser una banda de primates», ordena. Y cita a León Tolstói, que se sirvió de la lucha de clases para sus obras críticas. Y cita a los astrofísicos que erraron en el principio del amargo descreimiento del Big Bang.

Mal nombre: ¿Por qué entenderlo como Big Bang cuando podríamos verlo como Big Kiss?

*

¡Bang!

Fue un martes, a las 19.30 h

Cuando el universo petó, en lo que se conoce como Big Bang, la historia aún no existía, pero ya se le había dado cuerda al reloj molecular. Unos aseguran que de la condensación de la energía oscura, nació la materia. Otros dicen que el primer relojero fue Dios Todopoderoso (o Elvis Presley, según diversas creencias). Entonces, ni siquiera éramos; una nebulosa de átomos nos definía. Posteriormente, fuimos algo así como homínidos. O intentamos serlo —hoy solo quedan yacimientos fósiles, ancestros del hueso, el álbum familiar de la Tierra—. En aras de la evolución, subimos como monos la escalera. Juntos, de la mano, el hombre y la mujer (o bailando un tango, como Víctor Manuel y Ana Belén).

La escala del *homo,* nuestra especie. Desde el chimpancé (o desde la tortuga, según las interpretaciones).

Homo primero. Homo habilis
Reino: amazon
Filo: ficción y temas afines
Subfilo: género policiaco y de misterio
Clase: clásicos policiacos
Orden: misterios
Suborden: intrigas
Infraorden: asesinatos en masa
Superfamilia: suspense
Familia: devoradores de niños
Género: caníbal
Especie: *homo habilis*
Con la cara redonda y chata, y el cráneo del tamaño de un huevo.
Se hace encima sus necesidades. Padece de agorafobia.

Homo segundo. Homo rudolfensis
Reino: amazon
Filo: matemáticas y ciencia
Subfilo: física
Clase: física óptica
Orden: física de láser
Suborden: física atómica
Infraorden: mecánica clásica
Superfamilia: gravedad
Familia: dinámica y estática
Género: fluidos
Especie: *homo rudolfensis*
Incisivo, aun balbuceando. Hace fuego. Practica el sexo salvaje.

Homo tercero. Homo ergaster
Reino: amazon
Filo: infantiles, juveniles y didácticos

Subfilo: libros ilustrados
Clase: aprendizaje temprano
Orden: anuarios
Suborden: cuestiones personales
Infraorden: sociedad
Superfamilia: guerra y conflicto
Familia: racismo
Género: multicultural
Especie: *homo ergaster*
Molares como mazos. Ocupa cuevas. Primeras asambleas de primates.

Homo cuarto. Homo georgicus
Reino: amazon
Filo: derecho
Subfilo: teoría general del derecho
Clase: sistemas jurídicos
Orden: derecho continental
Suborden: derecho comparado
Infraorden: criminología
Superfamilia: práctica
Familia: abogacía
Género: procuradores
Especie: *homo georgicus*
Apetito voraz. Canturrea. Siente predilección por la fama.

Homo quinto. Homo erectus
Reino: amazon
Filo: geografía
Subfilo: topografía
Clase: zonas áridas, desiertos
Orden: pastizales, brezales
Suborden: arrecifes de coral
Infraorden: deltas, estuarios
Superfamilia: geografía política

Familia: cartografía
Género: percepción remota
Especie: *homo erectus*
Encías inflamadas. Abandona la cama. Concepto de jerarquía.

Homo sexto. Homo cepranensis
Reino: amazon
Filo: medicina
Subfilo: medicina clínica e interna
Clase: enfermedades y trastornos
Orden: inmunología
Suborden: alergias
Infraorden: enfermedades contagiosas
Superfamilia: oncología
Familia: radioterapia
Género: quimio
Especie: *homo cepranensis*
Se raya. Se pierde con facilidad en el bosque. Macho alfa.

Homo séptimo. Homo antecessor
Reino: amazon
Filo: materias interdisciplinares
Subfilo: enciclopedias y obras de consulta
Clase: diccionarios biográficos
Orden: diccionarios de citas
Suborden: catálogos
Infraorden: índices
Superfamilia: directorios
Familia: almanaques
Género: topónimos
Especie: *homo antecessor*
Chantajea. Alto y bien proporcionado. Pinturas en moradas de lujo.

Homo Octavo. Homo heidelbergensis
Reino: amazon
Filo: humanidades
Subfilo: filosofía
Clase: epistemología y teoría del conocimiento
Orden: filosofía occidental
Suborden: filosofía popular
Infraorden: ontología
Superfamilia: zoroastrismo
Familia: relaciones interreligiosas
Género: religión comparada
Especie: *homo heidelbergensis*
Se pirra por la cerveza. Interpreta los sueños. Primeros badulaques.

Homo noveno: Homo neanderthaliensis
Reino: amazon
Filo: aficiones
Subfilo: jardinería
Clase: plantas
Orden: flores
Suborden: horticultura
Infraorden: hierbas
Superfamilia: plantas cactáceas
Familia: arbustos y árboles
Género: interiorismo
Especie: *homo neanderthaliensis*
Tímido. Piedras talladas con forma de pelotas de fútbol.
Habla. La primera palabra que pronuncia: *estúpido*.

Homo décimo. Homo floresiensis
Reino: amazon
Filo: estudios literarios
Subfilo: prosa
Clase: ensayo

Orden: discursos
Suborden: colección de artículos
Infraorden: textos clásicos
Superfamilia: antología
Familia: historia y crítica
Género: teoría literaria
Especie: *homo floresiensis*
Dedos curvos. Apalabra contratos. Se pervierte en muladares.

Homo undécimo. Homo rhodesiensis
Reino: amazon
Filo: tecnología
Subfilo: ingeniería civil
Clase: topografía
Orden: construcción
Suborden: ingeniería hidráulica
Infraorden: diques y embalses
Superfamilia: mecánica de suelos
Familia: terremotos
Género: puentes
Especie: *homo rhodesiensis*
Reducción de la pelvis. Violencia machista. Manejo del hacha.

Homo duodécimo. Homo sapiens
Reino: amazon
Filo: gibón
Subfilo: termidor
Clase: fin de ciclo
Orden: submundo
Suborden: fenecimiento
Infraorden: crisis
Superfamilia: dictadura
Familia: mercados
Género: participaciones preferentes

Especie: *homo sapiens*
Posición bípeda. Cerebro de mosquito y apegado a la propiedad.
Recortes en cultura.

Homo decimotercero. Homo transcendente/transparente (homo artístico)
Reino: amazon
Filo: arte
Subfilo: iluminación
Clase: estética
Orden: restauración
Suborden: razonabilidad
Infraorden: sensatez
Superfamilia: sostenibilidad
Familia: ecología
Género: EVA
Especie: *homo transcendente*
Espiritual. Verdadero. Amoroso.
«Concentración de inspiración e intuición.»
El *Homo transcendente* del editor y poeta José Membrive.

Entrevista con José Vicente Mestre Chust,
autor de *Nazismo y Holocausto. Reflexión y memoria*

LA LISTA DE SCHINDLER

«¿Qué es Auschwitz?»

La estudiante de veleidosos comentarios y de inconstantes vibraciones de móvil se atrevió a levantar la voz en clase, tímida como es ella y, como es ella, dispersa y mimosa. «¿Qué es Auschwitz?», preguntó en una especie de tertulia en la que Nietzsche también salió a relucir. Y con esa pregunta, con esa duda, se extravió entre los pliegues de la Historia la larga noche de invierno que supuso el campo de exterminio de la fábrica de terror nazi.

El profesor de Filosofía del Col·legi Sagrada Família de Barcelona (Peris i Mencheta, 26) José Vicente Mestre Chust (Barcelona, 1967) se quedó más traspuesto que anonadado. Una de sus alumnas de bachillerato no tenía ni idea del aniquilamiento del pueblo judío durante la Segunda Guerra Mundial. De ahí la necesidad del ensayo *Nazismo y Holocausto* (Ediciones Carena, 2012): «Que no se olvide el pasado, porque si no, se repetirá. Ahí están los crímenes de guerra y los genocidios en los Balcanes, Chechenia, Ruanda...».

«Dijo [Theodor] Adorno que después de Auschwitz no se podía escribir poesía. Pero es necesario escribir, porque si no, nadie recuerda nada», afirma, compungido, José Vicente, rubicundo y con cara de bueno. Insaciable en lo que respecta a la justicia social, mantiene una correspondencia interior, regular y segura, entre las placas del corazón y el embrión de las ideas, de lo cual nace la osadía de sus convicciones. Profundas convicciones. Abiertas convicciones. Abisales.

Miércoles 3 de julio del 2013. Los militares han dado un golpe de Estado en Egipto. Otro más. Y sigue sin conocerse el paradero de Edward Snowden, excolaborador de la CIA perseguido por Estados Unidos por revelación de secretos.

En la cafetería Dessert 41 (Guadiana, 41, en Barcelona; «*Pastissos artesanals*»), José Vicente se pide un quinto mientras se frota las rodillas, como si las engrasara para saltar con la pértiga de Sergéi Bubka. Y se refugia en los acantilados de la memoria, con *flashes* que hacen que se despeñe por los derroteros de sus propias experiencias, cuando era un profesor que había leído *El mundo de Sofía,* de Jostein Gaarder (Siruela, 2013), en una clase de imberbes peces recién sacados del mar.

«Los chavales confundían [Adolf] Hitler con [Heinrich] Himmler, y a [Joseph] Goebbels con [Hermann] Göring... En ese momento decidí ponerles una película, y ellos escogieron *La lista de Schindler* [Steven Spielberg, 1993]», refulge, y pormenoriza las razones que le llevaron a escribir *Nazismo y Holocausto:* «Fue la necesidad de hacer pedagogía de los derechos humanos. Yo ya estaba trabajando en mi futuro libro, que llevará por título *La refundación de la democracia,* y que trata sobre la corrupción en España (y que quiero presentar en el Palau de la Música, por el caso Millet, porque vivimos en un sistema político que favorece la mediocridad: asciende quien obedece ciegamente al líder). El capítulo dedicado a las dictaduras me salió demasiado largo, y por eso lo he acabado publicando antes».

Aun así, en las clases de Filosofía de este profesor «calorífico» (por el ardor de sus pasiones), cada vez se piensa menos: «En los últimos años, los estudiantes son más comodones, por lo que tengo que desarrollar actividades específicas, complementarias, para iniciar el debate. De ahí los videoforos y las fichas didácticas de los filmes. Les cuesta mucho pensar. Pero los que piensan, ahora se comprometen más».

Una de estas actividades, que pone en práctica la ética y la política, tiene lugar cada 10 de diciembre, en el que se conmemora la firma de la Declaración Universal de los Derechos Humanos de la ONU, en 1948.

José Vicente Mestre, de familia republicana, ingresó en Amnistía Internacional en 1998: «Les he seguido desde que ganaron el Premio Nobel, en 1977». Por entonces, sufría de pena al ver los estragos que los *milicos* causaban en el Cono Sur («me impresionó la película *Missing* [Constantin Costa-Gavras, 1982]. Y me hice activista»).

Después de su siguiente libro, *La refundación de la democracia,* a José Vicente no le importaría adentrarse en la cueva de otro ogro de los años treinta del siglo xx: «Me gustaría estudiar el estalinismo, más horrible que el nazismo porque su discurso se basaba en la igualdad y la libertad, aunque luego se creara una sociedad marcadamente autoritaria».

«El nazismo es el polo opuesto de los derechos humanos», redunda el maestro de Filosofía José Vicente Mestre en *Nazismo y Holocausto.* «Y se debió a dos causas: 1. la humillación impuesta a Alemania después de la Primera Guerra Mundial, y 2. Alemania nunca ha sido una democracia occidental, y no se puede imponer una democracia.»

Pero no hay margen para la duda, ni perdón ni comprensión ni enmienda ni una posible redención: «Hitler era un payaso que gritaba mucho».

Tal cual lo dibujó Charles Chaplin.

Sí, se ha de escribir poesía después de Auschwitz.

Y ver cine.

Entrevista con Rubén Mettini, autor de *Invocación a las tinieblas*

CASTIGO DE FUEGO

Las llamas o las astas de un sol amarillo, marrón, aquerosonado. Las salvajes llamas destruyeron la prosa, la belleza insufrible, marea de las palabras dadas, las vastas regiones de los clásicos hechos carne. Las llamas no purifican. Las llamas derrotan. Las llamas queman: los rescoldos de las brasas, el azogue del fuego, las llamas.

En 1974, el padre del escritor Rubén Mettini (Avellaneda, Buenos Aires, 1948) echó los libros a una pira de fuegos ignorantes, de terratenientes fuegos.

De la misma manera que se manifestó la sobrina de Alonso Quijano en el capítulo sexto de la primera parte de *El Quijote* («Del donoso escrutinio que el cura y el barbero hicieron en la librería de nuestro ingenioso hidalgo»), con aquella su maliciosa intención («no hay que perdonar ninguno»; «castigo de fuego»), el padre de Rubén Mettini le pegó fuego a la hoguera, temeroso de que les represaliaran por las inclinaciones peronistas (Movimiento Nacional Justicialista). Rubén había estudiado economía y desarrollo –que luego aplicaría en la economía planificada de la comunista Europa del Este– en la Universidad del Salvador, nido de curas izquierdosos con voluntad de cambio.

Los libros que ardieron fueron los tesoros de las bibliotecas izquierdistas: *El capital,* de Karl Marx, por ser cosa de misterio que un libro pueda analizar la desigualdad social creciente, y que tan bien separara las clases entre ellos: los que tienen y los desaforados de la vida, los más, el simple pueblo de a pie. Y por las locuras de sus maledicencias: *ejército industrial de reserva, capital constante, fuerza de trabajo...*

Otro de los libros que prendió: *El socialismo y el hombre en Cuba,* de Ernesto, *Che,* Guevara, que destacaba de entre los escritos del Che por su valiosa contribución a la actividad insurgente.

El padre también sacrificó *La revolución teórica de Marx,* de Louis Althusser, combate contra el dogmatismo y el oportunismo en la filosofía del pensador alemán, y quemó otros opúsculos de menor valía.

«No sé, tuvo la intuición, ya se veía venir la que se avecinaba», se consume Rubén, con cara de admiración por la vida leída y repensada, con dos sueños curiosos por ojos y con un entoldado en forma de cejas que se separan y se juntan a medida que frunce el ceño.

En 1976, los *milicos* de Jorge Rafael Videla instauraron una dictadura, autodenominada «proceso de reorganización nacional», que hizo desaparecer del mapa a unas treinta mil personas, la mayoría unos críos.

«Metieron a tanta gente en el aparato represivo para combatir la lucha armada que crearon un monstruo para hacer desaparecer personas», notifica.

Rubén Mettini, apestado por el fuego de la dictadura, se largó a Italia, primero, y a España, después.

En 1976 se asentó en Barcelona, de la que apenas se ha movido, solo para estudiar y para saltar a la isla de Tenerife. Se sacó la carrera de Filología Románica por la Universitat de Barcelona.

En sus cartas y sus dietarios ejercitó la pluma, que le daría varios hijos prófugos, por sus aires de libertad: *10 + 1 nits* (La Magrana, 1990); *Ocells en la nit* (Premio de Teatro Ciudad de Alcoy, 1992); *Desdoblats* (finalista del Premio Casal Lambda, 1995); *Els déus de la vall* (La Campana, 1998); *La rara perfecció del triangle* (La Magrana, 1998); *De vidas encastradas* (Laertes, 1998); *Baile de máscaras* (Nihil Obstat, 1999); *Emma y sus sueños olvidados* (Seleer, 2012)...

Influenciado por el tenebroso ensayo de Mario Praz *La carne, la muerte y el diablo en la literatura romántica* (Acantilado, 1999), se interesó por la brujería del siglo XVII en Catalunya, época oscura, fea y decadente.

Y ha publicado *Invocación a las tinieblas. Inquisición, brujería y bandoleros en Barcelona* (Ediciones Carena, 2015).

«A las mujeres, muchas de ellas viudas, solas, se las acusaba de los males en el campo: de provocar sequías, temperaturas extremas, lluvias…», explica, impresionado. «Por tener una Biblia en lengua vulgar ya te podían llevar a la hoguera.»

En Barcelona, unas cuatrocientas personas perecieron en esta locura eclesiástica.

La Iglesia se parece a las dictaduras eclesiásticas.

Y los libros, a las personas.

Entrevista con Josep Lluís Micó, autor de *Periodismo BOP*

SEMBLANZA EXPRÉS: LA LANZA

Entre el wazap de las 10.26 del 9 de febrero («¿ha visto usted mi correo?») y el wazap de las 12.03 («no te veo») ha transcurrido hora y 37 minutos y todo un mundo cósmico de pulsiones tecnológicas que abarca los dispositivos móviles, las tabletas con agenda incorporada y los mapas gráficos con los datos comprimidos en algoritmos *Run-length encoding*. En hora y media, el periodista digital Josep Lluís Micó (La Font de la Figuera, Valencia, 1974) habrá trabajado el equivalente a un día entero de 1980, por ejemplo; así se las gasta la modernidad. Y él no se cansa. Programado para dormir apenas cinco horas (en eso, se asemeja a quien fuera Míster Pesc, Javier Solana, pues convocaba a los medios cuando aún no se habían puesto las calles), sus antenas le ponen en alerta en el momento en el que el teléfono piula, por un nuevo experimento en el que monitoriza los robots vía tuiter. De Micó se habría sentido orgulloso el divulgador científico Julio Verne, que se ponía en pie a las cinco de la mañana para escribir durante tres horas sus novelas de semificción, como *Viaje al centro de la Tierra* («lo que tú llamas oscuridad es luz»). Micó también se levanta antes del alba. Escucha el jazz de John Coltrane *(A love supreme)*. Teclea en el Sangung Galaxy que nunca apaga. Y escribe. Después de la almohadilla de *El periodismo en 140 tuits* («és més periodista algú que vegeta a la redacció que un usuari d'internet solitari que penja els fruits del seu treball fet amb rigor?»), su última publicación viene cantando: *Periodismo BOP* (Ediciones Carena, 2016), que sería injusto calificar como un libro de citas de los profesionales de la prensa («tus primeras diez mil fotografías son las peores», Cartier-Bresson *dixit),* por cuanto es un manual ético de viejas prácticas.

Concienzudo, Josep Lluís Micó es tan alto como la lanza del Quijote que en la venta vela armas. La nariz, hebraica, con el ángulo de un trinomio cuadrado imperfecto; la perilla, altanera, a medio camino entre la barba rasa larga y el estilo *blue-eyed* del contratenor de los Bee Gees, Barry Gibb *(Too much heaven).* El estilo, el de George Cloony en los anuncios de Nespresso *(«What else?»).* La corbata, por dentro del cuello de pico, como el ángel George Rigaud en *El día de los enamorados* (guantes de piel, sombrero de copa, paraguas inglés). Ágil con el verbo y la palabra robada, en las respuestas cortas es el primero (herencia del videojuego *Pong,* de Atari, su bien más preciado junto con el Sinclair ZX Spectrum de 32 k). Pero en sus licencias verbales se expande como una bola de fuego, fiel al método que impregna sus charlas (objetivo-marco-conclusiones): «He querido condensar en *Periodismo BOP* los estándares del oficio periodístico, aunque algunos no me gusten y crea que están desfasados. Pero así no se nos olvida para qué estábamos aquí, qué es lo que teníamos que hacer». Seguidamente, lo simplificará: «Se trata de echar la vista atrás».

Josep Lluís Micó quiso ser matemático, pero se quedó muy lejos de poder resolver la conjetura de Hodge. Para resarcirse se cobijó en la informática, que le dio una tesis sobre la «edición digital no lineal» en las televisiones. Escogió las ciencias, siendo como es de letras (más mixtas que puras). Quizás, es el único profesor cibernético con nociones de Big Data que ha memorizado entradas de la enciclopedia Larousse, la de papel (invitaba a la reflexión el tiempo entre la búsqueda de la palabra *lexicografía* y la lectura de su definición –«parte de la lingüística que estudia…»).

«Para saber mucho hay que leer mucho, pero no todo está en los libros», sostiene. Como el escritor de la emigración Francesc Candel *(Diario para los que creen en la gente),* se quedó convaleciente un año de su vida infantil. En el obligado reposo, en cama, los dos aprovecharon para leer: Candel, a Vicente Blasco Ibáñez *(Los argonautas),* que luego cambiaría por Piotr Kropotkin *(La moral anarquista);* Micó, a Robert Louis Stevenson *(La isla del tesoro),* que luego dejaría por Alan Turing *(The Enigma).*

«Tenía curiosidad por las cosas, por lo que sucedía a mi alrededor, y por eso veía más las noticias que los dibujos animados», confiesa.

Con los años, llegaría a ser doctor, catedrático y padre. Con la práctica, acortaría distancias entre la crónica callejera y la docencia en la Facultat de Comunicació i Relacions Internacionals Blanquerna de la Universitat Ramon Llull.

Con sus ojos neblíes, distinguiría al simple ciudadano del ciudadano consumidor, envuelto de «artefactos y constructos» («yo he tenido la suerte de no haber ido nunca a una rueda de prensa»).

Suya es una frase enigmática propia del mito de la Esfinge: «No hay nada que se parezca tanto a nosotros como la imagen que nos devuelve el espejo, pero debes recordar que lo que ves no eres tú, sino tu negativo».

Y suya es la música celestial que embelesa y los oídos regala.

Traduzco: toca el bajo. Aun siendo alto, como el cuerno de la luna.

Alto como el caballero de la triste figura, Don Quijote, lanza en ristre.

CVIII

Entrevista con Ricardo Miracle, autor de *Un amor sin fin(al)*

QUIZÁS

Multicolor. Aluminio anodizado. Pantalla retina que transmite texturas. Pantalla multitouch retroiluminada por LED de 9,7 pulgadas (en diagonal) con tecnología IPS. Resolución de 2048 por 1536 a 264 píxeles por pulgada. Cubierta oleófuga antihuellas...

Cuando la mujer de Ricardo Miracle (Barcelona, 1961) le regaló un iPad, la pluma cervantina que en todos subyace y que pugna por salir dio con su vía de escape. «Es sumamente fácil escribir en una tableta, solo tienes que mover los dedos», se enardece. Y con ese obsequio informatizado se ha gestado la primera novela de Ricardo: *Un amor sin fin(al)* (Ediciones Carena, 2013), que, quizás, exorciza un antiguo amor, sus rescoldos.

«Cada día, cuando del trabajo llegaba a casa, lo único que quería hacer era ponerme a escribir, porque con el teclado de la pantalla del iPad es sumamente fácil», se entusiasma Ricardo, circunspecto, exigente, en permanente guardia. Con una mano en el *smarthphone* y otra en el casco de la moto, con el que carga y que pasea como una mascota inerte, se ha rendido a las sinuosidades de la literatura, que invita al sosiego.

En una cafetería del barrio de Sants de Barcelona, con los diarios del día (la corrupción se extiende como una mancha de fuel), Ricardo se deja llevar nuevamente por los derroteros de un amor malogrado, que no un amor infecto. «Pensé que sería una buena idea narrar aquello que viví, creí que sería una buena base para contar una historia que, además, ocurriera a caballo entre dos ciudades, Barcelona y Madrid», avanza.

En los años ochenta, la década en la que ocurre la acción, las diferencias entre las dos megalópolis de España salen a relucir de manera patente, con las salidas y las entradas a las bodegas y las tascas, las discotecas de bailes pretecnos y los acordeones de charanga.

«La Movida madrileña no fue tan gloriosa como la pintan. En el fondo, es más lo que se ha hablado de ella que lo que realmente fue. Se ha magnificado todo, se ha agrandado hasta ver en aquellos meses algo que en Barcelona también sucedía: nuevos grupos musicales, fiestas, cine, encuentros…», cuestiona Miracle, que se niega a mitificar el movimiento contracultural de La Movida madrileña que explotó en los garitos y en los sótanos de los clubes nocturnos tras la muerte del dictador Francisco Franco.

En la novela se desmontan estereotipos mediante un método infalible y extremadamente elemental: mostrarlos tal cual los ven y los sufren sus protagonistas. Incluso el vocabulario empleado refleja una época en la que las ganas de libertad transpiraban y afectaban el imaginario colectivo: crear, romper, plantarse… Con la utilización de expresiones que, según el punto geográfico en el que se dijeran, documenta el lenguaje de la calle, que recoge para que perdure.

Abogado de profesión, Ricardo Miracle ha abierto su propio bufete («derecho inmobiliario y arrendaticio, derecho penal, obligaciones y contratos»). Atiende a la clientela mostrando su empatía. Unos, agobiados por problemas de todo tipo, y que buscan la tabla de salvación en la ley. Otros, con una confianza ciega en la justicia. Y otros, aliviados por deshacerse de los trámites que requieren de numeroso papeleo.

«Lo que define a la sociedad de hoy es la corrupción: todos estamos corrompidos, todos hacemos trampas, todos creemos que se puede manipular la declaración de la renta, incluso en los juzgados hay corruptelas. Uno no se atiene a la legalidad. Y eso hace que se esté muy cerca de traspasar la línea roja y cometer un delito: estafa, apropiación indebida…», observa Ricardo, a quien le hubiera gustado estudiar Ciencias Políticas si no fuera por los «animales» políticos.

Como compensación, se refugia en la Historia. Apasionado de los libros sobre estrategia y táctica militar, se ha especializado en la Segunda Guerra Mundial (1939-1945), cuyas batallas conoce y estudia: avances y retrocesos de las tropas de choque, armamento ligero, asedios…

Descansa los dedos en el iPad, en el que se ha descargado unos mil libros que esperan ser leídos.

«Cuando llego a casa, escribo. Y ese es uno de los placeres más grandes», reconoce Ricardo Miracle, aunque admite que *Un amor sin fin(al)* no ha supuesto una catarsis personal, un ajuste de cuentas con su pasado sentimental. Quizás, solo ha sido un juego.

O una manera de superarse.

O una apuesta.

O una curiosidad.

CIX

EL HOMBRE QUE DICE QUE NO

«¿Qué es un hombre rebelde? Un hombre que dice que no.»

Albert Camus, en el ensayo *El hombre rebelde* (1951), pretende desentrañar las justificaciones de los «crímenes lógicos»: por qué el hombre ataca cuando se siente acorralado, por qué se levanta y no se humilla, por qué no transige como un esclavo, obedece y calla. El *no,* autorreflejo, no tiene explicación médica. Pero está relacionado con la presión, la opresión y la infamia. Como reacción a las injusticias, los noes se elevan para ser escuchados como gritos que aviven el seso dormido, los sentidos. La vida del periodista Ramon Miravitllas (El Bressol, Ripoll, Girona, 1949) es una cronología de noes. El último de ellos, un no contra la barbarie yihadista en Europa occidental y que tiene formato de libro: *Sangre blanca. El drama más actual: extremistas contra inmigrantes en una Suecia confundida* (Ediciones Carena, 2016).

Se explica: «Cuando encuentro una situación insatisfactoria, doy un portazo». O sea, un no.

Con mofletes de marmota, con ojillos de ratón que todo lo escudriña y lo pone del revés y con una discreta y conciliatoria y laudatoria cercanía hacia el otro —«la mirada del otro», de Rafael Jorba—, Ramon Miravillas se ha ganado fama de inconformista. Como él mismo se define, «un polemista nato».

Nacido en la cuna de la catalanidad, dijo que no a la militancia en un «patriotismo de canallas» (Samuel Johnson).

«Mi tío montó la empresa de complementos textiles Tallers Salvador Puigmartí, que durante la guerra [1936-1939] fue colectivizada y se destinó a la producción de bombas para la aviación republicana», repasa en el auca familiar. «La fábrica no sobrevivió a las inundaciones de los cincuenta, y en 1954 nos trasladamos a Barcelona, a la calle de Capitán Arenas. El vecino de abajo era el guionista y director de *Bahía de palma* [1962], la primera película española donde sale una chica en bikini.»

Estudiante de la Academia Giner y del Institut Menéndez y Pelayo y de los Salesianos de Sarrià, aprendió que los noes no se dan cuando la ocasión falta: «Nunca decían que no los futbolistas de aquel barrio, como Joan Segarra, capitán del Barça de las Cinco Copas [1949-1965], amigo del lampista, y Kubala, que bajaba con su Seat 1400 bicolor, mantequilla chocolate. La vida era mucho más convivencial, y todos estos famosos iban a las carbonerías y las vaquerías de la zona».

El no más difícil, la «frontera» más ardua, se lo dio Ramon a su padre, Benet, perito mecánico que luchó en la Batalla de Ebro (1938).

«Mi padre me dijo que estudiara lo que quisiera menos abogacía y periodismo. Mi respuesta fueron hechos: acabé matriculándome en Derecho, en la Universidad Central [Universitat de Barcelona] y en Periodismo, en la Escuela Oficial de Periodismo. Sería la lectura del diario en casa —mi padre estaba suscrito al periódico *El Correo Catalán*— lo que provocó en mí tal sed de conocimientos por la geografía humana y por los lugares de las guerras. Incluso te podría decir todas las capitales del mundo, como la de Tonga [Nukualofa]», se entretiene Miravitllas, afrancesado irredento y con facilidades para escribir («la sociedad, a base de cosmopolitismo, se sacudía la caspa»).

En la Escuela Oficial de Periodismo tuvo como profesorado a una de las mejores generaciones de plumillas, con mirada penetrante y análisis lúcido de la realidad, pese a los embates de la dictadura, huecograbada, ciega y coja («pesebre del régimen»). Maestros: Manuel Vázquez Montalbán *(Panfleto desde el planeta de los simios)*, Josep Pernau *(Memòries. D'Arbeca a l'Opus Mei)*, Manuel Ibáñez Escofet *(La cuerda floja)*…

Su carrera en la prensa recoge cabeceras, «crisálidas» que hoy estudian los historiadores: *Diario Femenino* («tenía mucha autonomía»); *Mundo Diario* («a mi primera entrevista, con la bailarina Joséphine Baker, llegué tarde, y me vetó»); *El Periódico de Catalunya* («soy cofundador, mi momento de máxima creación»); *Interviú* («tenía a los mejores, como Xavier Vinader»)…

Luego se pasaría a la televisión y a la radio. Pero esa es otra entrevista. Más noes:

No a los cierres de medios («chaparon Com Ràdio y la convirtieron en distribuidora de contenidos de Convergència [hoy Partit Demòcrata Català], a cara descubierta»);

No a cultivar el *presentismo* («eso de todo es según yo lo imagino y a partir de ahora»);

No a los corsés ideológicos («cuánto más importante un diario, más tocadura de huevos»);

No a esta entrevista, que genera un *mail* que aquí incluyo:

Querido Jesús:

Es tu impresión y tú mandas. Las mujeres siempre me han dicho que no tenía ojillos sino *ojones,* pero en fin...

Te digo algunas cosas que el tiempo impidió (dudosos honores, algunos, de este oficio).

He cenado en casa de Berlusconi con él y con diez personas más. Sin las velinas. El *risotto* con queso lo hizo él.

He estado sentado entre Kubala y Di Stéfano y, es más, ambos estaban pendientes de lo que decía.

El Mago Helenio Herrera me dijo que yo recordaba mejor a sus jugadores que él. Para conciliar el sueño hago memorines: 100 jugadores brasileños, 50 actores de cine con apellido que empiece por eme, 100 grupos de rock de los años 60...

Me han amenazado de muerte varias veces, una de ellas ante mi familia [...], y otra en el buzón de casa con una ficha de cementerio.

[...]

He moderado más de dos mil programas de debate en prensa, radio y televisión. En uno de ellos un tertuliano tomó cocaína líquida y no me di cuenta hasta mucho después.

Hay tantas cosas...

Mis frases preferidas y muy utilizadas: «Vivimos en un tiempo muy oscuro, la palabra *inocente* dicen que es insensata» (Bertolt Brecht); «La vida nos ocurre mientras hacemos otra cosa» (John Lennon)...

Continúa Camus, en *El hombre rebelde:* «¿Qué es un hombre rebelde? Un hombre que dice que no. Pero si se niega, no renuncia: es, además, un hombre que dice que sí desde su primer movimiento».

Y añade el polifacético periodista Ramon Miravitllas, una de las voces agudas más críticas: «A pesar de todo, este *sí* es un momento interesante, y seguimos adelante, y yo sigo yendo por libre».

Sí.

CX

Entrevista con Jorge Molinero Huguet,
autor de *Toda la muerte para dormir*

EL POZO

Como en un duelo, los dos ofendidos se alejan sobre sus pasos, espalda contra espalda. Cada uno de ellos concentrado en sí mismo, contenido, como incisos humanos que se pisan los talones sin tener conciencia de ello.

En lugar de pistolas de chispa y sangre, electrodos.

En lugar de un claro de bosque, escenario decimonónico iluminado por la luna del alba, la obsesionante quemazón del desierto.

En realidad, los dos contrincantes se aman, pero aún no lo saben.

Dos ingenieros treintañeros que inyectan varas eléctricas en la soledad del Sáhara para comprobar la existencia de agua en el subsuelo.

Ella se llama Sabela. Él se llama Jorge Molinero Huguet (Arrecife, Las Palmas, 1972). Los dos se apuntaron a Ingenieros Sin Fronteras (*«Poner la tecnología al servicio del desarrollo»*), en ese alarde de facilitar las cosas a la parte de la humanidad que lo tiene más difícil. Los dos se formaron en bondades, en teoremas y en hidrogeología y, en el 2003, aterrizaron en los campamentos de refugiados de Tinduf (Argelia), en los que los saharauis resisten las inclemencias sin temor a perder nada puesto que ya nada les pertenece.

«Nosotros, Sabela y yo y otros, formamos la Unidad de Hidrología Saharaui, y pusimos a trabajar a chicos que habían estudiado en Cuba y que estaban estirados en las jaimas», se enorgullece Jorge, capacitado para pintar con colores vivos, con la inquietud de quien se ha liberado de las argollas y con un carisma que es el epicentro de varias sonrisas, con las cuales saluda a los extraños. «Nosotros somos científicos, y nos basamos en certezas. Podemos reparar en las rocas devónicas de piedra caliza, porosas, y hacer cálculos trigonométricos para comprobar que, debido a su inclinación, en esa zona habrá filtraciones. Inyectamos los electrodos en el suelo y medimos el potencial. Inferimos que hay conductividad en el terreno.»

Sabela y Jorge se conocieron en el Sáhara, enrolados en un proyecto de abastecimiento de aguas.

«El programa fue un éxito. De siete litros de agua por habitante y día pasamos, al cabo de seis años, a treinta libros», echa cuentas.

En los tres años en los que estuvieron trabajando sobre el terreno, abrieron media docena de pozos, a cien metros de profundidad cada uno de ellos.

«Sabes que hay corrientes en el desierto porque confías en las técnicas geofísicas, no somos zahoríes, que son una especie de curanderos», precisará, como especialista en cálculo numérico de aguas subterráneas, que siempre son un misterio.

Los dos se sentirían atraídos por los dos, cada uno para cada cual, náufragos en un mar de arena blanca.

Los dos juntarían sus vidas bajo el sol.

Los dos aprenderían de los dos. La naturaleza es sabia.

«Lo que más me impresionó de los saharauis fue su parsimonia. Ellos dicen que la prisa mata, y es verdad», asentirá. «Una vez quedé con un señor a las doce del mediodía y se presentó a las doce del mediodía, pero dos días después.»

Los dos se enamorarían en una pantalla azul que es un horizonte lejano que es una duna abierta, la inmensidad.

Declarará Jorge: «Entiendes que las posturas egoístas, en el desierto, son un suicidio. Que no sobrevives solo. Que gana la solidaridad».

Los dos, Sabela y Jorge, predecirían varios años de milagrosa felicidad.

Los dos acogerían a Mohamed, niño de los campamentos saharauis que pasa los veranos junto a ellos, en virtud del programa de intercambio Vacaciones en Paz.

Los dos se enlazarían a ojos de Alá.

«En una de las visitas, en ciciembre del 2006, la madre de Mohamed nos echó bronca porque no estábamos casados. Se enfadó: "Eso no puede ser". Y prepararon la boda, con gumías, sables y teteras», narra Jorge.

A ella, a Sabela, se la llevaron, le pintaron de henna manos y pies y la cubrieron con una tela de suave tacto, la *melfa*.

A él, a Jorge, se lo llevaron, le vistieron con turbante y túnica, el *daraa*.

Volverían a encontrarse. Él la raptaría a ella. Y ella se reiría de su pretensión.

Los dos se habrían unido para siempre.

Y él, Jorge Molinero, le ofrecería como regalo una novela, «la novela de la revolución saharaui»: *Toda la muerte para dormir* (Ediciones Carena, 2018).

Juntos.

EL HOMBRE QUE SE HACÍA PREGUNTAS

El hombre de madera de viacrucis de calientes devoluciones de afectados de hipotermia.

El hombre del espíritu de Tech City de trato afable de símiles y arrugas en la frente.

El hombre que se llama Yabo Mora («solo México», «sin edad»).

De repatrias en bandolera de chinas epopeyas animalario en el cabezón de Goya.

El hombre piensa piensa piensa en los cruceros de diamante en los hospitales de Wuhan de fármacos y Chewbaccas, de bullangueros publicistas descoloridos de disparos en el aire, despistados, celoso de Charlize Theron (*«ojos de nivel de agua de nivel de aire de tierra y de fuego»*), sin prejuicios sin peligros sin dolientes alimentos colectivos.

Piensa.

Le da vueltas al coco le da vueltas y piensa y recose infinidad de países y grafitis y guantes y bufandas y trípodes, ceñudo, Abenamar, merino, abundante Yabo, Eduardo II, ojos de niebla, mandíbula de Craso, mentón de sargento, gafas de cuarteto de Alejandría y boca que es una cantata, abisalmente honda hondo y fonda, de invierno y pozo impune, mantas y suerte, de temprano flequillo y una mata de pelo negro azabache de toro negro andaluz poligonero. Así es Yabo.

Piensa, por eso de haber querido ser filósofo («creía en el existencialismo y en Heidegger») de relatores finos con el hígado de patos juveniles («me preguntaba qué haría»), de posgrados periodísticos y viajes madrileños para estudiar literatura («Madrid era un pueblo gigante. Fui allí cuando El Destape y La Movida, y yo tenía 15 años»).

Y el hombre nació de hombre, hijo único de la crónica de segundos matrimonios («mi padre ya tenía cinco hijos con su anterior mujer. De cinco hijos, cuatro fueron a la guerra de Vietnam, y el quinto desertó y acabó siendo domador de tigres en el Circo Atayde Hermanos»).

Ruge como un desahucio, riesgo latente: de padre («mi padre, Javier, sentía admiración por el ejército, quería que yo fuera médico militar. Él acabó siendo mecánico tornero») y de madre en la cumbre borrascosa de la lectura vulnerable («mi madre, Lilia, profesora, me legó tres mil libros sobre humanidades»).

De padre y de madre, de tasas y pagas y mandos frágiles y manzanas («mi padre tenía una obsesión por las armas y yo luché contra ese elemento. Mi madre, protestante, pertenecía a la Antigua y Mística Orden Rosacruz»).

Austriacos los fagocitados-los duendes-los castillos en el éxodo sistemático de cabellos frugales, Yabo, el hombre, la seña («a mí me gusta reportear las guerras, ser testigo»), es pesimista gatillo y destino intrigante («en algún café de la agencia de noticias Siete24 los jefes manifestaron preocupación por la persecución de cristianos a manos del Estado Islámico. Yo levanté la mano y me fui a Oriente Medio. Entré en Siria, pero buscaba historias de perseguidos, no iba detrás de la batalla»).

El hombre de «alma en penas metida», verde de áreas escasas en los hogares diversos, tiernos y graves, papeles y barcos de Reporteros Sin Fronteras («México es el país de América Latina más peligroso para ejercer el periodismo»), contesta («no más peligrosa Siria que México: más periodistas muertos en un día en Veracruz que en Bagdad») escondido en una radiografía de Arrokoth detallada y primitiva y lejana, lejana, lejana, hijo de un cuerpo celeste con canas («la empresa periodística está obsesionada por el periodismo de datos, por el mal llamado periodismo de investigación. A mí me interesan las historias, cómo la nota cuaja en el ciudadano de a pie, el presente convertido en noticia»).

Luego fue a Sierra Leona, cuenta (historias de ébola); luego cubrió supervivientes («refugiados que sabían que iban a morir pero no murieron»); luego la heroína de la devastación («la odisea de la devastación»), electroshock de velas que migran y que son fértiles («la migración y el feminismo, los dos temas»), *hymn to eternity*, Vivaldi, recompuesto el hombre, Yabo Mora, la mesa, el aceite hirviendo tan cabrón («si me hubieran preguntado de joven qué quería ser habría dicho que estrella de rock, estaba fascinado por Deep Purple y AC/DC. Toco la guitarra. Aún me sé la letra de *Dust in the wind…*»)…

Qué haría, qué haría, qué coche, qué destierro subterráneo por el primer brote de la notable presencia, antes de que él, Yabo, el hombre, la mesa, el aceite, la lluvia final de cristal, fuera periodista fuera reportero fuera contador africano de volúmenes sufrientes («el lugar común fue *A sangre fría,* de Capote, que me impresionó, y también García Márquez y Wolfe»).

Antes de luego, antes, trabajó en *Espacios* («trabajé en *Espacios,* la revista de la Escuela Normal Superior en la que cursé Ciencias Sociales y en la que tuve maestros que me enseñaron a pensar»), antes el chico de los recados del diario local *El Sol del Norte* fascinado por marejadillas intensas de cultura caprichosa y crujiente después de editar con La Cuadrilla de la Langosta o con Ediciones Carena para el libro del exilio infernal *Sin maletas* (página 111: «Qamishli: la odisea de Souheil Sahdo»), después de leer filosofía pensar en/ como Heidegger *et alter* («me he comprado *La herencia del Dios perdido,* de Peter Sloterdijk, delicioso»).

Antes, chimeneas y ocasos invitados sin límites ni Orange («me preguntaba qué haría»).

Ahora, la certeza. Ahora sabe. Yabo Mora sabe qué hacer ahora.

¿Para qué sirve la filosofía, que es el periodismo puesto en boca del oráculo?

Para hacerse preguntas.

Para.

Hacerse.

Preguntas.

CXII

ENTREVISTA CON JOSÉ LUIS MUÑOZ,
AUTOR DE *ASCENSO Y CAÍDA DE HUMBERTO DA SILVA*

EL VIAJE

Ínclito, estuco, miliciano.

Las palabras que mejor definen a José Luis Muñoz (Barcelona, 1951) las recoge el diccionario de la RAE, escondidas como están en la edición del tricentenario. Austero, salaz, bombilla. Con ladrillos de palabras José Luis ha levantado un adosado literario con más de cuarenta novelas en su haber (la primera, *El cadáver bajo el jardín,* de 1987). La última de ellas que se ha publicado, *Ascenso y caída de Humberto da Silva* (Ediciones Carena, 2016), fábula del éxito y del fracaso: como decía Kipling, esos dos impostores *(If)*. De resultas de un viaje a Salvador de Bahía (Brasil), se desató en él la sensualidad «a flor de piel» de los lugareños, y se consoló con una oración que le costó 280 páginas: «*Me llamo Humberto da Silva dos Purísima Concepçiao, hijo de papá negro, como el puro chocolate, que trabajaba, cuando había trabajo, descargando sacos de azúcar, café y cacao en el puerto de Cidade Baixa*».

Manantial, cordero, conserva.

El viaje es la universidad de José Luis, de aspecto convencional, pelo trapezoidal, entre canoso y roquero, y con estilo de galán, mezcla de Sean Connery *(Descubriendo a Forrester),* Daniel Craig *(Spectre)* y Bradley Cooper *(Sin límites).* El viaje como trasunto del conocimiento, como fuente de inagotables sorpresas. «Viajar vuelve a los hombres discretos», dejó dicho Miguel de Cervantes. Y a José Luis le infunde fuerza, vigor, potencia. El viaje le ha dado a este escritor de novela negra y policiaca *(Último caso del inspector Rodríguez Pachón)* un panel de posibilidades infinitas, de cómplices argumentales, de entramados casuales, fortuitos y violentos.

José Luis Muñoz comenzó a viajar escribiendo, como un Murakami que emprendiera vuelos sin retorno por el país de las antorchas mentales: «A mí me ha pasado una vez que hice un viaje astral, me ocurrió con algún libro [la trilogía *La pérdida del paraíso,* sobre el Descubrimiento de América: *Guanahaní; El Fuerte Navidad* y *Caribe],* que me metí en el interior de los personajes, los tenía en la cabeza y soñaba con ellos constantemente, de tal manera que por la mañana me dejaba llevar por la intuición para escribir».

El viaje de José Luis se inició antes de que él naciera. A sus padres, siendo novios, les separó la guerra del 36. Y la posguerra les juntó de nuevo en su lóbrega estrechez. De la unión buscada nacieron tres chiquillos, entre ellos uno que se haría escritor y genio de la fantasía, el Mozart de los asesinatos sin pistas: con seis años, José Luis Muñoz escribía cuentos; con siete, una novela del Oeste; con diez, un relato centrado en el campo de exterminio de Auschwitz-Birkenau...

En 1953, la familia emigró a Barcelona. José Luis se crio en el barrio de Gràcia.

El franquismo lo sufrió en carne viva, vuelta y vuelta. Y el tardofranquismo le quemó, bien hecho: «Viví los últimos coletazos, terribles. Yo pertenecía a Negro y Rojo, organización anarquista radical, y recuerdo cómo la policía entraba en las aulas de la universidad dando palizas. Guardo en la memoria cuando se declaró en España el estado de excepción porque se había destruido un busto de Franco».

Ocurrió en enero de 1969 y, para entonces, José Luis ya había recorrido la tundra, como un trotamundos local, y sin ni siquiera haberse movido de Barcelona. «Mi padre era bibliófilo, y entraba clandestinamente libros en casa, escondidos debajo de la gabardina, porque mi madre le tenía prohibido comprar más. Tenía cientos y cientos de libros y ella creía que el piso se vendría abajo. Para mí, aquella biblioteca gigantesca era el delirio, allí viajaba sin moverme del sitio.»

El cine le daría la formación necesaria para entender a los demás: *Ben-Hur* (William Wyler, 1959), *El hombre que mató a Liberty Valance* (John Ford, 1962), *Mi noche con Maud* (Éric Rohmer, 1969)...

Viajaría con sus actores favoritos, de celuloide, y, en algún antro, coincidiría con Juan Marsé, que frecuentaba las barcelonesas filmotecas de barrio (Delicias, Texas, Rex...): «Mantuve una conversación con Marsé y estuvimos toda una tarde hablando de películas, de nuestra juventud en las calles», recuerda. «Y conocí a [Manuel] Vázquez Montalbán, que me prologó *La lanzadora de cuchillos y otros relatos eróticos.*»

Luego seguiría viajando, aliviándose, extenuándose: «París, entonces, era la Gran Capital».

Y seguiría escribiendo, extenuándose, aliviándose con su Olivetti Lettera 42: «Yo he trabajando en un banco, en "la Caixa". Y he escrito para huir de la rutina laboral. Concibo la escritura como una necesidad: al igual que como y bebo, escribo. Siempre digo que la literatura me ha salvado la vida. La creatividad».

Para escribir y enredarse los dedos, que le prolongan como hombre amado, le devuelven el virtuosismo perdido, le agotan largamente, resucitado, el autor de *Ascenso y caída...* viajó también a Alaska, tras los pasos de Jack London *(La llamada de lo salvaje).*

Lo salvaje.

El león ruge. La pantera himpla. El elefante barrita.

José Luis Muñoz escribe.

CXIII

EL LUTO

Una coleta lacia, larga como el cometa Hayutake y trenzada con los hilos de la pasamanería de Sierva María de Todos los Ángeles, la niña calenturienta de *El amor y otros demonios,* de Gabriel García Márquez. La chiquilla, finita de cara, sin embadurnar, con unos labios tan densos como dos espasmos, subidos de rojo bisturí y afiebrados, entra vestida de negro en la clase de Historia de la Madre Encarnación, la única monja que si no fuera por el hábito podría haber sido madre de familia numerosa. Isabel Navarro (Línea de la Concepción, Cádiz, sin edad) es esa niña, o el recuerdo que de ella perdura en la cosmogonía de su imaginación. «Se me va deshojando tu figura / como una margarita entre los dedos.»

Isabel publica su único poemario que la imprenta ha horneado: *Luz y penumbra* (Ediciones Carena, 2009), libro de rimas, haikus, dedicatorias con la luz de las farolas fugitivas y la penumbra del «profundo hastío».

Isabel, la niña de los ojos marrones que se mueven como las mareas, entra en la clase de Historia en la que el General Wellington, Caballero de la Jarretera, subía a lomos de *Copenaghen,* su corcel, para fustigar al francés en la Sierra de Madrid. Con la mirada alta de Pasionaria, pintada de negro hasta las cejas, se suelta del brazo de su amiguita para sentarse en el único pupitre que queda al descubierto en la zona liminar del aula, mas con las ojeras de una viuda que hubiese perdido no solo al dueño de su corazón sino los ahorros del Montepío. Abre el libro de texto con la ingravidez de la luna y la percusión de una sonámbula que se balancea en la cuerda floja de una suerte desdichada. La profesora, impelida por la vocación de unas lumbreras que por amor a Dios expiaba las acciones de los hombres, desmonta al Duque en el preciso instante en el que tenía acorralado a José Bonaparte, y posando una mano cálida en el hombro de la niña, la calma con una frase valiente: «¿Qué tienes, bonita, que llegas apenada?». El negro del luto le causa sorpresa, puesto que Isabel Navarro la tiene acostumbrada a recolectas de versos como trinos, con una alegría tan bienhadada que los amorcitos de los jardines de su Barcelona natal, en la bajada del monasterio de Pedralbes, se muerden las uñas presos de la envidia.

La contestación apenas si cautiva a la maestra, emparentada con la nobleza de los ideales, y provoca en ella el gesto de la persignación, un reflejo del alma en los momentos en los que la santidad aparece de cuerpo presente:

—Juan Ramón Jiménez ha muerto, Madre Encarnación.

La bendita Isabel, dulce como las avellanas Picó, llora en sus venas el *Diario de un recién casado,* y quiere ser, de repente, la Zenobia de su tálamo y quiere ser la almohaza para limpiar de pelos los ojos de cristal negro de *Platero.* La niña tiene 16 añitos. Juan Ramón Jiménez falleció en 1958.

Tanto amaba la poesía Isabel Navarro, que desde entonces su vida entera se escribió en cuartetos de alejandrinos como los que recitaba Manuel Machado, el hermano díscolo que cometió el pecado de inclinarse por el bando vencedor: «*Yo soy como las gentes que a mi tierra vinieron / —soy de la raza mora, vieja amiga del sol—, / que todo lo ganaron y todo lo perdieron. / Tengo el ama de nardo del árabe español*».

Así, con el veneno de las lindezas lorquianas, agasajada por la métrica de los encasillamientos, batida por las hélices de los versos libres y por las cebollas elegíacas de un sufrido Miguel, Isabel, la niña de luto por la muerte del Premio Nobel del Exilio, comenzó a vivir intensamente pese a sus labores de ama de casa.

«Yo soy la mayor de cuatro hermanos, tres meonas y un varón, Diego. Despertaba por las noches a mi hermana Mari Carmen para enseñarle lo que justo acababa de escribir con una alegría infinita», se suelta, con la bombona de oxígeno de su pluma Waterman, que utiliza para desear felices fiestas en las postales navideñas preelectrónicas, con la misma lentitud con la que el sociólogo Richard Sennett reflexiona en *El artesano*. Bendecida por el comercio y el cálculo, estudió con ahínco en las salesianas de San Juan Bosco, para luego sentarse en el regazo de las teresianas de Rambla de Catalunya.

Siendo la hija mayor de un hombre robustecido por los trenes de laminación del oficio siderúrgico, quien fijaba con pernos sus intenciones, ella obedeció los impulsos de una época en la que las niñas bonitas no pagaban dinero...

...Aprendió a tocar el piano con la sutileza de manos de Alicia de Larrocha y las habilidades consumadas de los lutieres, aunque el miedo escénico hacía que se trastabillara con las notas, los acordes y las escalas, y le impidió ganar los Grammys merecidos y maleados por su propia incredulidad para obtenerlos: «Toco la *Sonata en si bemol* de Chopin exclusivamente para mí. Una vez me oyó la vecina y me dijo que tocaba muy bien, pero no sé si mintió».

...Estudió francés en Ginebra, en un viaje que la consumió porque tuvo que afrontar por partida doble las iras de su padre que al otro lado del teléfono la llamaba a gritos para que volviera de inmediato y el descojone de los dos diablillos que cuidaba, hijos de Madame Grolimund, y que se reían cada vez que abría la boca (la primera vez que se lanzó y quiso decir *colchón,* probó con un *couchon,* por la similitud de las lenguas, pero *couchon* quería decir *sofá).* Y no sería hasta después del 11-S cuando la niña de los apasionamientos pisara París, con su deslumbrante torre y la llama del deseo en cada esquina y en cada paso. El motivo, la boda de su sobrina Mari Carmen con el aposentador de una campiña de viñedos próxima al Palacio de Versalles.

...Se compró un 600, y se encomendó a la Virgen del Camino y a Sor Citroën antes de que los rayotes del capó rivalizaran en extraña belleza con las nervaduras del mármol de la *Piedad Rondanini,* de Miguel Ángel.

...Se puso a trabajar en la Editorial Bruguera, atrapada con gusto en los sótanos de los archivos, «olisqueando los libros», y se quedaba pasmada cuando veía pasar delante de las narices, igual que una mangosta con el manuscrito troquelado por los dedos tejedores como leznas, a Corín Tellado y a Francisco Ibáñez, pregonero de *Mortadelo y Filemón.*

…Y se casó. Feliz y consecuentemente se casó con Fernando, un hombre que le ofreció sus virtudes, sus defectos y tres hijos maravillosos: Luis, que vive en Los Ángeles; Fernando, que vive en Londres, y la pequeña, Isabel (Ita, por *hermanita*), que vive a medias entre Barcelona y Londres.

Isabel Navarro, la poetisa de *Luz y penumbra*, guarda en el cajón las fotos de una infancia en Águilas, embrujada por el mar y las tomateras, y sus obras «aparcadas» guarda, por lo asustadiza que es: la novela *Hablemos de V*, sobre un pescador del pueblo de sus padres (la narradora y crítica literaria Zulema Moret le avisó con tiempo: «No la dejes, que harás de esto algo grande»); la recopilación de relatos cortitos con apariencia de cuentos *Lo que faltaba*, de cuando pensaba que *albatros* significaba «muchas aves juntas», y el cuento que no es un relato, *Abrazos de canela*, sobre una mujer muuuy desgraciada y pobre que cobra con achuchones sus favores.

«Lo siento, tengo imaginación.»

Tanta imaginación, tanta sabiduría de paraninfos envuelta en papel, que la poeta Isabel Navarro cree que antes de ser Isabel Navarro, en otra vida fue una india *cherokee*, y antes de ser Isabel Navarro y una india *cherokee*, una vestal egipcia que expiaba el fuego sagrado…

«Escribir, no me queda otra.»

Fin del viaje.
Entre niebla y arena
la estación quieta.

CXIV

Entrevista con Laura Navarro Granero,
autora de *Hasta el último momento (que te esperé)*

LA MASÍA

En la masía de Josep Navarro la paleta matizada de colores no estará constreñida a ningún pincel con pelos de ballena. Quienquiera, de cualquier país y continente, de cualquier edad geológica y constitución jurídica, podrá pegar brochazos a los óleos sin marco, dando rienda suelta a sus más bajos instintos, dibujando carabelas latinas, caballos bayos y cancioneros amorosos. Aun sin tener formación artística, aun sin ser detallista, aun sin ser escenógrafo, quienquiera se podrá matricular en esta escuela abierta al público: La masía de Josep Navarro y de Teresa, su mujer.

El noucentista Josep es el pintor paisajista heredero del tarraconense Ignasi Mallol *(L'ermita).* La nieta de Josep es Laura Navarro Granero (Reus, Tarragona, 1993), graduada en Bellas Artes por la Universitat de Barcelona, que publica un poemario sobre el dolor: *Hasta el último momento (que te esperé)* (Ediciones Carena, 2017). El sueño de Laura es crear una academia en la masía de su abuelo, ya fallecido. Un homenaje para fomentar la «lectura pictográfica».

«¿Qué es el arte? Yo me lo pregunto muchas veces y aún no sé la respuesta. Sí que tengo claro que, hoy, el arte es mutabilidad, transcendencia», define Laura, anclada en la realidad como una sirena a un lugar costero, morenamente atractiva y con un veraniego vestido turquesa sin estampados, cortado en la cadera y con cremallera de latón a la espalda. «¿A qué me refiero con trascendencia? Que vivimos al límite, somos moscas que se chocan en los cristales. No te sabría decir. Como si fueran a pasar cosas que nunca sabes cuándo pasarán. Como si esperaras un tren que nunca llega. Y todo cambia tan rápido que parece que llegamos a algún lado, pero no llegamos a ningún sitio. Me refiero también a que la mayoría de obras tiene una postura crítica, pero se incurre a menudo en dos errores: 1. pensar que el arte no tiene explicación, cuando no es así, y 2. pensar que siempre se ha de entender, cuando puede promover la simple observación.»

Laura pone como ejemplo *Untitled (Perfect Lovers),* del cubano Félix González-Torres (1991), dos relojes que caminan juntos dándose la misma hora, baile de Gene Kelly y Leslie Caron a orillas del Sena en *Un americano en París.* «Es armonía y poesía», describe Laura.

¿Qué quiere decir la autora con «postura crítica»? La función social de la cultura, el compromiso contra lo establecido, la objeción contra el dogma, provenga de arriba o de abajo y, sobre todo, si viene del centro.

El lauranavarrismo es un ismo surgido de sus proyectos («locuras»), muchos de ellos experimentos videográficos en la agencia ética por los derechos humanos Bobohème Studio.

Los dictados del lauranavarrismo (de A a G):

A. La carrera de Bellas Artes está en la nube (y en las nubes)
B. Las técnicas creativas han de ir más allá
C. Se puede mezclar el arte y la realidad virtual
D. Cuestionar conceptos tótem, como sociedad, filosofía y psicología
E. Todo se combate: incluso los alquileres de 1 100 euros por un pisito en la carretera de La Bordeta («indecente»)
F. Invertir en cultura es alargar la vida
G. No existe canon de belleza: la belleza no necesita apostillas

Le gusta la tinta china. Le seduce la tristeza. Le gustan los ojos de pez. No le gusta lo vulgar. Le gusta el café.
Lo absurdo la hipnotiza.

Laura Navarro, autora de un poemario con adioses y despedidas, *Hasta el último momento...* («¿por qué dejan que te vayas?»), recela de las modas. Va a su aire.

Le importa un pimiento la modernidad. Su abuelo Josep Navarro, *pagès* de profesión, paisajista de vocación, ya sabía que la modernidad es dormir tranquilo.

A pierna suelta.

Entrevista con Federico Nogara, autor de *Regreso al desconcierto*

LA BÚSQUEDA

Dudaba entre dos frases: «Los pequeños dedos empujaron la bola de madera a lo largo de uno de los alambres del ábaco» o «Los pequeños dedos acariciaban las bolas con la suerte de los principiantes». Se quedó con la primera. Encajaba mejor con el sentido del texto. Federico Nogara (Montevideo, Uruguay, 1948) comenzó con la aritmética de los dedos su libreto *Regreso al desconcierto* (Ediciones Carena, 2009). Entre estos dedos menudos y afilados como una hoz y esta otra frase que pone fin a la obra: «Solo nos queda pegarnos al suelo y resistir», han pasado 56 años de aprendizaje de párrafos zombis y voladitas con escoba, años en los que se ha embebido de literaturas apátridas y de clásicos griegos sahumados en las últimas galerías de las bibliotecas públicas. Su estilo, descarnado, engañoso, arcano, es fruto de la búsqueda que aquí se narra.

Reportero Jesús.—¿Qué es la literatura?

Federico Nogara define su estilo con la seguridad del vencimiento de una deuda y el análisis de Jorge Valdano sobre las Aptitudes de los Centrocampistas y su Juego Determinante: «En mi estilo propio, después de años de búsqueda incesante, vigilo tanto lo que digo como cómo lo digo. Yo no soy un escritor realista; la realidad es un concepto complejo. No hace falta enseñarla, todos vemos la situación, y es compleja, como digo, porque…».

Darle cordura a este galimatías es tarea harto difícil: «Yo escribo los mecanismos que llevan a esa realidad, mecanismos humanos…».

Le pregunto de nuevo lo que antes ya le había preguntado, con la impaciencia de las descargas de YouTube, porque aún no he obtenido una contestación clara y tajante: «Pero ¿qué es la literatura?»…

Antes de llegar a una conclusión definitiva sobre el porqué literario, Federico ha recorrido el desierto prosaico de los arameos, descalzo, con un sol sin sombra y una esterilla de arena bajo los pies.

Descendiente de la tribu global, con la mezcla de sus ascendientes brasileños, italianos, franceses y españoles, Federico es un joven a quien no le llegará la vejez, y en el promontorio de su corta edad, con las tiras de asado de las angustias políticas, alimentadas para que no fueran capitulaciones, quiso cambiar el mundo: «El joven de hoy es individualista. En los sesenta se pensaba como un colectivo. Vivíamos una realidad que nos superaba. De todas formas, no teníamos posibilidades de ganar».

En 1971, se sumó al Frente Amplio, conglomerado de organizaciones y grupúsculos de izquierda cuyos postulados comunes pivotaban sobre el mismo eje de la distribución de la riqueza («el Partido Comunista de Uruguay era el más fuerte, pero estalinista»). Los *tupamaros* del MLN-T preconizaban la lucha de guerrillas de tipo «foquista»: «Ocupar un sitio para luego expandirse. Se trató de implantar en el campo, pero el Che ya lo había dicho: "El campesino es un pequeño burgués, quiere la tierra para sí"».

El Che, «la luz de mi generación».

«Nosotros queríamos seguir el ejemplo de Cuba, referente para América Latina y un impulso importante, y donde existe aún hoy la revolución, frenada por un bloqueo espantoso. Se ha hecho un gran trabajo en educación y sanidad, lo que ha permitido concienciar a la población para que sostenga el régimen; si no, la revolución hace tiempo que habría caído. En Cuba, el pueblo es muy culto, pero se ha burocratizado el sistema, igual que ocurrió en la URSS», deplora este mogote de idearios incólumes con la obstinada vocación por el oficio de escritor.

De Cuba ha extraído una lección insalvable, que es la consagración de un manual insurgente: «Cualquier movimiento revolucionario, si se queda aislado, muere».

El 23 de junio de 1973, con el apoyo taimado de Juan María Bordaberry, a la sazón presidente del Gobierno, las Fuerzas Armadas dieron un golpe de Estado en Uruguay, uno más en el Cono Sur.

Federico Nogara huyó a Australia; no huye, hacen que huya: «No me exilié, *me exiliaron*». (Uruguay es uno de los países americanos con más población fuera de sus fronteras.)

En Australia, Federico, el escritor que aún no le había sacado punta a los pequeños dedos que empujan bolas de madera, trabajó en muchísimas cosas, y se despidió de muchos mostradores antes de aceptar el ofrecimiento de la compañía telefónica de Sídney, que en sus oficinas le habían dado cabida para que atendiera las solicitudes de conferencia de los canguros aislados.

En 1982, Federico abandonó el país que le había acogido, y con el inglés aprendido de los *bourbons,* viajó a Barcelona, donde se cobijó en las casas de los amigos que pronto verían cómo la dictadura en la que no creyeron porque la odiaron se esfumaba por la puerta de atrás, merced a las leyes de «impunidad y caducidad» que impedían llevar ante la justicia a los responsables de las matanzas sin testigos.

En Barcelona montó con su pareja, Martha Giordano, una academia de inglés, a falta de un estilo propio con el que escribir sus «artefactos» literarios. Se llama Wellington House Idiomas, en memoria del mariscal de campo Arthur Wellesley, primer duque de Wellington, quien derrotó a Napoleón: «Acabemos con los emperadores».

«Estamos hablando en este momento…»

Federico Nogara empieza así sus palimpsestos verbales, glosas metafísicas sobre el ser y el devenir: «Estamos hablando en este momento sobre por qué empecé a escribir tarde. No sé, no encontraba mi estilo, y lo buscaba. Yo era un gran lector. Con 13 años ya había leído a Erich Maria Remarque, Maxence van der Meersch y Karl Cronin. Mi concepto de escritura es que hay escritores (quienes hacen libros), escribidores (como Vargas Llosa llama a quienes escriben culebrones) y hombres de letras, con una curiosidad que se extiende al ensayo, la crítica, la poesía… Yo quiero ser un hombre de letras», clasifica Nogara, envuelto en la neblina de sus propios recuerdos. «Pues, resulta que yo empecé a escribir tarde. En 1986 me presenté a un concurso de cuentos en la Casa de Uruguay de Barcelona. El jurado estaba encabezado por el poeta José María Valverde. Presenté un cuento surrealista sin título sobre un hombre que iba a buscar unos papeles a una oficina y allí se quedó atrapado. Era la búsqueda interior de uno mismo. Quedé finalista.»

Ahí empieza la búsqueda del estilo propio y de esa respuesta para cuya pregunta has de pasar un par de semanas encerrado con una digresión de Sartre: «¿Qué es la literatura?».

Animado por lo que parecía ser la carrera fantástica de los relatos cortos contra los obstáculos de la técnica y las aliteraciones, personificaciones y reduplicaciones, la mujer de Federico, su acicate, le apuntó al taller literario de la argentina Zulema Moret, ubicado en una librería feminista. Los cuentos que nacieron de su imaginación con quijadas abiertas se publicaron con el nombre de *Desencuentros y búsquedas* (Editorial Latina, 1995).

«Pero no le veía sentido a todo esto. Según Vázquez Montalbán, todo buen escritor que se precie ha de pasar por esta etapa en la que no le encuentra sentido a lo que hace.»

En los ensayos críticos del novelista Ricardo Piglia halló aquello que durante las cinco primeras décadas de su vida se le había resistido.

«Encontré mi lugar en la literatura, mi lenguaje propio. No creo en el arte por el arte. Me centré en los escritores freudianos. Empecé por [William] Faulkner, quien mareaba al lector, pues su obra parece más bien que esté escrita por un borracho: se pierde en la espesura, con frases que ocupan una página entera... Seguí con [Franz] Kafka, [James] Joyce y acabé en [Jorge Luis] Borges y [Juan Carlos] Onetti», pasa lista, y comparte conmigo la relación del matrimonio de cada uno de ellos con las letras.

Nogara es consciente de que no se puede enseñar a escribir.

En su taller literario *online* Ahora Cuento (www.ahoracuento.com) intenta mejorar los textos mediante los trucos de la sintaxis y los amagos gramaticales.

Reportero Jesús.—¿Sabes por fin qué es la literatura?

«¿Que qué es la literatura? La literatura, en palabras de Oscar Wilde, es más importante que la vida, porque nos han educado mediante los libros. La literatura sirve para reflexionar. No hace falta que hables de la realidad —ese concepto complejo—, porque ella siempre aparece; la política está implícita como una esencia», descubre, y pone punto final a un proceso de búsqueda que ha tardado una catedral en construir, una búsqueda palaciega, viril y apopléjica.

El escritor Federico Nogara, que ocasionalmente trató con el escritor Mario Benedetti, su paisano, trabaja en una novela negra, «tipo Chandler», que no podía tener otro nombre que este que se basa en la «compleja realidad»: *La búsqueda.*

Entrevista con Patrícia Ordóñez Chica, autora de *La Manola*

LAS PARTES DE LA CÁMARA

«Pasado, presente y futuro se encuentran en el mismo tiempo, en el mismo plano. No hay tiempos diferentes, los vivimos a la vez.»

Tres espíritus en un diálogo insólito en la búsqueda de paz, felicidad y amor.

La comunicadora emocional Patrícia Ordóñez Chica (Trinitat Nova, Barcelona, 1963), con dotes de parturienta (creadora), alma de cocinera (amasar conocimiento) y dedos de frambuesa (apacentadores), ha expulsado sus demonios (vanidades, dominios, frivolidades) y sus fantasmas (intrusos) en su novelado libro autobiográfico *La Manola. El eco de las mujeres que habitan en mí* (Ediciones Carena, 2016), homenaje a las mujeres: las de su familia y, por ende, el resto de mujeres. Abuela (Manola), madre (Manola), hija («sin llamarme como ellas, yo también soy Manola»). Tres miradas diferentes para un mismo revelado, como tres aristas de una misma cruz y como tres componentes de una cámara fotográfica (obturador, diafragma, objetivo), que Patrícia monta y desmonta con suma facilidad por sus años de empleada en la casa ya desaparecida Aixelà, en la Rambla de Catalunya de Barcelona.

Las partes de la cámara.

OBTURADOR: *dispositivo mecánico de la cámara fotográfica por el que se controla el tiempo de exposición de la película a la luz.*

De pequeña a Patrícia le gustaba coincidir con las vecinas para preguntarles esto, aquello y lo otro, y aprender de sus esfuerzos y curiosear en su interior, abría las puertas de las mentes inaccesibles sin que ninguno de los presentes se diera cuenta, como un gesto innato en ella: «Siempre me ha empujado el impulso de conocer el comportamiento humano, para sobrevivir y para evolucionar».

La película de Patrícia Ordóñez también es una superficie transparente, más por su temprana inclinación a observar las dinámicas y las constelaciones familiares y la filosofía de que el todo es mayor que la suma de las partes, influencia, puede ser, de convivir con cinco hermanos.

Eterna autodidacta, estudiante de Psicología (Universitat Oberta de Catalunya), se dedicó al diseño y el montaje de instalaciones audiovisuales y se especializó en la señalética de bibliotecas (pictogramas, tipografías, identidades visuales): «A partir de los planos de los edificios me decía: "Vamos a comunicarnos". Lo mismo me ocurre con las personas, me encanta investigar el ser humano, la comunicación con el otro».

DIAFRAGMA: *consta de una serie de placas articuladas cuyo conjunto forma una circunferencia que se estrecha o se ensancha para graduar la abertura del objetivo.*

El diafragma se abre o se cierra en función de la luz que recibe. En el caso de Patrícia, abierta a la luz, su diafragma es el arcoíris de una circunferencia entera, una crisálida que pasea sus alas y un poste telegráfico que ha mamado el código morse de los sentimientos primarios.

El 23 de abril del 2014 (Diada de Sant Jordi), yendo a comprar libros al centro de Barcelona, Patrícia sufrió un accidente de moto en la plaza del Doctor Letamendi. Se destrozó la rodilla y la tibia derecha y, hoy por hoy, camina, ya no corre.

«Durante la recuperación, me he dado cuenta de que es importante preservar la memoria, y que tenía pendiente una deuda con las mujeres de mi familia», se enorgullece. Precisamente, sería la escritura de *La Manola* la que le devolviera, con más fuerza si cabe, al presente-pasado-futuro.

Objetivo: *lente o sistema de lentes de los instrumentos ópticos, colocado en la parte que se dirige hacia el objeto.*

«He hablado con la familia, he buscado documentos y he registrado sus voces. He indagado en los detalles y a la vez he ampliado la mirada. Cuento cosas duras, pero enfocado en el respeto y con el ánimo de honrar todas las memorias.»

En nombre de todas las mujeres, Patrícia Ordóñez, que trabajó en el sector de la fotografía y del audiovisual, ha escrito *La Manola,* la foto, nunca fija, de su vida.

CXVII

Entrevista con Javier Osorio, autor de *Eva*

LOS GATOS

Los gatos en el tejado, ronroneando a la luz de una luna huérfana de idilios. Los cigarrillos, apagados después de cuatro caladas en las que el humo se queda a la deriva, disperso. Las puertas, a medio abrir, con los goznes chirriantes que impiden conciliar el sueño.

Las claves de la novela negra las ha sondeado Javier Osorio (Barcelona, 1984), aficionado a los cuentos de Edgar Allan Poe *(El misterio de Marie Rogêt),* las novelas de Raymond Chandler *(La dama del lago)* y los relatos de Arthur Conan Doyle *(Estudio en escarlata).*

Nunca acabó ninguna de las novelas que se propuso escribir. Las dejaba a medio camino, apartadas, desahuciadas, como si fueran desencantos materializados. Y nunca más las retomaba. Entre estos intentos, decidió publicar un libro de poemas, porque la poesía fluye mejor que la sangre de los crímenes: *Eva* (Ediciones Carena, 2015): *«¿Quién no ha sentido alguna vez el cuerpo etéreo, como si, de forma inesperada, pudiera despegar del suelo y levantarse, y se mezclara con las aves que migran formando saetas y con las nubes?».*

«He escrito poesía desde que era un adolescente. La literatura siempre ha estado presente en mi vida. Recuerdo que cuando tenía 16 años mi padre compró una colección de clásicos, y leí la *Ilíada,* de Homero», alude, subsidiado a las prestaciones de la curiosidad, ágil y escurridizo, como un unionista en Andersontown y un republicano en Crumlin Road. «Leía la *Ilíada [«el hijo de Leto y de Zeus, que, con el rey enojado, / provocó horrible peste en el campo, y morían las huestes»],* y comencé a escribir, porque una cosa va ligada a la otra.»

Licenciado en Derecho por la Universitat Pompeu Fabra *(«Dotar a los estudiantes de una formación intelectual y en valores sólida y bien orientada al futuro ejercicio de las diversas profesiones jurídicas»),* se desencantó pronto, como los sindicalistas en los Altos Hornos: «Yo creía que se trataba de defender a los buenos, pero luego vi que los defendidos también podían ser los malos».

Trabajó en Caixa Laietana («Caixa Laietana ya es Bankia»). Se desencantó pronto, como los sindicalistas en los Altos Hornos. Recuerda que, en un verano, se le pidió que llamara a los clientes para venderles unas «tarjetas oro» que tenían un elevado coste. Un jubilado solicitó algo más de información, y Javier le contestó que, dada su edad, quizás no necesitara esta tarjeta tan cara. Cuando colgó el teléfono, el director de la oficina le llamó aparte. «¿Por qué le has dicho que no le interesaría este producto?», le recriminó. «Porque es la verdad», se defendió Javier. «¿Tú quieres trabajar en esto?», le reprendió el jefe. «Si es mintiendo, no», le soltó.

Dejó el banco. Se lió la manta a la cabeza y abrió una empresa relacionada con el ocio infantil (colonias, campamentos, actividades extraescolares…).

De los niños no se desencantó como los sindicalistas de los Altos Hornos.

Y entre secretos inconfesables, asesinatos sin móvil aparente y ardides rastreros, escribió *Eva,* que fue como una prueba de superación: «Quería saber si podía escribir un poema erótico. Pero vi que no. Aun así, tiré del hilo y me salieron estos 15 poemas».

Sus ojos clamaban descanso.

Y después de publicar los versos, siguió con las historias de fantasmas, su cuarta novela negra empezada y que espera finalizar algún día: *«Había dado ya cuatro pasos hacia atrás. La pala volvió a toparse con algo medianamente duro. Intenté cavar alrededor pensando que sería una nueva piedra. Pero si lo era, sin* duda, era demasiado grande para levantarla. Me agaché para comprobarlo. No era una piedra; ahora estaba convencido. Al tacto parecía tela mojada. Intenté limpiar la tierra que la cubría alrededor. Yo permanecía con los pies sumergidos en el foso. No tendría más de un metro cuadrado. La tierra empapada había facilitado, no obstante, la labor. Con las manos ya fui despejando la zona. Había un brazo humano».

Entrevista con Manuel Pérez Otero, autor de *Cerca del mundo*

ANTES DEL PRINCIPIO

Antes del principio había un antes. Antes del antes, en el principio de la nada, nada más había. En fin, que antes de que nos emperráramos en ser, la oscuridad absoluta nos envolvía, como un polvorón en un papel parafinado. Así, el antes no existe, puesto que antes es antes en tanto en cuanto nosotros somos y estamos. Manuel Pérez Otero (Barcelona, 1965) es hijo de la lógica y la epistemología, aunque estas se muestren al alumnado como los íncubos y los súcubos de los libros de Nosferatu; algo que más que certezas siembra dudas. Manuel es profesor titular del Departamento de Lógica, Historia y Filosofía de la Ciencia de la Universitat de Barcelona (UB). Ha publicado su primer libro de ficción, la novela *Cerca del mundo* (Ediciones Carena, 2012), que respira la añoranza del humor negro del poeta de oro Francisco de Quevedo: «Es pesimista, pero no del todo. Hay guiños a [el matemático y físico René] Descartes, a [el ingeniero y lingüista Ludwig] Wittgenstein y a Chiquito [De la Calzada, cómico]. Hay melancolía, metaficción, surrealismo, algo de Kafka…».

Y además de la literatura, Manuel se entretiene con el cine, su verdadera vocación frustrada. «Tengo que colgar en YouTube un cortometraje que estoy realizando con unos amigos. Dura tres minutos y se titulará *Antes del principio*. Pero antes necesitaría acabarlo. La pereza no deja de interponerse», anuncia Manuel Pérez Otero, hombre aparentemente inconsistente pero que posee la inventiva de Woody Allen, el coraje y la tenacidad del explorador de la Antártida Robert F. Scott y la vana ilusión de los catadores de fábulas, los que meditan sobre cosas y cosillas trascendentales, como lo hace el grupo de rock *Siniestro Total*: ¿quiénes somos?, ¿de dónde venimos?, ¿adónde vamos? Estas preguntas, a las que aún no ha hallado respuesta («en la respuesta estoy»), se acrecientan con otras de su estilo, que se enfrentan con el *sentido de la vida* y con sus conceptos universales: ¿qué es lo bueno?, ¿qué es la objetividad?, ¿qué quiere decir que el mundo se mueva por la relación de causa y efecto?...

«Supongo que me aficioné a la filosofía porque siempre me ha interesado la búsqueda de respuestas para ciertas preguntas. Por el camino aprendes –con suerte– a perfilar un poco mejor algunas de esas preguntas. Y si ya te esfuerzas mucho, tal vez obtienes respuestas. Tuve la fortuna de toparme en la enseñanza media con un profesor de filosofía que estaba por la labor de incentivar nuestras inquietudes teóricas y, después, con un departamento universitario en la UB [al que pertenece Manuel en la actualidad] excepcionalmente dotado de personal docente e investigador competente.»

Si esas circunstancias hubieran sido muy diferentes, quizás no habría dejado plantado al Instituto Nacional de la Seguridad Social, en el que trabajaba como auxiliar administrativo, para opositar a una plaza de filósofo («lástima que ahora se intente buscar rédito inmediato a este tipo de carreras que forman el espíritu buscando la comprensión. La filosofía no ha de ser fundamentalmente productiva, tampoco en lo referente a su instrumentalización político-ideológica»). Claro que si, en principio, no hubiera nacido, no habría valido para nada su etimología analítica, porque el antes cuántico se habría confundido con la microestructura del después...

«El corto se titula *Antes del principio* porque juega con una idea que encontramos, por ejemplo, en hipótesis científicas sobre el origen del lenguaje formuladas por el lingüista Andrew Carstairs-McCarthy: la versatilidad expresiva de lenguajes naturales que no tuvieran verbos. Los personajes de la película hablan sin usar verbos. Y se les entiende bastante bien.»

En la página web Patatabrava.com *(«Una manera diferente de vivir la universidad»)* se recogen «las frase míticas» del profesorado universitario. Una de las más votadas por los estudiantes tiene el sello de Manuel Pérez Otero: «Una verdad es [respecto a la falsedad] como un soltero [respecto al matrimonio]. ¿Hay solteros casados? No. ¿Hay solteros que podrían estar casados? Sí».

CXIX

Entrevista con Araceli Palma-Gris, autora de *Taio*

LA VISTA ATRÁS

Cuatro de sus futuros libros están durmiendo en el cajón.

«Uno lo terminé ayer.»

Son provisionales, pero sus nombres podrían ser, de momento, y a la espera de que sean niño o niña: *La sinfonía del hombre; Mareas y perfiles; Pasos de más allá* y *Un candil en mi silencio,* uno de cuyos relatos es el cuento del viento que se enamoró de la hoja del árbol.

De los libros ya publicados, Araceli Palma-Gris (Águilas, Murcia, «no te digo los años porque son muchos más de los que aparento») enviaba un ejemplar a los maestros de renombre, a quienes pedía consejos que no fueran inútiles: «Todos me decían que leyera a los clásicos, a los grandes, empezando por Góngora». Miguel Delibes le mandó una carta en la que apreciaba el esfuerzo por enriquecer su vocabulario de modismos. En la carta que le dirigió Antonio Gala, la punta estaba más afilada: «Hay que seguir, estar en la brecha, no desfallecer, y aprendiendo siempre». El crítico literario y poeta José Corredor Matheos le colmó de atenciones: «Tu poesía es realmente buena».

Araceli echa la vista atrás.

«Me presenté a un concurso literario de Sant Boi con un poema titulado "Inocencia". Quedé finalista. Y en la entrega de diplomas, conocí a José

Membrive, que también había quedado finalista con un poema con el mismo título.»

El arranque de las tertulias de cocido que seguirían al premio puede que estuviera condimentado con la pimienta blanca de las casualidades.

Ediciones Carena («la carena es el filo de las dunas y una de las constelaciones de El Navío, en el hemisferio austral») nació con la inocencia de un caluroso aplauso en la tribuna de un recital embriagador: «Fue entonces cuando me dijo José, con quien quedaba para esas tertulias que hacíamos mientras comíamos cocido, que él siempre había soñado con tener su propia editorial; y yo, mira, le hice caso».

Dos marineros sin patrón se echaron al agua con el bote salvavidas de una ilusión inflada. Ediciones Carena se inauguró en 1992, y se ha especializado en la temática social, en todos los géneros, en especial el poético.

Alba turquesa.
amarillos los chopos:
suelta la magia.

La experiencia de una telefonista con los haikus es de una primavera de ciegos en la que los mudos aprenden a andar: algo sobrenatural. «Con los versos he aprendido que no se puede hablar de uno mismo, de nada que te ensalce. El 70 % de los haikus versan sobre la naturaleza; el 28 % son descriptivos; el 1 %, amorosos o crueles, y otro 1 %, eróticos. Son momentos, nubes, rayos de sol. El poeta Matsuo Bashō, el padre de los haikus, nos dice que son, simplemente, lo que está sucediendo en este lugar, en este momento.»

En los haikus de *Taio* –su tercer libro con Ediciones Carena, 2008–, de versificación española y cómputo silábico 5-7-5, no ha repetido ni una palabra, en la tradición de Salvador Espriu, otro al que le inquietaron los poemitas japoneses.

«Mi querido maestro Vicente Haya insistía en que el haiku es asombro por todo, la perplejidad ante lo misterioso y el arrobo por la belleza.»

Y Araceli echa la vista atrás, de nuevo.

—Señorita, ¿me puede pasar con mi hermana Rosalía?

—¿De qué población?

A la telefonista, una chiquilla de timidez galopante que acusaba el temor de los infundios con el silencio de su voz, le llegaban las llamadas a la mesa de trabajo con peticiones de conferencias de personalidades relevantes: «Las había de atender con especial esmero, y siempre recordando mi juramento promisorio de no escuchar las conversaciones por muy interesantes que estas fueran, bajo amenaza de expediente y expulsión».

Echa la vista atrás.

«Hoy, la compañía es un desastre. Les pides la dirección de un hotel de tu ciudad y te contestan desde Túnez, donde están contratadas las operadoras. La atención personal se ha perdido. Y esto de que puedas hablar y verte...»

Araceli, pacificadora de versos con el telón de fondo de un enrejado de cables en un trabajo que le daba de comer, escondía en el primer cajón de la mesa de su oficina, en el edificio de Telefónica de plaza de Catalunya, en Barcelona, una libretita con los originales de sus cuentos cortos y sus poemas largos, de una exquisitez inalcanzable: «Intimistas, subjetivos e introvertidos, porque no los dejaba ver a nadie».

Opositó a Telefónica, y ganó. «Hacía las madrugadas en Telefónica para trabajar de día como ATS en el despacho de un estomatólogo. Siempre he querido sanar.»

La larga lista de su admiración literaria: Safo de Mitilene, Francisco de Quevedo, Vicente Aleixandre, León Felipe, Luis Cernuda, Fernando Pessoa, Arthur Rimbaud, Rainer Maria Rilke...

«Los he leído repetidas veces.»

En la comba del patio, en las arcadas divinas del Colegio de la Presentación, Araceli se aprendía de memoria «El tren expreso», de Ramón de Campoamor, para no dejar sueltas más estrofas que las de su palomar: *«Habiéndome robado el albedrío / un amor tan infausto como mío, / ya recobrada la quietud y el seso, / volvía de París en tren expreso»*.

Le impresionó tanto el contoneo de esta musiquita original y cantarina, que nunca pudo abandonar la carpintería del oficio poético.

«La poesía es mi vida. Para escribir poesía has de sentir de una manera muy profunda. Sale de un desasosiego, de sentimientos lacerantes. Tiene que sacudirte, y has de sentirla dolorosamente.»

Odiaba las matemáticas, y solo le volvía el resuello con el pitido agudo de su padre almeriense, antiguo jefe de estación, que bajaba la bandera para que la locomotora de las minas de carbón volviera al aposento de las cuevas.

Echa la vista atrás.

«La mayor ilusión de mi vida era tener una mesa de despacho como la que tenía mi abuelo en su casa. Recuerdo las plumas, los tinteros que yo rellenaba de agua y azulete...»

Araceli, que soñaba con las escribanías de los cortaplumas, invocando en su primera juventud los tesoros de Sierra Madre, se las ingenió para crear lo que le faltaba: «En un costurero con patas, y con departamentos en su interior, guardaba las plumillas que mi abuelo desechaba, los papeles, los lapiceros..., creyendo que ese era mi despacho, y lloraba amargamente porque mis riquezas, en la terraza, a la intemperie, se mojaban cuando llovía».

No sería hasta treinta años después cuando Araceli escribiría sobre un armazón de pinos, en la mesa de su propio despacho.

La vista atrás, muy atrás.

Ella nació en el pueblo de pescadores de Águilas, y el lirismo le echó la red de los pescadores de morrallas, siendo una mocosa que lo veía todo por primera vez con los ojos de una casamentera.

«Recuerdo las redes extendidas de los pescadores que remendaban, y las luces de las traineras que oscilaban en el mar, y el *Chinchorrito*, barquito pequeñito de remos recogidos, y recuerdo las playas de poniente y de levante en las que siempre te podías bañar... Hoy hay rascacielos en las playas.»

La vista atrás.

ENTREVISTA CON FERRAN PEDRET I SANTOS,
AUTOR DE *QUAN SUCCEEIX L'INESPERAT*

LA REPÚBLICA GALÁCTICA

Ahora que Ferran Pedret i Santos (Barcelona, 1979) ya no ocupa un puesto de interino en el Ayuntamiento de Cervelló (Barcelona), ha redoblado la actividad política, con su primer libro publicado bajo el brazo: *Quan succeeix l'inesperat* (Ediciones Carena y Edicions Els Llums, 2011), con este subtítulo esclarecedor: «El 15-M i l'esquerra». Miembro del PSC en la Agrupació de l'Eixample, este joven activista, que dedica todo su tiempo libre a la militancia política y social, y los domingos a ir a alguna manifestación, participó en el movimiento del 15 de mayo del 2011, el toque de los *indignados* al sistema político actual. En este manual urgente se desvelan algunas de las claves del mejor análisis periodístico: *por qué* ocurrió en las capitales de provincia de España una congregación como la de la plaza Tahrir de El Cairo; *cómo* sucedió algo que, en un principio, ni siquiera estaba preparado; *cuándo* se puso la primera piedra de la respuesta ciudadana a la crisis económica global que nos mantiene en vilo; *qué* soluciones se proponen para salir del atolladero; *dónde* hemos guardado la ropa y *quiénes* son los héroes de esta trama. Podríamos escribir *saga* en lugar de trama, porque lo que ocurrió en la plaza de Catalunya el 15 de mayo del 2011, en plena campaña electoral para las elecciones municipales del 22-M, pasa por una secuela (Episodio

VII) de *La guerra de las galaxias,* con todos sus personajes principales. Así que la plaza de Catalunya se convirtió en la República Galáctica.

«Nosotros fuimos de los primeros en ocupar, el jueves 12 de mayo del 2011, un Centre d'Atenció Primària, el de Comte Borrell. Y protestamos por los recortes en sanidad y otras políticas sociales en la marcha del 14 de mayo. El domingo 15 de mayo también salimos a la calle. Aquella noche algunos no se fueron a casa, y estalló la revuelta», explica Ferran, que por sus ojos de lince y los tres tercios de su barba recortada indiscutiblemente adquiere la aureola del Che. Debe de ser la única persona que se conozca que ha perdido un megáfono, y debe de ser el único «optimista redomado» que arrastra un sentimiento que no llega a definir: «¿Cómo te diría? No me sale la palabra. No es frustración, es... desazón. Sí, desazón».

Una vez acampados en plaza de Catalunya, Ferran participó, como integrante del colectivo Inflexió, en las asambleas y las comisiones de aquellas tardes primaverales, en las que se ahondaba en las causas de la desconfianza hacia los estamentos del poder. Y se buscaban soluciones: «La evolución de la cultura dominante en Europa ha ido hacia la hegemonía total de la doctrina neoliberal. Ante esto, la izquierda mayoritaria se ha resignado. Pero lo existente no es lo único posible. Y caben dos opciones: o bajar los brazos o contribuir a una *nueva cultura política de izquierdas».* Para nosotros, sinónimo de la República Galáctica, puesto que en una de las reuniones multitudinarias que se convocaron en la plaza se debatió la creación de una Asamblea Constituyente al estilo de lo que ocurrió en la Revolución Francesa el 20 de junio de 1789. Es decir, la creación de un nuevo Estado. A esas digresiones asistió el gran Maestro Yoda (Arcadi Oliveres).

Los artículos de la República Galáctica, interpretando a Ferran Pedret, acaparador de citas célebres («dijo [Honoré de] Balzac que la resignación es un suicidio cotidiano»):

Artículo Primero. De dónde venimos
«Entramos en una nueva fase de resistencia. Se ha roto el pacto social que nació después de la Segunda Guerra Mundial [1939-1945], y que dio paso a la creación de los Estados del bienestar, sobre todo en Europa.»

Artículo Segundo. Dónde estamos

«La izquierda tradicional ha de superar las viejas rencillas y construir sobre lo común. Ha de producirse una confluencia progresiva hacia postulados compartidos. Se ha de luchar para lograr un nuevo consenso. Pero primero se ha de cuestionar todo, todo. Hemos de abandonar el pragmatismo, en el que estamos encallados ahora, y ser realistas, lo que implica darse cuenta de que toca luchar.»

Artículo Tercero. Adónde vamos

«Basta ya de frases como "esto no se puede hacer o decir". ¿Quién dice que no se puede nacionalizar la banca? ¿Por qué la información económica se da como un parte meteorológico, como si no hubiera acción humana posible que pudiera incidir en ella? La economía no son más que personas que interactúan y, por ello, se pueden introducir reglas en el juego. Se ha de fortalecer la sociedad, reconstruir el tejido: se nos había vendido una falsa concepción del individuo, un individualismo que nos amputó nuestra dimensión social, lo que no hacía sino empequeñecernos, hasta que nos dimos cuenta de que éramos fragmentos de algo que se había roto. Así, debemos volver a plantear la batalla ideológica y cultural.»

«Nosotros repartimos el Manifiesto de Inflexió [«Afirmem que és possible, desitjable, viable i urgent bastir una alternativa al sistema econòmic i social capitalista…»], que lo habíamos redactado dos años antes, en el 2009, y tenía total vigencia. Parece ser que entonces nos sentíamos más solos de lo que realmente estábamos», declara Ferran, animado por las discusiones hasta altas horas de la madrugada, bajo la luz de las farolas: «Hoy, los auténticos centros de poder no son corpóreos. O sea, que no vemos quién nos manda. La creciente *financiarización* de la economía prescinde cada vez más de su vinculación con lo productivo. Quiero decir que, ahora, a los trabajadores europeos ya casi ni nos necesitan para explotarnos, solo nos necesitan para consumir, y de ahí la expansión del crédito en años de burbujas. Y ahora, cuando aún mucha gente cree que la destrucción completa de los derechos conquistados es imposible, cabe recordar que el sistema puede seguir funcionando y tolerar grados de exclusión social mucho más bestias. Pensemos en la época victoriana. Hay que despertar».

Quan succeeix l'inesperat comienza con una oración fúnebre: «És fàcil percebre al nostre voltant el cansament d'amplis sectors socials...». Y termina, cien páginas ahuesadas después, con la palabra *política* entre signos de admiración. Ferran Pedret se considera, indefectiblemente, un «sujeto político» que intenta contribuir como uno más al «cambio histórico».

Otra cita al uso, esta del teórico marxista Antonio Gramsci: «El viejo mundo se muere. El nuevo tarda en nacer. Y es en este claroscuro en el que surgen los monstruos».

En la plaza de Catalunya, entre el 15 de mayo y el 30 de junio del 2011, Lord Vader (representado por los banqueros) no hizo acto de presencia, atareado en amasar capital de manera acelerada.

El Lado Oscuro de la Fuerza recayó en los Mossos d'Esquadra (y por ende, en el *conseller* de Interior de la Generalitat, Felip Puig), tras la triste carga policial del 27 de mayo.

Ni siquiera la Princesa Leia pisó la plaza, en cualesquiera de sus zonas rebautizadas (Palestina, Islandia...).

En la República Galáctica no existe la monarquía.

Entrevista con Pablo Peña Almagro, autor de *Si volviera a nacer*

EN UN PRINCIPIO

En un principio, Pablo Peña nació desentendiéndose de los melodramas. Las señoras que enviudaban de potentados ricos recurrían a la literatura amorosa de entreguerras. En un principio. Pablo Peña nació, y estas mujeres, que le rodeaban, le achucharon con candor y le auparon con besucones de maruja y abrazos de *teletubbie*. Esa memoria colectiva, que él atesora sin el menor signo de duda, afloraría luego en sus novelas, en las que repara en los conflictos morales y en los trances de las personas, cuyas vidas, inútilmente, capitulan ante cualquier adversidad. Pablo Peña Almagro (Jaén, 1961) nació para escribir asuntos turbios y lícitos, devaneos y cruces de palabras, relaciones sentimentales y encontronazos serios. Publica *Si volviera a nacer* (Ediciones Carena, 2009), que se puede definir como el libro de la supervivencia y la aceptación de nuestros propios errores: «No hay segundas oportunidades cuando ya no es posible rectificar». Trata sobre lo que le sucede a una chica llamada Catalina, que encabeza los capítulos de su propia existencia, y cuenta los avatares de otros personajes que, de algún modo, estuvieron, a la vez, cerca y lejos de ella. «Una historia que fue creciendo en mi más estricta soledad.» En un principio.

«Para escribir, necesito ausentarme y estar en silencio», revela Pablo, con el brillo de los ojos enfebrecidos por el crudo invierno que hiela norte y sur. Él mismo se presenta: «Amigo de mis amigos y curioso por excelencia, hacedor de todo lo que me he propuesto, fundamentalmente porque me gusta más hacer que que me hagan».

En un principio, Pablo Peña nació para doctorarse en Magisterio. En un principio. Cursó estudios en la Universidad de Granada. «Tozudez; estaba en mis planes iniciales y tenía que hacerlo», se reafirma, y mueve la cabeza con suficiencia, como el futbolista Van Nistelrooy cuando marca, dando a entender lo que en realidad aparenta, una estatua curada de humildad y tapada con las hojas de sus cuadernos, que rellena con la energía que los chavales gastan en los institutos.

Antes del magisterio, Pablo se hizo «motorista de actuación inmediata», una vocación atenuada por el eco de los acordes insufribles y las letras desenfadadas del grupo de pop «Pablo el Guindilla y sus alegres coleguillas», en el que tocaba la guitarra siendo adolescente, antes del magisterio, de ingresar en el cuerpo armado y de iniciar, en un principio, su camino en solitario como cantautor.

«Cuando cumplí 18 años, mi padre, Pablo Peña I, me puso en un brete. Él trabajaba en el Ayuntamiento de Jaén y me informó de la convocatoria de dos oposiciones en el consistorio, una para administrativo y otra para policía local. Escogí la segunda.» Aprobó.

La cabezonería de Pablo, que se sacó la carrera a la vuelta de la mili en Girona, motivó también que, atrafagado en los incidentes diarios de su labor de agente motorizado («conocía todos los baches de las calles de Jaén, montado en mi BMW 450 cc»), pidiera una excedencia para cambiar de aires y de profesión. «Durante unos años trabajé de inspector comercial provincial de una compañía de seguros. No tenía horario fijo. Me dio la oportunidad de conocer la provincia», deduce, atenazado por las vigas de los recuerdos, que ha ido levantando sobre sus espaldas, en un principio, con las teclas de la máquina de escribir.

Se enganchó a la literatura del mismo modo que los imanes besan los polos del sexo opuesto. «Llegó un momento en el que sentí la literatura», confiesa, asombrado aún por *El alquimista,* de Paulo Coelho, y por *La piel del tambor,* de Arturo Pérez-Reverte. «Continúo leyendo a los mismos autores, ellos han hecho que me encuentre, poco a poco, con muchos otros. Hoy no sé si han cambiado ellos o lo he hecho yo, lo cierto es que ya no veo en sus novelas aquello que un día me cautivó.»

A medida que leía los despropósitos de la morenaza Macarena Bruner, Pablo empezaba a escribir «sin pretensiones». Así, los cuentecillos se convirtieron en novelillas, creciendo en estructura y redondez, hasta que se guardaron en el armario el vestido de calicó y se compraron un vestido de terliz, más elegante y claro, más ceremonioso.

En *Como gotas que van al mar*, la que podría considerarse su primera novela, construyó la historia de un niño, Loren, que, abandonado por sus padres, encuentra acomodo en una granja de Extremadura: «Ese niño es acogido por el señor que gobierna la casa, y lo cría. Los sentimientos empiezan a unir a todos los que tienen relación con el pequeño, y el camino de la vida les empuja hacia adelante hasta descubrir cuán fuertes pueden ser los lazos del destino».

Si la novela *Como gotas que van al mar* se quedó en el tintero, consumida por los más allegados y por su mujer y sus tres hijos (Paqui, y Mamen, Laura y Pablo, respectivamente), su siguiente obra, *La sombra de un ángel,* encontraría en la autoedición la debida salida. «La publiqué porque alguien me dijo: "Pero si tú nunca vas a tener un libro en los escaparates"», dice, con el orgullo herido y la sangre hirviendo. Trata sobre un administrativo de la Cámara de Comercio de Cuenca, cuyo padre fue un famoso poeta de la región. Por casualidad, Carlos da con un manuscrito, y se empecina entonces en recuperar su memoria. «El conocimiento es irreversible, aunque se tenga un pasado negro. No depende de la voluntad y, a veces, es mejor no saber aquello que te puede hacer sufrir.»

En *Si volviera a nacer,* Pablo, pulido, desbastado, atinado, imaginó las tribulaciones de una mujer de Jaén, Catalina, a quien se le tuercen las tortas y anda por otros derroteros de los que tenía planeados, igual que Nellie Bly en *Diez días en un manicomio:* «Regresar a los lugares de su infancia le hace comprender muchas cosas».

Catalina, de nombre pomposo y heráldico, se abandona a un estado de dejadez, y reordena las prioridades y descubre sus sentimientos y se arrepiente de los errores:

Definitivamente sola, Catalina, sentada en aquel banco del parque, empezó a recordar todo lo que aconteció en aquel tiempo antes de su partida de la ciudad en la que ahora se encontraba, y cómo aquel día se montó de polizón en un tren de mercancías.

Actualmente, el escritor metido a policía Pablo Peña Almagro trabaja en una novela de la cual desconoce el título, pero no el protagonista. «Va sobre Diego, un joven restaurador de obras de arte que trabaja para un anticuario granadino, con sus complejidades y sus condicionantes personales. Ya veremos por dónde tira», esboza este licencioso apuntador de travesías urbanas y rurales, coleccionista de los sueños de las personas normales, con hondos pesares y voluminosos secretos, tan insondables como la prosa que los describe. «En mis novelas hay mucho sentimiento y mucha fuerza interior.»

En un principio, Pablo Peña Almagro nació para pacificar las calles de su ciudad. Pero se le fue de las manos, como siempre ocurre con la buena literatura.

En un principio.

CXXII

Entrevista con José Antonio Pérez, autor de *Scat*

DESCARADO

La lascivia de los muslos verdes y el goteo sudoroso de las bocas roídas por dos besos encajonados y desnudos ocupaban su mente antes de que la oscuridad de la noche le envolviera. Cada día, José Antonio Pérez (L'Hospitalet del Llobregat, Barcelona, 1964) escribía un verso a las mujeres sin sostén que glorificaban la playa de Paraíba.

Antonio es un profesor de secundaria del instituto Las Marinas de Castelldefels que ha publicado un libro sobre bandas latinas y asuntos de hormonas desenfrenadas en *Scat* (Ediciones Carena, 2009), libro que ha querido firmar con seudónimo (Albert Garcia Ripoll).

Este maestro de denuestos y una república de letras en su perilla quijotesca decidió de pequeño, sumido en las nubosas de las aventuras de Sandokán, Los Cinco y *Los tres investigadores,* dedicarse a la literatura con la llave del oficio. Estudió Filología Hispánica en la Universitat de Barcelona, y los baños con bergamotas y bayas rojas de las mazmorras en las que Cervantes descansó sus figurines se cruzaron en el camino de escritor con las convenciones de *La ciudad de los prodigios,* de Mendoza. Mientras, el Echenique de narrativa delirante, el Góngora del «verdugo eterno» y las mandrágoras de Rosalía enfilaron su imaginario para colectivizar el «vicio por la lectura». De tanto leer, y tras levantarse un día con el pie que no debía, decidió que había llegado la hora de escribir: «El salto de lector a escritor es un proceso lógico». Esta frase engarza, como en una gargantilla de gemas y decaedros, con esta otra en la que se condensa su filosofía socrática: «Leer no es pasivo, es un acto creativo». Una isla de medusas literarias se le abrió entonces como un abanico de variedades. Empezó a escribir la poesía de los sonetos metálicos de Garcilaso y Lope, y se llenó la boca con el manjar de uvas dulces de los paraninfos escolásticos: «El soneto es una estructura rígida, es un desafío formal». Publicó un libro con 25 sonetos «descaradamente eróticos», con el inestimable concurso de amigos traductores que se encargaban del cómputo silábico, los acentos y las rimas. Para ello debía llevar adelante una inmersión en los pantanos de la seducción carnal, y abrazar los pechos de las novias del sexo y cantar las maneras desvergonzadas de poseerse. Se fue al único país que le ofrecía todo eso, a Brasil. Solicitó el puesto de asesor técnico docente para formar a los profesores de castellano. Entre el 2000 y el 2006 residió en Prado Piloto, ciudad satélite de Brasilia. Para sus sonetos descarados se inspiró en George Bataine, Mário de Andrade y Winícius de Morais, y en el cuadro *El origen del mundo,* de Coubert, ese coño peludo tan frondoso como los islotes de la cuenca del Orinoco.

El resultado es un libro sensual: «No es pornográfico, lo pornográfico es fácil y vulgar. Lo erótico es diferente».

José Antonio se ha tragado la colección entera de *La sonrisa vertical,* y entre los sufijos de los verbos pretéritos y las fórmulas de cortesía para saludar en buen español se convirtió, con la madera de los encargos, en editor bilingüe de los librillos didácticos de la colección Orellana. La intención, recuperar a los clásicos (las *Rimas,* de Bécquer; *Luces de bohemia*, de Valle-Inclán, y *El retablo de las maravillas,* de Cervantes) y divulgar a los plumillas vivos (Chico Buarque, Anderson Braga Horta, Adela Prado).

En la Universidad de Unanama, en Belén de Pará, se metió tal dosis de silvas, estrofas y encabalgamientos, que se olvidó de las tarántulas del suelo que pisaba, tan verde como infausto: «No ves la otra orilla del Amazonas, la selva lo envuelve todo». Brasil es «un país de injusticias», dice José, harto de ver a gente que lo tiene todo en medio de una mayoría que no tiene nada. «La vida allí no tiene valor. Hay gente que en su tarjeta de visita pone pistolero, con una tabla con el precio de sus asesinatos.» Matar a un cura vale seis mil euros (la superstición revaloriza el finado), mientras que los políticos son los más económicos: quinientos euros. «Te matan aunque no lleves nada, o quizás por eso, porque no llevas nada.»

De vuelta a la seguridad de unas playas menos tropicales, en Castelldefels, a José le asignaron el instituto Las Marinas, cuyos alumnos de ESO y bachillerato carecían del gusto por la lectura. Así nació *Scat*, en el momento justo y en el lugar adecuado. «Hice la novela para ellos.»

Scat es la historia del grafitero Albert Garcia Ripoll, chico que pasa de adolescente a adulto en un submundo de drogas y peleas callejeras. «Para mi sorpresa, los chicos de la clase se identificaron con el protagonista. Los grafiteros le dieron el aprobado.»

Scat se desgrana en cuatro capítulos que se sacuden de encima los Latin Kings y las Latin Queens y los bautizos basados en la violencia física, «con actitudes masoquistas». José Antonio, el profesor de Literatura, les conoce: «A algunos de los integrantes de estas bandas, de Ecuador, Argentina y Bolivia, les tenía como alumnos».

«Son sociedades secretas paralelas, como las logias masónicas. Ese es su morbo», describe José, que detalla la gradación de rango de estas estructuras, que van del simple probatorio, en la fase de captación y vigilancia, a «rey coronado», el grado máximo. Incluso comulgan con sus propios mandamientos, de tinte racista y xenófobo, uno de los cuales dice: «Los latinos son una raza superior».

José Antonio Pérez, de *Scat*, lo tiene claro, lo desaprueba y lo sufre, y lo escribe para acabar con la incultura relacionada con este espinoso asunto: «Las bandas latinas están en las escuelas».

Entrevista con Enrique Peribáñez Rufas, autor de *El abecé del vino*

EL QUIJOTE

Entras en la página web del restaurante El Bulli (Cala Montjoi, Roses, Girona): «elBullirestaurante ha cerrado sus puertas y ha pasado a convertirse en elBullifoundation».

En el 2009, dos años antes de que apareciera el cartel de «cerrado», el abogado y «degustador nato» de vinos Enrique Peribáñez Rufas (Barcelona, 1933) fue a comer a este espacio que levantó, en 1984, el cocinero Ferran Adrià, a quien le regaló una acuarela de Don Quijote («para el Quijote de la gastronomía española», le dedicó).

Más que hambre, Peribáñez quería descubrir por sí mismo el mito: ¿por qué un local de piedras y arenisca ha conseguido tres estrellas Michelin y ser considerado el mejor lugar del mundo para comer? Más que hambre, Peribáñez tenía sed. Ha publicado *El abecé del vino* (Ediciones Carena, 2013).

Coleccionista de coches de época (vende su Ford T de chapa de color granate por 22 000 euros), testarudo y dadivoso, Enrique Peribáñez se acuerda, en el despacho de la correduría de seguros Peribáñez Asesores S. L., que ha de entregar a la gestoría los libros de contabilidad del año que vence. Agotado, acaba de volver de la delegación de Hacienda, liado con papeles y papelotes, y con formularios que se han de rellenar: «Todo cuesta dinero». Se quita el chambergo, en cuyo bolsillo interior guarda el talonario, y se desploma en el butacón. Sobre la mesa, un pote de pistachos, vacío; tres astas del tamaño de un lápiz, con las banderas de España, Cuba y Honduras; la fotografía con su esposa, enmarcada y de pie, y la máquina de escribir. En la pared, el diploma de reconocimiento por los 50 años de inscripción en el Col·legi d'Advocats de Barcelona. Rodeado de buenos vinos (de la bodega Vidal Soblechero; albariños de las Rías Baixas, y el mejor: Dalmau Reserva, de Marqués de Murrieta). Le gusta tener controladas las situaciones. Su secretaria, Laura, le asiste con esmero, y a ella le dicta las órdenes del día: «Apúntame estos datos, Laura»; «Tráeme la copia»; «Hay que ir a la notaría»… Ahora está leyendo *Una mala mujer*, de Montse Neira (Plataforma, 2012).

A sus 80 años, acaba de correrse la penúltima juerga. Precisamente, fue en El Bulli, la capilla del buen manjar. Quedó saciado. Y se emborrachó.

«Fui con mis cuñados. Tenía curiosidad por conocer al hombre que ha revolucionado la gastronomía», explica, y se desprende de él una cultura enciclopédica que ha ido acumulando de manera autodidacta. «Cuando era pequeño, en España no había cultura del vino. Eso llegó después. Se alargaba el vino con gaseosa y con litines, polvos de botella, efervescentes, del doctor Gustin. Ese potingue apenas se saboreaba. Por entonces, yo cataiogaba los vinos como "interesantes" y "poco interesantes"; no había otra. Además, gracias que aquellos vinos sobrevivieron a la filoxera, la plaga que acabó con todo, y a la Guerra Civil, que acabó de rematar lo que quedaba; y al desierto de la dictadura, con aquel fantoche… No podíamos compararnos con los franceses, los mejores. Total, que fui a El Bulli, pagué lo que tenía que pagar [257 euros el menú de degustación] y pillé una cogorza porque, además de los treinta y pico platos que me pusieron, quise probar todos sus vinos. Claro, no pudo ser.»

Los platos de degustación fueron los siguientes: 1. fresa mimética helada de Campari en base de hielo; 2. flauta de mojito y manzana; 3. almendra-fizz con amarena-LYO y empanadillas nori; 4. umeboshi y esfera de gorgonzola; 5. aceitunas verdes esféricas; 6. tortillita de crustáceos; 7. won-ton de rosas con jamón; 8. canapé de jamón y jengibre; 9. tártar de tuétano; 10. crema de caviar de avellana y su tartaleta; 11. langostino sashimi; 12. gamba dos cocciones; 13. sopa de anémona; 14. helado de permegiano módena, albahaca y fresa-LYO; 15. shabu-shabu de piñones; 16. tiramisú; 17. sopa de miso; 18. escabeche de calabaza; 19. ceviche de almeja y kalanchoe; 20. cóctel de ceviche y almejas, acompañado de un taco de Oaxaca; 20. tortilla de anémona; 21. abalone con panceta; 22. ventresca de caballa en escabeche de pollo con cebolla y caviar de vinagre; 23. Nem Thai de pollo; 24. fresas calientes con consomé de liebre y almendra de cacao; 25. bombón de gorgonzola; 25. estanque; 26. terrón de azúcar al té; 27. hojaldre de piña; 28. frambuesas; 29. moluscos; 30. morphings…

Los vinos: Ekam, Castell d'Encus y Vinya dels Taus.

«Mi afición al vino es de cuando mamaba», dejará escapar Enrique Peribáñez.

Ahora se cuida de matizar la frase anterior: «Pero la clave de todo, la moderación».

Entrevista con Cecilio Pineda Rodríguez,
autor de ¡*Thalassa thalassa!*

SARDANA FLAMENCA

Quienes hayan mercadeado en los aduares africanos se encontrarán cómodos en las sillas del Nostromo (Ripoll, 16), el café de Barcelona de un señor que no es tan fiero como lo pintan. Cecilio Pineda Rodríguez (Murcia, 1945), hombre de extravagancias, ceñudo, provocador, capitanea el local tal como gobernaba los barcos *tramp* (buques sin rumbo fijo, vagabundos), en los que se enroló durante los veinte años en los que se hizo a la mar («veinte años fuera dan para mucho; pierdes muchos trenes»), después de estudiar a contracorriente la carrera de Náutica en la Universitat Politècnica de Catalunya. Con más parentescos con la Royal Navy y con los fumistas de la noche (incluidas algunas *gavióes da fiel,* mulatas rezagadas de la hinchada de Brasil) que con los bosquimanos del Club de la Cultura Oficial (caraduras que planifican a dos años vista Qué Se Ha de Pensar y Cómo), Cecilio ha engendrado un poemario honrado, un caleidoscopio con la morralla de la mar (tacómetros, caños y pendejos). Se titula ¡*Thalassa thalassa!* (Ediciones Carena, 2010), la marca de los marineros o de los lobos de mar, como Cecilio. El poeta ha bajado a los puertos besuqueados por las mares más oceánicas, desde Alejandría hasta Río de Janeiro (su primer viaje de grandes distancias –no cuentan Las Golondrinas–, cuando tenía 24 años: Barcelona-

Marsella-Barcelona-Nuakchot-Klaipeda, en Lituania-estrechos daneses hasta Las Palmas de Gran Canaria).

Cecilio coloca un ejemplar de ¡*Thalassa...!* en el aparador del Nostromo, apoyado en un rioja Zuazo Gaston. Antes de atender esta entrevista, se sirve otro vaso de *bourbon* de la botella de Jack Daniel's, bien a la vista.

«¿Que por qué empecé a escribir? Toda la cosa de la vida ha sido un cúmulo de casualidades. La ciudad de Murcia está a 40 kilómetros del mar, pero 40 kilómetros bien pueden ser 40 000 kilómetros. Después de tirarme ocho años navegando por África, volví a Barcelona con el síndrome de Tarzán: en *Tarzán en Nueva York,* Johnny Weissmuller no sale de su habitación, asustado de lo que ve en la calle. Me apunté entonces a un curso de inglés. Hice una redacción titulada *Gran cabotaje,* y gustó tanto aquel cuento que lo tuve que traducir, y la traducción de aquella página se extendió tanto que me salió mi primera novela [luego le seguirían el poemario *Mar de amores* y la novela *El último candray,* Premio Mario Vargas Llosa]. Yo pensaba que escribir era para personas privilegiadas, o para locos, o para imbéciles.»

Cecilio (se dirige a la tercera mesa del Nostromo, ocupada por un miembro del programa de TV-3 *Polònia,* que balancea sus teorías musicales y que ya lleva gastados 50 euros entre tapas y pelotazos varios).—Tienes la gran oportunidad de comprarme un libro.

Cliente 1.—Va, ponme uno.

C.—Eso esperaba de ti.

C. 1.—Pero me lo dedicas, porque los murcianos sabéis escribir, ¿no? ¿En Murcia hay naranjas? [?]

C.—«Me pondrá la carne verde / –zumo de lima y limón–, / tus palabras, pececillos, / nadarán alrededor.» ¿Sabes de quién son los versos?

El Cliente 1 apoya sus manos en el respaldo de la silla, frente a Cecilio, sosteniendo una charla más con los ojos de sanguina que con su inútil razonamiento. No responde.

C.—De Lorca. Me esperaba eso de un tipo como tú, inculto.

La novia de melocotón de este personaje hace mutis por el foro. Antes, los dos se enfrascan en una conversación de altos vuelos que gira en torno a la película de Fernando León de Aranoa *Los lunes al sol,* y sobre el significado de la palabra *Australia.*

Aparece el intérprete Toti Soler (Jordi Soler) con su banda de caballos cuatralbos (percusionistas, flautas y un posible acordeón: Maurici Villavechia, Marc Prat y Joan Anton Mas, respectivamente). Salen de la sala del Nostromo de la que se han encariñado los cuentacuentos y las plumas noveles. Toti ensaya la *Sardana flamenca,* que tocará en el concierto que la Generalitat de Catalunya organiza para La Diada, en el Parc de la Ciutadella de Barcelona.

Toti.—Fíjate que a mí, que estoy en el escenario, también me han cursado una invitación.

Ha dejado aparcada la guitarra para estirar los brazos y las piernas. Y como le profesa una estima inconfesable, pregunta, inquieto:

T.—¿Seguro que está bien cerrada esa puerta?

C.—Olvídate de la puerta. ¿Queréis cenar? Tenemos las mejores tortillas catalanas. Dicen: «La buena mesa contribuye a creer en la felicidad». ¿A qué hora hay que estar en la Ciutadella?

Toti (miente con elegancia).—A las seis de la mañana.

C.—Ah, entonces saldremos borrachos del bar.

Pilar, la pareja de Cecilio, se mete en la cocina, cuyas cerámicas se han cubierto de sartenes, pucheros y parrillas. En algún momento, entre pedidos de carpachos y sumas de cuentas, con el cigarro Pall Mall en la comisura de los labios, Cecilio le dice al Cliente 2, parafraseando a Gabriel García Márquez: «Todos los libros son ballenatos, recuerdos de nuestras vivencias. Básicamente, *Cien años de soledad* son las memorias de la abuela del autor. Todo es un juego, una metáfora, una mezcla de realidad y ficción».

En esta tarde condensada, dos chicos con bermudas y aire distraído cogen del saliente de la ventana uno de los cuatro ajedreces de diferentes tamaños y prodigios que darían vértigo a Kárpov. Más allá de los límites de las patatas bravas, en el Harry's Corner, aguardan ediciones anquilosadas de *América,* de Van Loon; *La ciudad del diablo,* de Ángela Vallvey, y *El amante bilingüe,* de Juan Marsé, que cohabitan con ejemplares atrasados de la revista *Marítimas* y del boletín *Nostromo Crew* («La muerte de Jorge Amado, *capitao de longo curso»).* Cuando se embarcaba, Cecilio Pineda hacía dos maletas, una con ropa de verano y de invierno («nunca sabía si subías al Báltico o bajabas al Sur»), y otra con libros.

Reportero Jesús, sentado al fondo, detrás del ordenador que Cecilio utiliza a deshoras para largar la estacha de las fantasías literarias, observa los pocos utensilios de un hombre sencillo, temperamental y, presumiblemente, malhumorado: un teléfono móvil rojizo como las llamaradas del diablo («me lo regaló mi hijo y ahí está, no sé ni cómo se usa»), un ejemplar de *Gran cabotaje. Del Mar Rojo a Barcelona pasando por Port Natal* («me sorprendió que el timonel bosnio divisara un barco antes que yo. Eran cerca de las dos de la madrugada y a esas horas lo normal era que soñara con la familia y con el Estrella Roja de Sarajevo, que este año parecía contar con un equipo de rompe y rasga»), y un cenicero molesto por la ceniza sobre un tapete carmesí, lo que le da un aire altivo, como si hubiera sido miembro del Politburó («soy comunista, odio el capitalismo»).

Llega una chica con la gorra calada, sujeta a sus rizos de oro con una pinza plateada. Se conocen bien.

C.—Puedes quedarte y escuchar. Me van a hacer una entrevista. Si digo alguna tontería, te puedes reír.

De fondo, gravitando en el ambiente, suena el saxo de Joe Farrell.

C.—Bueno, pregunta. Y no quiero tópicos. No me preguntas si ya de pequeño aspiraba a ser escritor, porque te contestaré lo mismo que contestó Manuel Vázquez Montalbán: «Yo lo que quería ser era delantero centro del Barça».

CXXV

TIEMPO CERO

La niña que fue Carmen Plaza (Burgos, sin edad) es la que se ha ido por la puerta de atrás, la que se ha escondido debajo del escañil, y, a la vez, es la misma niña que juega con la imaginación en la prisión de la realidad. «Esta mañana iba caminando hacia el trabajo y vi claramente que la carretera por la que pasaban los coches era un largo río, largooo.» Así empieza un día cualquiera de esta economista-escritora. Por su trabajo, comparte tiempo con enfermos que aprenden a vencer las dolencias que les aquejan. Carmen Plaza publica *Cuentos de lumbre y pesadumbre* (Ediciones Carena, 2011), la desmitificación de los cuentos clásicos, en los cuales hurga para desnatarlos y sacarles la porquería que llevan dentro: de la madrastra mala (porque también hay madrastras buenas) a *La bella durmiente,* porque quienes se suponen que son feas también requieren del cariño de un príncipe, sea azul, sea rojo o sea del color de la bacteria *escherichia coli.* «Nunca me ha gustado perder el tiempo», arremete como santo y seña de sus heroicos propósitos. En fin, el tiempo, para Carmen, no existe, porque el tiempo implica una suma de magnitudes. Y da cero.

Uno. Tenía nueve años Carmen cuando ganó su primer premio literario. No era un premio digno de ser publicitado. Estudiaba en Barcelona (la familia se trasladó del páramo castellano a la ciudad del azul mediterráneo: «Yo ya soy de este mar»). El poema que ganó el concurso de la clase se titulaba «Las estaciones del año».

«Es el único poema que salvé de la quema, lo he tirado todo», se adelanta, antes de que le pregunte por aquellos versos. «Si hubiese ido al psiquiatra, me habría sabido decir por qué he ido tirando hasta hace muy poco todos mis escritos, pero no fui…», se arrepiente, más como una excusa que como el pesar del herrerillo, cuyo canto metálico repica sobre el yunque en la fragua.

La madre de Carmen murió de una afección pulmonar cuando ella tenía 17 años. Maestra de formación, le descubrió el universo de las letras. Cuando falleció, Carmen Plaza se propuso dos cosas trágicas por tremebundas, mortales ambas como un chiscón que arde, y dos cosas que no ha cumplido —como bien dice, «las cosas solo son cosas»—: 1. que no volvería a escribir, y 2. que no se casaría.

+

Dos. Se casó. «Me casé a los 23 años con un hombre muy persuasivo que me convenció de que la enfermedad no podría conmigo, y que los hijos que tuviéramos no serían huérfanos de madre. No sé por qué, durante mucho tiempo creía que me iba a morir», asume, con la sospecha detrás de la oreja de quien cruza el río sobre el firme del puente con miedo a que ceda. «Quizás por eso me he dedicado al mundo sanitario.»

Tuvo dos hijas, «dos seres encantadores»: La Pequeña, Clara, economista, vive desde hace años en Nueva York («es una gran aficionada a la fotografía»), y La Mayor, Maite, licenciada en arte y con una preciosa voz soprano. A la hija de esta, Ainoa, Carmen le debe el hecho de que haya vuelto a las letras con regularidad. A ella le dedicó su poemario *Versos para ir creciendo*. Al hermano de Ainoa, Daniel, que nació en el 2003, con la guerra de Iraq, le está escribiendo unas cartas que le ayudarán a interpretar, cuando crezca, el mundo que le ha tocado vivir. «Por ahora llevo compuestos 16 poemas…»

+

Tres. Escribió. Cuando dormía, escribía, velando sueños con liras mientras otros contaban ovejas de tusones blancos; cuando, en reuniones sociales aburridas los demás bostezaban, ella pensaba poemas, y el lápiz lo convertía en una tornadera con la que separaba lo sustancioso de lo puramente anecdótico... «Tenía el diccionario en la cabeza.»

Escribía, pero todo lo tiraba, excepto los dibujos de su madre. Ella le inspiró el soneto «A la sierra de la mujer muerta»: «Mujer muerta, perfil envenenado...».

Un día, en lugar de destripar las poesías, las guardó en un cajón: «No tenía tiempo ni para romperlas». Y ese cajón fue la providencia. De ahí han salido los poemarios *Fuera del paraíso* (Comte d'Aure, 2003); *Tela que cortar* (Torremozas, 2006, Premio Carmen Conde), y *Amor en vela* (Visor, 2009), entre otros. En breve, en Perú, publicará un alegato contra la violencia, *La honda y el viento.*

Carmen Plaza ocupa su lugar en *Personajes de Cataluña* (Last Word, 2009). «Finalmente, la economía me pareció un feliz cruce de caminos, por reunir las tres vertientes: la matemática, la técnica y la humanista», dice en la página 62, y en la siguiente página sus declaraciones connotan una vida plena, rebosante, a pesar de su austeridad innata. «No hay que tirar nada en tiempos de escasez. Ni siquiera los disgustos. Se zurcen y pueden servir para otro traje.»

+

Cuatro. *Las cuatro voces,* editada en el 2010 por la Asociación de Bibliófilos de Barcelona, recoge un pliego de 32 haikus: «Los haikus están ilustrados por el artista Miquel Plana, y llevan encartados en el frontispicio una estampa, numerada y firmada. Vamos, una maravilla de edición», resume Carmen. Los cuatro elementos: el Agua («brama el agua perdida»), la Tierra («oculto abrazo»), el Aire («larga noche») y el Fuego («cristal en llamas»). Carmen se desploma en la silla, con un gesto que recuerda a Cyd Charisse en *Cantando bajo la lluvia* (Stanley Donen, 1952), y se regocija con la teoría matemática del control óptimo y con la Física, cuya carrera dejó a medias en la Universitat de Barcelona: «Me fascina Pitágoras, que veía colores en los números».

+

Cinco. Pentasílabos: «Bajo la arena / navega el mar. / Sobre las olas / mi ceniza va». De «Exequias», en *El rastro de la herida* (Torremozas, 2011).

+

Seis. En media docena de hoteles de Barcelona ha residido Carmen: «Por el trabajo de mi marido, he tenido que desplazarme continuamente, por lo que tuve que reducir cada vez más mis pertenencias. Me he adaptado a vivir con poco espacio físico».

+

Siete. En *Cuentos de lumbre y pesadumbre,* Carmen Plaza homenajea el número siete. Agarra el cuento de *Blancanieves y los siete enanitos* y lo desbarata, como un lecho de carrizos en el Sónar Kids. Los enanitos, ahora gigantes, abusan de la joven: «Siete veces la atraparon, la molieron a palos, siete veces la cubrieron de babas y de estiércol». Siete veces.

$$1+2+3+4+5+6+7=28=0$$

Veintiocho, que son los días que tarda Carmen en rehacer un poemario, se pueden reducir a cero. En la hipótesis del origen transdimensional del universo, o Big Bang múltiple, se anuncia lo siguiente: «Antes de que existieran las dimensiones, existía la nada. Tiempo=0».

Carmen se deja llevar, aturdida por esa nada que, como acertó el poeta José Hierro, lo es todo.

Último verso del soneto que Carmen Plaza incluyó en el volumen que diversos artistas dedicaron a José Hierro, en el 2005: «Y en el seno del todo, amar la nada».

Medita: «Cada vez tengo menos claro que el tiempo sea para todos una misma cosa».

Las cosas solo son cosas.

Entrevista con José Eduardo Polío Morán,
autor de *Entre líos y demonios*

EL HOMBRE QUE VINO DEL FRÍO

En la ultratumba de los hombres de gris, el más gris de todos —roano, plomizo y tachonado de clavos negros— llevaba el nombre de un espíritu salvadoreño: José Eduardo Polío Morán (Quezaltepeque, El Salvador, 1946).

Eduardo Polío no se agrió por carácter, puesto que es la versión masculina de *Mary Poppins* (Robert Stevenson, 1964). Se agrió por profesión: daba clases de Código Civil, la antítesis de la seducción.

En el 2012, Eduardo se pintó de rosa chillón las neuronas. Figurativamente. En realidad, se matriculó en l'Escola d'Escriptura de l'Ateneu Barcelonès (*«Oasi de les lletres i de la cultura situat al bell mig de la ciutat de Barcelona»*). Y escribió su primer hijo, que nació cuento: *Entre líos y demonios* (Ediciones Carena, 2015).

338. Los bienes son de dominio público o de propiedad privada.

Los usos del comercio se agrisan. La contabilidad financiera, de un gris adusto, palidece. La fiscalidad, coordenadas de sombra. Estos temas (usos del comercio, contabilidad financiera y fiscalidad), junto con la informática, las técnicas de ventas y la economía, los impartía Eduardo Polío en las aulas del instituto de formación profesional Meridiana, reconvertido en Escola d'Hoteleria i Turisme de Barcelona. Entró en el centro de vuelta de un viaje iniciático a la India, que le sirvió también como luna de miel azucarada. Y de allí salió cuando se jubiló, hace cuatro años.

339. Son bienes de dominio público: los destinados al uso público, como los caminos, canales, ríos, torrentes, puertos y puentes construidos por el Estado...

Los alumnos oían al profesor, pero no le escuchaban. Delante de él solo veían la presencia gris de la diplomacia comunitaria, oxidada por su inoperancia. Apenas si entreveían al joven que vivió una infancia fantástica de seres sobrenaturales en la jungla verde, añil, despeinada, allá en los cerros y los volcanes y la lava centroamericanos.

«Salí de El Salvador en 1962. Quise estudiar la carrera de Económicas en Suiza, pero no la acabé allí, sino en Barcelona, adonde llegué por un lío de faldas», se felicita, y no se reprende. Contenido en el habla, que deposita sobre la mesa como una batea de mejillones sin abrir, Eduardo Polío se toma su tiempo antes de decir *sí* o *no,* y si es un *tal vez,* lo verbalizará de manera que se prolongue en el tiempo que cabe en un cuarto de hora. De mientras, piensa. Interioriza el pensamiento, y su pelo cano se vuelve menos entusiasta, y sus ojos miran hacia adentro, como imanes que busquen el polo opuesto de su cerebro burbujeante. «Cuando hablo de lío de faldas me refiero a mi mujer, con quien me casé. Y luego nos fuimos a la India, seis meses, porque queríamos apreciar otras culturas.»

340. Todos los demás bienes pertenecientes al Estado, en que no concurran las circunstancias expresadas en el artículo anterior, tienen el carácter de propiedad privada.

Tiró a la basura los artículos del Código Civil.

Se sucedieron las horas grises en esa escuela gris en la que hacía mucho frío.

«Cuando me jubilé, me propuse como reto escribir. Quería hacer algo que nunca antes hubiera hecho. Y escribí 53 cuentos», dice, y los apresó en *Entre líos y demonios.*

Historias sobre la muerte, que no es el final de la vida: «Un mundo de muertos está entre nosotros».

Esta muerte suya no es gris.

Es de color de rosa.

CXXVII

Entrevista con Rosa-Elvira Presmanes Garcia,
autora de *El segrest de la deessa*

LA MUJER REBELDE

Bastaba que le dijeran una cosa para que hiciera la contraria.

Que si todos con el blanco, ella se paraba en seco: «No, el negro». Que si le mandaban: «Por la izquierda», ella optaba por la derecha, cambiando de sentido solo por el gusto de ver la cara tonta del guarda. Que si esto, pues lo otro.

Rosa-Elvira Presmanes Garcia (calle de Hartzenbusch, La Bordeta, Barcelona, 1950) no muerde, calla. Con su voz y con su silencio, y con el cordón umbilical que les une a ambos: los dicterios los rebate, los asuntos los congela en su mirada de géiser noruego, y cualquiera que ose argumentar, se enfrenta a sus poderosos razonamientos, alimentados con su fuego. Como Albert Camus, rebelde por naturaleza, ha publicado un ensayo que cuestiona el mito de la Virgen: «La Virgen es un arquetipo. El patriarcado ha secuestrado a la madre, la procreadora, porque ella es la que da la vida, provee de soldados».

Se titula *El segrest de la deessa* (Ediciones Carena, 2015).

«Cuando yo era niña, en lugar de que me leyeran *La caperucita roja,* mis padres me contaban la Revolución de Octubre», incide Rosa, con una vasta gorguera de palabras que le sobresalen en sentencias firmes, aristotélicas, y que adquieren la tonalidad de su pelo cobrizo.

El padre de Rosa, el represaliado Amalio Presmanes, militó en las filas comunistas en la época de Pasionaria, combatió en la guerra de liberación cubana, junto a los hombres de las plantaciones azucareras; en la Revolución de Asturias (1934), frente a las tropas legionarias de un Franco sanguinario, y en la Guerra Civil española, con el rango de comandante: el currículo perfecto para que sus huesos acabaran en la cárcel. «Dios no existe, y los Reyes Magos, tampoco», le previno a la hija.

Y la hija salió así, furia, volcán y respondona.

Los domingos, cuando los niños iban a misa, ella prefería las lecturas marxistas: «Pronto vi que el marxismo es muy dogmático, y que las verdades absolutas no existen».

Cuando su padre le aleccionaba con el materialismo histórico, ella se hizo anarquista.

Cuando todas se pirraban por un vestido de novia de encaje, de pedrería, de transparencias como los de Badgely Mischka, con el que entrar de blanco en la iglesia, ella se casó con minifalda.

Cuando todos esperaban de ella una ama de casa recatada como Kate Middleton guisando para James Bond, ella se hizo *hippy*. Condujo hasta la India, con los predecesores laicos del cantautor espiritual Xavier Rudd.

Cuando los demás sentaban la cabeza ella se introdujo en la tradición hermética y se hizo masona, y alcanzó el grado de Gran Maestra de la Gran Logia Femenina de España.

Cuando la querían estabilizada, en el sentido de atarla a un lugar, a un trabajo, a unas obligaciones que la empequeñecían, ella se largó al campo, y vivió ocho años en la masía de Can Montserrat, con vistas a la montaña mágica. «Nunca he aprendido tanto como estando en la montaña, viviendo de lo que sembraba», admitirá.

Cuando esperaban de ella una mujer de «sus labores», se separó del marido, y huyó del inconsciente colectivo como de la propia peste.

Cuando pretendían que se doblegara, sacó las uñas, y se matriculó en Trabajo Social, profesión que la mantiene, y en Antropología Social y Cultural, rama que la cautiva.

Y como la cabra tira al monte, cuando solo leía, empezó a escribir. De la montaña. De la Virgen de Montserrat: «En *El segrest de la deessa* he podido conjugar la crítica social con mi sentir inmanente y con la investigación, que me encanta».

De sus raíces rojas a la Madre de Dios («el comunismo y el cristianismo se tocan, son mesiánicos, anhelan el bien común»).

El camino de la feminista Rosa-Elvira Presmanes ha sido largo: «Ha sido necesario que fuera una *hippy* contracultural para cambiar la mentalidad y no dar por hecho cosas que no tienen que ser naturales, como la desigualdad, la inequidad, la injusticia, la hipocresía…».

Sí, *hippy*, «hablando mal y pronto».

CXXVIII

Entrevista con Sara Presutto, autora de *Renata sui generis*

VEINTE AÑOS

Prudente, extremaba la vigilancia, y ninguna medida le daba la tranquilidad que necesitaba para hacer bien el trabajo. En la empresa Burguet de industrias químicas, en la planta de los titanios y los cloruros, en el cuartucho de los líquidos inflamables, Sara combatía la dictadura de Franco con su contribución a la causa de la libertad. Mientras su compañero Ramón custodiaba la puerta, atento por si venía alguien, Sara abría los crisoles y los bidones vacíos de cobalto, cuyos rótulos alejaban los dedos de la curiosidad, por temor a verse desintegrados en el magma de la corrosión. «Si me hubieran pillado... ¡Ah!, si me hubieran pillado...», se contiene Sara, que describe con muecas el miedo que pasó. «Mi misión era la de destruir toda la documentación antifranquista que se manejaba y que podría poner en peligro el aparato.»

Sara Presutto (Barcelona, no dice los años) es una chiquilla que cuenta los años hacia atrás, restándose en cada cumpleaños un poquito de vejez. La juventud desinhibida se lee en su primera novela, *Renata sui generis* (Ediciones Carena, 2009), rompecabezas de palabras que torea el idioma como Serafín Marín torea en La Monumental. Se trata del relato de una joven pija en una sociedad que no la puede ni ver. «La idea me la dio una chica llamada Vassala, a quien no conozco de nada. Sin querer, en el aeropuerto de Madrid, oí una conversación que mantenía con una amiga. Hablaban sobre la posibilidad de comprarse un pisito en un barrio de Barcelona, y lo decían con recelo, como si les fueran a morder los perros o algo así.»

Sara Presunto se apropia de uno con la saña de una mina Bouncing Bettys, esas que cubren los campos de amapolas de Afganistán y que estallan a la altura del pecho después de subir en espiral.

Ya en la tierna cuna la mecían con canciones napolitanas. El *Anema a core* la adormila desde entonces:

Nuje ca perdimmo 'a pace e 'o suonno,
nun ce dicimmo maje pecché?

Contar la increíble historia de Sara, como la de Benjamin Button, es contar la increíble historia de su padre, Alfredo, quien, huérfano, se escapó del orfanato en el que había sido internado. Y se escapó porque se ahogaba y en los pulmones de sus once años ya se achicaba agua y una vitalidad desbordante. Y se fue a la bocana del puerto para abrirse a la mar y entregarse como en una ofrenda de Michoacán. Se enroló con media luna en el bolsillo y una mandolina que siempre le acompañaría y con la que seguiría tatareando los rondeles a los que le daba cuerda.

«Mi padre recorrió los siete mares. En los puertos de todos los países, bajaba a tierra y se empleaba de camarero, para aprender el idioma del país, por eso dominaba el francés, el inglés y el alemán», refiere la hija, a quien se le ilumina el semblante, rejuvenecido con cada minuto que pasa y cada suspiro que regala, en su habitación de una casa sin nombre, en una ciudad permisiva que podría ser Barcelona, entre los recuerdos de sus *foxterrier Copi* y *Zuri* y las piedras que colecciona porque le recuerdan los gritos de Munch, y entre las cajas de teléfonos móviles encima de una edición nobilísima, acartonada y roída de *Lear King,* de Shakespeare, y con la tristeza y el dolor de *La vida,* el cuadro más azul de la época azul de Picasso, y con la alegría conveniente de los óleos tahitianos y desacomplejados de Gauguin; y rodeada de sus dos queridísimas amigas, con quienes convive, Carmen y Margarita («una marea de riqueza»).

Y en una de estas incursiones, en el puerto de Barcelona, Alfredo, el mocetón, de frente ancha y cuencas como dos arcos de herradura, el napolitano honesto de labia fina, se despidió del mar, y de sus caballitos y de sus viernes con vientos y de la corona de barbotín que se había calado en las noches frioleras. La madre de Sara, Ángela, una aragonesa de firmes intenciones, atrapó a este grumete sin edad con la red de sus encantos, y Alfredo cayó como un soplido cae sobre un castillo de naipes.

«El mundo le hizo comprender muchas cosas que le convirtieron en un antimilitarista y en un feminista. Los sábados le decía a mi madre que iba al mercado a hacer la compra y así ella tenía un pequeño descanso en sus tareas diarias», dice Sara.

Tuvieron tres hijos: Ángeles, una concertista de piano que en Lisboa halló el amor y las llaves de la afinación («de pequeña me quedaba quieta viendo cómo movía los dedos, y ella me reconvenía: "No me toques los pedales". Aún recuerdo sus ruegos, mientras me cogía de las manos: *Sempre insieme, sempre insieme*" [siempre juntas, siempre juntas]»); Alfredo, el único varón, y el único que se desgajó del núcleo familiar como un hurón, y Sara, quien se sacudió los esplendores, los planes y los duendes de los deseos para cuidar a sus padres, que se hacían viejitos a medida que ella se quitaba más canas de encima. Sara Presutto.

«Mi pasión, desde los 12 años, es la escritura. Quería ser escritora, actriz, qué se yo, y escribir cosas como "destino, descubre tu semblante…", pero me hice cargo de mis padres, qué remedio», conversa, alimentada aún por un océano de gas con burbujas. «Me puse a estudiar algo más serio, Químicas, en la Universitat de Barcelona, una carrera que, sinceramente, me importa un rábano.»

Sara Presutto trabajó en una empresa de productos químicos, descolorida por el gris acerado del tungsteno, descompuesta por los ribetes de las mezcolanzas en las probetas.

Y Sara ponía en práctica algo que había aprendido durante su fugaz exilio, cuando la guerra, que era cantar para olvidar los ratos amargos, los flecos de su desgracia, el pábulo de las velas en los velorios más cercanos.

De la Guerra Civil española solo sabe lo que de mayor aprendió, que los italianos de Mussolini lucharon al lado de Franco, y solo recuerda que se montó en un trasatlántico hacia una tierra en la que el mundo hablaba en el idioma paterno.

«En Nápoles, adonde llegamos, me identificaban como la prófuga española, y era objeto de atención. Una monjita me preguntó: *"Credi in Dio?"*, y yo, a su vez, les devolví otra pregunta: "¿Quién es Dios?". Se quedó muda.»

Sara sembraba de lentisco y pena los caminos por los que transitaba, y asomada siempre a la ventana con antepecho de la escuela, cantaba con voz destemplada una melodía que hacía saltar las lágrimas a la escolanía: «Allá a lo lejos se refleja el cielo de opalina, pero tú en vano me llamas…».

La familia regresó a España embarcada en los camarotes de tercera clase del *Vulcania*. Años atrás, su madre le había hecho entender las filigranas del futuro: «Sarita, un rey puede ser destronado, pero nunca tronado».

Y ya establecida en Barcelona y mareada por los vapores de los compuestos de óxidos y sales binarias, Sara se escapó por las rendijas del respiradero, y cambió de colocación y retomó sus ideales. Puesto que la literatura, su pasión primera y más longeva, se resistía a darle el tiempo suficiente con el que poder amarla y disfrutarla, se inclinó por los estudios de mercados cualitativos, el modo más fiable de estar cerca de las personas, de sus problemas y de sus imperfecciones. «Me especialicé en entrevistas en profundidad de dinámicas de grupo, y en estas estuve unos cuarenta años. Escuchaba a los clientes, y llegué a una conclusión: la gente dice una cosa y luego hace otra bien distinta», dice, y se adivina en sus informes los argumentos necesarios para 324 novelas, cada una con su trama y cada una con sus personajes principales.

A intervalos, Sara Presutto daba clases de francés al director español de una caja de pensiones, y daba clases de español al cónsul francés en Barcelona. Para esto último, se hacía servir del método Berlitz, tan bueno como plasta:

—*Qu'est-ce que c'est?*
—*Il s'hagit d'un berre.*
—*Est-ce une tasse?*
—*Non, il s'hagit d'un cendrier.*

Metió la pata cuando una vez le preguntaron cómo se decía *encendedor* en francés. Sin más, ella se dejó llevar por la prosodia: «Encendér». En realidad, tenía que haber dicho *briquet*. Es fácil perdonárselo: «Es que tenía mucha cara».

Y guio a los turistas por las Ramblas y por las naves de la Sagrada Família, y fotografió las autopsias, en el cobijo de la muerte, y vendió billetes a destinos vírgenes, y jugaba al baloncesto en el femenino Picadero Jockey Club («campeones de Catalunya y España, y subcampeones de Europa»)…

Y escribía poco, porque la escritura se le iba entre andanzas y apretujones. En 1962, la Imprenta Garrido de Barcelona le imprimió el poemario romanticoide y valiente *Contraluces de silencio,* con un prólogo tan inspirado como los poemas a los que alude: «Sara Presutto es una muchacha de su tiempo, de curiosa frente combada, con una sonrisa triste en los labios y en los ojos». Los poemas, cómo no, venían punteados por el buril de la desdicha: «Estés donde estés / humano que llores, / mi tristeza por la tuya, / juntas, / harán un canto de luz sobre nuestra oscuridad».

Ahora teje otro libro de versos, *En cuatro tiempos.* Los capítulos, por este orden: *Adagio* («tristeza de playas desiertas»), *Preludio* («dejadme pisar la tierra fresca»), *Squerzo* («hacer el amor con el océano Índico») y *Andante forte* («si queréis justicia llenad las calles del mundo»).

Ángeles Presutto, la hermana fallecida, perfeccionó las clases de piano gracias a una beca de la princesa del Piamonte. Sara se arrepiente de no haber aprendido a tocar este instrumento. Para quitarse esa espina, ha resuelto el relato *Renata sui generis,* más divertido que los diálogos de *Groucho & Chico, abogados («Con una madre como Carina, Renata se hizo a sí misma en una de las placentas más adineradas…»).*

Un bocado que hay que masticar bien: «Este *desimportante* libreto no musical, y sí *desacadémico,* es el fruto de unas neuronas enloquecidas».

Ayer tenía 21 años.

Hoy, Sara Presutto acaba de cumplir los veinte.

CXXIX

Entrevista con Daniel Pueyo Pedret, autor de *Verdades como pueblos*

EL SOL

El sol pasa el rodillo de fuego por las eras.

El sol, esa naranja de sabor agrio, allana, tuesta, recarga las pilas.

El sol pende del cielo como el camafeo de los dioses. Reluce, relumbra, resplandece.

Al sol cegador mira directamente con los ojos castaños de ambrosía Daniel Pueyo (Barcelona, 1977), autor de *Verdades como pueblos* (Ediciones Carena, 2014), manual para una «economía alternativa». En esta obra, que juega con las verdades evidentes («me salió así el título, de sopetón»), Daniel, impávido y flemático, se fija en el sol, como si fuera un peregrino devoto: «El sol es nuestra riqueza, las energías renovables, y por ahí ha de caminar la industria en España. Incluso te diría que la biotecnología es la apuesta más segura, porque la mejor materia son las propias plantas».

Se lía un cigarrillo de tabaco aromático Amsterdamer. Y en lo que tarda en liarlo, Daniel ya ha pergeñado la política energética para los próximos treinta años: «Ahora vivimos en el declive lento del petróleo, y nosotros veremos su fin. Cuando yo empecé en esto de la economía, y trabajaba en la Bolsa como gestor de cuentas, el barril estaba a unos once dólares; ahora cuesta 110 dólares».

Según este economista, es un absurdo seguir apostando por el petróleo que todo lo oscurece y que lo encarece todo, pudiendo, como se puede, venerar la fuente solar, «esa energía infinita».

Saca el papel de liar OCB, y prosigue con su disertación, más afectado por los despidos en Coca-Cola Iberian Partners que por la calamitosa y vergonzosa actuación del Banco Santander con los productos «tóxicos» (sus mentiras), por lo cual la entidad financiera ha de pagar una multa de 17 millones de euros que le ha impuesto la Comisión Nacional del Mercado de Valores. Precisamente, Daniel ha recortado esta noticia, que trae doblada en el bolsillo.

«Gran Bretaña, en los setenta, salió de la depresión no porque se encerrara en el neoliberalismo que propugnaba [Margaret] Thatcher, sino porque encontró yacimientos de petróleo en el Mar del Norte, en las aguas de Escocia», corrige, inhibido por una mística que le da una apariencia aniñada, acorde con su espíritu juvenil. «Y en el otro extremo, Venezuela pudo dar un salto adelante también por lo que recaudaba de la venta de los barriles. En los dos casos, el petróleo ha sido crucial, más teniendo en cuenta la coyuntura de expansión. Pero esto se va a acabar, porque los pozos se secarán en algún momento.»

Daniel Pueyo manosea el pitillo con tanta parsimonia como los banasteros elaboran sus cestos en las ferias de la Córdoba argentina.

«Curiosamente, y a pesar de que en España lo que sobra es sol, nos hemos convertido en una potencia de algo que está en los antípodas: en uranio. Somos la segunda potencia de Europa, por detrás de Francia. Nuestras minas están en la antigua ruta de la Plata, que ya los romanos recorrían. El expresidente [José María] Aznar privatizó buena parte de estas minas», reconoce, impertérrito, como los que están hartos de las congas en las bodas y se acodan en la barra para verlas pasar. «Hemos de reformular el concepto de *productividad,* y que no solo sea hacer más y más, que no sea solo beneficio, sino distribución.»

El autor de *Verdades como pueblos,* coyunda de literatura y conocimiento, ha redactado un ensayo al uso en el que la cocción de las teorías económicas (del liberalismo al marxismo) revierte en una lectura más clara de la realidad, más transparente si cabe.

«Hemos de abrir los ojos a las fábulas que nos han contado y dejarnos de cuentos, analizar la realidad tal como es.»

Siempre ha sido propenso a dibujar escenarios.

Verdades como pueblos es su verdad.

El sol es un río inmenso que nos dora.

El sol es el aceite y el vino.

El sol es el comandante en jefe.

CXXX

Entrevista con Puiggròs, autor de *Huevos Ana*

LA MIRADA

Ot, *El Bruixot,* el personaje de Picanyol, tiene un doble en la vida real, la vida de la macrocrisis económica que trastoca los planes, desequilibra los mercados financieros y baja las pensiones, que reconvierte en «bonos contingentes».

Ot, *El Bruixot,* vive en Barcelona, en el *call* del barrio Gòtic. Se llama Pere Puiggròs (Barcelona, 1942). No lleva sombrero en forma de cucurucho, pero le encantaría leer *Big Magic: a story for inquisitive adventurous minds,* de Georgina Tremayne y otros.

«Soy un hombre que unas veces alterna y otras veces mezcla expresamente lo místico y lo profano, como si todo fuese una misma cosa. Durante una época de mi vida me sumergí en el estudio de las mal denominadas ciencias ocultas: astrología, cábala, ovnis, pirámides, monstruos de tres cabezas…, todo lo raro. Las coordenadas del ser humano en su espacio y tiempo, la geometría sagrada como mapa del conocimiento…», alecciona Pere, hombre de fácil caricatura, no por lo aparentemente desaliñado, que responde a los preceptos de su filosofía, lejos del rito católico («entrar en el silencio interno te pone en sintonía con el ritmo general»), sino por las respuestas aristotélicas a los grandes enigmas de la humanidad, respuestas que da tras un tiempo prudencial en el que hondamente cavila su magín:

«¿Que si se acabará el mundo en el 2012? El ser humano tiende a confundir su final con el fin del mundo».

Una pizca de la parapsicología se le ha colado a Pere Puiggròs en su nuevo libro de relatos: *Huevos Ana* (Ediciones Carena, 2012), título que no amaga ninguna declaración de amor, pero que sintoniza muy bien con el contenido irónico de su prosa, que describe a personajes en tecnicolor: calzonazos de pies a cabeza, hombres que se ven perdidos por los enredos de la mujer; señoras que desvelan sus fantasías y que se ponen metas a medida que consiguen rebasar sus anteriores plusmarcas; turistas de la orden de los Yayoflautas…

Pere ha sido un aprendiz de mago («sin llegar a ser mago, dejé de ser aprendiz») porque también ha sido un escritor en ciernes, aunque a su manera: «La literatura me ha perseguido siempre, allá a donde fuera». Por eso, durante años, acompasándolo con otras modalidades del yo, se embebió de la escritura automática, que ejercitaba como un autorreflejo, dejando inéditas miles y miles de páginas manuscritas… «Era mi manera de comunicarme con Ese Algo…», se refiere, aludiendo a Lo Superior, «que no tiene ni forma ni color, y que se manifiesta de diversas maneras».

En el 2006, Pere se matriculó en l'Escola d'Escriptura de l'Ateneu Barcelonès, en la que supo encauzar su creatividad.

«Al principio, la poesía me fue útil, era lo más cercano a mi pensamiento; luego, con el tiempo, el cuento, el "Érase una vez…", se convirtió en mi manera de mirar el mundo.»

«Me defino como un naturalista tramposo, porque soy muy observador», inquiere.

Ese don para interpretar la realidad que otros apenas distinguen le viene de su contacto con el viejo periodismo. Pere Puiggròs trabajó durante seis años, en los sesenta, como compaginador en la redacción del diario *El Noticiero Universal,* convertido hoy en selecto restaurante de *«cocktails & good bar».*

«Bueno, allí componía las páginas, ordenaba la actualidad, le otorgaba tamaño (importancia) y la media con el tipómetro de cíceros», expone.

Así que si Pere es un pelín brujo y un mucho escritor, es porque trabajó entre periodistas.

Y es un cronista-narrador porque, antes, había sido pintor.

«De hecho, entré a trabajar en *El Noti* por un cúmulo de coincidencias, es decir, estaba donde debía en el momento que debía… Mi vida siempre ha sido así, parece que el destino se empeña en guiarme con precisión.»

Pere Puiggròs estudió en la Escola Massana y en la Facultat de Belles Arts de la Universitat de Barcelona, con tanta destreza que el pincel hacía las veces de regaliz.

«Pintaba de día y de noche, así que algo se me tuvo que quedar. Qué coño, era bueno, sí. Quizás ya haya pintado en otras vidas», contesta sin falsa modestia. «La pintura y el dibujo dieron sentido a mi vida, suponía trabajar con la belleza, con una ética de la verdad. En aquellos momentos quería eliminar de mi pintura lo que consideraba superfluo, lo que no fuese estrictamente necesario, y solía navegar sobre las grandes superficies de un Morris Louis, y entre las estrategias autodocentes de [Josef] Albers y las pulsiones de [Mark] Rothko.»

Pere ha sido mago porque ha sido escritor, ha sido escritor porque ha sido narrador, ha sido cronista porque ha sido pintor, y ha sido pintor porque ha sido artista, con el certificado correspondiente de la Junta de los Desadaptados: «En mi no-educación, me llevaron a una de esas academias que, a la sazón, te hacían informes psicotécnicos para averiguar tus preferencias y tus aptitudes. A mí me dijeron: "Usted es artista". Yo, que no había pisado un museo en mi vida».

En el fondo de su alma de artista, se cobijaba un niño de la posguerra, un niño de la calle, sin Dios ni amo y con los bronquios oxidados, un niño de la calle del barrio Gòtic de Barcelona: «Entonces, simplemente sobrevivíamos, pero, en muchos aspectos, también éramos libres; conocíamos la dictadura gris, pero no conocíamos el sida, el Tranquimazin, la desazón que hoy consume a los jóvenes, la codicia de este mundo loco de hoy que se aboca al fin de un modelo, como si fuera el Imperio Romano en su decadencia…».

Y si el niño de la calle artista-pintor-cronista-escritor-mago Pere Puigròs, que divierte al lector con *Huevos Ana*, dejara de ser todo eso, tampoco importaría; haría cualquier otra cosa.

«Siempre conservaré la mirada, esa que desnuda la realidad.»

Entrevista con Alicia Quaini y Ulises Diego Ayala,
autores de *Rutas de salida*

EL INFINITO

Una mujer de ojos como sagrarios y con el pelo oscuro y goyesco deambulaba por la playa, con los pies en la arena. Las luces de un artefacto de varios bits la atrajeron como la austeridad atrae a Angela Merkel. Detrás de la pantalla de ordenador, en una noche de luna, el científico mexicano Ulises Diego Ayala (sin edad) tecleaba uno de sus artículos para un *journal,* una de esas revistas especializadas del ámbito académico. La artista, profesora y terapeuta argentina Alicia Quaini (sin edad) había encontrado a un socio para el resto de sus vacaciones, que durarán lo que le quede de vida. Apaciguar el dolor de los demás y el propio. Este es el asunto que unió a Alicia y a Ulises. De ese encuentro, en una playa desierta, tostada y bronceada, ha salido un libro que combina la praxis de Alicia, enemiga de los estereotipos y experimentada en los alardes de la psicología, del estudio del alma y su intangibilidad, y el riguroso objetivismo de Ulises, que se graduó de Ingeniería Mecánica en el Imperial College, en Londres. La obra se titula *Rutas de salida* (Ediciones Carena, 2012). «No es sobre tango ni sobre cine ni sobre jazz», apunta Alicia. Y con este subtítulo esperanzador: «Análisis comparativo, historias no contadas, riesgos y posibilidades de las artes y ciencias para liberarse del sufrimiento innecesario».

El pasado 15 de junio, el libro se presentó en sociedad en la librería Excellence de Barcelona (Balmes, 191), «el lugar para las mentes inquietas», tal como definió en su presentación la responsable de comunicación, Hortensia, mientras sonaba la banda sonora de las películas de James Bond.

El ponente, Ivan Vasilievitsch Groznij, comenzó con sus disquisiciones:

Cuando hacemos un viaje tenemos dos posibilidades para el porqué. La primera es alejarse del sitio donde estuvimos antes de viajar. La segunda es acercarse al sitio nuevo con un fin específico. Como casi todo en la vida nunca hay un motivo claro. En mi caso este viaje a Barcelona ha sido el primero de mi vida que no me encantaba, y era puramente por la segunda razón: la del fin específico. Yo siempre había salido del lugar donde estaba entonces con un mínimo de entusiasmo porque el lugar anterior no me daba más alegría. Esperaba que en el lugar nuevo chocaría con algo nuevo que me dejase disfrutar de nuevo un poco de la vida.

Sesenta personas se desplazaron al auditorio de Excellence, en el subsuelo, en un espacio dominado por los blancos pentélicos, y en cuyos estantes se ofrecen como especias el cuscús de *El hombre en busca de sentido,* del doctor Frankl; *Repensar la pobreza,* de Chitra Banerjee Divakaruni, y *La rebelión de las formas,* de Jorge Wagensberg. De esas sesenta personas, sobresalía una mujer, consumida por la ansiedad o la duda, que, a veces, van de la mano. Entonces, poco antes de que el acto terminase, ella preguntó si el dolor, en sí mismo, es bueno o es malo, porque si es bueno, podría ser el dolor de un parto, para traer la vida, y si es malo, podría ser el dolor por una muerte ocurrida hace muchos años.

Alicia.—El dolor es un mecanismo del que se vale el cuerpo humano para protegerse. El cuerpo humano está preparado para salir adelante, para que un drama no sea un cortocircuito y que pueda seguir con la vida, con nuevas ilusiones, nuevas metas… La necesidad de la vida es abrirse paso. Ese es el mandato.

Ulises.—El ser humano evoluciona, aprende de sí mismo y progresa. Todo nuestro ser son vasos comunicantes. Nos proponemos eliminar la agresividad y la angustia que no son naturales y que también se heredan, de alguna forma.

Alicia, motivada por la música, la pintura y la pedagogía, recuerda que, cuando tenía nueve años, pensó: «Soy una niña y nadie me entiende. Cada vez que tenga un dolor lo enviaré a las nubes en forma de flor. En algún momento podré recoger un ramo de flores». Su vocación investigadora quería amarrar el dolor, darle la vuelta y explicar fondo y forma: «¿Qué es el pensamiento? ¿Qué soy yo?».

Los autores de *Rutas de salida,* Alicia Quaini y Ulises Diego, han desarrollado la técnica REMA (Restructuración de Memorias Atemporales). Se trata de cambiar la estructura mental para hacer tabla rasa de la memoria emotiva, sobre todo de aquellos pensamientos «perturbadores». En definitiva, modificar el comportamiento humano.

«Maximizar resultados y minimizar la conversación», apostilla Ulises, quizás como referencia a las eternas sesiones de diván de los psicoanalistas, cuyos resultados, aun siendo concluyentes, tardan mucho en llegar.

Alicia está escribiendo un segundo libro, esta vez de poesía amorosa.

Se titulará *El amor y la búsqueda de lo infinito.*

Entrevista con Ricardo Rabella, autor de *El tren está por pasar*

PORQUE HOY ES HOY

Porque hoy es hoy. La Caja Roja de Nestlé contiene doscientos gramos de compostura, una apetencia innata por la racionalidad, contiene el praliné de la sensatez y el cordobán de los actos justos, cóctel que agitaba en su decálogo de buenas maneras el filósofo griego Plutarco en *Consejos a los políticos para gobernar bien* (Siruela, 2011). En la Caja Roja de Nestlé no solo se atesoran las buenas maneras, sino las etiquetas del comportamiento del ser humano y las respuestas a los desafíos del nuevo milenio, que ya empieza a ser un milenio viejo. Nos referimos a la Caja Roja de Nestlé porque Ricardo Rabella (Barcelona, 1936) es el autor de la frase que la ha promocionado durante más de veinte años: «Porque hoy es hoy». Citamos a Ricardo Rabella porque es el autor del ensayo *El tren está por pasar* (Ediciones Carena, 2012), con recomendaciones cargadas de ironía para llegar a una «vejez inteligente». Y mencionamos a Plutarco y sus consejos para los esprínteres de los sanedrines de partido porque el señor Rabella, publicista de profesión, también escribió su propio manual, más noble, si cabe; menos fariseo, que me perdonen: *Quiero ser político* (Gestión 2000, 1993).

«Resulta que yo descubrí una fórmula para "fabricar" alcaldes. En las poblaciones de menos de siete mil habitantes [como, por ejemplo, la ciudad andaluza de Benamejí], estudiaba el terreno, *in situ,* iba a los pueblos y hablaba con el médico, con los vecinos, con los comerciantes, con la policía… Me di cuenta de que los votos por correo, de las personas que vivían fuera, emigradas, no se habían tenido muy en cuenta hasta entonces. Así que hacíamos la campaña incidiendo en los aspectos positivos del candidato y hacíamos que los lugareños que se habían ido de la localidad lo tuvieran en cuenta, y le conocieran. Así conseguí que ganaran muchos futuros alcaldes; solo me falló uno…»

Ricardo Rabella nunca llegó a patentar una fórmula empírica que sentara las bases del éxito del cargo público que se presenta de nuevo a una reelección, porque quedaría en una perogrullada, como él cree:

Naturalidad+sentido común+no ser un burro+humildad=votos

«A mí me hace gracia lo de la gestión del talento, porque o se tiene talento o no se tiene. Lo del *coach* está de moda, pero es decir las mismas cosas con otros nombres: en definitiva, ser franco», sentencia Ricardo, que defiende las técnicas básicas para «conocer el pájaro en cuestión», el entorno: «He jugado en casi todos los partidos», ratifica, y despliega su dosier de formaciones que compiten por los escaños: de la Unión de Centro Democrático a los partidos locales llamados «independientes».

«Se ha de vender lo positivo, marcar la estrategia que seguir, porque siempre hay una historia detrás de cada uno de nosotros.»

Ricardo Rabella, hijo de emigrantes castellanos, hizo su debut profesional en contabilidad, funciones contrapuestas a la comunicación, del que es un gurú sin que se dé muchos aires: «Hice profesorado mercantil, aunque mis padres querían que fuese inspector de Hacienda. Por suerte, me incliné por el mundo de la publicidad».

A mediados de los años sesenta, inició su trabajo en el campo de la comunicación y fue responsable en la empresa textil Tervilor, pionera de la moda. Luego se pasaría a la agencia de publicidad Clarín, de la que llegó a ser director.

Con el equipo de Clarín logró dar grandes golpes en la televisión. Con dos ejemplos basta. Suyos son los anuncios: «Vuelve a casa por Navidad», de la marca de turrones El Almendro, y «Ama tu tierra», de cavas Codorniu.

Bombones, turrones y cava.

En el 2005, Ricardo Rabella se jubiló («la tercera edad es real, no es un estado mental, qué coño»).

De sus experiencias extrasensoriales en esta nueva etapa de su vida, ha extraído lo mejor, lo más sano, y ha compuesto este pequeño librito que es como un suplemento dominical bien encuadernado: *El tren está por pasar.*

Para que no nos pille el tren, o para que nos pille lo mejor posible.

Entrevista con Marc Ramos, autor de *El misterio del Bosque Gris*

CAZAFANTASMAS

Sims, humanoide pixelado, se acerca a la cocina para hacerse una tortilla. Como es patoso («tiene poca habilidad)» y, además, tímido («no se relaciona con otros de su entorno»), se le quema la sartén. Pierde puntos. Acabará muriendo.

Sims es el videojuego más vendido en la historia del pecé.

De este simulador social, que recrea una familia tipo que ha de sobrevivir a sus necesidades cotidianas, el ingeniero Marc Ramos (Barcelona, 1988) aprendió mucho: fijarse en el entorno, en sus útiles, en la construcción de sus vidas, con sus amoríos y sus fortalezas internas…

De ahí le salieron ideas para varios relatos cortos y una novela-río, la saga de «El árbol de las flores negras», que empezó cuando tenía 15 años y cuyo primer título, *El misterio del Bosque Gris,* acaba de publicar (Ediciones Carena, 2016).

A Marc Ramos se le dan bien las matemáticas –geometría fractal–, y eso no ha sido obstáculo para adentrarse en la fantasía: «No es que crea a ciegas en este mundo imaginario, ya sabes, necesito pruebas para demostrarlo todo».

Vecino del barrio de La Bordeta, Marc se lanzó a escribir no solo jugando a la Nintendo, sino con los dibujos manga y las historias del gato-robot *Doraemon,* un poco raro porque le tiene miedo a los ratones.

Pegado a la pantalla por ese animal supersónico, con capacidad para teletransportarse, le sedujo la irreverencia iconoclasta de sus maullidos, tan estridentes como taladradores, tan raros como su miedo a los ratones. «Si no lo intentas no sabrás la respuesta», animó el gato cósmico a Nobita, su mejor amigo. Añade Marc: «Me gustaba esta serie porque rompía con las normas». (Los dibujos de *Detective Conan,* de Gosho Aoyama, y de *Transformers,* de Hasbro, acabarían formando en él una imagen del universo desacomplejada.)

La otra influencia, además de *Sims* y *Doraemon,* proviene de *Rimas y Leyendas,* de Gustavo Adolfo Bécquer: «Al brillar un relámpago nacemos / y aún dura su fulgor cuando morimos: / ¡tan corto es el vivir!» (poema LXIX).

«Leyendo estos textos me di cuenta de que podía escribir sobre terror o bien sobre cosas siniestras, algo lúgubre», se interroga el autor. Le salieron las 328 palabras de *La maldición de Daniel:* «Después de muchas reformas el castillo de Daniel fue rehabilitado. Los nuevos inquilinos no saben nada, no esperan nada, ni tienen... un buen cazafantasmas».

«El Equipo Tigre está compuesto por tres atrevidos jóvenes a los que les encanta hacer de detectives: la entusiasta Biggi; Luc, intelectual, amigo de lo riguroso y de la técnica, y Patrick, atleta», describe Ediciones SM (Sociedad de María) a los protagonistas de la colección de literatura infantil y juvenil de Thomas Brezina que tantos beneficios le ha reportado, y tantas segundas partes*: En la costa de los huesos; La máscara que escupía fuego; Conspiración en la Piedra del Infierno...* En estas entregas halló Marc Ramos un tesoro igual que el que se esconde en los Montes Cercanos, en cuyas faldas se levanta la ciudad de Forbbings, donde transcurre la acción de *El misterio del Bosque Gris.* «Me tragaba las pesquisas de estos chicos de El Equipo Tigre que resolvían misterios», explica, y añade: «*Pesadillas,* de R. L. Stine, y *Las aventuras de Mighty Max,* de Mark Zaslove y Rob Hudnut, también me ayudaron a desarrollar la creatividad».

Luego, con el inicio del milenio, Marc volaría en la escoba de Harry Potter, aprendiz de mago en el Colegio Hogwarts de Magia y Hechicería, con esta divisa: *Draco dormiens nunquam titillandus* (Nunca le hagas cosquillas a un dragón dormido).

Marc se zampó todas las novedades, indispensables en su biblioteca: *Harry Potter y la piedra filosofal; Harry Potter y la cámara secreta; Harry Potter y el prisionero de Azkaban...*

«Llegué por casualidad a *Harry Potter.* Compré el primer libro, me enganché, y seguí leyendo hasta el final, así de simple», admite.

Sims, de Maxis+*Doraemon,* de Fujiko F. Fujio+*Rimas* y *Leyendas,* de Gustavo Adolfo Bécquer+El Equipo Tigre, de Thomas Brezina+*Harry Potter,* de J. K. Rowling=*El misterio del Bosque Gris,* de Marc Ramos.

Las matemáticas son buenas para las letras.

CXXXIV

Entrevista con María José Ramos,
autora de *Ya estamos solos mi corazón y el mar*

LOS NADIE

La llamó por teléfono. Solícita y encarecidamente, la animó: «Tienes que venir». El gobernante del barcelonés Hotel Majestic *(«Hotel & spa»)*, exalumno, la acompañó el día de autos. La habitación 214 ha cambiado los colores, los cuadros, las frivolidades. Entró. Miró. Tocó. *Decir, hacer, tocar…* Respetó cada uno de sus ángulos, y por cada una de las paredes pasó su delicada mano. En la habitación 214 del Majestic se refugió de la guerra Antonio Machado, el poeta.

Sin afectaciones ni randas ni protocolos, visitó el lugar la filóloga María José Ramos (Barcelona, 1970), autora de la biografía novelada y machadiana *Ya estamos solos mi corazón y el mar* (Ediciones Carena, 2017), por uno de los versos de *Campos de Castilla*. Profesora de Lengua y Literatura del colegio de secundaria Sant Antoni Maria Claret, María José Ramos homenajea al escritor sevillano con once cuentos «sencillos», inspirados en los retazos de los últimos años de quien fuera mentor y padre del verbo más sobrio de su tierra.

Salió al balcón. Acarició la barandilla como si estuviera en un besamanos. Tabiques sólidos. Otras puertas para la misma luz. Ahí mismo se habría sentado, consternado, rendido, puede ser que con el velo aún de su amor perdido, su Leonor.

De esta comprobación saldría «Damiana», uno de los capítulos más entrañables de la primera obra publicada de María José Ramos, filóloga de vocación y pasión.

Cubierta de amapolas, sufrida, voluntariosa, ella detiene el tiempo frente a un té Therbal con limón, en el café Miranda, en el barrio de La Gavarra, en Cornellà de Llobregat (Barcelona).

«Descubrí a Machado cuando tenía nueve años, en tercero de EGB. Me mandaron hacer una biografía y yo fui por primera vez a una biblioteca [Biblioteca Popular Joan Maragall] que ya no existe, y era la primera vez que consultaba una enciclopedia. Me acompañaba mi abuelo Feliciano, y copié los versos de aquel poema: "Mi infancia son recuerdos de un patio de Sevilla"», se emociona. Era 1979. Automáticamente se desprendió de ese acto una catarata de hechos y «declaraciones concordantes y encadenadas» que ocupan una vida: se entusiasmó con sus profesoras «fundamentales», Umbelina Perdomo y Teresa García Maldonado; quiso ser escritora como la hija de Margaret, en *Mujercitas;* leyó sin orden ni concierto los amores de los rusos y las aventuras de los niños y los secretos de los mapas, dejándose llevar por la sutileza de los títulos y su fragancia; con la Asociación Antonio Machado de Cornellà, se fue de peregrinaje a Collioure (Francia), donde descansa el hombre bueno; a su madre, de Salamanca, le regaló un ejemplar del sereno *Campos de Castilla: «Tu voluntad se hizo, Señor, contra la mía. / Señor, ya estamos solos mi corazón y el mar»;* se comprometió con los clubes de lectura y compartió palabras y deseos; se apuntó a los cursos de narrativa l'Escola d'Escriptura de l'Ateneu Barcelonès; escribió «Damiana» y, tres años después, presentó un libro para el que le ha robado horas al sueño y a la familia.

Cuando tuvo en sus manos la primera edición de *Ya estamos solos mi corazón y el mar,* su hijo se acordó de la nota-esquela-perfil que sobre la lexicógrafa María Moliner *(Diccionario de uso del español)* publicó el periodista Gabriel García Márquez en el diario *El País,* en 1981: «Uno de sus hijos [de Moliner], a quien le preguntaron hace poco cuántos hermanos tenía, contestó: "Dos varones, una hembra y el diccionario"».

En este caso, la hija de María José Ramos, Alba, contestaría: «Un varón, una hembra y las historias acerca de don Antonio».

«A fuerza de trabajo ha nacido este texto», le diría la madre a Alba, con cierto temor. «No me atrevía a acercarme al personaje, a Machado, a quien tengo idealizado. Me asustaba el tipo de proyecto. Hay algo de epifanía en todas las cosas.»

¿Quién es Antonio Machado para María José?

«Es la humildad personificada. Su extraordinaria sensibilidad. El talento natural para tejer unos versos transparentes. Siente los sonidos. Y su muerte es trágica: muere con lo puesto, junto a su madre enferma, pero siendo cabal y fiel a su pensamiento.»

La profesora María José Ramos, a quien se le ha expedido uno de los pasaportes machadianos –la ruta por las ciudades vitales del poeta–, se ha documentado rigurosamente sobre los hombres y las mujeres que rodearon su objeto de estudio: Pascual, Brígida, María Teresa…

A todos ellos se debe.

Y hace suyas las palabras de Antonio Machado en el discurso pronunciado en Valencia en la sesión de clausura del Congreso Internacional de Escritores para la Defensa de la Cultura (1937), discurso que llevaba por título «Sobre la defensa y la difusión de la cultura»: «"Nadie es más que nadie", reza un adagio de Castilla. ¡Expresión perfecta de modestia y orgullo!».

Los nadie.

Entrevista con José Renau, autor de *Bosque adentro*

LA INFANCIA

«Nunca me he aburrido. La soledad es algo que no existe para mí. Puede uno vivir alejado de los hombres. La mayoría de la gente no está dotada para la felicidad, se obsesiona, hace una montaña de la soledad. Aunque no tengo vocación de Simeón el Estilita, la busco a veces para dar tiempo y alas al pensamiento. No es verdad que el hombre solo vive en mala compañía. El silencio es lo más rico y necesario de vez en cuando, tanto como el oxígeno. San Juan de la Cruz hablaba de la música callada y de la soledad sonora.»

Música callada y soledad sonora.

El aragonés Antonio García Barón, superviviente del campo de exterminio de Mauthaussen, hace un panegírico de la libertad contemplativa en *El precio del paraíso,* en confesión al reportero y «vagamundos» Manu Leguineche.

José Renau (Barcelona, 1957; «no confundirme con el cartelista valenciano») no ha leído este libro, pero sí que lo ha vivido. Y lo ha catalizado en un poemario que galopa hacia el haiku («maravillas») con la mirada puesta en el Mediterráneo: *Bosque adentro* (Ediciones Carena, 2016).

«Hace unos veinte años que me separé de mi mujer, con la que he tenido dos hijos, y fue entonces cuando tuve necesidad de retornar a aquello que me hacía feliz, retornar a la infancia. Fue un proceso que seguía su curso. Y cuando volví a la infancia fue como si me adentrara en la naturaleza. Porque mi niñez estuvo rodeada de árboles, en el Montseny», revisa José Renau, escueto, discreto, desprovisto de alfajores mentales que le hagan ambicionar lo que ni los demás poseen. «Fue entonces cuando me puse a escribir. Jamás había escrito poesía. Leía mucho, eso sí. Pero nunca había versificado. Y poco a poco fui componiendo.»

En plena crisis existencial y vital, en el marco de la crisis económica y social que todavía da trompazos, José se matriculó en l'Escola d'Escriptura de l'Ateneu Barcelonès, en el curso «Iniciació a la narrativa» *(«Aprendre a treballar amb les eines de l'escriptor: la ment i el llenguatge»)*. Quedó tan satisfecho que se perdió en sus vericuetos y enlazó con los «Poesia I», «Poesia II», «Poesia III»... *(«La poesia: una manera de viure i d'entendre el món»)*.

José se volvió a enamorar. Se volvió a enredar por las trazas de Cupido. Se volvió a las letras, para deconstruir su antiguo mundo y poder levantarlo de nuevo. «De repente, me vi escribiendo poesía amorosa para una amiga... Y descubrí la estructura, las imágenes sensoriales, las figuras del lenguaje...», explica.

Los poemas de amor se combinaban a la perfección con los poemas de dolor shakesperiano.

Por aquel entonces, releyó *Palabras para Julia,* de Goytisolo *(«Tú no puedes volver atrás...»)*.

Y fue dejándose llevar por la corriente de los ríos de la memoria, cuando el oro solo era la hoja de un castaño caída en la batalla del otoño.

«Cuando tenía once años, mi familia y yo nos fuimos a vivir a Sant Cugat del Vallès, a una casa rodeada de naturaleza. Además, mi padre, Xavier, que era abogado y que sentía pasión por la historia, recorría con nosotros los pueblos de la zona... Precisamente, le dio por escribir la genealogía de la familia, y rastreó en parroquias y en registros civiles buscando partidas de nacimiento y otros documentos, hasta remontarse al siglo XI. En una de las aldeas del Montseny en las que, al parecer, vivieron algunos de nuestros antepasados, compró un terreno y una casa, que se llamaría Can Renau de la Torre, con un horno de harina casi demolido.»

José Renau, que admiraba a su padre, siguió sus mismos pasos. Se hizo abogado. Cargando con informes, pesquisas y escritos jurídicos tan fríos como el Mar del Norte.

Se había olvidado de quién era. Y de que él mismo viajaba con sus profesores jesuitas de Literatura, en la escuela, cuando alguno de ellos recitaba el *Mio Cid* con voz engolada de barítono: *«Sospiró mio Cid, / ca mucho avié grandes cuidados, / fabló mio Cid / bien e tan mesurado»*.

«Llegué a la poesía por un acto de descubrimiento personal», completa José, y añadimos: «Y de equilibrio».

Bosque adentro, el primer poemario de José Renau, trasciende en muchos sentidos: «Son pequeños versos. Dejo espacio al lector para que, con tan pocas palabras, interprete lo que quiera. Apartar el ego, sacar el yo. Estaré contento si mi sentimiento puede ser universal, y que los demás lo vivan también. Creo que todos somos, en esencia, iguales. En apercibimiento. Que todo es uno. Y la naturaleza es el vehículo de la vida. Y el silencio, la madre del cordero, de todos los corderos: de la música, de la escritura, de la pintura... El silencio como placer exquisito. Mi libro es de silencios, porque se puede estar internamente en silencio aunque haya ruido exterior».

Música callada. Plenitud. Consciencia del momento.

«Para aprender a relativizar, a ver que lo grave es una nimiedad, a saber que lo más importante de la vida es la luz, sus momentos de belleza.»

En esta recomposición interior que inició mediante la palabra escrita el abogado poeta José Renau, rescató una redacción de la escuela, de 1973, que todavía conserva, y que es su propio espejo. Tenía 17 años: «La ciudad inmensa se sumerge lentamente en la oscuridad mientras camino, despacio, hacia mi casa...».

En silencio.

Entrevista con Nidia Rendón Molina,
autora de *La compradora de sueños*

MÁS ALLÁ DE UNO

«Le gustaba pintarse las uñas de rojo…»

Es este el inicio de una novela liberadora, enterradora, extraña. Porque aún no está escrita.

Como el *Discurso fúnebre* de Pericles *(«los hombres a quienes estamos sepultando han recibido ya nuestro homenaje»),* esta frase de uñas pintadas es la primera oración de la futura obra de Nidia Rendón Molina (Sevilla, Colombia, no me dice los años). Frase de una futura segunda novela, porque de la que hablaremos ahora es de la publicación de la primera: *La compradora de sueños* (Ediciones Carena, 2016), que transcurre en un pueblo cafetero donde la bondad y la alegría no se pueden comprar.

Nidia es una chica alegre, dinámica, anárquicamente singular («tengo los pies en el suelo, soy muy de tierra aunque parezca lo contrario»). Secretaria judicial, letrada de la administración de Justicia («la mano derecha del juez o de la jueza, quien impulsa los procedimientos»). Hace unos meses, acompañó al médico forense para el levantamiento de un cadáver: una chica atractiva con las uñas largas y cuidadas, esmaltadas y barnizadas, opalescentes y occisas.

Pintadas de rojo.

Su segunda novela empezará así:

«Le gustaba pintarse las uñas de rojo…»

Nidia es una niña inquieta y curiosa que juega a ser mayor. Nidia predice el futuro, aunque resulte pretenciosa esta afirmación. Ella utiliza otros términos: «Me proyecto en el futuro, me veo, y se cumple, jajajá». Se ríe. No es una niña, es una gaviota preñada, interiormente, robustamente, inmensamente.

Todo lo que es ya sabía que iba a ser. Sueña despierta, meditabunda, cabal. Y esos sueños «irrealizables» se sueñan tanto que en lugar de desgastarse, florecen, como primaveras elevadas a las que se sube en ascensor. «No sé, solo es cuestión de fijar la atención, de marcarse un objetivo, y se cumple», resuena Nidia, en el punto medio de la carne loca y la carne reposada.

Dibuja en su cabeza con tinta roja.

Y esos bocetos los verbaliza.

Se hacen realidad.

Cobran vida.

Todo lo que es ya lo sabía. «Quería tener un niño, y bueno, tengo a mi Sebastián [Barcelona, 1998], un muchacho que quiere ser médico», inicia el relato de su vida, una historia personal.

Todo lo que es ya lo sabía. «Lo que tenía ante mis ojos me quedaba pequeño, y como me quedaba pequeño empecé a soñar con un viaje en el que cruzaba el océano. Puse las herramientas y el sueño despertó como de una manera mágica», sonríe, con esa danza de letras que sus dientes blancos ensamblan en la cadena abierta, naval, rotativa de la boca. «Y me becaron para estudiar en la Universidad de Navarra, en Pamplona. A mediados de los ochenta, me instalaría en Barcelona, en el cuarto segunda de Peu de la Creu, 13, en el Raval.»

Subía los ochenta escalones para llegar a su palacio de ensueño, una cajita de cerillas que para ella significaba paz, hacienda y fertilidad. Por allí sigue ella, no muy lejos…

Todo lo que es ya lo sabía. «Mis amigas sabían que algún día escribiría, ellas ya me veían cómo era yo realmente, y yo no me había dado cuenta porque siempre iba corriendo y no me había parado a ver de verdad. Y resulta que me quedé en paro, en el 2011. Y fue una oportunidad porque como no me daba la gana de sentirme mal, me puse a escribir. Y escribía y nadaba y quedaba con las amigas, estaba más con mi hijo… Y escribía, y todo fluía. Y cuando acabé, lloré, porque me tuve que despedir de mis personajes», carcajea con ganas, ataviada con las galanuras de un amanecer seductor. «Escribí *La compradora de sueños,* y en el fondo es un homenaje a mi abuela Lola, mujer sabia y especial que interpretaba los sueños. Yo soy como ella, estoy tranquila. Para estar tranquila he de estar bien conmigo misma. Para estar bien conmigo misma he de liberarme de cosas, más allá de uno. Hice efectivo el desapego. En el ser humano hay algo agazapado, que se queda dentro, y la vida te da la luz para encontrarlo.»

Nidia Rendón, autora de *La compradora de sueños,* ya lo sabe todo. Se adapta fácilmente. Recibe y da. Nunca hizo yoga ni qigong ni pilates. Tampoco sabe lo que son, pese a saberlo todo.

«La vida es muy fácil.»

Libre como las velas, como el nirvana.

«Yo lo sé antes. Lo veo antes.»

Ve que a una mujer con las uñas rojas la acuchillaron porque era demasiado bonita.

ENTREVISTA CON GUSTAVO RIFFO C., AUTOR DE *INQUISICIÓN Y LIBERTAD*

EL FUEGO

El poder transformador de las ideas, de las ideas interesantes, es el poder transformador de la razón, de su extensión léxica: el *raciocinio*.

El hombre (y la mujer) es el ser racional por antonomasia, a pesar de que lo pongan en duda Fat Man, My Lai y Ceaușescu.

En el ensayo *Inquisición y libertad* (Ediciones Carena, 2019), el biólogo Gustavo Riffo C. (Santiago de Chile, 1960), da cuenta de la «evolución metafísica humana». A este humanista le influenció el ecologismo de Jacques-Yves Cousteau *(The silent world),* la filosofía oriental del Tao y el *new age*.

Todo ocurrió en una negra noche de carbón.

La noche le dio al novelista Edgar Allan Poe *(La máscara de la Muerte Roja)* un poema corvino de cortas alas: *«Una vez, al filo de una lúgubre media noche, mientras débil y cansado, en tristes reflexiones embebido…».*

La noche le dio a Mahoma una revelación, recluido en la cueva de Hira.

La noche supuso para el compositor Händel la resurrección, *El Mesías*.

«Creo recordar que por la noche el pájaro blanco echó a volar», canta Jesús de la Rosa en Triana *(El lago).*

Todo ocurrió en una negra noche de carbón.

«Desperté de forma súbita a medianoche en un estado de gran alerta, como si algo hubiese cambiado de manera imprevista. Percibí el espacio a mi alrededor y todo estaba silencioso y tranquilo, cuando entonces descubrí que el cambio se había producido dentro de mí», deja constancia Gustavo en el capítulo «El origen».

Años después de esta confesión, más relajado, retomaría ese momento trascendental: «No dormí en casi toda la noche. Me levanté. Me senté. Cerré los ojos. Veía las ideas ante mí dando vueltas en un torrente de energía mental. Las visualizaba. Quizás era un estadio de conciencia involucionada, pero inteligente».

En esa noche, algo se posó, reposó y aminoró: «Recuerdo que estaba en un estado de ansiedad, de exaltación. No era nada malo. Era sorpresa, no alegría. Supongo que respondía a la búsqueda interior. Y aquella noche, todo cristalizó».

A la mañana siguiente, Gustavo se puso a escribir como un loco que le quitara el seguro a una granada, conteniendo la respiración. No paró de escribir hasta pasados cinco años.

Aquí sus apuntes ordenados, «la estructura básica de lo que parece ser un ensayo». Va de la barbarie a lo excelso, de lo execrable a lo maravilloso, de atrás adelante:

«Mi tesis es que existen tres variedades evolutivas, tres fuerzas transformadoras: 1. animal, correspondiente al "animal racional", el ser humano primitivo, reactivo, tribal; 2. racional, correspondiente al "hombre común", el hombre civilizado, y 3. espiritual, correspondiente al "hombre espiritualmente despierto", los místicos, los más iluminados, los que tienen luz.»

De estas notas se desprende que el hombre puede generar cambios de conciencia y pasar de ser un mafioso como John Gotti o un dictador como Mussolini a ser un discípulo de Buda. De esta manera, este mafioso reconvertido alcanzaría el núcleo de «vida y conciencia interior», que tiene tres atributos: voluntad (dar lo mejor de uno mismo), amor (sacrificio por el prójimo) e inteligencia pura (intuitiva, tipo Einstein).

Venimos del mono, somos polvo y aire y materia, y vamos, vamos, vamos...

«Cuando hay un despertar espiritual, accedes a la potencia creadora, vamos a la luz», pontifica Gustavo Riffo C. en *Inquisición y libertad*. Así, si has sufrido abusos, los superarás; si has sufrido menosprecio, te liberarás de él; si te has caído, te levantarás.

Todo comenzó en una noche de lluvia fina.

Una noche de hace muchas noches.

«El hombre descubrió el fuego, el crepitar de los leños, y a partir de ahí todo fue diferente.»

Se hizo la luz.

ENTREVISTA CON JAVIER RODRÍGUEZ-REY ORTIZ DE ZÁRATE,
AUTOR DE *LAS MIL Y UNA LETRAS*

HISTORIA DE UNA SALVACIÓN

Ni el Selincro ni el Naltrexona ni las clínicas en las que «te protocolizan». Tampoco el cuento ha salvado a Javier Rodríguez-Rey Ortiz de Zárate (Barcelona, 1961): «La literatura no me sacó de las adicciones. De las adicciones solo se sale haciendo un tratamiento adecuado. En mi caso, y al contrario que otros ilustres predecesores, como [Edgar Allan] Poe, [Raymond] Carver y [Charles] Baudelaire, yo fui incapaz de escribir hasta que no estuve sobrio. El tratamiento me sanó el cuerpo, la terapia Gestalt me sanó las emociones y la escritura me puso en contacto con el espíritu, con esa conexión especial que te da la inspiración».

Alcohólico rehabilitado, Javier Rodríguez-Rey se matriculó en l'Escola d'Escriptura de l'Ateneu Barcelonès, en el 2002.

Formaba parte de su «proceso de creación personal», última fase de la curación. En una de las sesiones de tarde, la bendita, babilónica y bienaventurada Teresa Martín Taffarel le leyó un relato corto del sublime Julio Cortázar: *Continuidad de los parques* (1964), juego de cajas chinas: «*Había empezado a leer la novela unos días antes. La abandonó por negocios urgentes...*».

El cuento le amarró, le puso la soga al cuello, le envolvió como una manta azul y como una nube corrosiva compuesta de ácido nítrico, cloruro y sulfuro férrico. Nube irritante. Pero nube buena.

«Anteriormente, las experiencias que había tenido con el cuento habían sido frustrantes», revela Javier, académico de la lengua sin haber obtenido nombramiento oficial (numerario, honorario y vicario por su buen uso), con la coleta de Pablo Iglesias (Podemos) y la blasfema osadía de los Sex Pistols *(God Save the Queen);* su hermana, vocalista de Los Amantes de María (posteriormente, Los Pulques). «Frustrante, porque un amigo me dijo que leyera un libro fabuloso, extraordinario, maravilloso. Se trataba de *El jardín de senderos que se bifurcan,* de Jorge Luis Borges ["concepto leibniziano de la existencia simultánea de varios mundos disjuntos"]. Y no entendí nada.»

De *El jardín…:* «En la página 242 de la *Historia de la Guerra Europea,* de Lidell Hart, se lee que una ofensiva de trece divisiones británicas (apoyadas por mil cuatrocientas piezas de artillería) contra la línea Serre-Montauban había sido planeada para el 24 de julio de 1916 y debió postergarse hasta la mañana del día 29…».

El alumno Javier, restablecido, lánguido (secuelas de su afición por la poesía) y con ganas de aprender, se apegó a la cuentista Teresa Martín Taffarel, y aún no la ha soltado. «De Teresa aprendí la técnica específica del cuento, que tiene que ver con la síntesis», especifica.

«Con ella supe realmente lo que era la estructura de una narración, la diferencia entre estilo indirecto y directo, el punto de vista y los tiempos verbales…», reconoce quien hasta entonces solo poseía una «visión intuitiva de la literatura». «Me puse a trabajar en el cuento, y me quedé con lo estricto, con las ideas, la condensación.»

Dicho y hecho. En el 2002, en el metro, vio algo más que ciudadanos estresados enfebrecidos por llegar pronto cuando llegan tarde. Vio historias, las enhebró, las vertebró. Vio «cosas mágicas» en lo que antes definía como meras «casualidades».

«Hablaba de lo que conocía. No sé, escribía con el alma, en conexión conmigo, desde lo verdadero. Y bueno, salían solos los cuentos», siente.

En el 2013, los cuentecitos que había ido elaborando los volcó en una tripa de intestinos gruesos: el libro *Las mil y una letras* (Ediciones Carena,

2014), versión contemporánea de *Las mil y una noches,* recopilación de los clásicos de Oriente.

De *Las mil y una noches* («Historia del rey Schahriar y de su hermano el rey Schahzaman»): *«Cuéntase —pero Alá es más sabio, más prudente, más poderoso y más benéfico— que, en lo que transcurrió en la antigüedad del tiempo y en lo pasado de la edad, hubo un rey entre los reyes de Sassan, en las islas de la India y de la China…».*

Contemporánea la versión de Javier: un hombre a punto de que le echen de casa negocia con el banco el pago de la deuda. Como su economía ha quebrado, les propone pagar con cuentos.

De *Las mil y una letras: «Entiéndame, yo de cuentas, ni pum…».*

La escritura no es solo terapéutica y te salva de las adicciones.

También para desahucios.

CXXXIX

Entrevista con Muakuku Rondo Igambo,
autor de *Crisis y capitalismo en el tercer mundo*

«ES LA ECONOMÍA, ESTÚPIDO»

«Es la economía, estúpido.»

Esta frase, ideada por James Carville, el estratega de las campañas de los demócratas, jamás la llegó a pronunciar el expresidente Bill Clinton, al menos, delante de la camarilla de salón de los altos cargos. Quien la podría decir a menudo es Muakuku Rondo Igambo (Punta Mbonda-Bata, Guinea Ecuatorial, 1956), gurú de las finanzas desaprovechado por los prelados del Ministerio de Economía a quienes dejó en la estacada el exministro Pedro Solbes. Licenciado en Económicas por la Universidad Complutense de Madrid, en la Universidad Nacional de Educación a Distancia imparte clases sobre contabilidad de costes, es decir, «determinar los márgenes de producción de un negocio», en definitiva, cuánto cuesta emprender una actividad laboral. Como es natural, sus alumnos se aburren mucho en las clases, ya sea en el campus virtual o en las siestas de tarde frente a la pizarra garabateada con números díscolos, transacciones de quebradas y caricaturas de tantos por ciento. «Es la economía, estúpidos.»

Muakuku, quien reside en Barcelona, publica *Crisis y capitalismo en el tercer mundo* (Ediciones Carena, 2009), sabiendo que no le gusta hablar de «tercer mundo» («África a secas») ni de capitalismo («relaciones de producción»).

Lo de la crisis es inevitable en la garita del poder: «Algún día la crisis acabará, el problema no es cuándo, sino qué haremos a partir de entonces, qué modelo se impondrá».

Este reportero le hace cuatro preguntas sobre los problemas de las líneas de crédito *subprime,* las dependencias hipotecarias y los intereses bajos, y Muakuku, rubicundo, de negro hulla («los negros no tenemos que ir a la playa para tomar el sol»), convencido hasta la médula, docto como Adriano, con una ironía apopléjica a prueba de bombas de trilita, responde sobre intereses altos, riesgos de pagos y acreedores del bien gravado, que a mí me suena a la parábola del buen samaritano. Desde luego, yo soy estúpido.

Reportero Jesús.—A su juicio, ¿qué originó esta crisis [2008], que comenzó como un «desaceleramiento»?

Muakuku Rondo Igambo.—Hemos de hablar de un agotamiento del modelo. El sistema capitalista está configurado por las burbujas financieras. Para que se sostenga la burbuja hay que alimentarla con dinero. Llega un momento en el que cuando no hay una nueva burbuja que sustituya la anterior, se acaba el modelo, y, entonces, es cuando estalla la crisis.

R. J.—¿Qué solución propone usted, vistos los magros resultados de los estímulos fiscales propuestos por el Gobierno?

M. R. I.—Uno de los problemas de la economía es que no hay soluciones mágicas. En el mundo de la economía, repito, en el mundo de la economía habría que consolidar el modelo capitalista, sí, porque es el que mejor genera productos. Pero debería ponerse al servicio de las personas. Yo estoy más próximo a Keynes: conseguir un equilibrio entre el libre mercado y el Estado, pensando en la sociedad.

R. J.—¿El Estado del bienestar corre riesgo de que se desmantele?

M. R. I.—El Estado no ha de cubrir la miseria de ciertas personas. Las personas se deben sentir realizadas cuando ellas mismas logran frutos por su propio esfuerzo, por su emprendeduría. El Estado del bienestar es para quien no puede valerse, no para quienes pueden crear riqueza. En España pasa eso. Yo habría eliminado mucho antes las ayudas de cuatrocientos euros. Hay que crear espacios de trabajo, áreas de producción, no una bolsa de ayuda permanente.

R. J.—Así, no habría corrido al rescate del sistema bancario.

M. R. I.—Era necesario, creo, pero se tendría que haber regulado la ayuda, e inyectado una proporción similar de dinero al pequeño y mediano empresario. El dinero que se ha metido en los bancos ha servido para tapar los agujeros de su mala gestión, no para dinamizar la economía.

A Muakuku Rondo le ha afectado la crisis, menos que a un operario de la Nissan pero más que a un accionista del BBVA. Su «chiringuito», relacionado con la construcción, ha disminuido las demandas, con lo que los ingresos han bajado. «Esto empeorará aún más, porque como en España no se ha invertido en investigación y desarrollo, por ejemplo, no se ha creado un sector fuerte que absorba el paro procedente de la construcción, que ya no va a reflotar más.»

Cuando le hago entender que es un empresario, él se defiende con esta realidad: «Yo vengo de la selva».

Cuando le hago notar que tiene dos teléfonos móviles, él saca a relucir su moralidad dinástica.

Cuando le pido la opinión sobre el triunfo del senador Barack Obama en Estados Unidos, él entierra el discurso de la intransigencia de los gobernadores globales.

La vida del economista Muakuku empezó como un chiste que no tiene gracia.

Eran dos hombres, uno de ellos tocaba la guitarra y el otro iba con un fusil de asalto. El hombre que tocaba la guitarra y que silbaba canciones hacía reír a los niños de las casas vecinas, quienes bailaban al son de la música. El hombre con el fusil de asalto se enfadó, llamó a la puerta del hombre que tocaba la guitarra, entró en su casa y le pidió que dejara de tocar aquel instrumento, porque estaba consiguiendo que los niños fueran felices. El hombre que tocaba la guitarra dijo que eso era lo que quería, y siguió tocando. El hombre con el fusil de asalto le mató allí mismo. Los niños lloraron.

El hombre que tocaba la guitarra era el hermano de Muakuku, uno de sus siete hermanos, que nacieron, como él, en los bosques de okumu de Guinea Ecuatorial, en el poblado costero de Punta Mbonda, localidad tan pequeña como un abrevadero, con unos setenta habitantes dedicados a la pesca («Guinea es pequeña en todos los sentidos»).

El hombre con el fusil de asalto, seguramente, murió a su vez en una purga de Teodoro Obiang, el dictador del país, quien había prohibido las reuniones entre dos o más personas para evitar que sospecharan de él y descubrieran que le gustaba beber sangre. En 1979, Obiang, antiguo alcaide de la prisión Black Beach, mató a su tío Francisco Macías, quien a su vez había matado al líder de la oposición, Bonifacio Ondó, quien a su vez...

Por ello, Muakuku dejó de creer en Añambe, el «Dios para todas las cosas», que no un Dios sin rostro, como el nuestro («¿dónde está vuestro cielo, por debajo o por encima de los aviones?»). «Añambe no es un ser superior, son los antepasados, los padres, lo inmediato, el cosmos», reza este gorila de las montañas, prudente, resabiado, cautivo de la «democracia» de su país, en el que dobla la vara «un señor que lleva muchísimo tiempo en la butaca».

Cuando mataron al hombre que tocaba la guitarra, sus hermanos se asustaron y huyeron a la vecina Camerún, en la que aún se podían rasgar las cuerdas. «Para el régimen de Macías Nguema, éramos los *fugados sin motivo*. La situación era insostenible. Había que vivirlo para comprenderlo.»

En Douala, en Camerún, Muakuku se enroló en un pesquero de Huelva que faenaba en los caladeros de marisco del Golfo de Guinea. Soltaba las redes, baldeaba la cubierta y ordenaba en cajas, por tamaños, los cócteles de gambas. Desde entonces, prefiere los ravioli a los crustáceos.

Muakuku Rondo, autor de *Crisis y capitalismo en el tercer mundo,* es de la etnia ndowe, con ramificaciones en Camerún, Gabón y Angola. Su amigo Inongo-vi-Makomè, autor de *Akono y Belinga,* es de la etnia de los batanga. Por lo tanto, son primos. Como buen ndowe, el pasado 3 de octubre, en una fiesta africana celebrada en Barcelona, vio a las mujeres de su casa bailar el ivanga, «un misterio de mujeres que no controlan los hombres», el baile regional nocturno que solo conocen «las hembras», en el que se festeja un acontecimiento alegre.

Lo más importante del libro *Crisis y capitalismo en el tercer mundo,* la síntesis de la estructura en la que se basan las relaciones humanas desde la edad del trueque, es la dedicatoria, que no entienden los estúpidos economicistas de la hacienda pública, avejarrucos en la inopia, por mucho que la lean y la relean: «A mis hijas, Melango e Igambo, por todo».

CXL

DE LA ENTREVISTA CON HÉCTOR ROSALES, PARA *LOS ÁRBOLES SIN BOSQUE*

BANDO

Por la presente, las fuerzas literarias de Uruguay se levantan en armas, al grito de *Los árboles sin bosque* (Ediciones Carena, 2010), hilo de uno de los versos de Roberto Juarroz, prologuista sin pretensiones: «Un árbol es el bosque. / Pero para eso hace falta / que un hombre sea todos los hombres. / O ninguno».

Acaudillados por la revista *Malabia* (www.revistamalabia.com), bajo la supervisión del lugarteniente José Membrive, comandante de Ediciones Carena, las huestes literarias del país de los Escritores Conmovidos (Uruguay) han recogido «raíces, hojas y vientos en las letras de diversos autores contemporáneos».

A las cero horas del veintiuno de octubre del dos mil diez, se ha dado orden a los soldados que integran esta misión de paz octaviana para que engrasen y amartillen las pistolas, preparados para la batalla de los páramos fecundos de los que nacen el limo de las prolíficas carreras novelísticas.

Esta Junta Poética, formada por los desenvueltos guerrilleros de la pluma, ha llamado a filas a los jóvenes corazones del Destino Incierto, que han mostrado a sus hijos los versos de cabo roto. Esta Junta Poética ha llamado a filas a los siguientes camaradas:

· Machado, Germán, que se ha de presentar con su «pensamiento lúcido».

· Ojeda, Álvaro, «viajero imposible de sustancias», para que ahuyente los chubascos.

· Casal, Selva, para que indague la luna, «si pudiera tener la inocencia de los animales».

· Fontana, Hugo, dispuesto al «sacrificio de la mano derecha».

· Miranda, Álvaro, atento al «silencio detrás de la ventana contemplando el mundo».

· Maia, Circe, firme la sonrisa «floja», la voz «indiferente», la mirada «neutra».

· Nogara, Federico, breado en el «duro oficio de vivir».

· Berenguer, Amanda, fallecida en Montevideo a los 89 años de edad: se le informa que ha de sacudir «las telarañas del cielo».

· Etchemendi, Javier, en el «umbral de la Gran Revelación».

· Oroño, Tatiana, disciplinada por las «costumbres ciegas».

· Guerra, Silvia, «en la mañana azul, la blanca brisa y el perverso anhelo».

· Courtoisie, Rafael, «es un martillo, y una cuchara y un punzón».

· Migdal, Alicia, *in pectore:* «aquí estamos, con todos los muertos detrás y los vivos olvidados que se están muriendo por el olvido».

· Nigro, Mariella, vestida «sin costuras, rostro sin ojos».

· Rosales, Héctor, ese *rojo,* «como la memoria de la ceniza que será esparcida». Dotado de arsenal clandestino (una Olivetti Studio y una Erika Portátil de 1927), anuncia a los cuatro vientos su causa: «Lo más importante de mis escritos es la verosimilitud». Coordina la antología *Los árboles sin bosque.*

· Bacci, Enrique, fragmentado, como en una bomba margarita, de sueños que habitan en el hombre.

· Trujillo, Henry, «para que la memoria se aclare y alumbre».

· Peri Rossi, Cristina, la voz del hambre y la conciencia: «el exilio es comer moral, compañero».

· Genta, Roberto, enemigo de Dios «entre píldoras y viento».

· Fressia, Alfredo, en «la hora amarilla de los lobos».

· Guariglia, Melba, «como si un ángel se hubiera posado en la boca».

· Bravo, Luis, «el silencio infinito que habla».

Sospechosos de librepensamiento, estos elementos contribuirán con su sangre a la salvación de la literatura, aspirando a un mundo mejor y más humano: «El alma, el espíritu, son mecanismos interiores complejos que nos mueven como un siglo».

Esta Junta Poética se remonta a los inicios de la revista virtual *Malabia* para defender una idea: «La cultura atañe a nuestra esencia, a nuestra identidad; se construye de manera retrospectiva (no podemos saber quiénes somos si no sabemos de dónde venimos). La cultura tiende al mestizaje, su misión es contribuir al pensamiento, al crecimiento personal (por lo tanto, debe ser sutil y de calidad), y su objetivo último siempre tiende a lo social».

Esta Junta Poética impone el Estado de Excepción Lírico, que se hará efectivo a partir de las doce a. m. de este lunes, que *Los árboles sin bosque* rija los destinos de la nación: «La obra contiene un conjunto de textos con diversos estilos y temas, unidos por un tono de fondo que identifica el origen cultural de los escritores, la seriedad de su labor y, a la postre, el carácter universal de sus propuestas, creadas —en su mayoría— desde la capital más al sur del planeta».

Esta Junta Poética, consciente de que las propuestas van a durar por la pura sinceridad de sus autores, apuesta directamente por la calidad, evitando el casillero generacional o político-militar de cada uno de sus miembros.

Focalizando en el corazón de los poemas la Revolución de los Oprimidos por el Desafecto, la revista *Malabia,* germen y elemento potenciador,

SOSTIENE

Que *Los árboles sin bosque* presenta por primera vez al exterior la columna vertebral de la Generación del Silencio.

Que *Los árboles sin bosque* contiene a la autora más leída de Uruguay, Cristina Peri Rossi.

Que *Los árboles sin bosque* lucha en el siguiente blog: http://losarbolessin-bosque.blogspot.com

Conminamos su lectura, bajo pena de arresto domiciliario. Este Bando deberá ser colgado en los escaparates de la ambigüedad, así como en todas las plazas públicas.

En Barcelona, a quince de noviembre del dos mil diez.

La Junta Poética

Entrevista con Antoni Rovira Barquet, autor de *Amor a la tardor*

BUEN AMOR

¿Cómo se viene el amor? ¿Cómo el amor se sobrelleva? ¿Cómo el amor es suficiente, reparador, embriagador? ¿Cómo se aplaca el odio malnacido? ¿Cómo arrambla con todo, hasta con la desazón? ¿Cómo sana el amor?

Las martirizantes preguntas que se hizo el primer neolítico, y su mujer, adquieren con el paso del tiempo doble nacionalidad: las del que las formula y las de quien las contesta. Ellas mismas se acordonan, se entienden y se disparan, acercándose a un punto de comprensión superior en el que la lógica no interviene. En el amor la locura prevalece.

Con tintes biográficos, Antoni Rovira Barquet (Barcelona, 1932) ha publicado *Amor a la tardor* (Ediciones Carena, 2016), dos historias paralelas, independientes entre sí, que acaban cruzándose al final, como dos dardos lanzados contra sí por las dos bocas de una misma cerbatana. El 11 de mayo del 2017, Antoni Rovira y su señora, Maria Teresa, cumplen 60 años de casados.

Nació, y en el momento de nacer, la madre de Antoni falleció. En el año bisiesto de 1932. «Nunca me han gustado los años bisiestos, por eso, adiós, 2016, apa», le despide, sin miedo. Antoni nació en la Creu Coberta, la calle que daba entrada al pueblo de Sants. Le crió su abuela, a él y a su hermana mayor, aún viva. Luego le cayó encima una guerra, de la que guarda la memoria de los cristales rotos y de las tiras de celo en los cristales, para que no se rompieran, y guarda en la caja de los recuerdos acristalados la imagen despanzurrada de los bombardeos en la Nit de Sant Joan de 1938, en la que corrieron al metro de Hostafrancs, como el resto del vecindario, despavorido; su abuela siempre se metía con los pequeños entre dos colchones, pero esta vez hizo caso al padre, y se perdieron en la oscuridad del refugio metropolitano. Al exilio, en Palau-del-Vidre (Francia), se marchó Antoni, y de allí volvió al cabo de pocos meses, siendo todavía un niño, pero con la mochila de un idioma nuevo que todavía chapurrea y unas ganas locas de aprender cosas buenas, útiles, provechosas. Se sacó los estudios para ser, como su padre, maestro de escuela. Lo que jamás se habría imaginado es que daría clases de álgebra, lengua y naturales a los niños del cole del que su padre fue director, en l'Escola Francesc Macià, en L'Hospitalet de Llobregat, Colegio José Calvo Sotelo durante la dictadura.

Por esas fechas, en los cincuenta, Antoni Rovira se cruzó con una chica hermosa que bajaba a la misma estación de metro, la del refugio de la guerra, camino de la fábrica, del taller, de la campana. Ella se parecía a la niña de las novelas de L. M. Montgomery, rosa, menuda y perspicaz. En la falda se le había posado un hilo; trabajaba en la casa de cosméticos Henry Colomer, en la calle de la Diputació y, por las noches, aprendía corte y confección.

—Disculpi, té un fil a la faldilla

Con esta frase comenzó una relación que duraría un año. Se vieron más veces, paseaban, no se tuteaban, se miraban y ella enrojecía y él la animaba a avanzar y seguir viéndose para seguir gustándose y ser más de lo que eran. Al cabo de unos meses, en una terraza de las Ramblas, se le declaró:

—Vols ser la meva núvia?

Ella volvió a enrojecer y a disimular y siguió sorbiendo el refresco sin darse cuenta de que ya lo había acabado, y el sí-no lo pospuso para después de la fiesta de la Purísima Concepción, aunque ya era un sí. Finalmente, aceptó. Y se casaron el 11 de mayo de 1957, hace sesenta años. Y tuvieron «la canalla».

«En aquesta vida he tingut sort.»

A su familia Antoni le ha dicho que se reserve el sábado siguiente al jueves 11 de mayo del 2017. Irán a comer a un restaurante para celebrar las bodas de diamantes. «Si no teniu res urgent urgent urgent que fer, veniu", els he dit.»

Reportero Jesús.—Quin és el secret?

Antoni Rovira.—Primer de tot, estimar; després, és clar, que t'estimin. I paciència i comprensió.

De la página 137 de la novela *Amor a la tardor:* «És difícil trobar un equilibri, quan no es poden esborrar d'un cop de ploma les pàgines viscudes, però quan l'amor que es creia mort i enterrat es revifa i d'entre les cendres grises beslluma una petita guspira d'una brasa aparentment apagada, però encara viva, aquest es refà i torna a brollar, matant el passat, soterrant-lo en l'oblit, com si aquest mai hagués existit. Les vides dels éssers que s'estimen revifen amb el perdó i l'amor».

Continúa Antoni, levantando la vista de la página: «I quan alguna cosa no va bé, un s'ha de fer una pregunta...».

Mejor lean su obra, *Amor a la tardor.*

El libro del buen amor.

CXLII

Entrevista con Francesc Rovira Llacuna,
autor de *Héroe en la casa de los vientos*

MADAME BUTTERFLY

El caballero Francesc Rovira Llacuna (Sabadell, Barcelona, 1948), oficial de las tramas, se acaba de jubilar de su puesto en «la Caixa». Contable sin ser banquero, auditor sin ser contable y taquillero de los billetes de 50 euros que entran y salen por la ventanilla con la losa de los préstamos. Francesc se jubila con el mismo honor que los laureados con la medalla de la Orden de las Artes y las Letras. Publica *Héroe en la casa de los vientos* (Ediciones Carena, 2009), *thriller* sobre los directivos de la banca, que él ha preparado con la astucia del chef Ferran Adrià: cocción lenta y dispuesto a emular el gran drama que le marcó: *Madame Bovary,* de Flaubert: «Te mantiene en vilo hasta el final». Algo similar a lo que le ocurre cada vez que escucha la ópera *Madame Butterfly,* de Puccini, que la pasión le ahoga y no le deja respirar.

Acto Primero

Un sábado del 2008. Con los reflectores de los ojos aparta la coma que le sobra en la suma de unos números tan complicados como las facturas proforma. Costes, variables, tipos…, infortunios que los humanos han de sufrir para alcanzar la dicha. Los sábados, Francesc no trabaja. Los pasa en casa, cerca de su mujer, Clotilde, y lejos de sus hijos, Francesc y Pere, abogados de pormenores que se desenvuelven con resolución en las miasmas mercantiles. Francesc querría ser el olmo seco de Machado, con la gracia de las ramas reverdecidas. Proceloso en ocasiones, cuando le sobreviene la tormenta, se desespera como el atunero *Alakrana,* y es nervioso y temperamental, y la corpulencia del hombre que en él habita se revuelve y profiere ríos de labia que expresan su enojo. Las más de las veces, callado, silencioso. Es la toscana ramita que los ejércitos de hormigas tanzanas de mandíbulas desgarradoras llevan en andas hasta el altar de la Reina Madre. Tan inofensivo como ellas, y tan ordenado. Los sábados no trabaja, porque es cuando se divierte trabajando. Se encierra en el despacho, en el que resaltan las ediciones de *Las Regentas* (Clarín), *Las fiestas del chivo* (Vargas Llosa) y *Las casas de los espíritus* (Allende), y se transforma en orfebre. Antes de nada, bebe agua ligera «ideal para bebés». Separa, en su mesa de conferencias, el negocio editorial del arte, aunque esto ya lo tiene bastante claro. A continuación, apaga la radio, el calentador, los grillos..., para quedarse solo, y exigirse, como futuro lector de su obra, que aquello que escriba le dé expectativas. Son las once de la noche de un sábado cualquiera. Después, redacta: «*Mientras despedía al taxista, Tomás Quelt sintió una punzada de intranquilidad en la boca del estómago…*».

Cloti, su mujer, de tacones altos, dueña de una zapatería en Sant Boi del Llobregat, le deja hacer, enamorada indistintamente por su pluma como por sus cuartillas en blanco.

Acto Segundo

Cinco horas han pasado desde que ha empezado a hilvanar el argumento de un nuevo libro (el título, al final), y en Francesc ya se adivinan los rasgos peculiares de su propia vida. Francesc entró en «la Caixa» con 20 años, luego de aprobar unas oposiciones terribles, porque incluían cálculo, mecanografía y organización sindical. Pasó por diferentes oficinas, con el traqueteo itinerante de la furgona de Janis Joplin cuando se ponía hasta las cejas de LSD (Sant Quirze del Vallès, Roger de Llúria-Aragó, Diagonal-Bruc…). Después de tantos años de fidelidad, salta a la primera de cambio si se pone en entredicho el sistema bancario: «No me gusta la demagogia. Cuando se dice que los bancos ganan miles de millones mientras hay gente en el mundo que se muere de hambre, se parte de una base falsa: ¿está bien o está mal que una empresa gane mucho dinero, conforme a su volumen de inversión y a su infraestructura?». Si se le sacan a relucir las comisiones, Francesc muerde: «Cualquier servicio tiene un coste. Si el banco no lo cobra, alguien lo paga». Si se le tocan las hipotecas, echa pelotas fuera, solo que estas pelotas son bolas de Drac Zeta: «El negocio de un banco es comprar dinero, comprar ahorro, para después venderlo». Si le mentas la obra social, te sablea con un cuchillo jamonero Ginsu: «La obra social no tiene que ver con el día a día bancario. Es una labor que se lleva a cabo con los beneficios obtenidos, que actualmente son menores, porque a. se dan menos créditos puesto que la prudencia es mayor y b. la morosidad ha aumentado». Si se acusa a los Botines-Ybarras-Usandizagas de colaboración en la crisis económica que ha dejado a los trabajadores desarmados y sin blanca, señala con el dedo a otros: «La causa de la crisis está en que, en un país endeudado como España, el presidente del Banco Central Europeo, Jean-Claude Trichet, subiera el tipo de interés. Y aquí lo que ha hecho el Gobierno no es regalar el dinero. Ha avalado, y ha evitado un pánico colectivo con colas de gente en los bancos para retirar sus fondos».

Francesc Rovira, si escribe, se engancha: su particular metadona.

Han pasado cinco horas (son las cuatro de la madrugada) y ni se ha enterado. «No es un esfuerzo, es diversión.»

Cloti se desespera en la cama, y se revuelve y le da golpecitos a la almohada porque halla lo que no debe, un hueco lastimoso en el centro de la gravedad. Quiere que venga su marido, pero sospecha que se ha hecho a la mar con el embalaje de los pretéritos indefinidos de sus personajes de ficción.

Cuando la mujer oye el chasquido del interruptor de la habitación contigua, y la luz se desprende de la bombilla y ya la casa queda en tinieblas, los latidos más fuertes le devuelven lo que la gramática de la Academia se llevó, a su hombre.

ACTO TERCERO

«Cuento una historia y mis personajes se definen a medida que actúan. Evito las descripciones de Proust que restan dinamismo al relato. Hoy el lector es mucho más impaciente que antes.»

Cuando en las madrugadas de las noches de invierno, este escritor a quien una vez atracaron («como en las películas, entraron en el banco con la cara enmascarada, pistola en mano, y se llevaron los billetes de cien pesetas de la caja fuerte») intenta conciliar el sueño tras largas horas de desenredos literarios en la molleja, las ganas de levantarse y de volver a teclear delante del ordenador se superponen a los sueños dóciles de los abuelitos que durante treinta años han estado extrayendo la pensión por el simple placer de contarla.

Ya estirado, Cloti le achucha, le caza con los pies fríos, le besuquea la mano ardiente de las fábulas, aliviada de que el drama de Cio-Cio-San sea un libreto para cuya ejecución haya que pagar un palco.

Sin embargo, al igual que el Prinkerton de *Madame Butterfly*, Francesc Rovira mantiene un romance con la literatura desde 1996, cuando se apuntó al taller de escritura creativa Fuentetaja: «Yo enviaba por correo postal mis ejercicios y me los devolvían corregidos y con anotaciones de los profesores y de otros alumnos». Rovira siempre creyó que escribir una novela suponía una tarea de cíclopes para la que jamás se vería preparado. Pero se olvidó de que escribir no se ajustaba al verbo adecuado: «componer».

«Al final, compuse *La respuesta está en Orsay* [Altera, 2002], un juego de palabras entre investigadores privados.» El claro predecesor de una obra de altos vuelos como *Héroe en la casa de los vientos*. «En mi última novela he querido explicar cómo las situaciones personales, los problemas de personalidad, influyen a la hora de tomar decisiones, incluso en los puestos de poder.»

Cloti, la mujer de Francesc Rovira, se ha levantado pronto, movida por la apetencia de un buen desayuno. Errada irá si siente celos porque Harold Robbins, Dan Brown, Arthur Golden y otros monstruos de los estantes le hayan robado su relación de pareja. En la cama, su marido pronuncia en secreto su nombre, y con el bisbiseo se retuerce: de tanto que Francesc ama a Cloti, la confunde en sueños.

CXLIII

Entrevista con Miguel Rubio, autor de *Ahora que estamos muertos*

PUTA HEROÍNA

Ahora que estamos muertos vamos a liarnos unos petas, tomarnos unos lingotazos y pillarnos un cebollón. Qué se puede esperar de un librillo con la portada verde del INEM. Qué se puede esperar de un librillo que casca con las letras de Calamaro («alguien fuma en el cajero»), rasgadas ya en la coronilla del primer capítulo, roto por esta frase que yo también siento: «¡Joder, qué puto frío!». La primera novela del extrabajador del albergue de San Isidro de Madrid Miguel Rubio (Madrid, «siempre me quito años. Pongamos casi cuarenta») se titula *Ahora que estamos muertos* (Ediciones Carena, 2009), escrita en el invierno del 2001, y abandonada a la fuerza durante varios años, el tiempo suficiente para que reposara en el cajón, «como el buen vino».

El libro de Rubio trata sobre los indigentes de Madrid, pillaos, chungos, purria, en la cuerda floja de Philippe Petit, el equilibrista del filme *Man on wire*. A quienes no se llevó la puta heroína, les mató las apuestas en el póquer, timbas desquiciadas en las que se ponía sobre el tapete la madre, el piso y la pensión; y a quienes no repudió la familia se los tragó la máquina del limón-cereza-limón.

«Esta es la historia de unos tíos que viven en la calle, es un homenaje a los implicados, es el contacto directo con la miseria.»

El círculo «mágico, negro y duro» de esta novela con vocación de ensayo transcurre en un solo día, como el Boomsday del *Ulises,* de Joyce.

Miguel Rubio se flipó, quería ser músico. Excomponente de Treze («nací un 13 de diciembre»), una cueva pura de rock, como la de Tequila, los Trogloditas y Burning: «Adoro el soul y el *blues,* y el viejo rock. ¡El 21 de julio voy al concierto de los Eagles!». Las dos maquetas que grabó circulan entre los coleguis. «En la novela hay guiños, ellos lo saben.»

Ahora que estamos muertos vamos a contar un cuento.

Alguien fuma en el cajero y sueña que tiene la televisión prendida.

«Al final de una de las presentaciones del libro en Madrid, una mujer se me acercó y me dijo: "Por primera vez me he fijado en la gente que está tirada en la calle".»

Miguel Rubio, licenciado en Ciencias Políticas y en Sociología, es un currele que empezó su historia laboral como Sacarinos: «Con 14 años, me coloqué de botones en una empresa. Les hacía los recados. Luego he sido cartero, diyéi, administrativo..., de todo un poco, macho».

Lector voraz y desordenado de lo que cae en sus manos, siente predilección por la novela negra (Block, Highsmith, McBain, Thompson, Chandler), y aún le ha de dar una patada en los huevos al profesor que le aconsejó a su madre: «Este niño mejor que se ponga a trabajar, no vale». Le den.

Qué triste cuando se apaga la vida durmiendo en la calle.

«Voy al gimnasio y me lío a puñetazos.»

Miguel Rubio, peso medio, practica el boxeo por disciplina: «Es un deporte completo. Los golpes de boxeo salen de los pies». En el ring le pega, le mete la del pulpo, baila el *fox trot.* Cuando descansa, le da vueltas a la chota, hasta que le patina la mandarina y la castaña se le va. Se ralla con la misma mierda de siempre: «En la pobreza hay mucha hipocresía. Nos dan pena los indigentes cuando salen en la tele, pero no les queremos cerca de nuestro portal. Por otro lado, los servicios sociales hacen agua por todas partes. No entiendo que algunos acogidos lleven treinta años viviendo en un albergue.

El efecto perverso de estos centros es que cuanto más tiempo pasas en ellos, más difícil te resulta salir y volver arriba», se desahoga Miguel, rebotado por las injusticias de cada día. «En cierto modo, por eso tenía la inquietud de escribir esta historia».

En un hotel de mil estrellas y con mil recuerdos de única compañía.

«Me descojonaba con las personas sin hogar.»
En el tajo, Miguel y sus compañeros desarrollaron un humor negro delicioso, ideal para combatir las peores situaciones de las que sudaba todo el mundo, e ideal para combatir el puto frío: «Quería escribir la cara oculta de La Movida madrileña, que no era solo el colorín de Almodóvar y sus presentaciones de Pegamoides, sino también Los Chichos, Los Chunguitos y la heroína». El puto caballo: «Lo vi. Hubo una generación entera masacrada».

El mundo está lleno de fantasmas durmiendo en la calle cerca de tu casa.

«A los *sin hogar* se les trata como tontos.»
Se considera Miguel Rubio un tipo con principios, serio y riguroso, exigente consigo mismo. «Les hablo de frente. A los *sin techo,* que antes recibían el nombre de *carrilanos* –los que iban por el carril–, no se les van a acabar los problemas por muchos bocadillos que les repartan. Son personas que sufren una desestructuración interna que requiere respuestas mucho más complejas. Se ha de invertir en medios técnicos, materiales y humanos, capacitar a profesionales para que les hagan ver a muchos que si no están dispuestos a dejar la droga, no podrán salir nunca del hoyo», insiste Miguel, un hombre de la noche con alergia al sol, por el amor que le dispensa a unas gafas de sol con las que pretende pasar de incógnito en las Ramblas barcelonesas, escondido entre la multitud de Sant Jordi, entre capullos a quienes se la pelan los apestosos vagabundos, los perracos de la calle.
«Yo quería explicar el recorrido invisible de las personas sin hogar, ese carrusel de los bocatas de las monjas, de los comedores populares... Pero si por mí fuera, una vez escrito, desaparecería con un escueto: "Ahí tenéis, me largo".»

Uno que pateó el tablero, otro que sueña con las mejores bebidas.

«Creo en la historia que he escrito.»

Retocó los diálogos, los pulió, los afiló, y le dejó un borrador a una profesora de universidad, que le alentó con los brazos abiertos: «Es buenísimo, mándalo a las editoriales».

Se fue a la copistería, encargó nueve juegos, los grapó, los metió en sendos sobres, y esperó, manteniendo el estómago caliente con los *shawarmas* de los badulaques. A las tres semanas le llamó el editor José Membrive, de Ediciones Carena, y le hizo uno de los hombres más felices del mundo: «Me da buenas vibraciones. Lo edito».

En el cielo las estrellas y toda la frente adornada con espinas.

«Pillamos un ciego hablando de la novela.»

En una de las tres presentaciones de *Ahora que estamos muertos* que Miguel ha hecho en Madrid, asistió como ponente el cineasta José Manuel González, director de *El hombre de arena*. Alguien le preguntó: «¿Para cuándo una película?».

A la semana, José Manuel le escribió un correo electrónico que jamás será borrado: «He leído dos veces el libro, mi mujer también. ¡Qué cojones, adelante!».

Autor y director se citaron en un antro regentado por chinolis: «Quedamos para unas cervezas y me pone el borrador de la película encima de la mesa». A partir de ahí, más tapas, más cañas, más ganas de ir a mearla. Miguel Rubio, con el punto, ha quedado contentillo: «Estamos trabajando juntos en el guion. José Manuel pretende ser superfiel a la novela con los diálogos y los *flashbacks* de los protagonistas. Aún no hay nada firmado. Veremos en qué queda todo».

La noche está llena de tristeza durmiendo en la calle cerca de mi casa.

«Creo en los miserables.»

Miguel Rubio nombra a su tocayo Unamuno para insuflarse ánimos, antes y después de cargar su furia contra el saco de la lona, el mosqueo que le despabila, la misma sensación de los noventayochistas que perdieron Cuba y que no se rajaban, y que sentían que algo iba asquerosamente mal. No se calla la boca: «Hemos pasado de ser un país con boina a creernos el centro del mundo, pero España sigue siendo un lugar de incógnitas, caspa y envidias».

La noche está llena de tristeza.

«¡Joder, qué puto frío!»

CXLIV

Entrevista con Eva María Ruiz, autora de *La verdad Scarlata*

TÚ, ELLOS Y YO

Rhett.—Scarlett, bésame, bésame una vez.

Se besan.

Scarlett (le da una bofetada).—¡Canalla! ¡Cobarde! No tiene usted dignidad. Tenían razón, todo el mundo tenía razón, usted no es un caballero.

Rhett (sonriendo).—Eso no tiene importancia en estos momentos.

Eva María Ruiz (Barcelona, 1976), de ojos azul cobalto, entre zarcos y magnesios, vestida con un traje negro sin lazadas, no recuerda el día ni el mes ni el año en el que vio por primera vez *Lo que el viento se llevó* (Victor Fleming, 1939), su película favorita junto con *Casablanca* (Michael Curtiz, 1942), de la que se sabe de memoria todos los diálogos, los que mantienen entre ellos Victor Laszlo y Rick Blaine, y Rick Blaine y la guapísima Ilsa Lund. Se muerde los labios, pura libido: «¡Humphrey Bogart y Clark Gable, les adoro!». De *Lo que el viento se llevó* tampoco recuerda haber sentido compasión por el pobre Ashley, cuyo amor desorbitado le indujo a planear el futuro con la mujer equivocada, lo contrario de lo que les espera al príncipe Guillermo y a Kate Middleton en la isla de Anglesey. Y tampoco se acuerda mucho de la prosapia de los Wilkes, ni mucho menos de los festines, en las habitaciones de roble, entre Butler y la prostituta Belle Watling, que podría ser la Ruby

Robacorazones de Silvio Berlusconi. Eva María Ruiz solo retiene la entereza de la protagonista, Escarlata O'Hara (Vivien Leigh): «Pese a todo, pese a todas las adversidades, tiró adelante y sacó a flote a su familia. Escarlata es inteligente y egoísta, con una fuerza enorme que significa: si yo estoy bien, los demás están bien». Desde que vio la película, Eva María Ruiz quiso ser Escarlata, su *alter ego*. «Es mi Yo», se define. En octubre del 2010, creó un blog en el que cuenta sus cuitas y recorre los condados de los sentimientos, que comparte con los lectores en la Red: «Aún me sorprende que haya gente que no conozca de nada y que me siga y que me pregunte mi opinión sobre diversos temas. Mis artículos tienen más de ochocientas lecturas. Me satisface enormemente, y cada *mail* lo contesto y le dedico el tiempo que requiere». Ese blog lleva el nombre de su primer *nick*, «el que usé cuando, allá por 1998, me compré un ordenador portátil»: «Scarlata».

Eva María Ruiz ha prolongado las epístolas sin pluma (el ratón inalámbrico es su trasunto) en un libro de bella factura: *La verdad Scarlata* (Ediciones Carena, 2011).

«Aquí cuento mis emociones, lo que siento. La idea se me ocurrió viendo en el cine la película *Wall Street 2.*» La última entrada, del domingo 3 de abril, cierra una cita con el destino, tal y como ella se lo plantea. En el *post* «La confianza del riesgo» escribe: «Perdernos, ¿cuál es el riesgo?».

La vida de Escarlata es una vida poética, que sintoniza con los cometas metacarpianos –por su rara anatomía humana, en formato libre– del poeta de la Generación del 27 Pedro Salinas: *«Para vivir no quiero / islas, palacios, torres. / ¡Qué alegría más alta: / vivir en los pronombres!».*

Escarlata-Eva hace honor a los pronombres: del Tú y el Yo al Ellos.

Eva nació bajo el signo de la lluvia, cuando abría el balcón de casa y olía a tierra mojada, a fértil, a renuevo y a buganvillas: «Viví una infancia inmensamente feliz», resalta, asentada en el mogote de su voz. «Miraba las estrellas, estaba en estrecho contacto con la naturaleza. Me encantaban los animales. Me encariñé con el perro de una vecina, *Rocky,* que acabé adoptando».

La muerte de *Rocky* la marcó de tal modo que a partir de ese momento consagraría sus esfuerzos a paliar el sufrimiento de los demás, quienesquiera que sean los demás (animal humano, animal no humano o vegetal).

Creció, como crecía Alicia, en una especie de crecimiento sin repechos. Profesionalmente, se formó como gestora en las áreas de recursos humanos de la función pública, y pasó de trabajos «agresivos y fríos» a otros «más cálidos», haciendo de sus empleos estaciones meteorológicas que pudieran pronosticar el tiempo. La última empresa en la que ha estado es una fundación «amiga de los animales»: «Un refugio para los animales en el que son curados física y emocionalmente». De allí salió con el corazón encogido y la mente en blanco, dispuesta a empezar algo que todavía no había acabado: la escritura.

Ella se expresa mejor: «Los animales lo son todo para mí, ellos lo son todo. En la fundación llegué a tener a mi cargo a 22 personas y a unos dos mil animales. Llegó un momento en el que tuve la necesidad de mostrar mis sentimientos, y me puse a escribir. El corazón es muy sabio, más que la cabeza».

Del Tú y el Yo al Ellos.

Ellos son: 1. *Coto,* perro «extremadamente inteligente»; 2. *Sandy,* hurón que sube las escaleras de la casa a la velocidad de la luz, «algo sorprendente, ¡tan pequeña y tan ágil!», y 3. *Welcome,* «gato callejero de preciosos ojos verdes que entró en mi salón como Pedro por su casa, y aquí se quedó».

«Hace casi dos años, *Thais,* pastor alemán hembra, se murió, con todo el dolor de nuestro corazón», deplora, y agrega, convencida de lo que dice, compendiando las creencias fundamentales: «Creo en la fuerza del cosmos, creo en el universo, creo que todos formamos parte de una sola conciencia. Creo que cada existencia merece ser respetada, y creo que yo no soy quién para juzgar a nadie, y mucho menos para quitar ninguna vida: la experimentación con animales es macabra, insensible y clandestina. Los animales son mi sacrificio, y me responsabilizo de ellos. Aún no tengo hijos, pero ahora ellos son mis hijos».

Ellos.

CXLV

POESÍA Y MECÁNICA

Llorar con tus ojos es un torrente de imágenes que brota del venero de la poesía, aquello a lo que se refería Miguel Hernández en *Vientos del pueblo* sobre el manantial de las guitarras acogidas. Santiago Sabaté (Barcelona, 1941), apasionado poeta del alma, es un frustrado ingeniero aeronáutico cuyas ansias de volar las encauza hacia los pájaros multicolores de la arquitectura de Dante y Owen y Spender. Ya lo manifestó Francisco Umbral en *Mortal y rosa:* «Me es ya muy difícil leer sin estar viendo constantemente al obrero que pone ladrillos estilísticos ante mí». Santiago es un aparejador de la palabra: «Estudié con los jesuitas, y luego ingeniería en la Escola Industrial de Barcelona. Lo desmontaba todo, incluso mi moto. Siempre me ha gustado la mecánica. Poesía y mecánica».

Así, en el 2001, se puso el traje de faena y se ensució de grasa los dedos para armar el motor de su primera novela, *Llorar con tus ojos* (Ediciones Carena, 2010), la historia de una mujer que pierde a su única hija en un accidente de automóvil; su marido conducía demasiado deprisa. El matrimonio se rompe. Y completamente desgraciada, encuentra a una persona que está tan sola como ella…

En *Llorar con tus ojos,* el autor quiere aliviar el dolor de las desdichas como solo lo saben hacer las ninfas y las Pilis: «Soy creyente, y pienso que hay mucha gente infeliz en este mundo. Me gustaría que la gente fuera más feliz. Hoy somos tan esclavos o más que hace dos mil años», deduce Santiago Sabaté, que sufre las consecuencias de la crisis económica (despidos, embargos, rescisiones). Esto lo escribió en el bus: «En el vasto Imperio Romano, la esclavitud era la condición mayoritaria de la población, y lo es aún, aunque el derecho al voto y el trabajo con o sin contrato intenten encubrirla sin éxito. Y sigue en pie con los impuestos que nos comen la vida, con las hipotecas casi feudales, con el sinvivir de la precariedad laboral y con el pánico al paro, que fuerza a la juventud y a muchísima gente a aceptar todo género de opresiones mientras los gobiernos gastan millones en ostentaciones, en corruptelas y en sofisticado armamento».

Santiago Sabaté se ensució el mono y empezó a montar el motor de esta fábula que acaba bien, como los buenos cuentos.

Así, primero de todo, colocó las anáforas con el diferencial sobre el elevador de los encabalgamientos, revestidos de la liturgia de los fonemas (*«me acuesto con el dulcísimo sabor de haber pasado una velada mágica e inolvidable»*). Desde abajo, Santiago elevó las figuras retóricas (hipérbatos, hipérboles, tropos) en el recinto de las sílabas (*«la luna, tan roja como sabe ponerse el sol cuando está en el ocaso, se levanta majestuosa en el horizonte donde se funden mar y cielo»*).

Enroscó las leyes de la ortografía –suprimiendo los ripios y las erres de más– al bastidor de los morfemas gramaticales (*«recorridos unos quinientos metros, Silvan nos bisbisea que guardemos silencio»*).

Enroscó la supresión trasera de la infraestructura de las voces, y colocó los tornillos en la masa de seguridad de los campos semánticos, y después los afianzó con la llave de apriete. Retiró el elevador de las combinaciones de vocablos y enrolló al cambio la cinta de los campos.

Conectó el enchufe de las oraciones indeterminadas para el sensor de los significados (rojo), el regulador de las tramas varias (negro) y el conmutador de grupos preposicionales (*«no sabemos ni el cuándo ni el cómo; desconocemos asimismo la potencia del artefacto que producirá el estallido»*).

Ensambló el varillaje de los personajes. Arregló los tubos flexibles de refrigeración del narrador y la calefacción suelta de la protagonista (Mara Torres).

Montó en la obra los semiejes de espacio y tiempo. Quitó los tapones de cierre, colocó el destornillador del desenlace en el borde adecuado. Con un

Pilot, a golpe de acción, introdujo en la caja el interés narrativo y reguló las articulaciones-guía en la mangueta de las descripciones (*«me agrada su construcción en forma de obelisco y su ingrávida aguja triangular que atraviesa verticalmente el edificio desde abajo hasta lo más alto»*).

Tensó las correas y apretó la tuerca almenada en los diálogos, y los aseguró con la pinza del capítulo 5:

—¿Sí? –digo, dando entrada a la llamada.

—Soy Farah Amengat llamando desde Jerusalén. ¿Es usted la señora Torres?

Montó la cámara de prevolumen y los soportes delanteros, y puso al ralentí la primera frase de *Llorar con tus ojos:* «Soy Mara Torres y elegí mal al que tenía que ser mi marido».

Y, arreglado el motor, el libro echó a andar.

CXLVI

ENTREVISTA CON JOSÉ LUIS SEGURA, AUTOR DE *ROJO VALENTINO*

MANO A MANO

Digamos que la razón principal por la que José Luis Segura (Barcelona, 1936) escribe a deshora, a troche y moche, con pinceladas que corren como los salmones en las desembocaduras de los ríos, es que José Luis no es escritor; más bien, observador nato. Sobran los adjetivos, innecesarios a fuer de superfluos.

Observador.

Él mismo se retrata: «Me gusta mirar lo que pasa, mirar a la gente, ser espectador, por eso estudié Periodismo». Tres años en la Escuela Oficial de Periodismo de Barcelona. El último año, en Madrid: «El día en el que se inauguró el curso, en la calle de Zurbano de Madrid (para ser un buen periodista en España, hay que vivir un año en Madrid), le dieron un premio al mejor alumno, a un tal Luis María Anson». José Luis Segura, alumno aventajado sin medallas, se ha jubilado. Pero sigue hincando los codos. «No es que me guste ir a clase, me gusta el mundillo universitario, el bar de la Facultad», apostilla. Por eso se apuntó a un curso de inglés, impartió la asignatura de Creatividad en la Universitat Autònoma de Barcelona y se matriculó en l'Escola d'Escriptura de l'Ateneu Barcelonès. Su profesora, que antes fue su alumna, Rosa Maria Prats, le etiquetó: «Tienes una mirada irónica distante». «No sé qué es eso», le contestó José Luis, sincero.

Admirador de las entrevistas telegráficas del periodista y caricaturista encorbatado Manuel del Arco (en la sección de *La Vanguardia* «Mano a mano»), destaca, sobre todo, su brevedad. «Con ochocientas palabras puedes contar toda una vida», asegura, todavía con la resaca de su último libro de relatos, *Rojo Valentino* (Ediciones Carena, 2014).

Intentémoslo.

Disparo.

Reportero Jesús.—«Relatos llenos de ironía y erotismo» pone en la faja de *Rojo Valentino*.

José Luis Segura.—No los considero eróticos; simplemente, historias.

R. J.—Historias de hoy.

J. L. S.—Me aburre esa trascendencia de los sentimientos sobrevalorados, contar historias de uno mismo. Y me hace gracia eso de «basado en hechos reales». Todo es realidad al fin y al cabo.

R. J.—Usted se ha especializado en el márquetin, que también vende humo.

J. L. S.—El márquetin, antes, ni se conocía como tal. Era una asignatura de «propaganda». Y los marquetinianos no existían.

R. J.—¿Cuál sería la definición exacta?

J. L. S.—Instrumentos para comercializar una idea y que llegue a un público masivo. Tiene mucho que ver con la producción en serie.

R. J.—Y ¿por qué se metió ahí?

J. L. S.—El virus me lo inoculó Luis Ezcurra Carillo, exdirector de RTVE. Me interesaba todo la relacionado con la comunicación, por eso hice Periodismo en la Escuela Oficial, que montó el falangista Juan Aparicio, el creador del lema franquista «¡Una, grande y libre!»; ideólogo de los principios del Movimiento. Pero luego teníamos invitados de excepción, como el escritor Josep Pla.

R. J.—¿Qué recuerda de Pla?

J. L. S.—La boina.

R. J.—Y ¿qué recuerda de las clases en Madrid, en el último año de periodismo?

J. L. S.—Qué había muchos chinos de Taiwan [entonces, Formosa]. Pasar lista era divertidísimo.

R. J.—¿Ejerció?

J. L. S.—Sí, en el periódico *Arriba,* con Vicente Cebrián, padre de Juan Luis Cebrián, presidente ejecutivo de Prisa. Y luego en *La Prensa;* me pagaban cien pesetas por reportaje. Y en el *Diario de Barcelona...*

R. J.—El periodismo duró lo que duró...

J. L. S.—Luego abrí la agencia Círculo de Comunicación. Llevábamos las campañas comerciales de las casas Puig, Codorniu, Roca... y de otras muchas.

R. J.—Nada que ver con lo que pretendía.

J. L. S.—Bueno, yo estudié porque mi padre, caballero educado al que no se le daban bien los estudios, quiso que yo tuviera oportunidades, opciones.

R. J.—¿Se acuerda mucho de sus padres?

J. L. S.—Sí. Y de la guerra, imágenes difusas que no sé si me las habré inventado. Pero tengo recuerdos de los refugios. A mi abuelo, militar del cuartel de la Ciutadella, le dieron el *paseo* [le fusilaron los *rojos*]. Y recuerdo aquella frase: «El piojo verde no es verde ni amarillo, es la miseria que nos ha traído el Caudillo». Mi madrina me regaló un escapulario para ahuyentar el piojo verde.

R. J.—Miseria de la época.

J. L. S.—Nos llegaban los paquetes del pueblo, cestos de mimbre con arpilleras, cargados de comida, porque eran años duros de pan negro, años en los que un boniato era una fiesta.

R. J.—Creció sano y fuerte pese a todo...

J. L. S.—Y tuve buenos maestros, increíblemente buenos. Nací en la calle dels Enamorats, en el distrito de l'Eixample. Y estudiaba en el instituto Menéndez y Pelayo, en Via Augusta, colegio público de Barcelona en el que daban clase los represaliados del régimen. Como el profesor Escolano, buen amigo del poeta Gerardo Diego. Aún me acuerdo de los poemas que recitaba...

R. J.—Se acuerda de quienes le dieron clase.

J. L. S.—Y de la señorita Alcalde, que impartía Preceptiva Poética. Con ella supe distinguir la cuaderna vía del sexteto. Para mí, era como el pastel del mundo.

R. J.—Guarda aquellos cuadernos.

J. L. S.—No guardo nada, voy *ligero de equipaje*.

R. J.—Querría ser como Antonio Machado.

J. L. S.—No, como Eduardo Mendoza.

El enredo de la bolsa y la vida.

CXLVII

Entrevista con Alba Seoane y David Omsk,
autores de *De tu boca, el despertar*

FB

«Facebook es una herramienta social que pone en contacto a la gente con sus amigos y con otras personas que trabajan, estudian y viven en su entorno.»

El multimillonario Mark Zuckerberg (White Plains, Estados Unidos, 1984) aún no se había electrocutado con los algoritmos de las computadoras cuando ya recitaba sus primeros versos la poeta Alba Seoane (Cartagena, Murcia, 1981), tanagra de ojos del color de la tierra, como arabescos de viento. Ninguno de los dos se conoce. Y los dos están conectados por una red de códigos y aplicaciones. Zuckerberg creó Facebook (FB) para dar salida a sus aspiraciones, sus fotos y los chismorreos de la universidad. Y jamás pensó que la poesía se le podía colar. Alba Seoane ha humanizado FB, le ha quitado las maquinaciones, los chascarrillos y las mascaradas y le ha puesto el orden de las glosas, el desorden de los suspiros que da y que recibe, y ha puesto el concierto de sus notas de almizcle, como una cabra con muchos pies que bala y recula. Alba Seoane y David Omsk han materializado sus pasiones no correspondidas en un poemario que recupera los coqueteos de las ninfas con los sátiros, titulado *De tu boca el despertar* (Ediciones Carena, 2013).

Hace un año que Alba se metió en el buscador de Google. Tecleó la página de una aldea de novecientos millones de usuarios, facebook.com

Para iniciar la sesión, metió el correo electrónico y la contraseña. En «personas que quizás conozcas» agregó a David, compañero de cursillo en el Aula de Escritores, en el distrito de Gràcia.

«En su cuenta de Facebook, él iba colgando versos y estrofas en una especie de billetes sueltos. Y me gustó su poesía, me inspira. Poesía muy carnal, descarada, directa. Yo soy más tímida, más interior, más mía. Él es sol; yo, luna», recapacita Alba, con las manos alineadas en la conjunción zodiacal de Géminis. «Pensamos que estaría bien juntar nuestros poemas y, a medida que me iba enviando sus composiciones, yo las agrupaba y las juntaba en un poemario diferente, auténtico, que conmoviera.»

Alba: *«El otro día pensaba en la imposibilidad de amar sin sentirse».*

David: *«La muerte rediseña planes de pensiones, mientras el sol miente árboles en el asfalto».*

«Publicar el libro fue como dar a luz. El proceso fue bonito, tanto que cuando llegó el final, llegó la pena», considera Alba, astuta, maternal y exigente, con «la imperiosa necesidad que experimenta el alma humana de satisfacerse», tal como dijo Descartes. «Ha sido mágico.»

Alba Seoane es la menor de cuatro hermanos. Su hermana Olga le regaló a Gabriel García Márquez; su hermano, José, filósofo, le inició en el psicoanálisis profano, y su hermana Laura la inició en la practicidad de las ciencias. Después de licenciarse en Traducción e Interpretación por la Universidad de Alicante, y de vivir en media docena de países extranjeros (el último de ellos, Turquía), y de aprender media docena de idiomas (entre ellos, y por encima de todos, francés), Alba se ha asentado en Barcelona, donde está tranquila y lee a Paul Auster *(La noche del oráculo),* Clarice Lispector *(La hora de la estrella)* y Juan Ramón Jiménez *(Platero y yo).*

Desde hace un año, trabaja en la comisaría de la Guàrdia Urbana de las Ramblas, 43, como traductora. Atiende a los turistas a los que les han robado la mochila, la cartera y la confianza. Para que sus días sean menos trémulos y menos crudos, cursa un máster en clínica psicoanalítica con niños y adolescentes, su especialidad.

David Omsk (seudónimo de David Mañas, Huesca, 1978) ha ejercido los más variados oficios. En el 2000 publicó su primer poemario: *Palpitando bajo el lodo.*

Actor principal de los cortometrajes *Soñando realidades* y *Botta Segretta,* ha escrito los guiones *Cantata de otoño* y *Repartidor de alegrías.*

De tu boca, el despertar se bebe como el agua natural mineromedicinal, con mucho calcio (amor, destino, inhibición), residuo seco (calidez, relación, conmoción) y sodio (atracción, generación, convulsión).

David: *«Floto, todos los hombres tristes alzando una obertura al cielo».*

Alba: *«Un beso en la frente que te libere del llanto».*

CXLVIII

Entrevista con José Fernando Siale Djangany,
AUTOR DE *En el lapso de una ternura*

UNA GRAN ESCUELA

Una gran escuela. José Fernando Siale Djangany (Malabo, Guinea Ecuatorial, 1961) lo tiene clarísimo: África renacerá si consigue educar a sus hijos. Sueña con una gran escuela con cientos de pupitres y muchas mentes llenas de ingenio, de talento, de inquietud. Fernando ha publicado *En el lapso de una ternura* (Ediciones Carena, 2011), los «relatos urbanos» de Bioko y del Río Muni.

«¿Una primavera árabe en el centro de África? No lo sé. No lo veo. La juventud de mi país es apática. No tiene interés por cambiar nada. Se conforma con lo que tiene, que es mucho, y también poco. El ruido de la calderilla no les deja pensar», analiza José Fernando, defensor de causas nobles, ergo imposibles. Cronista de los espectros que agobian a su país, a este escritor le gusta pasear bajo la lluvia y sentir la frescura de las gotas de agua en la piel («cuando llueve, le digo a mi mujer: "me voy a la calle"»).

José Fernando Siale no considera que pueda haber una revuelta por parte de la juventud guineana ni del resto de países africanos del sur del Magreb. «Los gobiernos han formateado a estos jóvenes y han hecho de ellos prototipos, los han moldeado a su antojo», considera. Los dos hijos mayores de José Fernando viven en Valencia: uno estudia Arquitectura, y el otro, Derecho, como su padre. En todo caso, ellos se refieren a un «patriotismo *naïf*», en la línea de los ensayos del Premio Nobel de Literatura nigeriano, Wole Soyinka, en los que señala una «patriotería triunfalista».

José Fernando Siale es el primogénito de muchos hermanos.

«He tenido una infancia feliz», aduce. «Lo bueno de ser el primero de los hijos es que se me guarda una cierta reverencia; lo malo, que todos los problemas, todas las solicitudes de apoyo, los asuntos para acordar una conciliación, las lágrimas… te llegan a ti. Es una especie de escuela de madurez.»

La familia ha estado muy presente en su formación.

Influenciado por sus abuelos, uno de ellos pescador artesanal de pargos colorados y rayas, en las aguas profundas de la costa, mientras que el otro, finquero de grandes extensiones de cacao y ñame, tenía a braceros contratados. «Un tío paterno a quien mataron los piratas del Golfo de Biafra también ha dejado huella en mí», atestigua.

Los dos grupos socioculturales a los que pertenece (n'dowes por parte de madre y bubis por parte de padre) le han marcado lo suficiente para hacer de él un guerrero de la ley.

Estudió en la ciudad de Malabo con los lasallanos (del pedagogo y sacerdote francés Juan Bautista de La Salle). La cooperación francesa le dio una beca. Entonces se marchó a Francia y puso la primera marcha en su carrera: Universidad de Derecho Clermont-Ferrand II; Escuela Nacional de la Magistratura en París, Burdeos y Montpellier; Escuela Nacional de Administración Pública en París…

Volvió a su país y, tras algunos vaivenes en la administración pública y en el Programa de Naciones Unidas para el Desarrollo, abrió su propio bufete, M-Djangani & Co, desde donde asesora a personas físicas y empresas sobre cualquier tema, de los tratados internacionales y los informes sobre derechos humanos a la aplicación del «derecho positivo guineano».

El misticismo y los casos de brujería le apasionan. Acerca de esto último, José Fernando ha escrito una novela histórica: *Autorretrato con un infiel* (El Cobre, 2007), en la que unos arcángeles españoles se encuentran con arcángeles bubis (entiéndase *arcángeles* como entes dotados de poder) y ambos descubren que son de la misma naturaleza y que cualquier batalla que se ha de librar en pro de los hombres les concierne a todos.

«La democracia es el único camino para progresar. Y la democracia empieza en las escuelas, en una gran escuela que cree librepensadores.»

Una gran escuela.

Su sueño.

CXLIX

Entrevista con Remei Sipi, autora de *Cuentos africanos*

CONTRA LA GUERRA

¿Qué tienen en común la sudafricana Magdenyhana Ntuli, la keniata Multhoni, la camerunesa Rabiatou Njoya, la congoleña Daniele Bineka, la gabonesa Justin Mintsa, la marfileña Verónica Tadjo, la nigeriana Flora Mwapa, la guineana María Nsue y la senegalesa Mariana Ba?

Que todas ellas son mujeres. Que todas ellas son africanas. Que todas ellas son negras. Que ninguna de ellas está enterrada en el cementerio de Forest Lawn Memorial Park, en el que se inhumó a la actriz Elisabeth Taylor. Que todas ellas escriben, y alguna de ellas finaliza sus relatos con frases como la siguiente: «El secreto de la antigua sabiduría subyace en el nombre de las cosas y en sus significados ya olvidados». Que todas ellas, en definitiva, son desconocidas más arriba de Tarifa, en el espacio del que despegan los *Rafaeles* y *Mirages,* los cazas de la OTAN que buscan sus presas en el Atlántico Sur.

La guineana Remei Sipi, la española Remei Sipi, es una de estas mujeres. Ella es tres veces inmigrante, porque es mujer, negra y literata, pues concibe la literatura como un golfo abierto al mar en el que anclan los bajeles de mercancías peligrosas y residuos radioactivos (el arribismo, la fidelidad, el engaño permanente, los atributos de la filosofía contemporánea, un cuenco, la calle en la que jugaban a las gomas...).

Sobre la mujer

«En un pueblo de la isla de Bioko llamado Rimpo...»

Así empieza uno de los primeros cuentos de Remei Sipi Mayo, nacida en la aldea de Rebola, en Guinea Ecuatorial, en 1952. Esta mujer radicada en Barcelona, que ha publicado *Cuentos africanos* (Ediciones Carena, 2008), demuestra que el color de piel no es más que la superposición de familias tipográficas (Cambria, Verdana o Harrington), la tinta negra de las historias y de las narraciones negras y desconsoladas como negros tatuajes de fuego: «Narrar es una habilidad especial en los pueblos de tradición oral. Son los cuentos que me contaba mi abuela. Somos matrilineales, todo pasa por las mujeres», moraliza, y revoca las paredes de su visión del mundo con el yeso de las evocaciones. «África es nuestro continente madre, la casa de la niñez del género humano.»

Espigada sin ser alta, cuando se sienta, agavilla los dedos en una sola mano, como un puño bien cerrado. Se ablanda a medida que conjetura y, tras las primeras frases blindadas para marcar el territorio («te espero dentro, que hace frío fuera»), se relaja y se entabla la conversación, y de ella se derivan varios posibles inicios de relatos empaquetados en el recuerdo, que se abren como cuentas corrientes *(«En el pueblo de Ribeta, vivía Sito, que tenía dos hijos...»)*.

«Yo soy española, porque antes Guinea era España. Me vine a Catalunya en 1968. Estudié el bachillerato con las dominicas y, en 1975, dejé la tramontana y me fui a Barcelona, al barrio de Gràcia», trenza Remei, sentada en la planta baja del bar Zurich, en plaza de Catalunya, con un cortado al que le falta, para acompañar, la pipa de tabaco que fumaba su abuela bubi Bochaka cada vez que contaba soliloquios sobre mujeres. «Siempre he sido libre y continuaré siendo libre, como mi abuela.»

Sobre la negritud

Remei forma parte del asociacionismo de Gràcia y de varias entidades (E'Waiso Ipola, Ca la Dona y Yemanjá). En el 2005, en la plaza de Rius i Taulet, leyó el pregón de las Fiestas: «El barrio se ha convertido en los últimos años en un lugar de acogida. Lamentablemente, muchos jóvenes se tienen que ir de aquí por el aumento del precio de las viviendas», cargó entonces contra la especulación inmobiliaria.

Algunos reconocen a Sipi como una activista en pro de los derechos de los inmigrantes: «No sé qué quiere decir la palabra *integración*. Exclusión social, inserción laboral, tener relación con la sociedad receptora… Se usan mucho estos conceptos, pero muchas veces están vacíos y faltos de contexto. Existe una sociedad multiétnica, diversa culturalmente, pero no existe una sociedad multicultural».

Lo cierto es que su actividad profesional ha ido encaminada más a restaurar los derechos de las mujeres, en el caso de que alguna vez hubieran hecho gala de ellos (abrid el diario por la sección de Internacional: Asad reprime a la mujer en Siria, Saleh reprime a la mujer en Yemen, Ahmadineyad reprime a la mujer en Irán…). Dice: «No hay una mujer, hay *mujeres*. Cuando nos referimos a las mujeres inmigrantes, también incluimos, a veces, a las mujeres de aquí, hartas de que el hombre "ayude"… Un hombre mediocre pasa desapercibido; una mujer mediocre, no», infiere, cansada de tanto hombre que echa una mano… «Para superarlo, hemos de formarnos y poner el acento en los derechos humanos y en la igualdad.»

Sobre la literatura

La producción literaria de Remei Sipi engloba también sus trabajos académicos. Junto con *Cuentos africanos,* es autora, entre otras, de las siguientes obras: a. *Inmigración y género. El caso de Guinea Ecuatorial* (Gakoa, 2004), ensayo para dar a conocer la realidad de las mujeres que vienen de fuera: «Básicamente, ahora lo que se produce es la reagrupación familiar. Las mujeres inmigrantes de hoy, en España, vienen precedidas de los maridos, que son quienes tramitan los papeles»; b. *El secreto del bosque* (Mey, 2009), sobre la historia de un hombre que construye una casa y que caza monos en el bosque…, y c. Sin título: «Estoy con la novela sobre mi familia, no sé cuándo la acabaré y no sé qué título tendrá».

Remei Sipi es una mujer negra que escribe, sujeto ideal para los estudios de la profesora universitaria Amparo Moreno, que combate el andropocentrismo desde los tiempos de Aristóteles.

Se me ha olvidado decir que Remei es madre, con lo que ya está dicho todo. Las madres no hacen las guerras.

Entrevista con Ángel Sody de Rivas,
autor de *José Berruezo y Joan Vicente. Epistolario (1976-1987)*

EL ASCENSOR

«Muy a pesar de que yo no nací en Santa Coloma siempre pensé que en la vida de la humanidad la patria es una ilusión pasajera, pues muchas patrias que hoy existen hace cientos de años no existían y, sin embargo, los hombres se mataron por ellas en guerras estúpidas, como lo son todas las guerras.»

El 28 de abril de 1987, el anarcosindicalista José Berruezo envió una carta a su amigo Ángel Martínez Hualde.

Berruezo ya había vuelto del exilio. Ya había visitado la ciudad de Santa Coloma, de la que fue el último alcalde republicano. Ya se había sorprendido por los cambios en la juventud. Ya había conocido al electricista libertario Ángel Sody de Rivas (Barcelona, 1949), autor de *José Berruezo y Joan Vicente. Epistolario (1976-1987)* (Ediciones Carena, 2018), la correspondencia entre dos hombres que lucharon por sus ideales.

La carta en la que José menciona las estúpidas guerras se recoge aquí.

Ángel Sody ha instalado kilómetros de circuitos eléctricos, tantos que podría hacerse rico con el cobre de los cables. Sabe de amperios, de campos magnéticos y de inductores. Él mismo es como una bombilla. Se enciende su cabeza a medida que escucha las palabras de wolframio que le definen: emancipación (manumisión), confianza (reconocimiento), igualdad (compromiso). De hombros estrechos, con barro en los pies y las espaldas, busca en su derredor las migas de pan que dejaron sus predecesores, los hombres justos que sí-se-la-jugaron.

«Mi despertar en la cosa social se produce cuando trabajaba de ascensorista en el Hotel Oriente, en las Ramblas de Barcelona. Allí viví las diferencias de clase. Nunca me ha gustado el servilismo», descubre, con un silbo en la voz que le agujerea los paramentos de la garganta, como si las ofensas de los señoritingos pudieran taladrarle aún. «Allí estuve tres años, no aguantaba más. En esos años subí y bajé en el ascensor a muchas personalidades: recuerdo a los militares de graduación de la Sexta Flota, al torero Paco Camino, a la [coplista] La Niña de la Puebla y a los *cantaores* Manolo el Malagueño y Pepe Marchena, que era pequeñito y llamó al zapatero oficial del hotel para que le pusiera un tacón así de alto [gesticula con la mano]. Se ponía de lado el gorro para parecer más alto. Y tuve un encontronazo con Joan Gaspar, quien fuera presidente del Barça. Yo llevaba el pelo un poco largo y me dijo que me lo cortara, que me parecía a uno de aquellos Beatles. Yo tenía 15 años y me harté de ir arriba y abajo.»

Arriba.

De familia represaliada, hijo de *rojos,* Ángel Sody de Rivas emigró a Santa Coloma de Gramenet (Barcelona), en 1964. Habiendo estudiado algunos cursos de Ingeniería Técnica, se puso a trabajar para llevar dinero a casa.

Abajo.

«Mi padre me contó que cuando llegó a Barcelona, antes que el resto de la familia, le estafaron: se quedaron con la entrada del piso en una de las ciudades satélites», atiza.

Arriba.

«En 1967, me coloqué en Macosa [Material y Construcciones, S. A.], en el departamento de mantenimiento eléctrico. Yo ya era simpatizante de CNT [Confederación Nacional del Trabajo, organización que ayudó a reconstruir José Berruezo] y montamos una comisión obrera en la fábrica», explica.

Su nombre en clave en la clandestinidad: Leo, por León Trotski.

Le despidieron.

Abajo.

Arriba.

Lector de poesía contestataria, de la materia frugal hernandiana (*«No soy de un pueblo de bueyes, que soy de un pueblo que embargan yacimientos de leones»*), compraba ediciones mexicanas de autores prohibidos.

«Leía *El hombre desnudo,* de Desmond Morris, en el que el hombre es un mono», aclara.

Abajo.

El Tribunal de Orden Pública le denunció por «propaganda subversiva y asociación ilícita».

«Tuve que destruir papeles y marcharme de Santa Coloma de Gramenet. Me fui a Asturias, donde no me conocían, y me puse a trabajar en Ensidesa», relata.

Arriba.

Pasó la mili como telegrafista, en Capitanía General, en Barcelona.

En 1972, se colocó en la sección eléctrica de Bultaco, empresa de motos fundada por Paco Bultó.

«En 1976 declaramos una huelga, y estuvimos cincuenta días parados. Acabamos ocupando la fábrica y secuestrando a la dirección de la empresa para denunciar la mala gestión de la compañía. Fue un momento muy duro», conversa.

Abajo.

Le despidieron.

El 29 de febrero de 1976, Ángel, con otros compañeros, reconstruyó la CNT de Barcelona.

Se organizaron los Grupos Obreros Autónomos.

«Yo soy realista, no faísta [radical, por la Federación Anarquista Ibérica]. Mi meta no es la institución, sino cambiar la sociedad. Mediante la cultura», inquiere. Y procede: «Porque solo tienes que abrir el diario para comprobar cómo está la sociedad: comida por la corrupción, explotada, precaria… Yo soy anticapitalista».

El 2 de julio de 1977, la primera ministra de España, Federica Montseny, habló a las masas sobre un escenario en Montjuïc.

Un año antes, el electricista Ángel Sody de Rivas había conocido al minero y libertario José Berruezo.

Ángel era un joven de La Movida: «Yo le veía [a Berruezo] como a alguien pasado de moda».

Berruezo, un abuelo con boina: «las nuevas generaciones que no han conocido la guerra…».

Los dos se acabarían entendiendo.

CLI

VOLAR

«Rodrigo es un hombre de 35 años que lleva dos años sin trabajar gracias a un dinero que consiguió al dejar la empresa. Sus ahorros menguan, pero se siente incapacitado para volver al mundo laboral. Un turbulento suceso le empuja a tomar una determinación radical: ser un vagabundo romántico…» Es la sinopsis de *La rueda* (Ediciones Carena, 2011), novela que Jorge Soto Martos (Santa Coloma de Gramenet, Barcelona, 1975) ha publicado sin mucho revuelo mediático, sin excederse en laudatorios, una especie de ataque selectivo a la civilización occidental, la cual está llamada a perder sus equilibrios. Rodrigo podría ser Jorge Soto. «Sí y no, es autobiográfica, pero no lo es…», se enreda el autor, incondicional de la bohemia y de la alegría, así, sin más. *La rueda* es el regreso a los primeros deseos, aquellos que se quedaron en el cabás, hace muuuchos años: «*La rueda* es la historia de Rodrigo, que quiere hacer muchas cosas, pero que, finalmente, no hace nada».

El perfil de Jorge Soto podría ser este: «El hijo pequeño de una familia de emigrantes andaluces que se instaló en Santa Coloma de Gramenet y que prosperó trabajando duramente cada día. Becado en Salesians de Sarrià, estudió segundo grado de Formación Profesional, en la sección de automatismo. Quería ganar dinero y ser del Barça».

Ni una cosa ni la otra.

Si Chris Lowney, en *El liderazgo al estilo de los jesuitas* (Belacqua, 2008), propone tres ejemplos de liderazgo como irrefutables biografías dedicadas al sacrificio de Hacer Lo Que a Uno Le Viene en Gana –y que son los incansables viajeros (con rampas en las piernas) Benedetto de Goes, Matteo Ricci y Christopher Clavius–, nosotros podríamos añadir el nombre que nos confiere: Jorge Soto.

Habiendo trabajado hasta los 25 años en Mercedes-Benz («quería ser camionero», divaga, más por correr los cinco continentes que por tatuarse lobos en la espalda), como operario y coordinador de grupo, dejó la fábrica y dejó las lijadoras, los anticongelantes y las pistolas de pintura, y se dispuso a dar la vuelta al mundo, de la que solo lleva la mitad del trayecto recorrido; ha llegado hasta Singapur.

«Solicité la excedencia en Mercedes-Benz y me fui a Egipto para aprender inglés. También quería escribir, por lo que me pasaba muchas horas en la biblioteca de mi barrio y leía cualquier cosa de novelistas olvidados. Pero para escribir sobre países lejanos, y antes de ir a ellos, tenía que aprender inglés, así que después de Egipto me fui a Reading, en Inglaterra, donde trabajé de pinche de cocina, en una cadena de restaurantes españoles parecida a Starbucks Coffee», desmenuza Jorge, acoquinado en un principio por el sulfuro de las comandas atrasadas, pero contento porque había dejado atrás una existencia insulsa que le daba una nómina pero que no le daba la vida; más bien se la quitaba. «Fue sorprendentemente fácil mandarlo todo a la mierda.»

Y se fue a la India, donde se sentía extrañado por los «*seudohippies* intelectualoides» que iban a buscar el sentido de su ser: «Para mí está clarísimo que la vida no tiene sentido, de ahí radica su belleza y su dureza. Yo no fui a eso, no fui a nada, nada buscaba y nada encontré. (Esto sí lo puedes poner.)».

Allí aprendió la frase: «*Where is the toilet?*» («¿Dónde está el baño?»). Y se puso a escribir:

LOS TRENES DE LA INDIA

En los compartimentos sin puertas ni cortinas había seis camas enfrentadas en dos hileras de tres. Cuando llegamos al nuestro, se encontraba sentado un chavalito indio que nos sonreía. Parecía nervioso, pero pensé que quizás no estaba acostumbrado a ver a occidentales. Yo estaba encadenando mi mochila a los ganchos bajo la cama inferior cuando, de repente, el brasileño va y dice: «¡Mierda, mierda, mi mochila pequeña!». Había sido un segundo: mientras yo me agachaba él dejó la mochila pequeña en la cama superior y se puso a mirar por la ventana y, de repente, ¡zas! Ni indio ni mochila. Estábamos aturdidos: pero si el chico estaba aquí, y yo allá, ¿cómo ha sido? «Mira bien, anda.» ¿Cómo lo ha hecho?…

Y se escapó de la India, y se fue a Perú, donde Jorge aprendió el primer valor de los jesuitas, el ingenio (*«El líder se adapta confiadamente sabiendo qué es y qué no es negociable. Explora nuevas ideas, métodos y culturas en vez de mantenerse a la defensiva ante lo que pueda venir»*). En Perú no le hizo falta el inglés.

Y se puso a escribir:

En la jungla exuberante de Manu, en Perú

Aquel primer día fue fantástico: de los altiplanos áridos de los incas a los pueblos tórridos de la jungla. Descendimos en furgoneta más de dos mil metros hasta llegar a un pequeño pueblito llamado Shintuya, el último pueblo al que se puede llegar por carretera. A mitad de camino cruzamos el bosque nuboso eternamente en su bruma y paramos para observar las primeras colonias de un tipo de loro pequeño, verde y chillón. Comenzaba la aventura, el calor, la humedad, los mosquitos y el sonido de la oropéndola que nos acompañaría durante todo el viaje en la región de Madre de Dios. La oropéndola, el pájaro negro y amarillo del tamaño de la urraca, de piar agudo, como un silbido, y con aquellos nidos inmensos, bellos, un entramado de ramitas finísimas que cuelga de las ramas como frutas o bolsas.

Y volvió del Perú y, después de mil y una, se fue a Tailandia («bebía cerveza, hablaba tai…, y fumar marihuana era contactar con shiva»). Allí aprendió el segundo valor de los jesuitas para los Líderes Sin Complejos: el amor (*«Loyola aconsejaba gobernar con amor y modestia; de manera que hubiera un ambiente de amor más que de temor. El amor era el pegante que unificaba a la Compañía. De esta manera entendían que el liderazgo inspirado en el amor permite: visión para ver el talento, potencial y dignidad de cada persona; valor, pasión y compromiso para desatar ese potencial; lealtad y mutuo apoyo»*). Su pareja tailandesa acordó con él irse a dormir juntos. Mientras duró la mudanza, Jorge escribía:

Una boda en la Tailandia rural

Por la tarde nos llevaron a la casa de los padres de la novia (que en Isaan es también la casa en la que vivirá la pareja hasta que tenga dinero para comprar una propia, cercana a la de los padres de ella; costumbre matriarcal única de Isaan). Era obvio el interés que yo despertaba, y al llegar a la altura de la mesa con los bebedores de güisqui, me obligaron a sentarme con ellos. Y yo, encantado. El más borracho era el jefe de la policía local, que me daba la bienvenida. Me decía que si tenía algún problema que confiase en él, y así estuvo todo el rato, con una repetición divertida y alcohólica.

Aprendió a decir en inglés: «¿Podría hablar más despacio?» (*«Could you speak slower?»*).

Y volvió de Tailandia, y saltó a Birmania, y allí hacía amigos y «hacía el loco», y hacía de guía para la agencia turística Años Luz, porque el inglés ya lo dominaba: *«Short stay carpark?»* («párquing de corta estancia»). Y la escritura fluía:

Ciclón en Birmania

Birmania está abandonada a su suerte desde hace tiempo, a toda suerte de ciclones; los otros fueron de guerra, de hambre, de miseria y de tragedia. Pero ahora, el gobierno birmano ya permite que la ayuda entre en el país… Tiene guasa. Imagino que no la dejaron entrar antes porque estaban limpiando las calles de los otros muertos, aquellos que el gobierno machaca, viola y asesina a su antojo. O quizás estaban cubriendo con lonas de plástico sus plantaciones de opio.

San Ignacio de Loyola ya no le podía dar más consejos sobre heroísmo: *«Los líderes imaginan un futuro inspirador y se esfuerzan por darle forma, en vez de permanecer pasivos a la espera de lo que traiga el futuro».*

Y se fue a Turquía, a su regreso de Birmania. Y en Turquía no paró de escribir:

Recuerdo que estaba yo en Estambul tomando una cerveza, y charlaba de todo un poco con mis amigos. Leí en voz alta lo que decía la guía: que en el Este había menos turismo, que era una sociedad más tradicional…, y no hizo falta mucho más. En ese mismo momento decidimos que sí, que íbamos, y lo celebramos con otra cervecita. El camarero nos vio de buen humor y decidió darnos algo de conversación. Cuando le contamos que nos íbamos a Erzurum, nos preguntó: «¿Para qué?». La respuesta nos hizo reír, y a él también. Luego nos dijo: «No vayáis, aquí tenéis de todo: bares y chicas. En Erzurum, nada, solo barbudos». Y nos reímos juntos de nuevo.

El inglés ya lo tenía por la mano: *«Can you show me on the map?»* («¿Me lo puede mostrar en el mapa?»).

Y volvió a su barrio, en Santa Coloma de Gramenet, la patria cuya bandera había ondeado en Turquía, Birmania, Tailandia, Perú, Inglaterra y Egipto.

«Volví porque ya no me quedaba un duro, en plan maricón el último…»

Y aquí se aburrió: «Me preguntaba: y ¿qué he aprendido? Me contesto siempre: soy un pelín más sabio y tengo un pelín menos de miedo».

Se lo pasó bien: «me han robado más de una vez y he pillado enfermedades a porrillo. Un día fui a mear y no me la veía».

Cuenta Jorge Soto: «Una vez yo estaba en una sucursal bancaria, esperando mi turno, y escuché una madre que le decía a su hijo, el cual corría con los brazos en cruz por la oficina: "Niño, estate quieto, que en los bancos no se puede volar". Se me quedó grabada la frase, porque es muy sintomática, es muy real y muy convincente. Sí, en los bancos es imposible volar», filosofa, así que se le ocurrió *La rueda,* que es su vida vivida a la inversa, no de atrás adelante, ni del no al sí, sino la historia que podría haber sucedido si él, Jorge Soto, no hubiera dejado sobre el capó del Mercedes Clase C 180 CDI Blue Efficiency Elegance 4P —con cilindrada 2.1, 120 caballos de potencia, transmisión manual, carrocería sedán—; si no hubiera dejado, digo, sobre ese Mercedes Clase C, la lijadora manual, los tornillos del 15 y la pantalla de visualización multifunción a medio instalar. Y si no hubiera dejado todas esas herramientas sobre ese coche pulido para subirse a un avión con destino al aeropuerto de Heathrow, entre otros.

Volar y volar.

CLII

EL CONFESOR

El confesor es el padre espiritual. En el cristianismo, administra el sacramento de la penitencia. Libera, como los paquistaníes hacen con los móviles.

En cierto sentido, José Antonio Suárez Tallé (Barcelona, 1954) es un confesor. Especializado en dermatología, en su consulta de Santa Coloma de Gramenet (Barcelona) se viste la bata blanca de la neutralidad, del sentido común y del candor, y atiende a los enfermos de la piel. En ocasiones, las picaduras en la piel indican otros síntomas. Puede ser que solo sus víctimas se hayan ahogado en la soledad: el lugar desierto del corazón, la ausencia, la tonada pesarosa.

A veces, el dermatólogo José Antonio cura escozores con el mejor de los remedios, la escucha. Algo de psicólogo, de psiquiatra y de confesor debe de tener. A lo mejor, estas historias clínicas que involuntariamente se evaporan en su despacho le han ido colocando en la línea de salida de la escritura, otra terapia, como la ingeniería del comportamiento. A lo mejor, el confesor también necesita que le confiesen. En cualquier caso, de las ortigas de sus pacientes, de la naturaleza de los valores y de las carencias ha salido una novela, *El bucle de Mario* (Ediciones Carena, 2014).

Se trata de la amistad entre tres jóvenes de clase obrera que intentan avanzar en su tiempo, en los años de la dictadura, la Transición y la desafección. «Viven esos momentos con inquietud, incertidumbre y esperanza.»

Y apostillará, más de treinta años después: «Me siento precozmente desengañado».

«Antes de esta novela escribí otra, pero no llegó ni a tener título. Iba sobre la relación entre un médico y una magistrada a la que asesinan. Quería narrar una pulsión… No tiré la toalla. Dejé de escribir. Un amigo me dijo que nunca lo dejara, y que leyera. Así me embarqué en esta otra etapa», alega.

José Antonio mueve los dedos como si fuesen hisopos con los que esparcir el agua bendita. Eso le ayuda a pensar, a ordenarse y a recapitular.

«Situé a estos tres chicos en la Transición, porque esta época me lleva a la nostalgia de la juventud, me lleva hasta los mejores amigos de mi vida.»

Autodidacta, lector inestable (El mar, de John Banville), hincó los codos hasta licenciarse. «La medicina es una novia celosa, pero está buenísima», confirma. Su otra novia es su mujer, su lectora incondicional, su luz y su necesidad («la felicidad no es creativa; la necesidad, sí»).

Sin proponérselo, tras tres décadas de ejercicio de la profesión, José Antonio Suárez se ha convertido en el fray Gerundio de Campazas de las almas corrientes que no pueden pagarse un nicho en el cielo.

«La gente me cuenta cosas porque sabe que no va a salir de estas cuatro paredes», asegura, y ausculta la sociedad. «Manifiestamente, se han perdido los valores clásicos. La libertad individual se confunde con el respeto. Y la figura del médico y del profesor se ha degradado, ya no son autoridad. Yo siempre digo que el médico no es ni Dios ni una mierda. No hay que encumbrarle, pero tampoco se le puede menospreciar. Me da pena, porque creo que voy a dejar un mundo peor a mis hijos.»

Tiene tres hijos, y el mayor de ellos, David, le ha dado la vuelta a la tortilla, con esa capacidad de reciclarse que posee este mundo loco: el año que viene terminará Medicina.

José Antonio Suárez cuenta esta historia: una mujer con los ojos vidriosos y de piel tersa fue a su consulta una tarde del 2000. Recuerda vivamente el caso. La mujer, sencilla, humilde, de clase media, se desfondó en el asiento sin perder la compostura, como el armazón de una nave con una vía de agua.

La mujer había pedido hora por una urticaria que le había salido en la piel. Los médicos con los que había tratado anteriormente le habían recetado unos antihistamínicos que no surtieron efecto. La mujer se repantigó en la silla, semierguida, como una fatua constelación de miniestrellas. Se desahogó como el viento en la Patagonia, soltando las palabras con una procacidad sublime: la vida se le había ido trabajando detrás de un mostrador, sirviendo a la clientela que nunca la dejaba sola: carajillos, trifásicos, boquerones…

Un día, al abrir la persiana, su marido se murió. Así. Tal cual. Se quedó frito en la acera. Desde entonces se le hacía todo cuesta arriba, se le caían las paredes del bar, y la clientela se había trastocado en un responso perpetuo. Los años se le habían ido pasando como las fases correlativas de una luna de pacotilla. El marido ausente, el anís derramado, las copas de fútbol sala en los estantes carcomidos por un polvo sedentario… Se sentía sola, y la soledad le había hecho un nudo en la garganta, que la atragantaba. Sin relaciones sociales, mayor para las segundas oportunidades, desolada por la falta de ilusiones, la Bella Easo –por el color de sus ojos de crema de cacao– se desahogó con José Antonio Suárez.

«Hay que ser humilde en esta vida. Yo le receté un producto que me había dejado un visitador médico. Le recomendé que volviera al cabo de un mes. Y al cabo de un mes, volvió, y le pregunté: "¿Cómo se encuentra?". La señora me dijo que al día siguiente de haber estado conmigo ya se sentía mucho mejor. Lo que esta mujer necesitaba era quitarse la pena de encima, vaciarse, sacar lo que la afligía», desenrolla José Antonio, con una vocación tremenda para la curación: «Siendo honesto conmigo mismo, como siempre he intentado hacer, te diré que estudié Medicina porque quería ayudar. La medicina te exige mucho, te aísla de los demás, por eso quería solidarizarme con el resto del mundo, y la mejor forma de hacerlo es siendo útil».

José Antonio, autor de *El bucle de Mario,* se define como un técnico con un componente humano para servir a los demás.

Se quita la bata blanca.

Y sigue ayudando.

CLIII

Entrevista con Lluís Tarrasón, autor de *Agua. Una odisea del Fondo*

HIJO DE LA NADA

«Yo soy de antes de usted», se enorgullece un vecino del otro lado del mundo.

Y ¿qué había en el antes del antes? Nada, la nada. Antes de nada, nada.

Los habitantes de la nada ya tienen su memoria. Se trata de la novela *Agua. Una odisea del Fondo* (Ediciones Carena, 2016), del impresor Lluís Tarrasón (Barcelona, 1948), sobre los primeros emigrantes de Santa Coloma de Gramenet, los primeros desplazados a Catalunya que habría en el transcurso del siglo XX. Los primeros que llegaron son los Padres Fundadores, los pioneros, los colonos. Y Santa Coloma de Gramenet, la nada. Más que nada.

«En *Agua* hablo de la primera emigración, la de los años veinte, treinta y cuarenta», expone Lluís, de mirada candeliana, duro como una alcayata y una gayata y una garrocha y que mastica las palabras, las deglute y las rumia, igual que una vaca libre y pensadora. Valencianos, murcianos, aragoneses… Todos ellos se asentaron en las grandes ciudades y su periferia, buscando la factoría, el jornal, el pan blanco. Este documento novelado y periodístico podría leerse como unas memorias, eso sí, con «turbulencias»: «Claro que hay espacios en los que la ficción gana, donde recreo…».

En lo esencial, *Agua* es la propia historia del autor, Lluís Tarrasón, la historia de la nada.

En 1930, el abuelo de Lluís, alpargatero de Olba (Teruel), se vino a Santa Coloma de Gramenet, futura ciudad dormitorio en los duros años de la posguerra, con seis hijos a cuestas. Uno de esos hijos le tuvo a él. La madre de la madre de Lluís procedía de Matidero, pueblo en la provincia de Huesca que hoy está abandonado, que hoy es nada, con su ermita, su escuela y su plazoleta; nadas.

Lluís Tarrasón nació en la ciudad, pero como si hubiera nacido en un pueblo. La casa, encalada, la construyeron con la ayuda de su tío Dámaso, paleta y de la FAI, en la calle del Doctor Pagés, por el médico militar Fidel Pagés, descubridor de la anestesia epidural.

«Era tan caótica la autoconstrucción en aquellos años, la configuración de las calles, que la casa familiar llegó a tener estos números: el 47, el 63 y el 93. Mi casa tenía tres puertas», recuerda, apurando el cigarro. «Se inspiraba en las casas baratas de Baró de Viver [Sant Andreu, Barcelona], comunes en la zona, que lo eran todo.»

Todo y nada.

La casa de Lluís, hijo de emigrantes aragoneses, tenía tres puertas, seis gallinas, una cabra, dos conejos... La casa que se cimentó sobre la nada, en el principio de todo, o de nada, en el periodo histórico del Antes de Usted (A. de U.), acabó siendo derribada en los años setenta. «A mi madre le compraron el terreno. En el mismo lugar se edificó un bloque de cinco plantas.»

«En la casa de Doctor Pagés pasé una infancia feliz, jodida pero feliz», dice, satisfecho a medias, porque se acuerda de su madre, su santa madre, una de las primeras pobladoras de la nada de A. de U., de la tierra virgen en la que nada había, y que tiró adelante a su hijo fregando escaleras y quitándole la mierda y la nada a los señores bien, los señores de todo («mujer explotada, que echaba horas en la fábrica y luego limpiaba casas»).

Y se acuerda de sus maestros de la Acadèmia Manent, en la rambla de San Sebastián, en Santa Coloma, con voluntad de enseñar, que le explicaban con naranjas y limones los movimientos de rotación y translación de los planetas. Y se acuerda de cuando llegó el agua a aquella casa de las tres puertas de la calle del Doctor Pagés, el agua «liberadora y de la redención», hilo conductor de la primera novela de Lluís Tarrasón.

«Fue así, tal como lo cuento. El agua llegó un día a la calle, que lo era todo para nosotros, el mundo y el universo. Y se montó una fiesta. Con el grifo, el agua se democratizó, porque antes el agua se dividía en tipologías: el agua para lavar, el agua para lavarse, el agua para la comida…»

Él lo vio. Y ellos lo vieron, los obreros de la Catalunya industrial que aún esperan el reconocimiento institucional que merecen.

Siendo el agua todo, ellos eran la nada. Todo y nada.

Al impresor Lluís Tarrasón, hijo de emigrantes, hijo de la nada, le llamarían *charnego,* por ser hijo de los que vinieron sin nada, pese a todo. A los nada que vinieron después, a los extremeños, andaluces y murcianos de los sesenta, les llamarían *coreanos.*

Hoy, esos coreanos emigrantes son inmigrantes chinos.

El Chinatown de Santa Coloma.

La nada de antes de nada.

Todo.

CLIV

Entrevista con Mark Terkessidis, autor de *La fuerza centrífuga. Sociedad en movimiento: migración y turismo*

EL VIAJE A VARIAS NACIONES LEJANAS

Cuando el rocambolesco alemán doctor Terkessidis finalizó los estudios de Psicopedagogía en la Universidad de Colonia, la tumba de los Tres Reyes, y cuando finalizó el intrépido alemán doctor Terkessidis el doctorado en Maguncia, la capital del palatinado, tras una noche en la que las copas de la cachaza alemana le atoraron la garganta, intentado olvidar las palizas a los inmigrantes turcos de Rostock que vio de niño…, cuando ocurrió eso decidió que emprendería el viaje que su juventud quería retener para los años venideros, antes de que se le agolpara la artrosis en la mollera. Abrió el armario, sacó la maleta. Abrió la maleta, metió el neceser. Abrió el neceser, metió las cuchillas de afeitar Wilkinson, sus preferidas por el aloe que embadurna las cuchillas. Se despidió de su padre, un griego jovial en el retiro de su maestrazgo que añora los yogures y los kebabs. Se despidió de su novia, embarazada de un niño futbolista. Se despidió de Freud, Jung y Kant, adormitados en su biblioteca desordenada, y viajó arrumbando el sol del sur. Con el coche descolorido de carraspera crónica y emanaciones tóxicas, condujo al país de los liliputienses, y cada noche, antes de encender el anafe en algún despoblado hontanar tramontano, plasmaba en su diario la ración de acontecimientos dispares que le habían sucedido en el peregrinaje.

Los complejos residenciales se construyen, por norma, más grandes que lo autorizado. Por citar un ejemplo del 2004: en Estepona, la última población importante de la Costa del Sol, cercana a Gibraltar, se inauguró en ese año un nuevo hotel de cuatro estrellas de una magnitud considerable.

En su patrullaje por Torremolinos, se percató de unas Ciudades Invisibles con Seguridad Privada, prefabricadas con el patrón de los robots industriales Cucas. Llamadas «urbanizaciones residenciales» por sus habitantes, unos seres diminutos de barrigas conserveras, frentes despejadas y sudores acatarrados con la nacionalidad de la jubilación. Estos ingleses indigestos, despreocupados de sus vecinos holandeses, vivían en casas ajardinadas, con piscina de cubiertas telescópicas y bardas de habas verdes.

El doctor Terkessidis les llamó Guiris. Sacó el cuaderno de notas y apoyó las tapas gruesas sobre el volante. Escribió sus reflexiones científicas del Mundo Exterior, como Matt el Viajero, el tío del fraguel Gobo: «¿Los trescientos mil británicos de la Costa del Sol son turistas o inmigrantes? Estos grupos migratorios forman una sociedad paralela. Es como un *pub* grandioso, como vivir Gran Bretaña en la mediterránea. No hablan el idioma, pero son inmigrantes que crean dificultades y obtienen ventajas como los africanos».

El caso de Marbella no es en absoluto excepcional. En un informe del 2002, el Instituto de Criminología de Málaga ya advirtió de que la Costa del Sol no estaba lejos de caer bajo el dominio de políticos electos que eran poco más que representantes directos de empresas criminales.

En Benidorm, la ciudad con más rascacielos de España, reflejados en el Hotel Bali, el Doctor se habría sumido en la depresión si antes no se hubiera preparado para ver lo que creer no quería: los Guiris de las Ciudades Invisibles con Seguridad Privada solo conocían la autopista que les llevaba al aeropuerto y que conectaba en un par de horas la urbanización con Manchester. El doctor Terkessidis, cabizbajo, tomaba notas mientras los Guiris se emborrachaban con margaritas: «Se han intensificado las relaciones entre inmigración y turismo. Los inmigrantes aprovechan las infraestructuras turísticas de un país para establecerse en él. Las fronteras no son tan firmes para los turistas».

En este lugar trabajan casi exclusivamente inmigrantes de origen africano. En el 2000 se produjeron desmanes racistas contra inmigrantes en El Ejido.

Estigmatizado por los Guiris, que le habían apartado de su congregación divisionaria, y expulsado de los campos de golf como revancha por los escritos aprensivos contra las ofertas de tumbonas con descuento, el Doctor no se amilanó y siguió rondando las monstruosidades de cemento y hormigón de las poblaciones del litoral español.

Otros inmigrantes reclamaron su atención: no eran blancos, sino negros; no se echaban la mano a la cartera de cocodrilo, sino que transpiraban su sed por los poros de plástico de los cobertizos; no se bronceaban en las playas de olas para surfear, sino que recogían los pepinos del poniente de Almería. «Las fronteras son porosas, por mucho que la izquierda diga lo contrario, y el sistema adecua los huecos necesarios para que entren inmigrantes de manera clandestina, porque son necesarios para que la economía funcione. Agujeros en la arquitectura de la seguridad europea que se dejan abiertos para permitir la entrada de la inmigración ilegal, mano de obra barata.»

Y mientras que los migrantes viven en barracas y chabolas, se calcula que en la localidad cercana de Roquetas de Mar hay seis mil viviendas vacías, siempre abiertas a turistas y residentes acaudalados.

El doctor Terkessidis, en busca del arca de un modelo multicultural para gestionar la diversidad, se sumó a la indignación callada de este submundo subsahariano, migrante como el de los ricos hacendados de Liverpool. Con los términos de los delegados sindicales que vocean en Ginebra la repulsa a la Europa del capital, escribió en el cuadrante de sus meditaciones de diáspora: «Los inmigrantes del Sur sufren la discriminación social (paro) y la marginación jurídica (sin derechos cívicos). Su movilidad forzada, que para nada ha de ser problemática, provoca que lleven, en muchos casos, vidas dobles, y que se reordenen los espacios geográficos que ocupan. Debemos plantearnos nuestro sistema democrático: no está adaptado a la movilidad, porque se basa en el sedentarismo».

El doctor Terkessidis coincidía con los Inmigrantes Harapientos a Bordo de los Cayucos y con los Pobres de los Pobres que Avanzan hacia Europa y Aporrean la Puerta; coincidía en que no se han de vincular los derechos a la residencia: «que tener papeles no sea la base del sistema».

Propuso trocear la sociedad y negociar directamente con los líderes de cada grupo de origen. De esta forma, el Doctor esperaba dignificar el colectivo de nuevos vecinos y que no se repitiera la ignominia de la antigua Yugoslavia: «Algunos hoteles se utilizaban como centros para albergar a refugiados». O lo que ocurre en Italia, con caravanas de inmigrantes en la antigua pista del aeropuerto de Bari.

Los senegaleses, reunidos en consejo, aprobaron el proyecto del Doctor, a quien nombraron Académico Primero, con los designios de los dioses yorubas.

Así, pues, Terkessidis Académico Primero, *El Doctor,* puso fin a su aventura. Cuando llegó a Berlín, la capital de su país de Triglicéridos Blancos de Acero, se refugió en la habitación dispuesto a escribir *La fuerza centrífuga. Sociedad en movimiento: migración y turismo* (Ediciones Carena, 2009), el tratado fundamental en el que plasmar los mundos dispersos de los viajes a varias naciones lejanas.

Esa noche no pudo dormir. En la disco tecno de debajo de casa, los adolescentes de la República Checa y de Escocia bailaban con las monadas de Bielorrusia que se habían costeado el vuelo en EasyJet.

¿Migrantes?

Y anotó en la misma libreta de tapices de colores: «Las mafias también son agentes de viajes».

Entrevista con Gema Theus, autora de *Este lugar no es para ti*

FELIZ

La cuidaron, la mimaron, la agasajaron con carantoñas, con una ración de «te quiero, criatura» que, sobre la mesa, formaba una nube de azúcar. La acomodaron en su casa, como si fuera una hija que llegara de improviso después de unas navidades ausente. Gema Theus (Madrid, 1969) y su marido y la hija natural de ambos acogieron en su familia, después de un largo proceso y durante más de un año, a una niña, a quien llamaremos Thalía. Niña africana de ojos ribereños y cabello de ensortijados bucles. Ellos la educaron, la cuidaron, la mimaron y la agasajaron con requiebros preciosos y caricias con rebozo. De esta experiencia, Gema, que oposita para el Área de Gobierno de Servicios Sociales del Ayuntamiento de Madrid, ha sacado una lección, que ha convertido en su primera novela: *Este lugar no es para ti* (Ediciones Carena, 2011). La lección es que el sistema, en España, ha de apostar por los acogimientos temporales: «Actualmente, hay un lío de leyes complejas, y los niños buscan referentes claros, pertenecer a una familia, por eso te acaban llamando mamá. La familia que acoge por un tiempo ha de saber explicar al niño que ellos no son sus padres; serán sus tíos, sus amigos, sus *tuteladores,* pero no sus padres, porque acogimiento no es adopción».

La protagonista de *Este lugar no es para ti* se llama María. La niña que acogieron Gema y su marido se llama Thalía. La protagonista de *Este lugar no es para ti* es una adolescente con los ojos puestos en la lejanía, como los de los primos Hans Cartorp y Joachim Ziemssen en el sanatorio internacional Berghof, en *La montaña mágica*, de Thomas Mann. La niña de la que se hicieron cargo Gema y su marido es una niña de cuatro años. Aparentemente, son casos diferentes, pero, en verdad, se trata del mismo caso.

Gema y su familia bañaron a Thalía, le soplaron las sopas calientes, le hacían reír con carcajadas estridentes, de esas que solo superan las bocinas de los camiones con remolques de 16 ruedas.

La madre biológica de María es una mujer que cayó en la droga y que se rodeó de malas compañías.

De la madre biológica de Thalía no tenemos datos.

De la madre en la que se convirtió Gema podríamos mencionar su inequívoco compromiso con la infancia desprotegida: «Yo me licencié en Psicología por la Universidad Complutense de Madrid. Era una buena estudiante, pero no excelente; tenaz, por no decir pesada. Terminada la carrera trabajé en el departamento de recursos humanos de numerosas empresas. Pero, con el tiempo, me di cuenta de que prefería trabajos tangibles para gente con necesidades, y no vender humo a directivos. Quería gente que, si no le gustas, te da un mordisco, y si le gustas, te da un beso. Quería niños», razona Gema, que orientó la profesión hacia la psicología social. Ella acabó fundando una guardería, de la que fue directora y supervisora.

«Cuando me di cuenta de que la niña a la que habíamos aceptado se tenía que marchar con otra familia, fue muy duro. Piensas en que puedes cambiar el mundo, pese a saber que existe un principio y un fin para todas las cosas.»

Le compraron ropa, la acostaron sobre una funda de loneta, le enseñaron a atarse los zapatos «como una persona mayor». La cubrieron de besos, un manto de besitos concisos y directos, como banderas y caduceos. Contuvieron el llanto, resollaron, la dejaron partir. Thalía se despidió de Gema con un «Adiós, mamá», y se despidió de él con un «Adiós, papá».

La recuerdan, la mantienen viva en sus bocas contraídas. No la olvidarán nunca, estará siempre en su memoria.

Y desean que sea feliz.

CLVI

HISTORIA DE UNA FOTO

Traje de lana. Pañuelo de seda *puffed fold*. Corbata con estampado de copos de nieve. Zapatos de charol lustrados. Las manos, cogidas, como aguardando el sermón del cura, dispuestas a aguantar en esa postura las siguientes tres horas. La mirada, aguzada, penetrante, sagaz. Así aparece en la fotografía número 451 553, depositada en el Arxiu Nacional de Catalunya, el presidente de la Generalitat de Catalunya durante la Guerra Civil (1936-1939), Lluís Companys. El President no solo visitaba las cárceles, los bufetes y los juzgados, por la condición de haber ejercido como abogado laboralista, sino que también pisaba las sedes de los periódicos. La fotografía la tomó Joaquim Brangulí en la redacción del diario *El Diluvio,* en la calle barcelonesa de Consell de Cent, 345, posiblemente con una Urban con cajón de madera y objetivo Voigtländer. Y la ha rescatado del olvido ignominioso el periodista audiovisual Gil Toll (Lleida, 1963), que ha coordinado el libro *El Diluvio. Memorias de un diario republicano y federalista de Barcelona (1858-1939),* antología de los artículos de Jaime Claramunt y Frederic Pujulà (Ediciones Carena, 2016).

«Su ardiente republicanismo de toda la vida [de Lluís Companys] lo defendió siempre sin debilidades ni desmayo y, en ocasiones, con gran riesgo personal.»

Jaime Claramunt escribió estas líneas a su regreso de París, adonde llegó huyendo de la dictadura de Primo de Rivera (1923-1930). En aquellos años de primeros del siglo xx, *El Diluvio* había dejado parcialmente su influencia del Partit Republicà Democràtic Federal, nacido de las ascuas de la Revolución de 1868, que supuso el destierro de la reina Isabel II.

«He querido recuperar la memoria histórica de este diario popular que fue uno de los grandes durante los años treinta, pero que, por no formar parte del mito de la época, no ha tenido tanto eco como otros medios escritos. Era la oveja negra», asegura Gil Toll, aplicado, transigente, incisivo, que se ha propuesto indagar en las empresas de comunicación de la Sociedad Editora Universal de los hermanos Busquets, familiares del coordinador de la obra. «Siempre habíamos oído hablar en casa de los negocios periodísticos de los Busquets, pero nunca había puesto la oreja. Al final, me pudo la curiosidad.»

Gil Toll pidió en el Centro Documental de la Memoria Histórica, en Salamanca, los «papeles de la guerra» (memorias, escrituras, actas…) concernientes a *El Diluvio* y *El Heraldo de Madrid;* de este último diario publicó también un ensayo *(Heraldo de Madrid, tinta catalana para la Segunda República española)* y filmó un documental para reivindicar «el periodismo libre de los nuevos medios» *(¡Viva el periodismo libre!).*

Excorresponsal del diario *Avui* en Lleida, se introdujo en el campo periodístico por la influencia de una profesora de Historia Contemporània que le puso como deberes seguir las crónicas de la guerra entre Irán e Iraq (1980-1988). Pasó por *La Mañana,* en la que coincidió con el veterano Ramon Correal, y pasó por *El món,* en el que colaboraba también quien hoy es director adjunto de *El País,* Lluís Bassets. Desde 1986, Gil Toll trabaja en la sección de Economía de los informativos de tv-3, y actualmente forma parte del programa *Valor afegit,* presentado por el periodista Albert Closas.

En la fotografía de Brangulí en la que Lluís Companys (Luis, en la época) se pasea por las salas de *El Diluvio* salen Manuel de Lasarte y sus hijos, y Jaime Claramunt, que ya había apostado por el hombre que gritaría «Tornarem a sofrir, tornarem a lluitar, tornarem a vèncer!»: «Y si después de lo dicho se nos pregunta quién debe ser el sustituto de Macià, sin vacilación responderemos: pues, Luis Companys».

CLVII

Entrevista con Rosa Maria Torrent Puig, autora de *El diablo en Santorini*

AZUL

El clérigo John Harvard, ministro del Señor, donó la mitad de su patrimonio y su biblioteca y sus azules sillas de tijera a una nueva institución educativa, la futura Harvard University.

El prestigioso nombre de Harvard, reconocido como el mejor centro del mundo por la Academic Ranking of World Universities, es una marca registrada cuyo solo nombre enaltece, ensalza y glorifica a quien lo nombra.

La librería Harvard de Barcelona sedujo desde su fundación, por aquellos años perdidos del franquismo en los que las azules botas de montaña pateaban las escuelas. Sita en la calle de Còrsega, 285 (esquina con Balmes), hoy se ha convertido en un quiosco de prensa de cabeceras azul índigo, con otros dueños, otros propósitos y un manantial de lectores de un color diferente: azul.

La Harvard original la regentaba una librera deliciosa con las uñas pintadas de azul turquí, de la que aún se acuerdan los barceloneses de l'Eixample, por sus consejos que delataban su cultura de la historiografía clásica (Salustio, Tácito y Suetonio).

A la librera de Harvard, embriagadora, con chal endecasílabo y fular de sedilla de azul de ultramar, todavía hoy la añora Rosa Maria Torrent Puig

(Barcelona, 1948), abogada de las razones que no tienen razón de ser, abogada de los imposibles, como Santa Rita de Casia. Rosa Maria ha publicado su segunda novela, *El diablo en Santorini* (Ediciones Carena, 2014), las relaciones malsanas de una pareja de amigos en las islas volcánicas del archipiélago griego de Santorini, en el azul zafiro del mar Egeo.

La afición por la literatura y la afición por el cine van juntas, a la par. En la casa de Rosa Maria, en el barrio de Gràcia, cinco eran los únicos libros buenos, custodiados por su padre, Juan, pintor de marinas de azul Klein, de pergaminos añiles de pasta azul y de brocha gorda de azul cobalto. Los cinco títulos: *Las cuatro plumas*, de A. E. W. Mason; *El conde de Montecristo*, de Alexandre Dumas; *Felipe Derblay*, de Onhet George; *Clania*, de Pablo Cavestany, y *Los viajes de Gulliver*, de Jonathan Swift.

«Mi padre solo me dejaba tocarlos en su presencia, eran su única posesión», menciona Rosa Maria, con ojos digitales de verde cadmio, pelo de rojo amaranto recogido con un invisible bigudí y proverbial sentido de la narración: enfoca con la mirada, y en sus ojos capta los planos americanos, los primerísimos primeros planos y los planos tres cuartos.

«Mis padres me marcaron, eran muy normativos, algo usual en la época. Para que me callara, me regalaban libros (Emilio Salgari, Julio Verne, Enid Blyton) y me compraban entradas para el cine, adonde iba acompañada de mi abuela Elvira *(Centauros del desierto*, de John Ford; *Sucedió una noche*, de Frank Capra; *Lo que el viento se llevó*, de Victor Fleming, George Cukor y Sam Wood).»

Los cines a los que iba la joven Rosa Maria cerraron hace muchos años, víctimas de la vorágine de franquicias, restaurantes de comida rápida y azules cajas de ahorro que también se vinieron abajo: cine Rovira, cine Roxy, cine Selecto…

La madre, modista, cosía por cuenta propia –bajo la luz azulada de una lamparilla, enhebradas las agujas– las perneras de los pantalones a corazón abierto («con veinte años de taller en casa, yo odio coser; lo único que me relaja es el punto de cruz»). Ella le riñó cuando Rosa Maria decidió dejar el trabajo para estudiar. Se pactó una solución ecuánime, y pudo estudiar sin dejar de trabajar como secretaria de dirección y administrativa en la perfumería Briseis. En unos años, Rosa Maria se sacó la carrera de Derecho en la Universitat de Barcelona, después de acabar el bachiller en la escuela de la Santísima Trinidad, con monjitas de tocas azules como el fuego fatuo.

De tanto en tanto, adquiría en la librería Harvard nuevas obras que la instruyeran en las zarabandas azules de las tramas, que la convencieran de lo azul inimaginable y que le conmutaran las horas de sueño por dosis de pasión azul.

«La librera me enseñó a elegir mis lecturas. Allí, en la Harvard, conocí a [el poeta y editor] Carlos Barral, que iba de la mano de [Juan] Marsé, quien parecía un niño de colegio», revive Rosa Maria, que, tímida y modesta, se fuma un paquete de cigarrillos Romeo y Julieta como se fuma un Dostoievski. «Yo escuchaba reverencialmente a la librera, que me recomendaba los clásicos, como *El coronel Chabert,* de Honoré de Balzac.»

En el 2005, Rosa Maria Torrent se apuntó al cursillo de iniciación a la escritura creativa del Aula de Escritores, con los profesores Alejo Zúñiga y Lluc Berga.

Y aprendió a emparejar la literatura *(Las cuatro plumas; El conde de Montecristo; Felipe Derblay; Clania* y *Los viajes de Gulliver)* y el cine *(Marnie la Ladrona,* de Alfred Hitchcock; *Lawrence de Arabia,* de David Lean, y *Gigi,* de Vincente Minnelli) para moldear personajes con fuertes componentes psicológicos («relatar historias es como jugar una partida de ajedrez»).

Desde entonces, desde ese ligamento entre el lenguaje de los tropos y el lenguaje cinematográfico, ha publicado dos novelas: *Mal negocio* (Hijos del Hule, 2006), sobre las relaciones sentimentales por internet («mi novio me dijo: "Hablas como una abogada". Pensé en sus palabras, por eso, en cierta manera, me apunté al cursillo de escritura»), y *El diablo en Santorini,* que pergeñó después de tres viajes al archipiélago griego, alguno de ellos con espeleólogos y coristas («en Santorini tuve la sensación de que allí dos vidas se solapaban: una en lo alto de la isla, con sus casitas apretujadas, como buscando el cielo azul, y luego las casas en las entrañas del volcán, en el infierno, que contrasta con el azul marino del mar»).

Azul.

Entrevista con Josep Maria Triginer Fernández,
autor de *Sociedad poscapitalista*

LA MELANCOLÍA

«Vale la pena ponerse del lado del caído.»

Lolita, comunista fiel, cree en la causa que defiende, en el Madrid de la preguerra civil. La pretende el reaccionario Juan Acosta, quien se estrella contra un muro de palabras bondadosas cosidas por el bies de la utopía. La frase la pronuncia en *Generaciones,* la trilogía de la historia contemporánea de España, el Premio Planeta ya fallecido Cristóbal Zaragoza, quien escribió unas novelas en las que nos vemos reflejados como lo que somos: peces grandes que mueren por la boca.

«Vale la pena ponerse del lado del caído. Sientes que tu vida tiene una justificación.»

Con este espíritu, Josep Maria Triginer Fernández (Agramunt, Lleida, 1943) se hizo socialista. Antes incluso de graduarse como ingeniero: «Soy de ciencias porque soy perfeccionista, pragmático y racionalista».

Uno de los padres del actual psc, con el que llegó a ser diputado y senador, Triginer ha publicado *Sociedad poscapitalista* (Ediciones Carena, 2014), manual de autoayuda para los pueblos que se han visto envueltos por la globalización sin que ni ellos se dieran cuenta. Aquí plantea el esenciero de sus temores, sus eversiones y sus dudas, plantados al tresbolillo, como aciertos: «Hoy no hay clase social capaz de tomar las riendas, ni institución que se erija como baluarte para una buena gestión. Se ha derrumbado todo, las ideologías han desaparecido. El único grupo coherente que permanece es el G-8».

Para evaluar en su justa medida los mensajes de *Sociedad poscapitalista* («el neocapitalismo ha enaltecido el papel instrumental del mercado hasta convertirlo en sujeto económico») hay que entender al autor, el personaje, la mente preclara que ha atesorado experiencias vitales, ha pacificado crisis de gobierno y ha pactado lo imposible.

¿Cuándo se hizo socialista Josep Maria Triginer?

«Mis padres tuvieron siete hijos. Vivíamos en Agramunt, de donde era mi padre, que se llamaba Prudenci, y que militó en ERC durante los años de la guerra. Si mi madre, Regina, identificaba el catalanismo con la montaña de Montserrat, mi padre se entusiasmaba cuando escuchaba *La santa espina»*, exhuma sus recuerdos Josep Maria, de grandes maxilares que ejecutan las oraciones después de haber pasado por una producción en cadena, como un taylorismo mental en el que los artículos determinantes se convierten en las clavijas de los nombres a los que van unidos. Alto como un molinillo quijotesco, epicúreo a su manera, de rasgos abocetados, viste pantalón de lanilla y chaqueta de pana y se cubre con un velo de piel blanca la región del paladar, de la que brotan las frascas de vino de los pensamientos, vino fuerte, afrutado y embriagador.

«Como era un crío ingobernable, me echaban de los colegios de curas, y más de una vez acabé castigado, de rodillas y con los brazos en cruz.»

Alumno del convento de escolapios de Bellpuig, del convento franciscano de Balaguer y de los jesuitas del colegio Sant Ignasi de Sarrià-Sant Gervasi, en Barcelona, por todos ellos pasó con más pena que gloria, y puestos los ojos en la miseria que vivía el país, que olía como el husmo de la carne, la miseria de quienes no llevan bandas de seda de color azul celeste.

Fue su padre, Prudenci, quien le despertó el gusanillo de la política, sin quererlo ni beberlo. Josep Maria solo recuerda la bofetada verbal que recibió cuando le pidió permiso para ir con los amigos a un campamento de las juventudes de Falange en el que se iba a hacer deporte. Él tenía ocho años. Su padre le gritó, con la potencia de los drones que vigilan las bases islámicas del Yemen: «Prefereixo veure't mort que amb aquesta púrria!».

A partir de ahí, el tanteo. En el verano de 1959, Triginer participó como voluntario en el campo de trabajo de Matlask, en Inglaterra, donde recogía fresas junto a unas compañeras deliciosas, habitantes del lugar. Dormían en los barracones de los hangares de la Segunda Guerra Mundial. Estas chicas le respondieron a una pregunta inocente sobre la catequesis y la religión: «Nuestra religión es la socialdemocracia».

De vuelta de ese verano caluroso, escamado de ilusiones, ya tenía la mosca tras la oreja. En el colegio mayor Alfonso Sala, en Terrassa, conoció a un joven inglés de su edad, Martin Stainforth, su verdadero mentor, que le introdujo en los conceptos marxistas del liberalismo burgués, la lucha de clases y el lumpemproletariado: «Él me hablaba del Partido Laborista y de su relación con los sindicatos, muy estrecha».

Y entonces, en un viaje en tren entre Terrassa y Tàrrega, en esos minitransiberianos de la Catalunya pobre y desguarnecida, sentado enfrente de Ramón Gutiérrez, el encargado del taller de su padre, se sondearon para ver hasta qué punto cada uno de los dos tiraba más de la lengua del otro, en una España oscura en la que las indiscreciones se pagaban caro. Ramón concertó una cita con *los cartagineros,* los socialistas de los astilleros de Cartagena que tuvieron que emigrar a Catalunya. La reunión tuvo lugar debajo del puente de Sant Adrià del Besòs. Y allí empezó el combate que encalabrinaría a los hombres y les daría ilusión para transformar en alegría esa miseria que apestaba.

«En 1960 entré en las Juventudes Socialistas. Todos los partidos eran difusos, no se distinguía entre amistad, compañerismo y compromiso. Incluso alguno se metía en la organización en busca de la panacea del amor libre. Aunque quedaban defraudados», contextualiza, con el tono desapasionado que le caracteriza y que aplatana, lamina y aburre a quienes nunca han soñado con el corazón. «En multitud de ocasiones he pasado la frontera con dinero y con monocopistas y máquinas de escribir IBM Selectric, que tenía un golpe uniforme y servía muy bien para reproducir los panfletos en ciclostil. Y asistí a numerosos cursillos sobre política, como uno en Noruega para formar agentes republicanos…»

Posteriormente, en 1961, Josep Maria Triginer se afiliaría al PSOE y a la UGT, pequeña familia de proscritos idealistas que no tenían ningún cargo, ajenos además a las prevaricaciones, la falsedad de documentos y la hipocresía de los imputados que frecuentemente ocupan las noticias de los periódicos en este nuevo siglo; incluso una sobrina de Francisco Franco militaba en la Federación Catalana del PSOE.

Así, por ejemplo, fraguó amistad con el padre del exlehendakari Patxi López, y conoció al sindicalista Nicolás Redondo en uno de esos congresos interminables, y supo quién era Javier Solana, que llegaría a ser secretario general de la OTAN, porque le enviaba mensualmente cinco mil pesetas, por giro, para mantener viva la organización en Catalunya y para sufragar los gastos hasta Toulouse (Francia), la capital española del exilio: «El primigenio Partido Socialista Francés, la Sección Francesa de la Internacional Obrera, nos cedió los locales donde estaban nuestras sedes. Se acuerdan de mí porque al primer cursillo de política al que asistí, en Toulouse, se me ocurrió preguntar si el partido socialista en España tenía la fuerza suficiente para echar a Franco. Me contestaron con un rotundo no».

Y estrechó amistad con Felipe González (con quien estuvo en Suresnes), con Joaquín Almunia (con quien llevaría a cabo la conversión industrial), con Joaquín Leguina (que le dijo: «no te promocionaron en su día porque, como no te han hecho ningún favor, tú no le debes nada a nadie»), con Juan Carlos I («escuchaba, atendía, se interesaba»), con Narcís Serra («el Rey se fijó en él como ministro de Defensa por lo bien que organizó el desfile de las Fuerzas Armadas en Barcelona, en junio de 1981»), con Joan Raventós («cuando conocí al grupo de neokeynesianos que le rodeaba, entre los cuales estaba Raimon Obiols, pensé: estos tíos están locos, tienen como modelo Yugoslavia»), con el sociólogo Salvador Giner («a quien más respeto»), con Rodolfo Llopis («le frecuentaba en las terrazas de las cafeterías de Toulouse»), con Pasqual Maragall («daba clases teóricas de marxismo-leninismo a jóvenes comunistas»), con Francisco Ramos («como jefe de Estado Mayor del XVIII Cuerpo del Ejército Popular, comandó las últimas tropas republicanas que cruzaron la frontera, en 1939»), con Josep Tarradellas («monárquico»), con muchos de los independentistas de última hora («yo siempre me he sentido orgulloso de representar al pueblo español, con el refrendo de las urnas»)…

Triginer fue uno de los firmantes de los Pactos de la Moncloa, que avalaron la Transición, el 25 de octubre de 1977, en Madrid.

Conociendo el pasado de Josep Maria Triginer, sabiendo sus orígenes, entendemos sus alifafes (a menudo repite: «El trabajo inútil conduce a la melancolía») y el porqué de sus afirmaciones en *Sociedad poscapitalista:* «La principal fuente de las desigualdades es el mercado».

Y porque vela por los demás, y el principio de igualdad rige en él, nunca ha creído en eso que hoy está tan de moda y se infla y se cotiza al alza, el ego: «Mis padres no se enteraron de que era socialista hasta bien entrados los años setenta, y porque leyeron una entrevista que me hicieron y que publicó *Interviú*».

Entrevista con José Vaccaro Ruiz, autor de *Conjura Gaudí*

LOS ARCANOS

Traficantes de favores, ilusionistas sin perdón, mujeriegos de postín.

Conservadores franquistas, lunáticos trotsquistas, calientasillas industriales.

Caraduras convincentes, paquidérmicos consejeros, políticos corruptos.

Corrupción, en una palabra. Del latín *corruptio, corruptionis* (putrefacción).

El escritor, arquitecto y abogado José Vaccaro Ruiz (Barcelona, 1945) se ha especializado en corrupción: procesos en los que nadie dimite, cuevas en las que se esconden quienes deberían dimitir, tejemanejes de los supuestos dimisionarios. Para darle forma a estos deliciosos bocadillos hechos de comisiones, José se ha puesto la escafandra y ha descendido a los arcanos de las alcantarillas del sistema. Ahí ha encontrado el material para sus novelas. La última, *Conjura Gaudí* (Ediciones Carena, 2016), en la que se plantea un atentado del Estado Islámico contra la Sagrada Família, y en la que los malos (agentes de la CIA) no son tan malos, y en la que los buenos (detectives), también son malos.

«*Conjura Gaudí* nace del cariño que siento por el maestro Antonio Gaudí, de quien lo aprendí todo de la mano de Joan Bassegoda, que ocupaba la cátedra Gaudí [Reial Càtedra Gaudí, de la Universitat Politècnica de

Catalunya]. Por otro lado, yo formé parte en su día de las manifestaciones que criticaban el paso del AVE por el tramo de la Sagrada Família [Estació de Sants-Urgell-La Pedrera-avenida de la Diagonal-Sagrada Família-avenida de la Meridiana-La Sagrera]. Y me opuse porque creo que es un desatino», frunce el ceño José Vaccaro, con la mirada penetrante de un halcón gris, con el entrecejo consumido por pensamientos de diversa índole, relacionados o no con el ejercicio de su «liberal profesión», y con la voz alcalina de Ed Sheeran, el *hit* en las bodas. «La solución a la que se ha llegado en la construcción del túnel del AVE no es la más acertada. Se han construido unos pilotes de hormigón para asegurar el monumento, un muro, una especie de pantalla. Esto, lo que hace, es frenar las corrientes de las aguas freáticas del subsuelo, con lo cual quedan retenidas por una barrera artificial, y esto puede acabar afectando, en un futuro, a los cimientos.»

A las preguntas cortas les suceden respuestas con punto final.

Reportero Jesús.—¿De qué le vino la idea de un atentado en la Sagrada Família?

José Vaccaro.—Es posible.

R. J.—¿Pesimista?

J. V.—Absolutamente.

R. J.—¿El futuro?

J. V.—No espero nada bueno del futuro.

R. J.—…

J. V.—Me explico: Cada vez hay mayor pobreza, y mayor dominio de los poderosos sobre los débiles. Estamos viviendo en una época negra, de ahí que me desenvuelva bien en el género negro: se trata de una época en la que los valores se degradan, en la que los referentes como la familia y la religión entran en crisis, con una sociedad sin responsabilidades… Nos estamos convirtiendo en robots, el lavado de cerebro ya funciona, se pierde la bonhomía… Ahora mismo estoy leyendo *María Antonieta,* de Stefan Zweig, y lo que ocurre ahora es lo mismo que ocurrió en la Revolución Francesa: a un periodo de euforia le sigue el terror.

«Podredumbre. Nepotismo. Favoritismo.»

El escritor José Vaccaro, aficionado desde pequeño al mecano, se sacó la carrera de Arquitectura por la Universitat de Barcelona, antes de que la crisis de 1979 le dejara a cuadros. La carrera de abogado la cursó, posteriormente, en la UNED. «Me faltaba una base de formación legal para interpretar bien los papeles sobre las plusvalías, las concesiones, las recalificaciones… En la arquitectura existe la figura del "conseguidor": alguien que consigue que el político de turno te firme unos papeles para hacer de un parque un bloque de edificios, por ejemplo», aclara con énfasis, algo que ya denunció en su novelita *Catalonia Paradís,* prologada por un psiquiatra.

Normal, estando como estamos en un país de locos.

Entrevista con Inongo-vi-Makomè, autor de *Akono y Belinga*

EL VIENTO Y LA TORTUGA

El viento y la tortuga: un cuento

El viento sacudió las hojas de los obeches, y las palmas de la selva montada, tronchadas de improviso, rieron con las cosquillas de los tallos. El viento, engreído, altanero, corpulento, vestía sus alas con preciosas diademas de ráfagas blancas. El viento, dichoso, vibrante, violento, se sentía invencible, y reinaba con plenos poderes sobre las costas y los montículos de la tierra quemada.

La tortuga salió del caparazón en el preciso instante en el que el viento declamaba el parte de guerra. La tortuga, con la lentitud de la pesadez mórbida, atribuía su sueño a la fuerza con la que el viento ladraba su locura, con los pelos de punta y la piel como escarpias. La tortuga se tomaba el viento a sorbos, descansaba a menudo, bailaba a cuatro patas y lustraba su caparazón en los intermedios de los días de sol y sin viento.

El viento y la tortuga se distanciaron tantos metros que se negaron el saludo. La culpa la tuvo el viento, que soplaba cuando la tortuga asomaba la cabeza y le azotaba en su calva morada de rostro incólume.

La tortuga había nacido en Lobe, en 1948, el poblado de las cataratas camerunesas. Los miembros de la familia de tortugas, de la tribu de los batanga, se arremolinaron junto al fuego para solicitar una pausa en la ventisca espoleada por el viento trastornado. Los padres de la tortuga se habían trasladado en los años prófugos a la vecina Guinea, a una finca de cacao, cerca del Pico Basilé y de las costas escarpadas de las playas de ojos verdes. La tortuga, a los 14 años, viajó a Malabo para atiborrarse de vegetales marinos. En los descansillos de los estudios ilógicos de bachillerato, que explicaban la historia de los hombres blancos del País de París, la tortuga sacó el pecho de su coraza y se consagró a la medicina, entendiendo que su deber como animal requería sanar los cuerpos de su hábitat.

En 1970, la tortuga decidió viajar a España.

Se zambulló en la espuma del mar, y cruzó el Estrecho montado en algo diferente a los cayucos, y jugó con dos delfines listados que le franquearon el paso y que le desearon suerte en la navegación sin carta, y en el Mediterráneo vaporoso y cálido atendió los ruegos de las medusas, que la pusieron en el rumbo adecuado para alcanzar el puerto de Valencia.

Allí, la tortuga se aplicó en los menesteres de su nuevo magisterio, y apenas si se había cubierto de yodo el espaldar, y había gastado sin compensación las agujas de los experimentos, cuando descubrió el poder de la escritura en los epigramas de Albert Camus y en el sanedrín de los sonámbulos franceses: «La literatura fue mi aventura. Mis maestros ocultos fueron los existencialistas y los cuentos africanos».

La tortuga cayó en un delirio de entradas y salidas al cuarto oscuro de las máquinas de escribir, y desde entonces emborronó cuartillas sin nombre con los números de página de los narradores de luna llena de Lobe, cuyas historias intentaba rescatar con ensayos de personajes dispares, aliviado por una nueva vocación alocada: «Me despertaba a menudo, y soñaba que escribía». Y se desvivía en un tormento purgado por los brebajes de los borradores: «De escribir para que no se me olvidara, pasé a escribir mis propias historias que no podía olvidar».

La tortuga leyó los cuentos de las ovejas y los galápagos y las eurídices, con metáforas y símbolos, y atiplaba la voz, embarrancada en el fango de las palabras desconocidas, para recomponer el África de su infancia: «Cuando los africanos contamos cuentos, cantamos», asegura. «La cultura negra africana son los cuentos, que lo son todo: historia, lengua, literatura, ética... Son nuestra enciclopedia, lo justo y lo injusto, la malo y lo bueno, el haz y el envés.»

En África, el cuento es el mundo del revés: «El cuento es el sabio que crea su mundo y que escribe una historia para el rey sin que este se dé cuenta de que, en realidad, le está criticando. El cuento africano es abierto; no obliga, aconseja».

La tortuga se trasladó a la Barcelona del Sur.

«Pedralbes no es para los negros».

Huyó de la realidad, de lo tangible, de la razón que se amarga a sí sola sin importale un comino los sentimientos de la magia chispeante: «La realidad es occidental. Como *Cenicienta,* la grandeza del cuento son las imágenes que saltan, el mundo grande y fantástico de la imaginación».

La tortuga anduvo algo deprimida porque sus piezas de teatro de pocos actos no se estrenaban como era debido.

Se convenció de los cuentos sobre los niños que salvan las aldeas de los demonios, y se convenció con este autorretrato que no es verdad: «Soy un pobre escritor desconocido».

La tortuga, inteligente, paciente, trabajadora, se propuso ganar la carrera contra el viento. La tortuga regresó a la bola africana.

«África padece una brutalidad terrible. Somos fuertes, pero caemos en las guerras. Nuestros tiranos son como los tiranos europeos, y Europa misma también es una dictadora que ahoga África. Occidente nos ha dado un nefasto complejo de inferioridad, y hemos olvidado nuestros cuentos, que antes cantábamos en las ceremonias, en los consejos, en las discusiones... Nuestro pueblo atraviesa una época de confusión. Hemos estado en coma mucho tiempo. Y despertamos con un traje que no era el nuestro. Corríamos sin saber adónde íbamos. Gritábamos: "¡Comunismo!", y nos levantábamos comunistas. Y corríamos, y gritábamos: "¡Capitalismo!", y nos levantábamos con el capitalismo. Y nos dábamos tortazos, y gritábamos por la democracia, pero con el tiempo ya hemos recordado de dónde venimos y, por lo tanto, quiénes somos. Estamos recobrando la memoria. Aún no tenemos la libertad de decidir, pero África hablará unida.»

La tortuga recordó el epitafio de los antepasados: «Todo pueblo que pierde sus raíces, flota», y se rearmó con los siglos enterrados: «África es un pueblo viejo. La Historia empezó en África».

La tortuga largó tiempo como si este fuera una estacha.

Había comprobado cómo el tiempo se compra en Occidente, y quería volver al tiempo pausado de sus orígenes, cuando las mañanas despejadas amanecían sin conquista y sin tiempo.

La tortuga adoptó la forma humana del cuentacuentos Inongo-vi-Makomè, que contó *Akono y Belinga. El muchacho negro que se transformó en gorila blanco* (Ediciones Carena, 2008), cuento de maldiciones y losas de decomisos que el viento, que había soplado embravecido, se tragó en su ventolera hasta que cejó en el empeñó de derribar las puertas y los chamizos. *Akono y Belinga* narra la leyenda de *Copito de Nieve,* el gorila blanco.

La tortuga había vencido al viento.

Inongo volvió al poblado de Lobe para descansar, y a los niños que le rodeaban como una bandada de gorriones les contó que antes de ser un narrador de historias imposibles y revoltosas había sido una tortuga.

CLXI

ENTREVISTA CON FELIPE VICENTE, AUTOR DE *EL ENIGMA DEL LABERINTO*

LA EDAD OSCURA

«Vivimos el final de la Edad Oscura, la Cuarta Era, la Edad de Hierro.» Felipe Vicente (Cáceres, 1965) vive en esa edad y en el segundo piso de una casa de escayola de Barcelona. Saluda cada mañana a su editor, a las 9 y a las 10 y a las 11. Ediciones Carena le publica una novela idónea para salir de la crisis económica que nos tiene atacados: *El enigma del laberinto* (Ediciones Carena, 2009), interpretación libre del mito griego del laberinto del minotauro. Firma como Felipe de Vicente aunque se llame Felipe Vicente.

La guitarra

De nuevo la noche ha caído
sobre los altos tejados.

Cavilando con una guitarra sin nombre por las hospitalarias callejas de solidaria cerveza de su Cáceres natal, un día que ni fu ni fa decidió entrar en la biblioteca, y allí se entretuvo unos minutos que acabaron siendo horas con un libro con más pictogramas que letras, distinto a los cómics de las hermanas Gilda, auténtico como los hermanos Young de AC/DC, eléctrico.

Aprendo yoga, del holandés André van Lyseveth, le reafirmó en el compromiso por el buen rollo global y las buenas vibraciones que desprenden los conservadores de los museos cuando no están de un humor de perros.

A lo largo de su vida, Felipe Vicente ha reunido material para dos discos, que se contraponen y se montan sexualmente, uno encima del otro: el primero con temas de rock («en la tradición lírica del rock urbano de los setenta que habla de la relación del ser humano con la sociedad que le rodea»), y el segundo con la música adecuada para la meditación, que él ha compuesto de sus experiencias con el kundalini yoga. «Es como un yoga activo que te conecta con tu propia esencia, con tu alma.»

La Nueva Era

«Aprendo las técnicas, un nuevo sistema filosófico y la cosmogonía que pretende reubicar al ser humano en el concepto de unidad con todo, porque el yoga es la unión de la conciencia individual y la conciencia universal. Ahora vivimos un cambio trascendente, la Nueva Era.»

Le digo que no lo entiendo mucho, y me lo explica:

«Trae un papel. Es muy sencillo y, además, está científicamente demostrado».

Arranco una hoja de mi libreta de notas y en ella dibuja un círculo negro del que salen los hilillos de plastelina del *Prestige*.

«Esto es el centro del universo, el centro de la Vía Láctea, el centro de todas las galaxias.»

El boceto carece de connotaciones políticas aunque por su forma recuerde un tetrasquel celta, el símbolo de los cuatro brazos en espiral unidos en un punto central.

«Y mucho más lejos, tenemos nuestra galaxia, expandiéndose, que se aleja mientras hace un movimiento de traslación. El sistema solar va haciendo un movimiento elíptico con el que se acerca y se aleja progresivamente del centro de la galaxia.»

Este movimiento se divide en cuatro etapas como cuatro estaciones. Técnica y espiritualmente, son cuatro Eras cósmicas, y cada una de ellas dura unos tropecientos mil millones de años, y mucho más. «Ahora estamos al final de la Cuarta Era, el Kali Yuga.»

La *Enciclopedia británica* que chorrea por su boca me da una descripción esotérica de este momento. Explica Felipe Vicente:

«Kali Yuga ha sido la Era en la que el ser humano ha adorado irremediablemente la vanidad de su propio ego, regido por una mente verdaderamente depredadora que bien se sintetiza en la famosa sentencia latina: *Homo lupus homini.* Para cualquier ser humano medianamente sensible e inteligente este hecho no puede pasar desapercibido, y verdaderamente lo tendremos muy mal si continuamos tratando de establecer nuestras relaciones desde este planteamiento depredador de la mente. La Nueva Era en la que estamos entrando en estos momentos requiere un sustancial cambio de conciencia y de manera de proceder. Una nueva sensibilidad que nos reconecte de nuevo con lo sagrado de la experiencia de la existencia y que nos devuelva a la armonía con la madre naturaleza; una nueva manera de relacionarnos con los bienes materiales y que, inevitablemente, tiene que pasar por un reparto muchísimo más justo y equitativo de la riqueza del planeta. Transformar y trascender esa polaridad dual de la mente que oscila sin reparos entre la luz y la oscuridad, para conectarnos con la más elevada consciencia del corazón».

«Y el Big Bang, ¿qué pinta aquí?», pregunto con curiosa incredulidad. La respuesta me disipa las dudas. Pues, resulta que no estaba chiflado: «En un principio, toda la materia estaba concentrada en un punto infinitesimal del tamaño de un átomo. Hizo ¡pam!, y a partir de ahí, los pedazos…».

El mito

Este escritor de formación autodidacta se confiesa admirador incondicional de autores tan dispares como Edgar Alan Poe, Jorge Luis Borges, Herman Hesse y Manuel Vázquez Montalbán.

Alquimia de sombra, autoeditado y «un poquito chapucero», es su primer poemario (2003), con brotes de amor y con el desamor de los matrimonios apagados, con versos intimistas de azucenas, y pesimistas y melancólicas pretensiones de «transformar las oscuridades interiores». «La segunda parte del poemario es más vitalista. Me conecto con el espíritu de la Nueva Era de la que te he hablado.»

Ahora trabaja en unas estrofas inéditas que, una vez antologadas, se titularán: *El arte de la libertad.*

Lo bueno, si breve...

Si se hubiera dejado guiar por Larsson, que Vicente no conoce ni le interesa lo más mínimo, habría titulado su obra *El enigma de los hombres que buscan con una cerilla y una estufa sin hallar una respuesta sensata al sinsentido de la vida.* Pero lo ha cambiado por este otro: *El enigma del laberinto.*

Se trata de una interpretación del mito griego del Minotauro, protagonizado por Teseo Pitt y Ariadna Jolie.

«En esta obra un ciudadano de este siglo, angustiado, que trabaja en un sitio que no le motiva, cegado por el miedo, absorbido por la vanidad, alimentado de la basura psicológica, se pierde en el laberinto de su propia mente. Muestro la cara salvaje de la bestia humana. El moderno Teseo del siglo XXI tiene que afrontar la peripecia de enfrentarse al Minotauro y de tratar de desmontar el imponente laberinto que ha acabado aprisionando a la propia civilización humana. Es un libro en el que replanteo el necesario cambio de paradigma y de conciencia que inevitablemente tiene que asumir la especie humana para salir del complicado atolladero existencial al que nos ha llevado la evolución de la historia. Se trata, en definitiva, de trasformar el patrón dual de la mente, que oscila en los polos de los consciente y lo inconsciente, para asumir el planteamiento de Unidad, tal y como lo han expuesto durante siglos las ancestrales místicas de todos los tiempos, y tal y como lo plantean actualmente los modelos científicos más vanguardistas, en concreto, el propuesto por la física cuántica.»

Al laberinto se puede viajar sin tener que reservar billete.

«El laberinto es el mundo onírico, los sueños y la fantasía. Es una obra, como la propia condición existencial del ser humano, que se desenvuelve en un contexto multidimensional, que va desde lo simbólicamente onírico a lo puramente fantástico abriendo esporádicas puertas en el flujo de lo cotidiano. Es una novela que habla de transformación, y que se ofrece como una herramienta con la que favorecer unas nuevas perspectivas de reflexión que puedan enriquecer nuestro entendimiento sobre la condición humana y el eterno sentido de la existencia, en este trascendente momento de cambio de era astrológica. El planteamiento esencial de *El enigma...* va quedando muy claro a lo largo de la lectura, y se puede condensar en las siguientes máximas: "el mundo exterior es espejo y reflejo de la realidad interior" y "el peor enemigo de cualquier ser humano puede estar dentro de sí mismo".»

Felipe Vicente define *El enigma del laberinto* como un cuento muy largo dentro de una novela muy corta.

Y no le falta razón ni espacio.

CLXII

Entrevista con José García Vicente,
autor de *El destino de las moiras*

LA PATRIA

«Es mi patria, en el sentido más auténtico de la palabra *patria:* el lugar donde has nacido, donde se han educado tus actos reflejos, donde has aprendido que los demás existen, y en qué medida son amenazadores o en qué medida son propicios. Donde has aprendido una serie de códigos de conducta, no solo lingüísticos, sino de todo tipo, y también a detectar sistemas de señales por los que sientes que perteneces a ese territorio más que a ningún otro. A medida que racionalizas todo eso y haces tuya aquella afirmación de Saint-Exupéry, que decía "yo soy del país de mi infancia", pues la infancia es un territorio físico, emocional, y Barcelona es eso para mí.»

Lo dice Manuel Vázquez Montalbán *(Memoria y deseo)* en una entrevista que le hizo Lucía Iglesias Kuntz, en el 2007.

El destino de las moiras (Ediciones Carena, 2015) es una novela sin patrias. Por eso es una novela negra. Las patrias son para las banderas, y en la narrativa, los personajes, en sí mismos, se pueden considerar países enteros con su simbología y su desgobierno, sobre todo, su desgobierno.

José García Vicente (Barcelona, 1971) es un chico que nació en La Sagrera, en el distrito de Sant Andreu.

Vázquez Montalbán se crio en el Raval, en Ciutat Vella.

Las historias truculentas con final sin final han sido para los dos una especie de sustento, un capazo de pan en época de carestía, el proyecto de un viaje sin mareas.

José García lleva una *vida plena,* y ha hecho lo que se supone que cabe en estas dos palabras mediterráneas: ha crecido, con cuatro juguetes que no son videojuegos; ha estudiado una carrera porque sus padres se deslomaron para tal fin –la carrera de marras, Telecomunicaciones: «Nos mintieron, no eran tan guay como parecía que fuera»–; se casó con una arquitecta que se ha tenido que reinventar –la crisis económica y social del Big Crap, se entiende– y no se sabe si habrá plantado un árbol.

Pero sí que ha escrito un libro.

El destino de las moiras, novela negra con los ingredientes clásicos del asesinato macabro, se alimenta de sus precedentes, la nocilla que a José le dio fuerzas en sus añitos de tardes de Cluedo: *Los cinco,* de Enid Blyton; *La verdad sobre el caso Savolta,* de Eduardo Mendoza; *Mecanoscrito del segundo origen,* de Manuel de Pedrolo; *El hombre inquieto,* de Henning Mankell, etcétera.

«Son interesantes estos libros, porque diseccionan la sociedad y ayudan a conocerla mejor desde dentro, y uno se da cuenta de que los buenos no son tan buenos ni los malos, tan malos», repone, con una mueca que podría significar un dolor agudo o un guiño a la maldad o una puerta abierta a segundas partes. «El asesino tendrá sus motivos para matar, para llevar a cabo sus atrocidades.»

El destino de las moiras recoge el guante de la contemporaneidad, y la atención, en parte, se pone sobre internet, sobre las relaciones sociales que se establecen en un espacio no físico, en un no espacio: «En la Red no es todo inofensivo. Los malos se esconden allí, allí se refugian. Internet es un mundo de oportunidades y riesgos, como la energía nuclear: según en qué manos caiga… No todo es seguro, tiene sus debilidades, y no ves la cara del otro, puede ser cualquiera que tengas delante y que no lo sepas».

La patria es un estado de ánimo, y un círculo familiar, es decir, un prolongado estar con quienes te quieren y te hacen bien.

Eso es la patria.

Esta obra tiene mucho de patriótico, enigmáticamente patriótico.

No es casualidad que el seudónimo de José García Vicente, con el que en un principio estaba firmado *El destino de las moiras,* fuese el nombre de su madre, recientemente fallecida.

A su madre.

Teresa.

CLXIII

Entrevista con Luis Viejo, autor de *Ausencias*

UNA CUERDA

La cuerda de la ropa con pinzas desoladas, como golondrinas que se posan en el tendido eléctrico. La portada de *Ausencias* invita a la calma, a la reflexión, a la introspección y a saltar por la ventana al mar abierto como una metáfora acrobática. El escritor Luis Viejo (Brihuega, Guadalajara, 1975), de ojos verdes, corazón de marmita y pausados andares, ha puesto a tender los poemas como si fuesen barro expuesto al sol. Acaba de publicar el poemario *Ausencias* (Ediciones Carena, 2012), conjunto de noches honestas y destinos, versos conjugados en octosílabos y en verso libre, suelto y blanco (*«como un eco exiliado / y cegado. / Somos, tú y yo, el único / presente indomable»*).

Su hermano Celestino vende ejemplares del libro en la carnicería que regenta y que lleva su nombre. Colgados con los embutidos y las paletillas, la producción lírica de Luis se difunde y se cura.

Una señora entra en la carnicería Celestino Viejo y pide que le despiece el cuarto delantero de ternera de Ávila. La señora, con un monedero taco como el que lleva el abuelo de *Siete trenes* –novela de Juan Manuel González Lianes–, paga con gusto lo que al día siguiente, en la mesa, acompañará con una ensalada de aceitunas marinadas.

Celestino.—¿No querrá también un lomo de *Ausencias*?

Antes de vender *Ausencias* en su establecimiento, «como el viento de penumbra, veloz y ágil», Celestino vendía los primeros libros autoeditados de su hermano, *Verbum* (2003) y *Tras la ventana* (2007).

Luego, le quitaron de las manos la novela ambientada en Birmingham (Inglaterra) *La voz de Terry Kidman* (Ediciones Libertarias, 2011). El fiscal Mackenzie, que se presentaba a las elecciones como primer ministro por el partido conservador, descubrió la voz de Terry Kidman, voz que utilizaría contra su contrincante, el liberal Sullivan Lower.

«Yo también he estado a punto de crear un partido político, y no lo descarto en el futuro. No sé cómo se hubiera llamado, pero sí que estaría comprometido con el presente. La mayoría de políticos no tiene escrúpulos, y eso se tiene que acabar», desgalicha, como los hilos que se descosen de una prenda raída. «La inquietud artística me la despertó una amiga portuguesa que se llamaba Elsa, que me regaló un bloc de notas y una caja de acuarelas. Desde entonces, escribo y pinto.»

Luis Viejo, educador social, trabaja con chavales en peligro de exclusión social, la mayoría de ellos procedentes de la inmigración. Luis llegó a Barcelona hace siete años, y se enamoró de la ciudad y de sus contrastes: «Salir del Gòtic, sucio de orines y grafiteado, y subir por l'Eixample, con casas modernistas, refleja las diversas caras que tiene Barcelona».

Ahora está escribiendo *Los hijos del tabernáculo,* obra sobre la que le da vueltas desde hace un año. «Es la historia de un adolescente afgano que se pasa horas en el chat», resume, convencido de la rectitud de la trocha por la que se encamina. «Sobre todo, es una confrontación entre dos mundos, la ciudad en la que vive, Barcelona, y su ciudad de origen, Dacca. El protagonista se debate entre la lectura del Corán y salvar la soledad a través de encuentros, que únicamente le causan más soledad.»

Desgarro con uñas y dientes, la tierra,
en busca de mis bienaventuranzas,
tal vez, no quede nada, solo la esperanza.

CLXIV

EL GRAN DICTADOR

«Traeré sobre ellos el mal y el ardor de mi ira.»

La guerra total la profetizó Jeremías *(Libro de las lamentaciones):* dolor apocalíptico, violento dolor, dolor desencadenado. La Segunda Guerra Mundial se materializó en la sangre de más de sesenta millones de muertos. Charles Chaplin parodió el absurdo para filmar *El gran dictador* (1940). Para la naturópata Georgina Vila (Igualada, Barcelona, 1980), El Gran Dictador no es Hitler, sino el «padre de todos los dictadores», y lo llevamos dentro cada uno de nosotros. Publica *La dualidad interior* (Ediciones Carena, 2016).

«¿Qué es El Gran Dictador? Son nuestros propios demonios, patrones que se repiten a menudo, y según qué pensamientos negativos… Por ejemplo, la rigidez moral y el perfeccionismo, que te pueden esclavizar», define esta mujer de rasgos árabes, corazón inmenso y recargada de energía catódica como si fuera la prima de Supermán, Kara Zor. «Todos tenemos un niño interior, y la clave es no desconectar nunca de ese niño.»

El niño es sinónimo de aspiraciones, ilusiones y diversiones. Y la autora no lo infravalora: «Son los grandes maestros, con capacidad e inteligencia emocional extraordinarios». Su hijo, Unai (2008), entraría en esta descripción.

La adolescencia de Georgina Vila fue complicada, una miniguerra a escala igualadina («fui una chica muy rebelde»). Pero como su infancia fue tremendamente feliz, ahora ha hallado el sosiego, el punto de *break,* la paz del oficio. Con consulta propia, se ha abierto camino en el trillado mundo de las terapias alternativas. Pero le ha dado una vuelta y de la combinación de la psicología+kinesiología+ying & yang ha configurado un manual que da un salto cualitativo en los estantes en los que se clasifican los panfletos de autoayuda, sobre espiritualidad y crecimiento personal. La terapia pergeñada por Georgina se basa en la experiencia de años intentando encontrarse a sí misma a la vez que intentaba ayudar a los demás. Lo uno sin lo otro, inútil.

«Yo siempre digo que para que la persona siga avanzando ha de encontrar un equilibrio, un punto medio entre las diferentes fuerzas del yo. En mi sala de consulta he recibido muchos casos de gente con problemas de ansiedad y de extrés que no saben gestionar los asuntos cotidianos que les agobian y por eso recurren a las pastillas.»

El interés de Georgina por el conocimiento humano proviene de su familia. En la saga de los Vila, su abuelo y su padre –los dos llamados Pere– han sido zahoríes, «técnica que se aprende después de muchos años de indagación».

Su padre, Pere Vila (www.perevila.es), creó la asociación Geonatura («universo multifuncional y holográfico»), mezcla de *feng shui,* geobiología y acupuntura.

Su hija, Georgina, tuvo una corazonada justo a tiempo, prácticamente en la cola de matriculación para cursar los estudios de jardín de infancia. «Me paré, medité un segundo y me dije: "Yo quiero hacer otra cosa"», recuerda. Y efectivamente, las flores de Bach ya la habían perfumado lo suficiente como para que se dejara atrapar por la naturopatía (reiki, osteopatía, reflexología podal...).

«Yo quería saberlo todo, entenderlo todo, y me hacía muchas preguntas. De hecho, este libro es el resultado de esas preguntas. Incluso llegué a iniciar la carrera de Medicina, con ese afán de descubrir lo que ocurre dentro de cada uno de nosotros», atiende.

Formada en el Institut Guxens d'Estudis i Investigació en Medicina Natural *(«Aprender las leyes de la salud y la vida»),* se puede decir que la «curiosa innata» Georgina Vila se ha desprendido del ego, ha huido del superyó, ha puesto en orden su subconsciente, su inconsciencia y su preconsciente...

Y ha matado los dictadores. O está en ello.

CLXV

Entrevista con Mercedes Vilanova, autora de *El mago y la reina*

LA PALABRA ESCRITA

La palabra puede ser *espera*. Puede ser *calendario*. Puede ser *congratulación*. Y *pie* y *Sevilla* y *servilleta*.

La palabra escrita es la palabra que valida. Aun hoy, prevalece la palabra, incluso después de los adelantos tecnológicos en macroprocesadores Pentium Dual-Core, después del lanzamiento de los cohetes Ariane que surcan el cielo y después de las presentaciones de los modelos de iPhone XS, XS Max y XR.

«La creación más importante de la humanidad es el alfabeto, y luego se inventaría la imprenta, y luego las rotativas y, a partir de aquí, se ha podido acumular saber escrito, que si no es escrito no es saber», confirma la historiadora Mercedes Vilanova (Barcelona, 1936), que acaba de publicar la novela sin complejos *El mago y la reina* (Ediciones Carena, 2018; *«se despidió de la tierra con un sentimiento de olvido»*), tras un ensayo con tintes biográficos, *La palabra y el poder* (Ediciones Carena, 2016; *«las mayorías participaban para perder menos, nunca para ganar»*). Termina así su exhortación sobre la preeminencia de la palabra: «A partir del descubrimiento de que ya no hacen falta los copistas, la vida no ha vuelto a ser la misma».

Canción. Comadreja. Aparejo.

De estatura media (entre alta y baja, sin detalles), de vitalidad desbordante que se ríe de los potingues para una juventud eterna (mejunjes como los *«péptidos de colágeno hidrolizado»)*, de resuelta autonomía, Mercedes ha conseguido domeñar el mundo, repitiéndose a sí misma que el mundo es un avión sin piloto.

De vuelta de todo, Mercedes Vilanova es un verso suelto de Celaya, aquel poeta de palabras dadas *(«Lo normal es vivir, / y respirar, y andar / y, a ratos sueltos, pensar»)*. La cartografía de su rostro proporciona los datos geográficos indispensables para leer el siglo xx. Muchas de sus arrugas corresponden a pesares que un día fueron sufridos y vencidos en duelo. Y otras tantas corresponden a las diferentes rayas del saber («lo que más valoro es el conocimiento, la inteligencia, que pueda aprender. Y valoro la sinceridad. Y creo en la amistad»).

Por tal motivo inició estudios de medicina, química y semíticas.

«Lo precioso es profundizar en algo, verlo en un microscopio», apercibe. «De ahí que sepa por qué fracasó la revolución anarquista del 36.»

Al poco de nacer, Mercedes acabó instalada en L'Escala (Girona), en cuyo mar aprendió a nadar antes que a gatear.

Puesto que ella creció con el arrullo de las olas, no podría haber escrito *El cuaderno del mar. Visión de unos niños que no lo han visto,* del maestro republicano Antonio Benaiges.

«No tengo el recuerdo de la primera vez que vi el mar, porque siempre estuvo ahí», repara. Para ella, el mar es la vida. El todo. Lo verdadero.

En su familia los irreconciliables bandos ideológicos han encontrado acomodo: por un lado, un abuelo autonomista y republicano, y por otro lado, el hermano de su madre fue uno de los fundadores de Falange.

Es consciente de su suerte: «Yo sé que soy una privilegiada, por el mar, por la cultura a la que he tenido acceso, por la familia…».

Por eso ha hecho lo que le ha dado la gana, y por eso ha pagado «un alto precio».

Por eso quizás se ha dedicado, entre otras cosas, a los «invisibles», a los pobres, a los pobres de entre los pobres. Y les pone rostro: «Las mujeres solteras del servicio doméstico eran las más pobres». Y si eran analfabetas, su condición se resentía. Y si eran mujeres solteras del servicio doméstico analfabetas y excluidas, no había quien las salvara: «La exclusión es la peor de las pobrezas».

Por eso se doctoró en la carrera de Historia, para entender los porqués y recomponer las cerámicas rotas de un pasado tan cercano y tan lejano como su recuerdo.

Una conversación de una hora con Mercedes puede llegar a ser la constatación de aquello que introdujo Séneca en *Sobre la brevedad de la vida* hace más de dos mil años: «Nuestra edad tiene mucha latitud para los que usaren bien de ella».

Supongamos que disponemos de esa hora de conversación, a pesar de las lluvias de septiembre.

El camino trazado de la charla podría ser este, en un avance y retroceso de asuntos pendientes y actualidad general, atrás y adelante, adelante y atrás. En esa hora con Mercedes Vilanova se hablaría de lo siguiente:

Atrás. De las cargas policiales contra los estudiantes universitarios en 1956 («supe lo que era la represión y pasé a la clandestinidad, ligada al Front Obrer de Catalunya») a la fe en la izquierda («me creí la revolución, creí en el desarrollo de la civilización»).

Adelante. De la utopía comunista al satélite Sputnik, producto de la Guerra Fría («yo quería ser buena, estuve con el Padre Lebret», por el religioso francés Louis-Joseph Lebret, adalid de los países del tercer mundo).

Atrás. De la Guerra Fría a la revolución digital («la gramática y las matemáticas siguen siendo fundamentales»).

Adelante. De la revolución digital (Apple media) al filósofo Arthur Schopenhauer, que era más budista que pesimista («él decía que al final de la vida hay un hilo, un destino»).

Atrás. De Schopenhauer a la manifestación feminista del 8 de marzo del 2018, el Gran Salto (pregunta directa: «¿fuiste?». Respuesta breve: «claro»). Complemento: «estas mujeres ministras [del actual Gobierno del socialista Pedro Sánchez] no son meros floreros, están informadísimas. Eso en mi época no existía, nosotras no podíamos ni tener una cuenta bancaria. Yo podría haber sido otra cosa de joven...».

Adelante. De las flores sin florero al recuerdo de los maestros: el historiador Joan Reglà (discípulo de Jaume Vicens Vives), el historiador Jaume Vicens Vives (discípulo de Pedro Bosch Gimpera) y el dermatólogo Xavier Vilanova, su padre. «Decidí que yo no iba a ser un epígono y que no iba a formar parte de una escuela, porque aquí siempre hay un mandarín», resuelve. «Además, en los grupos hay mucho amiguismo.»

Atrás. De los hombres y las mujeres que a ella le enseñaron a los viajes que realizó sola (la vuelta al mundo cuando era una adolescente, durante la Guerra de Corea, en los cincuenta).

Adelante. De la Guerra de Corea a la revolución otra vez («es casi una obligación creer en ella»).

Atrás. De la revolución al capitalismo («algo satánico, porque se ha dedicado a hacer el mal y se sirve del entendimiento de otros»).

Adelante. Del capitalismo al estudio, la docencia y la investigación, a los que les ha dedicado los últimos cuarenta años: ha dado clases en París, en Boston, en Cambridge... Y da miedo seguir hablando. Si sale a relucir la guerra de Siria (desde el 2011), apuntará: «En Sarajevo vi odio. Pero he visto la fanatización en Siria. Lo sé porque he dado clases en Damasco...».

Ella proporciona los titulares: «La universidad ha hecho posible que yo fuera todo lo que he querido ser» y «La universidad me ha mantenido siempre despierta, al día».

Atrás. De la universidad y el contacto con los alumnos a la momia de Francisco Franco («no quiero oír ni hablar de ella»).

Adelante. Del dictador al terrorismo («negocio que mueve mucho dinero»).

Atrás. Del terrorismo al movimiento 15-M («lo aplaudí, fue maravilloso, e hizo que cayera el Rey», por la abdicación de Juan Carlos I, en el 2014).

Adelante. Del 15-M a las «camareras de hotel», las kellys («es una explotación permitida»).

Atrás. De las kellys, y de nuevo, al «capitalismo salvaje» («se le puede combatir»).

Atrás y adelante.

Imposible clasificar a Mercedes Vilanova. Tampoco se dejaría.

Este esquema se repite a menudo:

Reportero Jesús.—Tienes razón.

Mercedes Vilanova.—Yo no quiero tener razón.

Y los oxímoron fluyen sin estridencias, como las aletas dorsales en un pez gato:

«El mundo es horrible y es fantástico» y «si volviera al principio me replantearía lo de ser madre, pero quiero a mis nietos» y «no existe, pero lo tendría que pensar».

Viajada («he estado en el Amazonas y he visto cómo robaban a las niñas»).

Leída (*Redes de indignación y esperanza. Los movimientos sociales en la era de internet*, del sociólogo Manuel Castells).

Fogueada (ha colaborado con el Telèfon de l'Esperança; repite: «estoy en las trincheras»).

La historiadora y catedrática de la Universitat de Barcelona Mercedes Vilanova se ha desclasado («ya no veo lucha de clases»), pero ha ganado en felicidad («ser feliz es quedarse en la base, militar»).

Cabos sueltos de la entrevista:

¿Por qué fracasó la revolución del 36?

«Porque no sabían ni leer.»

¿Cómo se vence al capital?

«Con la ecología, con el feminismo y con…, no me acuerdo de lo tercero.»

¿Qué habría querido ser si no hubiera escogido Historia?

«Periodista, directora del *Times*.»

Congratulación. Espera. Calendario.

Entrevista con Marcos Vilaseca, autor de *Escritos mínimos*

MINIMALISMO

Minimalismo, del inglés *minimal art.* Corriente artística que utiliza elementos mínimos y básicos, como colores puros, formas geométricas simples, tejidos naturales, lenguaje sencillo, etcétera.

La Real Academia Española es parca en palabras para su definición de *minimalismo,* una de las corrientes artísticas del siglo xx que más adeptos ha ganado en cualquier campo de creación. En el de la escultura, el estadounidense Donald Judd; en el de la pintura, Antoni Tàpies; en el de la música, el inglés Michael Nyman… Y en el de la escritura, el barcelonés Marcos Vilaseca (1978), que con su novela *Escritos mínimos* (Ediciones Carena, 2012) ha experimentado con la literatura y con su verdadera profesión, la arquitectura (minimalista), oficio que trata de aunar cálculo y estética.

«Morgan tenía un grave problema: era incapaz de acabar cualquier escrito que comenzaba.»

Con esta frase, Marcos, con gafas ligeras y con media barba de pensador incrédulo, da inicio a la que es su primera obra concluida.

«En el fondo, mi *alter ego* en este libro es el protagonista, Morgan, que busca un sitio en el mundo», conversa, y se atribuye a sí mismo las cualidades ascéticas de la corriente que propugna y que ha envidiado en sus años de formación universitaria. Marcos bebe cerveza del gollete de la botella (se desprende del vaso) y se líe un cigarro y saliva el papel de fumar (la cajetilla, innecesaria). «A mí los arquitectos que más me han influido son los que más discretos se han mantenido, lo que es una virtud. Desde que acabé la Facultad, no leo revistas especializadas en arquitectura, pero sigo admirando a Josep Llinás, un referente, el creador de la Biblioteca Jaume Fuster, en Lesseps.»

Otro de los coetáneos cuyo trabajo valora es Rafael Moneo, quien amplió el Museo del Prado, «y que no es un [Santiago] Calatrava, ese Flash Gordon del oficio».

El autor de *Escritos mínimos* ha construido su novela como si de una casa consistorial se tratase, piedra a piedra, con el cemento de los conceptos justos (esenciales) y con los ladrillos de la yuxtaposición (escasos).

«Escribir es un trabajo descomunal. Cuando escucho un "yo eso también lo haría", pienso: muy bien, hazlo. Y no sabes qué vas a escribir hasta que lo escribes. La primera parte de la obra me la pasé intentando darle un contrapunto femenino al protagonista, hasta que di con Lea, su pareja, un personaje que fue adquiriendo fuerza y carácter y que, finalmente, decidí suprimir. Así, la segunda parte se inicia así: "Cuando despertó, Lea no estaba a su lado". Pero luego vi que la tensión caía, y estuve rompiéndome la cabeza para hacerla resurgir», arguye Marcos, que se siente atraído secularmente por la estructura narrativa del gran Enrique Vila-Matas, con sus aires de Dylan; del «cojonudamente rebueno» Norman Mailer, que, al igual que Marcos, se enamoró de la temeridad del boxeo, y de Paul Auster («es un tío que da al lector lo que quiere, una historia mínimamente divertida»).

Historia mínimamente divertida.

Escrita mínimamente.

CLXVII

Entrevista con José Luis Villar, autor de *La voz del alma*

HOY Y AHORA

Un hombre vagaba por los parajes deshabitados de los villorrios de Andalucía y, en su penar, bordoneaba en un estado de insufrible necesidad interior, como alejado de sí mismo e intrincado en los arrabales de los pensamientos disolutos, caóticos y desordenados.

José Luis Villar, quien hoy ejerce la autoridad como policía local de Jaén, es este hombre, sobrio, arconte, infinito. Nacido en Torreperogil, en 1968, el año de los tumultos irrefrenables, José Luis se fue de casa para escaparse con los chamanes andinos en un país extraño del que nunca se supo y del que apenas volvió como era, transformado por las bofetadas del solecismo más salvaje de las fuerzas naturales: «me considero una célula más de la naturaleza».

«A los 19 años me fui a Valencia. En principio, para trabajar en una hidroeléctrica, pero me junté con unos chamanes de Bolivia que profesaban el culto a la naturaleza como forma sagrada, y me fui con ellos.»

Para dar respuesta a las preguntas, para exponer las respuestas de las carreteras transversales que han recorrido los sentimientos en el espacio que duró su viaje iniciático sin salir de España, José Luis ha escrito dos libros de autoayuda, siendo el segundo la continuación del primero: *Mensaje desde el silencio* y *La voz del alma*. Editados por la Caja Rural de Jaén y Ediciones

Carena (2009), respectivamente, y con fotografías de la sierra de Cazorla tomadas por el autor, en ellos se descorchan las experiencias espirituales, los aforismos del placer y las rayuelas de los ríos revueltos por las tragedias que cada uno, en su inaccesibilidad, sufre a su modo en una procesión que va por dentro. José Luis está trabajando en una tercera obra, que completará una trilogía que él ha llamado *Senderos del corazón*.

«He leído al Dalai Lama y a los lamaístas; he leído la filosofía zen y a los zenistas, con su profundización meditativa; he leído el hinduismo y a los hinduistas; he leído las *Cartas morales a Lucilio*, de Séneca; he leído *A sí mismo*, de Marco Aurelio *(«solo se pierde el presente, ya que es lo único que se tiene»)*; he leído sobre ambientaciones y comunas; he leído a Rabindranath Tagore y su reforma cultural, y a Khalil Gibran y sus jardines de frases, poetas que te elevan y que buscan el equilibrio interior… Pero me faltaba algo, y en ninguna obra de la literatura universal hallaba la inspiración. Pensaba que esa no era mi trinchera. Por eso escribí estos libros, para volver a mí, para darme ánimos, para aclararme.»

Aquello por lo que José Luis se interrogaba tenía mucho que ver con las lapidaciones mentales de los meditadores jesuitas, puesto que de sus reflexiones se desprendían más cabos sueltos que apéndices cerrados con un punto final: «Me preguntaba por qué estamos aquí. Mi mente nunca se ha conformado con lo que nos han contado. Mi inspiración es la naturaleza. La inteligencia y la sabiduría de la naturaleza es la evolución. No lo llamo Dios, lo llamo Vida».

Se preguntaba sobre lo mismo a lo que el griego Epicuro, el persa Zoroastro y los gallegos Siniestro Total han intentado dar respuesta, valiéndose del estilete de la benevolencia:

¿Qué son, en realidad, los pensamientos? ¿Qué nos alienta? ¿Qué nos infunde ánimo? ¿Qué da color a nuestras vidas? ¿Cuál es la ilusión duradera? ¿De dónde surge el amor? ¿De dónde la compasión? ¿Por qué estamos unidos? ¿Por qué sufrimos al ver sufrir?

«En el día a día, te llenas de tantas cosas, que te alejas de todo, que te apartas de la naturaleza, la madre.»

¿Quién dirige nuestras vidas? ¿Qué energía florece en el alma y se expresa en la mirada? ¿Quiénes son nuestros hermanos?

«La escritura de *Mensaje desde el silencio* y *La voz del alma* va dirigida al corazón —el motor que mueve la rueda que hace que te ilusiones y te motives—, pasando por la mente, el timón. No son pajas mentales.»

¿Quiénes son nuestros maestros? ¿Es la luz la principal energía?

A José Luis Villar le ha sorprendido el éxito, y sabe relativizar la fama mediática («en el pueblo los paisanos me paran por la calle, me llaman El Poeta») con un tirón de orejas a quienes mueven los hilos en las altas esferas. «La crisis financiera actual es el dedo que nos señala el camino. Toda ascensión supone una fuerza. Por lo tanto, la sociedad ha de cambiar para mejor. Hay gente que aún no sabe cómo afrontar este reto, pero con sus fallos, sus errores y sus debilidades, que son mis fallos, mis errores y mis debilidades, se puede recorrer el camino.»

¿El amor mueve la luz? ¿Surgió la comprensión del sufrimiento? ¿Por qué no valoramos lo que tenemos hasta que lo perdemos?

Su mujer, su apoyo

Un hombre vivía con una mujer que no se interesaba por la posición de los planetas y su connivencia con el signo zodiacal, sino por la existencia de otros seres inteligentes más allá de nuestra anodina galaxia sideral.

«Fue ella quien me insistió para que lo publicara, y me calentó la cabeza: "Esto no puede quedarse en la mesita de noche", me repetía.»

Con esa mujer se casa este mayo. Será una ceremonia civil en una capilla situada en la pineda de Cerro Puerta, en Jaén.

«Respeto el cristianismo, como cualquier otra religión, las cuales, en esencia, vienen a ser lo mismo, aunque con diferentes formas. Para mí, las religiones son muletas. Y eso que he sido bautizado. Mi padre me apoya. En mi filosofía nadie enseña nada a nadie: cada uno reconoce en su interior lo que es verdad o mentira, lo que le sirve o lo que le deja de servir.»

¿Por qué los recuerdos llegan a oprimir tanto un corazón?

La ideología de la naturaleza de José Luis Villar, el policía justo, respetuoso y bueno, ha sepultado a los adivinos andinos con quienes se fue de acampada a las plazas mayores de las aldeas sin placa: «Yo creo que la gente quiere seguir, cada uno, su propia tendencia. Ya no valen los patrones de antes, los grupos homogéneos en los que no se convence ni se comparte. Cada uno quiere descubrir su propia verdad, lo que, por otro lado, es perfecto. La gente ya no quiere seguir a los líderes de antes. Hay una sensación de falsa unidad en muchas creencias, y, por supuesto, si se basan en el rechazo del otro, del diferente, fallan estrepitosamente».

Mi conversación con José Luis Villar evidencia lo anterior.

Reportero Jesús.—¿Qué son los pensamientos, que no me lo has dicho?

José Luis Villar.—Los pensamientos alimentan los deseos, engañan con artimañas y se disfrazan con velos y astucias, escondiendo la verdad que subyace debajo de cada intención.

R. J.—¿Qué hago cuando quiero cambiar de aires y mandarlo todo a paseo?

J. L. V.—Cuando una persona quiere andar, deja las muletas.

R. J.—Y ¿si me equivoco?

J. L. V.—Se han de aceptar los acontecimientos y aprender de ellos. La persona más madura es la que menos se altera, la más invulnerable.

R. J.—Lo digo porque el patio laboral está fatal...

J. L. V.—La mayor libertad del hombre en la vida es la de encajar aquello que le sucede: los malos momentos, la crisis económica, el fallecimiento de los amigos... Se trata de vivir hoy, aquí, con esto, con lo que tengo, con lo que soy hoy y ahora. Mañana, no sé qué será.

CLXVIII

Entrevista con Emilio Vivar,
autor de *Los anónimos de la Guerra de Cuba*

EL DESASTRE

Viernes 18 de diciembre del 2009, en Ediciones Carena

El autor de *Los anónimos de la Guerra de Cuba* (Ediciones Carena, 2010), Emilio Vivar, abrió la puerta menos despabilado que yo, amodorrado detrás de un ordenador con servidor nuevo. «Simplemente, el que había cayó», recompuso el técnico de Telefónica que llevaba consigo el código de la muerte (avería 9ZF602) y una bandera de la revolución con el *router.* «Mi hijo vive en Argentina, y desde allí trabaja para Telefónica contestando las llamadas de quien pregunta dónde está la avenida de Pi i Margall. Los jóvenes de hoy han vivido en la opulencia. Habrá que tomar la Bastilla otra vez.»

Emilio Vivar, con la voz tintineando bajo el badajo de su campanilla, se frotó las manos por el frío desalentador que se había traído de Blanes (Girona), donde mora y en la que describe, arrellanado en el butacón, los horrores de los feroces combates. El autor venía a poner con bolígrafo las comillas que se cayeron por su propio peso en el proceso de impresión (el mismo título de *Los anónimos...* sufrió los avatares de la dubitación hasta el instante de extenderse por las planchas). Comillas desde «Nos habían dicho que allí encontraríamos mulatas cariñosas» hasta «eliminar a todos los blancos».

Se fue después de cuatro horas, en las que se había instalado en el rincón de las cajas de *El último samurái,* junto a las revisiones de *Renata sui generis,* al lado de la impresora que trabaja más que los mineros de Pola de Lena. Parecía un fantasma invisible, si no fuera porque el jersey de chompa de Evo Morales envolvía con sus colores de arcoíris la vaina de habichuela en la que laborábamos el editor José Membrive y yo.

Me fui a tomar un café, después de consultar los *mails* del día anterior. Entre ellos, una sorpresa agradable para entrar en calor. La directora de *Time Out* de Barcelona, Glòria Gasch, contestó una carta electrónica que había actuado con rigor, como la ponzoña de los dardos de una cerbatana: «Hola, Jesús, disculpa que no et contestés abans. Les properes setmanes anem molt de bòlid entre vacances i tancaments anticipats. Et sembla que ens veiem la setmana de l'11 de gener?».

De vuelta del café mojado en la sección de Internacional de *La Vanguardia,* ya en la editorial, ocupé mi sitio en el asiento más mullido, en el que se sentaba la reina Elisa Lorenzini, estudiante italiana en prácticas que el verano anterior había ganado con una poesía sobre su abuela la Galleta de Oro, el premio interno que habíamos convocado para darnos el gustazo de perderlo.

Llegó Mercè, la ex de José Membrive, que me saludó con medio beso y un apretón de manos que se deslizó como la mantequilla en una sartén con aceite hirviendo. «¿Tienes *el pingüino?* Me lo llevaré.» Con *el pingüino* se refería al calefactor que en verano enfriaba la estancia y en invierno consumía polvo en los altillos de las cajas de *Si volviera a nacer,* en la última pila de libros con las novedades literarias.

Después de que Mercè se marchara con *el pingüino* y con sus celos, José Membrive me comunicó que quería hacer una revista para colar las entrevistas con los autores. Yo le dije que me encantaría, puesto que es lo que he hecho durante ocho años en la publicación local *L'Informatiu de Sants, Hostafrancs i La Bordeta,* y le hice partícipe de un proyecto que fabulé para el padrinazgo entre escritores noveles y consagrados.

«Yo podría apadrinar a Juan Marsé», sonrió con picardía, antes de que el vecino Felipe Vicente entrara por la puerta para hacer unas llamadas de teléfono. Supimos que era el vecino por su voz, porque por su gorro de lana calado creíamos que era el cantautor Lluís Llach.

Yo me fui pitando al piscolabis de Navidad del programa cultural de La 2 de TVE *Saber y Ganar.* Di aviso.

Reportero Jesús.—Colaboro en el programa *Saber y Ganar,* hago las preguntas de la sección «Cada sabio con su tema».

José Membrive.—Podrías preguntar: «¿Quién escribió *Ahora que estamos muertos?*».

Ahora que estamos muertos lo escribió el trabajador social de Madrid Miguel Rubio.

Emilio Vivar se quedó abriendo por la página 123, uno a uno, los quinientos ejemplares de *Los anónimos...,* para colocar las comillas en bolígrafo negro y que el lector no se hiciera la picha un lío en el fragor de la lectura de las guerras de mambises.

Emilio Vivar (Cózar, Ciudad Real, 1943), maestro de profesión –aunque a todas luces le habría gustado cursar una ingeniería incluso si esta fuera agrónoma–, y residente en Blanes por aritmética, recuerda con claridad las pupas de su abuelo Emiliano, que combatió a la insurgencia de José Martí en Cuba con los mismos procedimientos primitivos con los que el virrey de Bagdad Paul Bremen combate *los camisas negras* del clérigo Muqtada Al Sáder.

Ocurrió en 1898, hace mucho mucho mucho tiempo, en un país lejano lejano lejano…

Emiliano Vivar nació una noche de dolores de escalpelo. La parturienta lo trajo al mundo con su carita asustadiza y quejumbrosa. Tan joven y tan viejo. Se calzó la azada y el bieldo para la mies siendo un mocoso. Le gustaba mucho Catalina de Nova, de una familia de bienes y posibles, aun siendo rancia la hacienda de su canastilla. Durante el cortejo, le jugó una mala pasada la reina María Cristina de los Borbones Roché, regente durante la minoría de edad de Alfonso XIII. Con la anuencia de su generalato, se permitió la requisa de hombres con traje de muchachos para conducirlos a una estúpida guerra de la que no tenían ni la más remota idea, y que solo habían oído a medias en los cenáculos de las tertulias del casino, frases cazadas al vuelo que tan pronto se llevaba el diablo como que atraían la angustia hasta el propio hogar. Entremedio, en los caseríos de la nobleza, se regaban con vino de las bodegas las comilonas en las que se servían piezas de caza, fiestas para recaudar dinero con el que contribuir «al esfuerzo bélico», el eufemismo de la barbaridad.

Un jornalero cobraba cuatro reales diarios, si es que trabajaba cada día. Una familia con un mínimo de cuatro miembros necesitaba más de dos pesetas diarias para subsistir. Un kilo de pan costaba una peseta.

Emiliano no disponía de los seis mil reales (unos doscientos cincuenta mil euros de hoy) para evitar el sorteo de los quintos, en el que quien sacaba el número más alto adquiría un pasaje para una provincia lejana de un imperio extinto y alelado como los validos.

Salir de un pueblucho hacia un mundo desconocido.

Hermano de Emiliano.—Siento que seas tú quien haya de sacrificarse.

Hermana de Emiliano.—Vuelve, prométemelo.

A los 19 años, Emiliano Vivar realizó el primer viaje de su vida, que fue, en principio, razonablemente corto, desde Ciudad Real hasta un puerto gallego, pero que luego supondría, para él, un trayecto larguísimo y tortuoso. Los bajeles tardaban 15 días en alcanzar Cuba. El escorbuto provocaba hinchazones en el cuello y un aspecto caballuno a quienes se les hinchaba la dentadura con las encías que Bram Stoker dejó descritas en sus cuartillas. La falta de sueño, unida a la modorra, junto con una indisciplina comprensible, sumado a los berreos de los malencarados oficiales que prometían la gloria en el infierno, causaron mella en la chiquillería analfabeta que apenas si sabía leer correctamente los nombres de los ordenanzas en los tablones. El cuerpo de quien moría («barcos ataúdes», los llamaba el escritor Vicente Blasco Ibáñez) se envolvía en una ruana cerosa y, sin más contemplaciones ni salvas de artillería, se lanzaba por la borda. Emiliano creía que los cadáveres se ahogarían, por lo que habrían muerto dos veces cuando ya habían estirado la pata, lo que les acarrearía el doble de sufrimiento.

En Cuba, en los faldones de la sierra, en los humedales infestados de bicharracos y aves del paraíso como el zunzún, entre los bohíos de Camagüey, Emiliano se pasó cuatro años emboscado, parando las arremetidas de los cocodrilos, enemigo invisible que disparaba su *mauser* sin ser visto. Llegó en 1894 y se tiró cuatro años, hasta 1898, el fatídico final para la Restauración, lo que para la soldadesca equivalía a la liberación de los beatos.

Las fuerzas conservadoras españolas se opusieron a leer los artículos patrioteros de la Constitución de la República en Armas; ellos querían mantener el poder colonial del Salón de los Espejos en el Palacio de los Capitanes Generales. Ni estatuto ni asamblea ni autodeterminación. Obstruyeron cualquier negociación con Cuba para salir de una crisis que se precipitaba al abismo de sus dominios.

Antes de volver Emiliano, herido solo en la hombría, embrutecido, dejó la niñez de sopetón, como una víbora del Gabón que muda de piel. De nuevo en Cózar, Emiliano se casó por la iglesia con su Catalina, a quien le dio una hembra y tres varones, entre ellos Ángel Vivar, el padre de nuestro Emilio Vivar.

Ángel heredó de Emiliano otra guerra, esta vez más próxima y menos romántica. Luchó en el bando republicano durante la Guerra Civil española. Entretenido en la Defensa de Madrid, destinado en la sección de Transmisiones, coincidió con Pasionaria mientras cableaba una de las trincheras de ladrillo rojo.

«A mi padre le mandaron limpiar de sangre el Cuartel de la Montaña después de la matanza de julio del 36. A Emilio, su hermano mayor, que formaba parte de la Quinta del Saco, le reclutaron y le enviaron al Frente de Guadarrama. Se hizo el loco y el coronel, después de vapulearle, le recluyó en un sanatorio, del que escapó», rememora el autor de *Los anónimos de la Guerra de Cuba*.

Emiliano Vivar murió en 1957, víctima de un accidente vascular cerebral, una hemiplejía que le dejó postrado en la cama durante tres años. Le acometían delirios en los que reproducía en su cabeza enferma las penalidades que padeció en Cuba. Su cuerpo revivía las situaciones traumáticas por las que había pasado en los años mozos. Por ejemplo, había de tener constantemente, de día y de noche, un recipiente con agua en el que mojaba un trozo de tela que se llevaba a la boca para paliar la sed. En cuanto le faltaba el agua o un pedazo de pan, se ponía a dar gritos desesperadamente.

Emilio Vivar escuchaba junto a la fogata, en el cortijo, mientras se hacían las migas, los relatos del abuelo sobre la guerra finisecular, El Desastre.

«Más desgracia perder Cuba que las cosechas morirse», se decía.

En el libro que acaba de publicar, y que finalizó en 1996, El Golorín personifica a su abuelo, quien, en realidad, era conocido por el apodo de Canelilla, debido a la abundante canela de las Antillas.

En el 2005, el profesor de Matemáticas del colegio Joaquin Ruyra, Emilio Vivar, visitó con su esposa La Habana.

«Íbamos por la calle, impresionados por los palacios señoriales de la época de la colonia, y se nos acercó un matrimonio. Ella era profesora universitaria de pedagogía, y él, radiólogo. Nos pidieron leche para su hijo. Se tenían que ganar un sobresueldo cazando a los turistas», infiere Emilio, que teoriza sobre el futuro de la isla. «Cuando caiga Fidel, Cuba volverá a ser el patio trasero de Estados Unidos.»

Emilio Vivar da gracias a Dios por haberse librado de la guerra que la tradición familiar le reservaba.

En el local de Ediciones Carena, Emilio marcó las últimas comillas en la página 123 del último libro de la decimosexta caja.

«Nos habían dicho que allí encontraríamos mulatas cariñosas con las que lo íbamos a pasar tan ricamente. Que eso de la guerra no iba más allá de unas maniobras como las que habíamos hecho en los cuarteles, ya que no había enemigo a nuestra altura. No teníamos por qué preocuparnos por cuatro salvajes que se asustan al sentir el primer tiro. Que esos enemigos no tenían armas de fuego y nunca se iban a acercar a nosotros. Nos aseguraban que debíamos estar contentos al embarcarnos en dirección al paraíso, cuando, en realidad, al poner el pie en el barco ya habíamos dado el primer paso hacia el infierno. Los enemigos no eran tan ignorantes ni tan espantadizos como nos los habían pintado. Ni siquiera, creo yo, que intentaran *eliminar a todos los blancos.»*

Así terminó la mañana del viernes 18 de diciembre del 2009.

Entrevista con Carlos Zanón González, autor de *Tictac tictac*

LAS FLORES DEL MAL

«El demonio se agita a mi lado sin cesar.»

Con esta visión de Baudelaire en *Las flores del mal* empezó todo.

El poeta Carlos Zanón González (Barcelona, 1966) se echó al monte de la versificación, y allí abrió la cañada de sus composiciones, libros poéticos con los rasgos de los hunos y los caracteres latinos.

Carlos ha publicado *Tictac tictac* (Ediciones Carena, 2010), su quinto capazo de poemas (detrás de los libros *El sabor de tu boca borracha*; *Ilusiones y sueños de 10 000 maletas*; *En el parque de los osos* y *Algunas maneras de olvidar a Gengis Khan*, «la atracción por el lado oscuro de las personas, el concepto masoquista del amor»).

Tictac tictac: «Se trata de un homenaje a la niñez, a la que vuelvo a entrar, pero esta vez por la puerta de atrás. La infancia es el tiempo en el que no existe el tiempo, porque el tiempo no te devora».

De ahí las referencias a *Alicia en el país de las maravillas* («me daba pánico ese conejo que corre que se las pela») y a Peter Pan, su favorito. «De alguna manera, persisten estos personajes de Disney. Yo he salido de fiesta con chicas que beben para crecer… Los autores también hacen literatura de sus vidas.»

Para ello, Carlos Zanón ha tenido que bogar por los encrespados Mares de las Letras, esa Biblioteca de Babel de la que habla Borges el Heresiarca en uno de los cuentos de *El jardín de senderos que se bifurcan*. Zanón se encasquetó el calicó, se camufló con los colores caquis del Sáhara y se lanzó a la aventura, como el último de los Lectores Exploradores, después de Henry Morton Stanley y su *En busca del doctor Livingstone*.

«Estamos hechos de libros», cerciora el autor, un caníbal que lee 15 libros a la vez, por no decir de una tacada: «Intento visualizar mi mesita de noche. Ahora… Ahora estoy con *Ave del paraíso,* de Joyce Carol Oates; una biografía de John Lennon (a pesar de todo, los Beatles eran los más grandes), y *Tot el que tinc ho porto amb mi,* de Herta Müller, la intrahistoria de los gulags…»

(Si antes de ochenta páginas, Carlos, abogado de turno de oficio, no encuentra divertimento o emoción o ambas cosas, lo manda al paredón, previa sentencia de muerte, como la que firmó contra *Moby Dick*, que no pudo acabar de leer.)

Todo empezó con *Las flores del mal.*

«Caminaba Ramblas abajo, cuando en un quiosco me topé con este libro, cuyo título me atrapó. Aunque ese día no me lo compré, lo acabé buscando y di con él. Baudelaire me inspiró», asume, sentado en una de las mesas que hacen de contrafuerte en la cervecería Viguin, resguardado del séptimo aguacero de fin de verano. Estamos en septiembre.

Por aquel entonces tocaba el bajo («mal») en un grupo *«grunge* ruidoso» que se llamaba Alicia Golpea, simulacro del peor Nirvana («se hizo aburrido cuando empezamos a hacernos mayores»). Escribía las letras de las canciones, arrumbado por la sofistería del disco de Lou Reed *Berlin* (1973), la tragedia de una pareja de drogadictos consumidos por su propia adicción. La noche, el suicidio, la calle…

«La ciudad es tragedia y es diversión, y en la ciudad cabe la ironía, "la victoria del vencido". La literatura está en esos matices, en las motivaciones. Escribir es contar historias. Todos los escritores son, de alguna manera, autobiográficos, aunque lo que te impulse sea dar voz a los submundos», desflora, y ahuyenta los adjetivos más tibios, enfurecido por lo que dicen los monismos y las palabras.

Escuchaba a Lou Reed, la revelación, y se imaginaba lo que esas frases transmitían, trasponiendo los significados, por lo que se hizo inseparable del diccionario de inglés. Lou Reed configuró su universo, en parte, con los mismos señuelos que Leonard Cohen, quien, a menudo, recitaba a Federico García Lorca. Así que Carlos Zanón descubrió *Poeta en Nueva York,* con los «Poemas del lago Eden Mills». Y tras devorar *Bodas de sangre* y *La casa de Bernarda Alba,* como el caníbal maorí de la península de Whangaroa que siempre ha sido, le hincó el diente al resto de la Guarnición del 27, y desveló los secretos de Luis Cernuda, el depresivo de la *Desolación de la quimera,* y Cernuda le llevó de la mano para conocer a César Vallejo, que cabalgaba a lomos de *Trilce,* educido por la esperanza.

Zanón, sin brújula, destapó la caja en la que reposaba José Hierro *(«pensar que no había ni ayer ni mañana ni historia»),* y él le presentó a los Goytisolo, a los tres hermanos.

Carlos Zanón estudió Derecho porque le gustaba una chica. Pero Luz no le hacía caso… Al final, en fin, se casó con ella.

«Sabía que yo no quería hacer Filología; no quería diseccionar clásicos, ni que me dijeran qué obras tenía que leer. Tenía una idea peregrina de la literatura, por eso escribo como un juego y no sé adónde voy a ir a parar.»

En los ocho años que estudió en la Universitat de Barcelona («pensaba que nunca acabaría la carrera»), se colocó en los más variados y «extrañísimos» puestos, incluido el taller en el que ilustraba las Biblias que se vendían en las comuniones y en Latinoamérica.

«Tengo mirada de poeta y manos de narrador», ha dicho alguna vez de sí mismo. A sabiendas de que «construir» una novela es una obra titánica, no quiso desmerecer, y probó suerte con *Nadie ama a un hombre bueno* (2008).

«Tengo una novelita que nunca he publicado, cuyo título *Puentes en llamas* no sé si le hace justicia: se trata de una historia de enredos en la que un hombre engaña a su mujer, pero el detective contratado acaba vigilando a quien no debe. La infidelidad es la última hazaña de las ciudades. Y ahora estoy escribiendo otra novela, de la que solo diré cómo se acabará llamando: *No llames a casa.* Escribo cada día, porque escribir es como hacer gimnasia, se ha de ejercitar», refleja, y acaba volviendo a la poesía, arte que obedece, según él, a impulsos, y se entretiene, en la librería Bertrand de Rambla de Catalunya, con los dulces de Machado y de Spender, a quienes ha echado el ojo.

Por esos estantes perdidos del Sáhara editorial andará la *Balada de Spoon River,* de Edgar Lee Master.

El poeta Carlos Zanón ya leyó el contenido de las tumbas, y no le importaría volver a hacerlo, siendo como es el último de los Lectores Exploradores.

Has leído y escuchado a Cobain,
a George Bush, a Salinger y a Palaukin;
has combinado agua bendita y alcohol.

«Estamos hechos de libros.»

EPÍLOGO

Entrevista con Matilde Obradors, autora de *Mosca doméstica*

AMOR A LA VIDA

«Poseemos dentro de nosotros una fuerza de incalculable poder.»

Así concluye el psicoterapeuta Émile Coué uno de sus panfletos más célebres: *Autocontrol a través de la autosugestión consciente* (1920). En síntesis: somos lo que soñamos.

La psicóloga y estudiosa del comportamiento humano Matilde Obradors (Barcelona, 1957; www.matildeobradors.com) se imaginó a sí misma pescando atunes de oro o doradas o merlos. Se imaginaba bañándose en el mar, troquelada por los rayos de un sol cálido y meloso. Fuerte como los subsoladores guerreros de tres púas. Atrevida como Lady Gaga. Inmortal como la Capitana Marvel. Ella nos ha dado *Mosca doméstica* (Ediciones Carena, 2020), novela que es una introspección que es una sanación que es un diario y un resplandor: «Trata de la pasión, la entrega, el sexo sin tapujos, arriesgándonos, disfrutando, conducidos por el amor».

«Yo nací en casa, en Poblenou, y la comadrona llegó tarde. Nací de cara al mar», dice, con los ojos pardos ascendentes, los dedos telegráficos que todo lo tocan y unos pendientes de libélula fastuosos. «En mi vida siempre está presente el mar.»

Matilde nació en una familia temperamental «con muchas historias». Y en ella, y fuera de ella, ha aprendido muchas cosas:

De su padre, Juan, técnico de telares, aprendió a ser bondadosa. Posiblemente.

De su madre, Matilde, diseñadora de bolsos, aprendió a ser emprendedora.

De su tío, Fernando, exiliado, aprendió a ser honrada. Aún oye esa frase que le sobrevuela: «Los tíos viven conforme a sus ideales». Y explica: «Mi tío Fernando se compró un traje para volver a España [a la España democrática, se entiende], pero nunca lo pudo estrenar».

De la esposa de su tío Fernando, Azucena, aprendió a ser paciente: «Ella participó en la Guerra Civil [1936-1939], con los anarquistas de [Buenaventura] Durruti. Mi vinculación con los perdedores proviene de ellos».

De su tía Carmina aprendió a razonar: «En ella se basa mi libro *Cada vez que llueve se muere mi tía*».

De las dominicas de la calle Amílcar (Barcelona) aprendió a escribir bien. Por eso sus otros trabajos, inéditos, se leen con placer: *Los ladrones de ríos,* que te arrebatan la libertad, y *Las aristas de Platón,* en la que una agencia estatal, R, te ayuda a recordar.

«Las cosas nos permiten ver el mundo», afirma el filósofo coreano Byung-Chul Han en su clarificador *No cosas.* «Los recuerdos te frenan, y ayudan a que te aferres a algo. A mí me sirve porque he estado muy convulsa, huía hacia adelante y vivía a tumba abierta», añade la autora.

De los idealistas alemanes –de Kant a Hegel– aprendió la sapiencia.

De su alma en la escritura, Marguerite Duras *(El dolor),* aprendió a salirse de los márgenes.

Del psicólogo de raíces húngaras Mihály Csíkszentmihályi aprendió a canalizar la pasión hacia la creatividad. En la teoría del Flujo, más o menos postulaba que las personas son felices haciendo aquello para lo que están dotadas.

En *El artesano*, el sociólogo Richard Sennet escribió: *«El buen artesano, absorbido por la preocupación de hacer bien su trabajo, es incapaz de explicar el valor de lo que hace, es un mal vendedor».*

Matilde da clases de Teoria i Tècniques de la Ideació en el grado de Comunicació Audiovisual de la Universitat Pompeu Fabra: «Me encanta el bello ritual de la inspiración, aquello que te permite generar ideas».

Matilde Obradors.—Me asusta que algún día pueda perder la memoria.

Reportero Jesús.—¿Qué es la memoria?

M. O.—Lo que nos ayuda a crecer, avanzar y comprendernos.

R. J.—¿Cómo te describirías?

M. O.—Vital, curiosa.

R. J.—¿El sentido de la vida?

M. O.—Conocernos, conocerse.

R. J.—Así, pues, la vida es bella.

M. O.—Por supuesto. Pero se puede sufrir mucho. Y hay que aceptarse.

En uno de los libelos más sinceros del periodista polaco Ryszard Kapuściński, *Los cínicos no sirven para este oficio*, se compara sufrimiento con sacrificio: *«Este es un trabajo [el periodismo] que ocupa toda nuestra vida, no hay otro modo de ejercitarlo».*

R. J.—¿Algo bello?

M. O.—Las flores.

En la cabeza de Matilde Obradors, de *Mosca doméstica,* baten los siguientes elementos: sol, mar, agitación, innovación, comprensión, ilusión y espiritualidad.

Ahora mismo escribe el poemario *Los silencios mal puestos.*

El lema de Émile Coué lo cita el historiador Eric Hobsbawm en su monumental *Historia del siglo XX (*«*En todos los sentidos, cada día estoy mejor»).*

De alguna manera, influenció al aventurero y trampero Jack London, que publicó la fábula *Amor a la vida (*«*Luchó contra el miedo, se dominó…»),* puro instinto de supervivencia.

Un día antes de morir, el líder de los bolcheviques, Lenin, ya postrado en cama, agonizante, escuchaba la vocecita de su esposa, la pedagoga Nadezhda Krúpskaya.

Le leía pasajes de *Amor a la vida.*

Por efecto dominó, podemos asegurar que Matilde Obradors es una auténtica revolucionaria.

ANEXO

TEST DE INTELIGENCIA LITERARIA

El Test de Inteligencia Literaria tiene por objeto orientar sobre los actores, los escenarios y la consistencia de su personalidad literaria.

«La finalidad es guiarle en la elección de su profesión [escritor] y lograr una buena adaptación, satisfacción y eficiencia en el trabajo [literario].»

Instrucciones. Lea atentamente las siguientes frases y marque la respuesta según los gustos personales. Debe indicar sus preferencias prescindiendo de otras consideraciones tales como ganancias económicas, posibilidades de encontrar trabajo en el futuro, prestigio, etc. No hay respuestas correctas ni incorrectas puesto que en ellas se refleja, simplemente, opinión e intereses.

Ha de contestar a todas las cuestiones marcando la respuesta que se le ocurra espontáneamente, sin pensarla demasiado. No hay un tiempo determinado para la realización del test, aunque no debería llevarle más de treinta minutos. En este test está incluido el «Cuestionario albino de Carena».

1. ¿Qué quería ser cuando tenía siete años? Por ejemplo: bombero.
2. ¿Se hubiera imaginado de joven que algún día escribiría un libro? Por ejemplo: ni loco.
3. ¿Qué libros recuerda haber visto o leído en casa de sus padres? Por ejemplo: *La plaça del Diamant,* de Mercè Rodoreda.

4. Si alguna vez naufraga en el mar y acaba en una isla desierta, ¿qué le gustaría que le acompañara?

   A. Un libro (dependiendo del título)

   B. Una mascota

   C. Una persona

   D. Papel y lápiz

   E. Avituallamiento

   F. Mi teléfono móvil

   G. Otro

5. ¿Qué es prioritario: leer o leer solo si lo leído tiene suficiente calidad?

   A. Lo primero

   B. Lo segundo

   C. Otro

6. ¿Con qué escritor o escritora se tomaría unas cañas?

   A. Con Arturo Pérez-Reverte

   B. Con Enrique Vila-Matas

   C. Con María Dueñas

   D. Otro

7. ¿A qué escritor o escritora fallecido convocaría con la *ouija?*

   A. Ana María Matute

   B. Gabriel García Márquez

   C. Maria Mercè Marçal

   D. Otro

8. ¿Cree que un buen comienzo marca la pauta de un clásico: «*Muchos años después, frente al pelotón de fusilamiento…*»?

   A. No tiene por qué

   B. La redacción puede estar desordenada y escrita por partes

   C. Es indispensable una buena primera frase

   D. Otro

9. ¿Qué se necesita para influir en los demás: ser buena persona, humilde, o tener una carrera en Filología?

   A. Ser humano

   B. Estudiar Filología

   C. Otro

10. ¿Se puede ser mala persona y buen escritor? Por ejemplo: no. ¿Por qué? Por ejemplo: porque se puede ser un lumbreras y ser un dictador.
11. ¿Cuál es el primer recuerdo de su vida?
    A. No me acuerdo
    B. Sí me acuerdo. ¿Cuál?
12. ¿En qué piensa cuando está sentado frente al mar? Por ejemplo: en luciérnagas.
13. ¿Qué hace cuando se le ocurre una idea de la que puede surgir una novela?
    A. La escribo en mi agenda
    B. La escribo por la noche en un bloc de notas
    C. La retengo en la memoria
    D. No hago nada
    E. La comparto con alguien
    F. Otro
14. La música molesta porque hace que me desconcentre y pierda el hilo.
    A. Muy en desacuerdo
    B. Ni de acuerdo ni en desacuerdo
    C. Totalmente de acuerdo
    D. Corro
    E. Otro
15. ¿Para qué sirve la literatura?
    A. Evidentemente, para cambiar el mundo
    B. Para soportar la realidad del día a día
    C. Para evadirse, desconectar, flotar
    D. Para fines con ánimo de lucro
    E. Otro
16. ¿Qué entiende por literatura?
    A. Describir la belleza
    B. Expresar las angustias aunque sea torpemente
    C. Sentir placer mientras se escribe
    D. Una posición ante la vida
    E. Una manera de sobrevivir
    F. Otro

17. ¿En qué momento del día o de la noche le asaltó la idea de darle cuerpo a una historia?
    A. Día
    B. Noche
    C. Otro
18. Se acuerda del día exacto. Intente rememorar lo que hizo.
19. Sabría identificar el desencadenante que le ha llevado a escribir [título del libro].
    A. Sí. Desarrolle este punto
    B. No
20. ¿Cómo oficia su escritura: cuál es la liturgia que sigue para ponerse a escribir? Por ejemplo: primero me preparo un café.
21. Cuando se encalla en la escritura, ¿qué hace?
    A. Me caliento un vaso de leche
    B. Pongo música
    C. Deambulo
    D. Hago *footing*
    E. Otro. Desarrolle el tema
22. ¿Qué método disciplinario sigue para mantener una escritura equilibrada y no desfallecer?
    A. Escribo equis horas por día
    B. Escribo cuando estoy excitado
    C. Otro
23. ¿Las faltas de ortografía condicionan el contenido?
    A. No tiene nada que ver
    B. Si está mal escrito, se lee mal, lo que afecta al entendimiento
    C. Otro
24. ¿Cuál es el mejor curso para aprender a escribir bien?
    A. La lectura en la biblioteca
    B. El Programa de Escritura Creativa de la Universitat Autònoma de Barcelona
    C. Un máster en Literatura Comparada
    D. Otro
25. ¿Cómo prepara las tramas? Por ejemplo: cocinando para los amigos.

26. ¿Si la trama se complica, cómo se estructura para no volverse majara?
    A. Abro una ficha por cada personaje
    B. Esbozo un croquis
    C. Hago un árbol genealógico
    D. Voy de atrás adelante con el buscador de word
    E. Otro

27. ¿De qué sería capaz para escribir el libro que desbanque a *Hamlet?*
    A. Escribiría en el día de mi cumpleaños aunque me hayan montado una fiesta
    B. Escribiría en mis vacaciones, encerrado en un hotel con piscina
    C. Pediría la baja para escribir
    D. Otro

28. ¿Qué le dice a su pareja o, en su defecto, a su canario, cuando no le hace ni caso porque está en el escritorio componiendo? Por ejemplo: «Ten paciencia, mi amor».

29. ¿Qué manía fetichista tiene en el acto de la escritura en sí?
    A. Escribo con Pilot
    B. Escribo con pluma
    C. Quemo incienso palo santo
    D. Otro

30. ¿Se fija unos horarios para ejercer su derecho a escribir lo que le venga en gana?
    A. No, nunca
    B. Sí, siempre
    C. Según
    D. Ni me lo había planteado
    E. Otro

31. ¿Cuánto tiempo de maceración deja el manuscrito en el cajón antes de revisarlo por segunda vez con la intención de publicarlo?
    A. Un mes
    B. Una semana
    C. Una estación
    D. Un año
    E. Otro

32. ¿Qué emoción enturbia a sus personajes?

A. Ninguna emoción

B. Miedo

C. Cólera

D. Tristeza

E. Amor

F. Alegría

G. Otra. Especifique cuál y por qué

33. ¿Es consciente de que sus personajes cobran vida una vez descritos?

A. Siempre

B. Casi siempre

C. A veces

D. Casi nunca

E. Nunca

F. Otro. Explíquese

34. ¿Con cuál de sus personajes se identifica más?

A. Con quien todos se meten

B. Con el discreto

C. Con el macarra

D. Con el guaperas

E. Con el sabiondo

F. Con el ganador

G. Otro

35. ¿En qué momento del acto de creación, los personajes empiezan a andar solos? Por ejemplo: cuando pasan una noche juntos.

36. Cuando los personajes toman derroteros que usted mismo desaprueba, ¿les corrige o deja que se estrellen en el último capítulo?

37. ¿Disfrazado de narrador omnisciente, ha matado a alguien en sus textos? Si no ha sido usted el autor material del homicidio, ¿en nombre de quién ejecutó la sentencia?

38. ¿A quién ha dado muerte en cualesquiera de sus manuscritos?

39. ¿Por qué la muerte siempre hace acto de presencia?

40. ¿Si tuviera qué destrozar su libro, cómo lo haría? Por ejemplo: ahogándolo en la bañera.

41. ¿Realiza algún tipo de celebración o alguna actividad tonificante con motivo de haber puesto el punto final?

A. No

B. Depende

C. Sí. ¿Qué?

42. ¿En qué género se siente más cómodo para dar rienda suelta a su lujuria literaria: poesía, teatro, narrativa…?

43. ¿Ha probado alguna vez mezclar los géneros en una especie de bacanal de letras?

44. ¿Satisfecho de esa experiencia?

45. ¿Cómo ejerce el oficio de escritor?

A. Sentado delante de la máquina de escribir

B. Sentado delante del ordenador portátil

C. Sentado delante del ordenador de mesa

D. De pie

E. Otro

46. ¿En qué año dejó de lado la máquina de escribir? Por ejemplo: en 1999.

47. ¿Cómo afronta la enfermedad de la Página en Blanco?

A. Me voy de fiesta

B. Me obligo a pensar hasta que me estalle la cabeza

C. Abandono y retomo el asunto más tarde

D. Rompo lo hecho hasta entonces y empiezo de nuevo

E. Me voy de viaje

F. Hago yoga

G. Me voy al cine

H. Otro

48. ¿Ha visto alguna vez la musa inspiradora?

A. No, nunca

B. Sí, siempre

C. En determinadas ocasiones

D. Otro

49. ¿La ha visto desnuda o vestida?

A. Desnuda

B. Vestida

50. ¿Cómo imagina la inspiración?

    A. Como una señora emperifollada

    B. Como una coqueta Audrey Hepburn

    C. Como un centinela de la Revolución

    D. Otro. ¿Como qué?

51. ¿Cómo hace que la inspiración no le abandone? Por ejemplo: fumo como un carretero.

52. ¿Escribe para alcanzar la fama?

    A. No

    B. Sí

53. ¿Qué entiende por fama?

    A. Una seta venenosa

    B. Amoniaco

    C. Desinformación

    D. Un mundo de personajes estrambóticos

    E. Dinero y felicidad

    F. Soledad

    G. Superego

    H. Otro

54. ¿El libro es la excusa para que el autor obtenga reconocimiento?

55. ¿Ha de ser el escritor rebelde por naturaleza?

56. ¿Opta por los finales abiertos o cerrados?

    A. Abiertos

    B. Cerrados

57. ¿A qué sabe un capítulo bien cerrado? Por ejemplo: a mermelada.

58. ¿Ha practicado el verbo a cuatro manos en una obra colectiva, orgía de parrafadas y capítulos?

    A. Nunca trabajo en equipo

    B. Prefiero aislarme

    C. Sí, gocé mucho

    D. Me parece una guarrada

    E. Sí, pero nunca lo volveré a repetir

    F. No me importaría hacerlo

    G. Otro

59. ¿A qué edad se jubila el escritor o la escritora?

    A. Nunca se jubila

    B. Cuando deja de vender en el mercado comercial

    C. Otro

60. ¿Qué fórmula elabora para titular la obra?

    A. El título lo saco del contenido del manuscrito

    B. El título, lo primero de todo

    C. El título lo dejo para el final

    D. Otro

61. ¿Con qué droga su imaginación? Por ejemplo: con la adrenalina de un buen argumento.

62. ¿Qué bebida, sustancia psicotrópica o grajea le estimula en el proceso creativo?

    A. No tomo nada

    B. Gelocatil

    C. Cafeína

    D. Teína

    E. Manzanilla

    F. Galletas

    G. Hachís

    H. Anfetas

    I. Crack

    J. Chicles de menta

    K. Otra

63. ¿Cuántas veces se le ha pasado por la cabeza tirarse de un puente cuando la escritura no fluye en su magín? Por ejemplo: cinco veces.

64. ¿Escribiría según las modas del momento, los gustos de la época y las tendencias urbanas?

    A. No, nunca

    B. Tal vez

    C. Sí, siempre y cuando me aseguren la venta

    D. Sí si eso me da poder

    E. Me da igual

    F. Otro

65. ¿Si usted fuese un señor editor o una señora editora, apostaría por usted mismo? Por ejemplo: desde luego que no.

66. ¿Existen libros buenos y libros malos?
    A. Sobre gustos…
    B. Todo libro tiene su público
    C. Según la gramática
    D. Otro

67. ¿Cómo sabe distinguir los buenos de los malos? Por ejemplo: por la criba que hace el inexorable paso del tiempo.

68. ¿Subiría a internet sus libros para que se los pueda bajar sin ningún coste el lector?
    A. No
    B. Sí

69. ¿Qué porcentaje de la venta del libro se debería quedar el escritor?
    A. 10 %, como viene siendo habitual
    B. 30 %
    C. El total de la venta
    D. Otro. Concrete

70. ¿Qué le parece que las distribuidoras, que colocan el libro en el punto de venta, se queden con más de la mitad de las ganancias?
    A. Mal
    B. Bien
    C. No sabe/no contesta
    D. Otro

71. ¿Existe una burbuja editorial? Por ejemplo: sí.

72. ¿Cómo pincharla? Por ejemplo: retirando los malos libros de los estantes.

73. ¿En qué piensa cuando oye la palabra *bestseller?* Por ejemplo: en el carrito de la compra.

74. ¿Habría publicado en su día la ópera prima de Hernán Migoya *Todas putas?* Por ejemplo: sí. ¿Por qué? Por ejemplo: porque la literatura es ficción.

75. ¿Cree que en ficción se pude uno desahogar? Reflexione: ¿se puede escribir sobre el estallido de la Tercera Guerra Mundial o uno es moralmente responsable directo del guion que ha desarrollado?

76. La sinopsis de su obra, en una palabra. Por ejemplo: *ternura.*

77. ¿Qué espera de una editorial, sea esta grande, pequeña o mediana?
    A. Apoyo indiscutible
    B. Fe ciega en la propuesta
    C. Retoques de estilo para mejorar el texto
    D. Nada
    E. Otro

78. ¿Cuánto tiempo pasa hasta que se aburre, se cansa, se olvida de su anterior libro y se desintoxica de su influencia?
    A. Un mes
    B. Una semana
    C. Una estación
    D. Un año
    E. Otro

79. ¿El autor tiene autoridad sobre su obra?
    A. Sí
    B. No
    C. Imposible de discernir
    D. Otro

80. ¿Quién es más importante: el libro o el autor?
    A. El libro
    B. El autor
    C. Ninguno de los dos

81. ¿Alguna vez ha estado cautivo de su propia creación? Haga memoria.

82. Cuando está sumamente triste, ¿se medica con literatura?
    A. Sí, lo confieso
    B. Nunca estoy triste
    C. Me vuelvo irascible
    D. Me enfado por cosas sin importancia
    E. Lloro a solas
    F. Lloro en brazos de alguien que es capaz de escucharme
    G. Me receto un buen libro
    H. Siempre leo el mismo poema
    I. Otro

83. ¿Alguna vez ha considerado que usted mismo podría ser objeto de su próxima novela?

    A. Nunca

    B. A veces

    C. En una ocasión. ¿Cuál?

84. ¿Qué le diría a un chico de veinte años que entra en una librería para comprar su libro? Por ejemplo: «Dios te recompensará por este gesto».

85. ¿Qué libro regalaría a una princesa para conquistarla? Pista: Letizia obsequió a Felipe con *El doncel de don Enrique el Doliente.* Por ejemplo, *La voz del alma,* de José Luis Villar.

86. ¿Cuál es la función más cómica que ha visto que un libro ejerciera, quitando su función de proporcionar solaz en la lectura? Por ejemplo: servir de pata de la cama.

87. ¿Cuál es el sitio más disparatado en el que ha visto a alguien leyendo? ¿Se acuerda del libro? Por ejemplo: sí, vi en una pizzería a una niña leyendo *El principito.*

88. ¿Se pueden vender libros sin estar en las redes sociales? Por ejemplo: sí, Cervantes nunca se abrió una cuenta en Facebook.

89. ¿Cuál es la mejor promoción?

    A. La recomendación

    B. La mejor promoción es la calidad

    C. La de una agencia literaria como la de Carmen Balcells

    D. Otro

90. ¿Afecta la venta a la calidad de la obra o la obra está por encima de la mercadotecnia?

    A. La obra es buena se venda o no

    B. La obra es mala si no se vende

    C. La publicidad es engañosa

91. ¿De qué manera original estaría dispuesto a promocionar su libro?

    A. Me apuntaría a *Gran Hermano Vip*

    B. Me pondría un traje de Pluto con el título de mi libro

    C. Haría una gira por el circuito de tiendas FNAC

    D. No haría nada, que el libro se defienda solo

    E. Otro

92. ¿A quién invitaría en la primera presentación de su libro?

    A. A mi jefe

    B. A mi familia

    C. A mis amigos

    D. A mi ex

    E. Otro

93. ¿A quién no invitaría en la primera presentación de su Libro?

    A. A mi jefe

    B. A mi familia

    C. A mis amigos

    D. A mi ex

    E. Otro

94. ¿Qué premio literario le gustaría recibir?

95. En caso de aceptarlo y ya ante el atril, ¿qué reivindicaría en su discurso?

96. ¿Con qué asocia el concepto de *libertad de expresión*? Por ejemplo: con un grafiti.

97. ¿Por qué en España se lee tan poco? Ejemplo: porque no se invierte en bonos de lectura.

98. ¿Por qué en España se publica tanto? Ejemplo: porque se discurre más.

99. ¿El libro sobrevive al autor? ¿En qué casos?

100.   ¿Cuándo dejará de escribir?

    A. Cuando me muera

    B. Cuando no me tenga en pie

    C. Nunca

    D. Otro

101.   Resuma en una línea su próxima aportación al Club de Literatos Inconformes. O sea, en qué está trabajando ahora…

ÍNDICE

Esta
PRIMERA EDI-
CIÓN DE *LA MIRADA
LATERAL. BARCELONA Y LA IN-
TRAHISTORIA. ENTREVISTAS CARE-
NIANAS,* DE JESÚS MARTÍNEZ, HA
SIDO IMPRESA CON PAPEL AHUESADO,
DE 80 GRAMOS. SE HA UTILIZADO LA
TIPOGRAFÍA GARAMOND PRO. Y SE
TERMINÓ DE IMPRIMIR EN LA IM-
PRENTA REPROGRÁFICAS MALPE, EN
GETAFE (MADRID), EN OCTUBRE
DEL 2022.

♣